JN369089

만들면서 이해하는 AI 프로젝트

인공지능 쏙쏙

with entry

다산스마트에듀

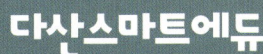

차례

머리말
이 책의 구성요소

Chapter 00
인공지능과 엔트리 010
- 인공지능 살펴보기
- 엔트리 살펴보기

PART 1 인공지능 블록 불러오기

Chapter 01
인공지능으로 번역기 만들기 024
- 인공지능 알아보기
- 인공지능 프로젝트 일지
- 프로젝트 설계하기
- 프로젝트 만들기
- 정리하기
- 발전시키기

Chapter 02
인공지능으로 사람 인식 게임 만들기 046
- 인공지능 알아보기
- 인공지능 프로젝트 일지
- 프로젝트 설계하기
- 프로젝트 만들기
- 정리하기
- 발전시키기

Chapter 03
인공지능으로 표정 아바타 만들기 068
- 인공지능 알아보기
- 인공지능 프로젝트 일지
- 프로젝트 설계하기
- 프로젝트 만들기
- 정리하기
- 발전시키기

Chapter 04
인공지능으로 준비물 도우미 만들기 096
- 인공지능 알아보기
- 인공지능 프로젝트 일지
- 프로젝트 설계하기
- 프로젝트 만들기
- 정리하기
- 발전시키기

Chapter 05
인공지능으로 스피커 만들기 118
- 인공지능 알아보기
- 인공지능 프로젝트 일지
- 프로젝트 설계하기
- 프로젝트 만들기
- 정리하기
- 발전시키기

PART 2 인공지능 모델 학습하기

Chapter 06
인공지능으로 환경 자판기 만들기 140
- 인공지능 알아보기
- 인공지능 프로젝트 일지
- 프로젝트 설계하기
- 프로젝트 만들기
- 정리하기
- 발전시키기

Chapter 07
인공지능으로 뉴스 기사 분류 프로그램 만들기 164
- 인공지능 알아보기
- 인공지능 프로젝트 일지
- 프로젝트 설계하기
- 프로젝트 만들기
- 정리하기
- 발전시키기

Chapter 08
인공지능으로 새 소리 분류 프로그램 만들기 186
- 인공지능 알아보기
- 인공지능 프로젝트 일지
- 프로젝트 설계하기
- 프로젝트 만들기
- 정리하기
- 발전시키기

PART 3 인공지능 모델 학습하기 다양한 알고리즘

Chapter 09
인공지능으로 체육복 사이즈 추천 프로그램 만들기 208
- 인공지능 알아보기
- 인공지능 프로젝트 일지
- 프로젝트 설계하기
- 프로젝트 만들기
- 정리하기
- 발전시키기

Chapter 10
인공지능으로 미래의 라면 가격 예측하기 230
- 인공지능 알아보기
- 인공지능 프로젝트 일지
- 프로젝트 설계하기
- 프로젝트 만들기
- 정리하기
- 발전시키기

Chapter 11
인공지능으로 추천 광고 프로그램 만들기 252
- 인공지능 알아보기
- 인공지능 프로젝트 일지
- 프로젝트 설계하기
- 프로젝트 만들기
- 정리하기
- 발전시키기

Chapter 12
인공지능으로 타이타닉호 생사 확인 프로그램 만들기 272
- 인공지능 알아보기
- 인공지능 프로젝트 일지
- 프로젝트 설계하기
- 프로젝트 만들기
- 정리하기
- 발전시키기

Chapter 13
인공지능으로 붓꽃 종류 알아보는 프로그램 만들기 298
- 인공지능 알아보기
- 인공지능 프로젝트 일지
- 프로젝트 설계하기
- 프로젝트 만들기
- 정리하기
- 발전시키기

Chapter 14
인공지능으로 취미 그룹 프로그램 만들기 316
- 인공지능 알아보기
- 인공지능 프로젝트 일지
- 프로젝트 설계하기
- 프로젝트 만들기
- 정리하기
- 발전시키기

발전시키기 정답 343

안녕하세요. 인공지능 세계에 오신 것을 환영합니다. 2016년 알파고와 이세돌 9단의 바둑 대결을 계기로 우리나라에서는 인공지능에 관한 관심이 폭발적으로 증가했습니다. 그리고 최근에는 'ChatGPT', '네이버 하이퍼클로바X'와 같은 생성형 AI가 등장해 이미지나 글을 생성하는 기술도 많이 발전하고 있습니다. 인공지능 기술은 계속 발전하고 있으며 앞으로 우리 삶에 더 큰 변화를 가져다줄 것입니다.

우리는 살아가면서 많은 것을 배우며 세상을 이해합니다. 문자로 세상을 탐색하고, 음악으로는 감정을 표현합니다. 그렇다면 인공지능으로는 어떤 것을 하게 될까요? 인공지능은 단순한 계산을 넘어 복잡한 문제 해결, 예측, 패턴 인식에 이르기까지 뛰어난 능력을 가지고 있습니다. 인공지능을 이용하면 공부, 다양한 분야의 연구, 심지어 자신의 관심사나 취미에서도 새로운 발견을 할 수 있습니다. 만약 음악에 관심이 있다면, 인공지능은 다양한 곡들의 패턴을 분석해 여러분만의 새로운 곡을 창작하는 데 도움을 줄 수 있습니다. 문화나 역사에 관심이 있다면, 인공지능은 그 분야의 방대한 정보를 분석해서 중요한 사실이나 재미난 이야기를 찾아줄 것입니다. 이렇듯 인공지능은 여러분의 삶에 새로운 시각과 가치를 더해줄 수 있는 미래 핵심 기술입니다.

미래 인재에게 꼭 필요한 기술인 인공지능을 깊이 있게 이해하려면 특별한 학습 과정이 필요합니다. 이 책은 그 과정을 쉽게 만들어 주기 위해 준비되었습니다. 복잡해 보이는 인공지능을 쉽고 재미있게 학습하기 위해, 엔트리(Entry) 플랫폼을 활용하여 14개의 인공지능 프로젝트를 직접 만들어 봅니다. 이를 통해 데이터의 분류, 제품 추천, 미래 예측, 군집화 등 다양한 주제를 탐색하며 인공지능을 이해하게 됩니다.

코딩은 이 프로젝트의 중요한 부분이지만, 코딩을 잘 모른다고 걱정하지 마세요. 이 책은 코딩 초보자도 쉽게 따라올 수 있도록 구성되어 있습니다. 또한 인공지능을 처음 접하는 분들은 기본 개념을 익힐 수 있고, 인공지능에 대한 경험이 있는 분들은 그 경험을 더 깊이 있게 확장할 수 있을 것입니다.

인공지능의 흥미로운 세계로 첫 발걸음을 함께 시작하게 될 여러분의 호기심과 열정을 응원합니다. 이 책이 여러분의 인공지능 여행에서 빛나는 등대가 되기를 희망합니다. 지금, 이 놀라운 여정을 함께 시작해 볼까요?

다산스마트에듀 SW교육센터장 조아리

구성 요소와 특징

전체 구성

단순한 예제를 통해 이해하는 것이 아니라 문제를 도출하고, 설계, 제작, 보완하는 과정을 프로젝트로 진행하여 작품을 만들어보면서 인공지능에 대한 이해를 높일 수 있게 했습니다.

인공지능 알아보기 ▶ 인공지능 프로젝트 일지 ▶ 프로젝트 설계하기 ▶ 프로젝트 만들기 ▶ 정리하기 ▶ 발전시키기

파트의 구성

인공지능 쏙쏙은 총 3개의 파트로 구성되어 있습니다.
PART 1에서는 미리 학습되어 있는 인공지능 모델을 이용하여 프로젝트를 만듭니다. **PART 2**에서는 인공지능의 '머신러닝'과 학습 방법인 '지도 학습'에 대해 알아보고 모델 학습을 이용한 프로젝트를 만듭니다. **PART 3**에서는 '머신러닝'의 다양한 알고리즘 동작 방식에 대해 알아보고 직접 데이터를 활용하는 프로젝트를 만듭니다.

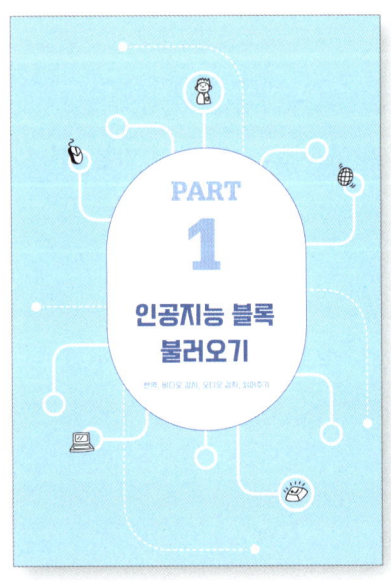

PART 1 인공지능 블록 불러오기

PART 2 인공지능 모델 학습하기

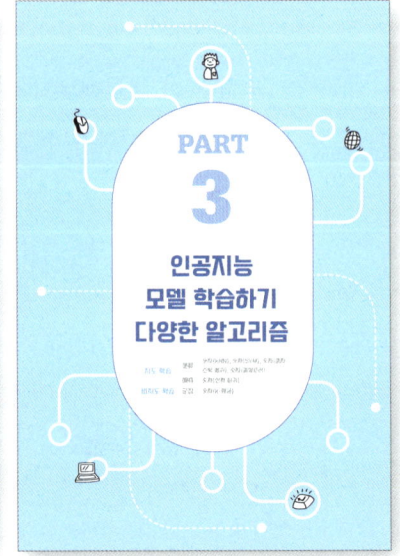

PART 3 인공지능 모델 학습하기 다양한 알고리즘

인공지능 설계하기

인공지능의 이론적인 배경과 핵심 개념을 통해 인공지능을 이해합니다.

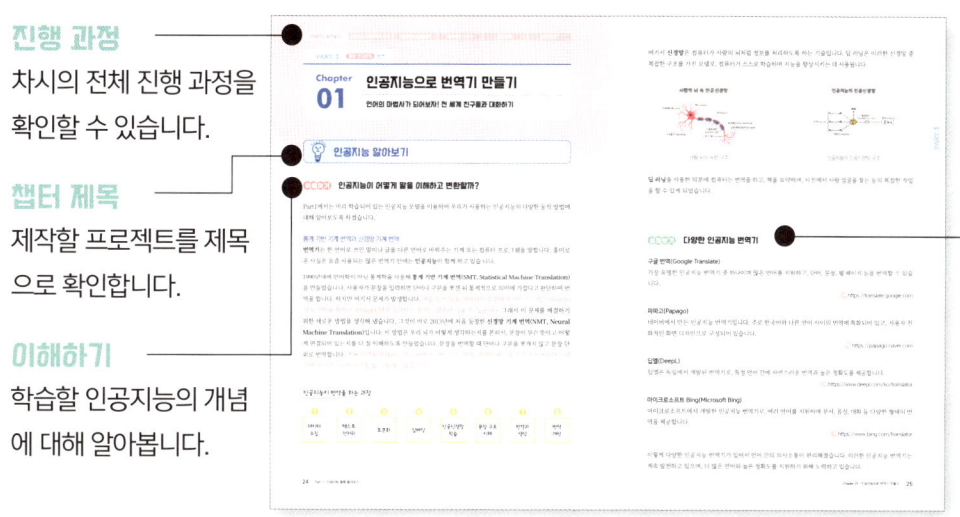

진행 과정
차시의 전체 진행 과정을 확인할 수 있습니다.

챕터 제목
제작할 프로젝트를 제목으로 확인합니다.

이해하기
학습할 인공지능의 개념에 대해 알아봅니다.

살펴보기
인공지능이 사용되는 예시를 확인할 수 있습니다.

인공지능 프로젝트 일지

프로젝트 일지를 통해 인공지능이 필요한 실제 사례에 대해 알아봅니다.

인공지능 설계하기

제작할 프로젝트의 화면 디자인과 순서도를 확인합니다.

상황
인공지능이 필요한 상황에 대해 네 컷 만화로 이해를 높일 수 있습니다.

문제 및 해결 방법
문제를 정리하고 해결 방법을 도출합니다.

목표와 기능
제작할 프로젝트를 순서대로 정리합니다.

디자인 및 순서도
제작할 프로젝트의 화면을 미리 살펴보고, 기능을 도식화 합니다.

구성 요소와 특징

프로젝트 만들기

엔트리를 이용하여 인공지능 프로젝트를 만들어봅니다.

학습목표
이번 시간에 학습할 목표에 대해 알아봅니다.

준비하기 및 미리보기
준비상황과 완성된 프로젝트의 실행화면을 미리 확인할 수 있습니다.

기능/블록 알아보기 및 오브젝트 살펴보기
제작할 작품의 인공지능, 블록과 오브젝트를 확인합니다.

QR코드
프로젝트의 실습 영상을 확인할 수 있습니다.

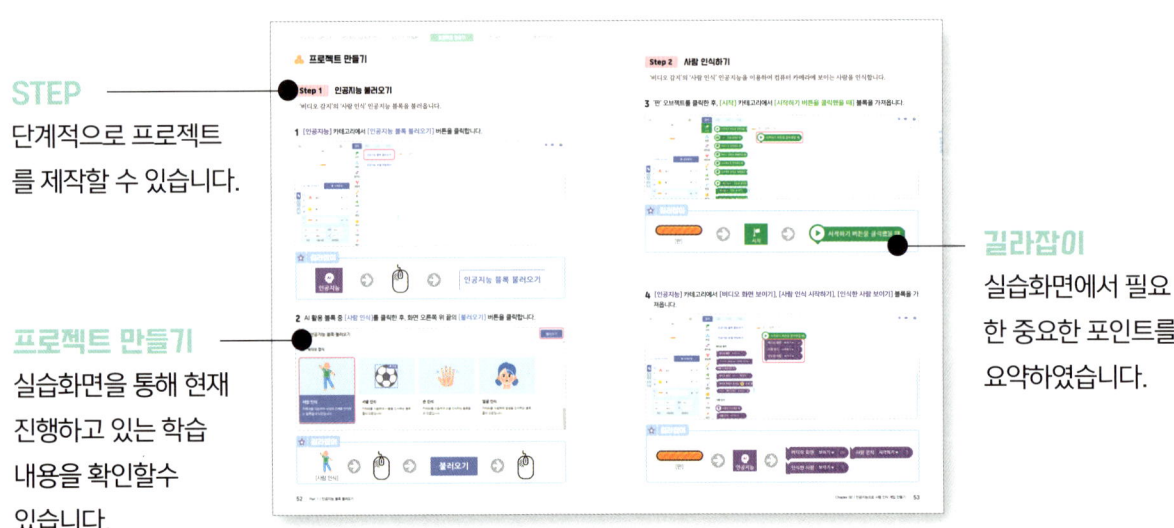

STEP
단계적으로 프로젝트를 제작할 수 있습니다.

프로젝트 만들기
실습화면을 통해 현재 진행하고 있는 학습 내용을 확인할수 있습니다.

길라잡이
실습화면에서 필요한 중요한 포인트를 요약하였습니다.

정리하기

프로젝트 만들기를 통해 나온 전체 코드를 확인합니다.

발전시키기

각 차시의 학습 내용을 바탕으로 학생 스스로 프로젝트를 발전시켜볼 수 있습니다.

전체 코드 보기
각 오브젝트의 전체 코드를 확인할 수 있습니다.

화면 디자인
추가할 기능의 최종 화면을 확인할 수 있습니다.

추가 기능 힌트
추가해야 할 기능을 확인하고, 힌트를 이용하여 프로젝트를 보완합니다.

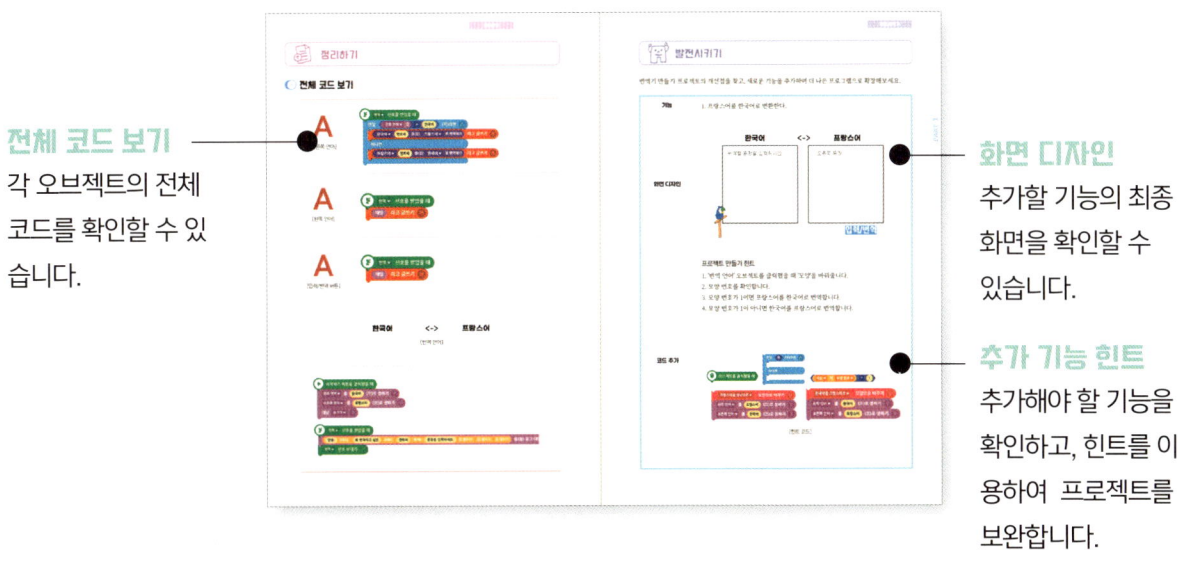

발전시키기(정답)

각 프로젝트의 발전시키기 정답을 확인합니다.

Chapter 00 | 인공지능과 엔트리

🌥️ 인공지능 살펴보기

♥ 인공지능이란?

인공지능(AI)은 컴퓨터가 사람처럼 생각하고 학습하는 기술입니다. 우리가 물건을 보거나 문제를 해결할 때 생각하는 것처럼, 컴퓨터도 인공지능을 통해 '생각'을 합니다. 그런데, 컴퓨터의 '생각'은 사람처럼 머리로 하는 것이 아니라 수많은 계산을 통해 이루어집니다.

자전거 타기를 생각해 보세요. 처음에는 어렵지만, 연습하면 잘 타게 됩니다. 인공지능도 이런 원리로 작동합니다. "이 사진은 고양이야, 저 사진은 개야"라고 많은 사진을 보여주며 가르치면, 인공지능은 새로운 사진에서 고양이와 개를 구별하게 됩니다. 인공지능은 사진과 같은 데이터를 보여주며 학습을 하기도 하지만, 데이터 없이도 스스로 결정을 내리는 인공지능도 있습니다. 예컨대, 자동차 운전을 돕는 인공지능은 언제 차선을 바꿀지나 속도를 언제 조절할지를 스스로 판단합니다.

♥ 어디에 사용될까?

인공지능(AI)은 현대 사회의 많은 분야에서 활용되고 있습니다.

스마트폰	스마트폰의 음성 비서, 카메라 애플리케이션, 페이스 아이디 등 다양한 기능에 인공지능이 사용됩니다. 예를 들어, 사진 앱이 자동으로 사람의 얼굴을 구분하거나, 음성 비서가 사용자의 명령을 듣고 이해하여 실행하는 것 또한 인공지능 덕분입니다.
온라인 쇼핑	온라인 쇼핑 사이트에서는 사용자의 구매 이력, 검색 패턴 등을 분석하여 맞춤형 상품을 추천합니다. 이러한 추천 시스템 뒤에는 인공지능 알고리즘이 있습니다.

자동차	최신 자동차에는 운전자의 안전을 돕는 다양한 인공지능 기술이 탑재되어 있습니다. 자율 주행, 차선 유지, 충돌 예방 등의 기능이 그 예입니다.
의료	병원에서는 X-ray, MRI 이미지 등을 분석하여 질병을 진단하는 데 인공지능을 활용하기도 합니다. 또한, 환자의 증상과 병력을 토대로 질병을 예측하거나 치료 방안을 제안하는 인공지능 시스템도 연구되고 있습니다.
금융	은행이나 금융기관에서는 거래 패턴을 분석하여 부정 거래를 탐지하거나, 고객에게 최적의 금융 상품을 추천하는 데 인공지능을 활용합니다.

인공지능은 이 외에도 학교, 도서관, 교통 시스템, 농업 등 많은 분야에서 활용되어 우리 생활을 더욱 풍요롭고 편리하게 만들어 주고 있습니다.

어떻게 작동할까?

인공지능이 어떻게 '똑똑해지는지' 알고 싶다면, '데이터'와 '학습 방법'에 대해 알아야 합니다.
데이터는 우리가 알고 있는 사진, 글, 노래나 사람의 말처럼 다양한 형태가 있습니다. 인공지능은 이 데이터를 학습하여 똑똑해집니다. 그리고 이 데이터를 통해 좋은 결정을 내릴 수 있습니다.
머신러닝은 컴퓨터가 데이터를 보고 공부하는 방법의 하나입니다. 컴퓨터는 이 방법으로 일을 처리하는 방식이나 데이터 안에 숨겨진 규칙을 찾아냅니다. 여러 가지 학습 방법이 있는데, 가장 잘 알려진 것은 '정답이 있는 학습', '정답 없이 스스로 찾아보는 학습'과 '시행착오를 겪으면서 배우는 학습'입니다.
딥 러닝은 머신러닝의 한 부분이며 '인공신경망'이라는 것을 사용합니다. 이 방법은 많은 계층의 인공신경망을 사용해서 복잡한 규칙을 찾아냅니다. 이미지 인식, 음성 인식, 자연어 처리 등에서 이 방법을 많이 사용합니다.

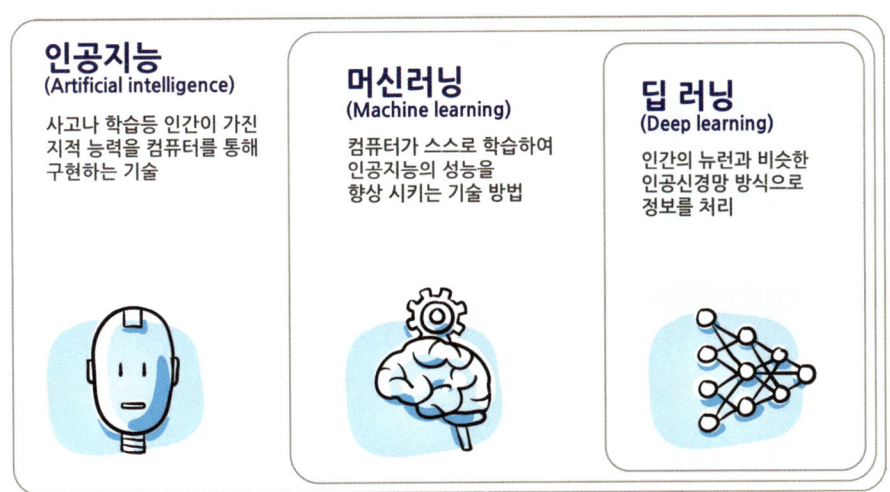

인공지능 학습 방법

인공지능의 주요 학습은 지도 학습, 비지도 학습, 강화 학습 세 가지가 있습니다.

정답이 있는 지도 학습	지도 학습은 컴퓨터에게 예시와 그에 해당하는 결과를 함께 제시하며 가르치는 방법입니다. 이 방법으로 학습한 컴퓨터는 새로운 상황에 대한 적절한 반응을 학습합니다. 스팸 메일 필터링에서 메일의 내용을 보고 이것이 '스팸'인지 '정상 메일'인지를 컴퓨터가 구별해내는 것이 지도 학습의 사례 중 하나입니다.
정답 없이 스스로 찾아보는 비지도 학습	비지도 학습은 컴퓨터에게 결과를 알려주지 않고 데이터만 제공합니다. 이때 컴퓨터는 데이터 안에서 스스로 패턴이나 규칙을 찾아내야 합니다. 이런 학습 방법을 통해, 컴퓨터는 비슷한 특성을 가진 데이터를 그룹으로 묶습니다. 쇼핑몰에서 고객들의 구매 기록을 보고 서로 비슷한 구매 성향을 가진 사람들을 집단으로 분류하는 것이 비지도 학습의 사례 중 하나입니다.
시행착오를 겪는 강화 학습	강화 학습은 컴퓨터가 시도와 오류를 통해 학습하는 방식입니다. 컴퓨터는 올바른 결정을 내릴 때 긍정적인 피드백을 받고, 그렇지 않을 때는 보완할 점을 배웁니다. 로봇이 길을 찾을 때 올바른 길로 갈수록 긍정적인 피드백을 받으며, 이를 통해 최적의 경로를 찾아가는 방식이 강화 학습의 예입니다.

분류, 예측, 군집화

인공지능은 주어진 데이터를 기반으로 학습된 모델을 통해 정보를 처리합니다. 이 과정에서 주로 사용되는 방법에는 분류, 예측, 군집화가 있습니다.

분류는 데이터를 미리 정해진 범주나 그룹으로 나누는 과정입니다. 예를 들어, 이메일을 '스팸' 또는 '정상'으로 분류하거나, 사진에 나타난 동물을 '고양이', '개' 등으로 구분하는 것입니다. 예측은 과거 데이터를 바탕으로 미래의 값을 예측합니다. 예를 들어, 주식 가격의 미래 변동을 예측하거나, 날씨 예보에서 내일의 기온을 추측하는 것과 같습니다. 군집화는 데이터를 어떤 사전 지정된 범주에 의존하지 않고, 비슷한 특성을 가진 데이터끼리 그룹으로 묶는 과정입니다. 예를 들어, 소비자 데이터를 바탕으로 비슷한 구매 성향을 가진 그룹을 만들거나, 문서들을 주제별로 묶는 것이 여기에 속합니다.

인공지능이 이런 방식으로 일하면, 우리 생활과 여러 일에서 큰 도움이 됩니다. 이 기술은 많은 정보 속에서 필요한 것들을 찾아내어 우리가 더 좋은 결정을 내릴 수 있게 해줍니다.

엔트리 살펴보기

엔트리란?

엔트리는 대한민국의 교육용 프로그래밍 언어 플랫폼입니다. 소프트웨어를 통해 미래를 꿈꾸고 함께 성장한다는 비전으로 탄생한 창작 플랫폼으로 누구나 쉽게 프로그래밍을 할 수 있습니다. 우리는 엔트리를 통해 상상하던 게임, 예술 작품, 생활도구 등을 직접 만들고 다른 사람들과 작품을 공유하며, 공유된 작품에서 새로운 영감을 얻을 수 있습니다.

엔트리 사용하기

엔트리는 인터넷 상에서 이용하는 엔트리 온라인과 다운로드하여 인터넷 연결 없이도 사용할 수 있는 엔트리 오프라인 두 종류가 있습니다. 인공지능의 기능을 사용할 경우에는 온라인 사용을 권장합니다.

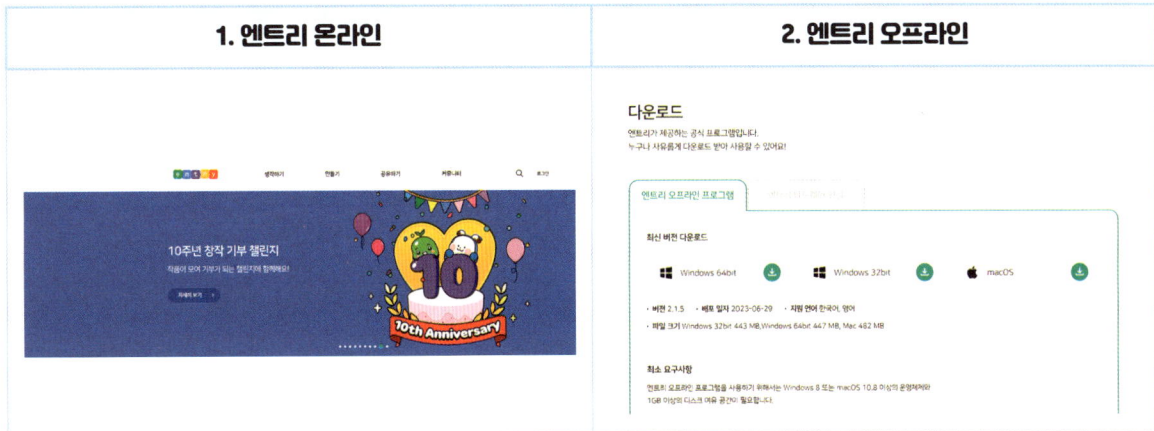

1. 엔트리 온라인	2. 엔트리 오프라인
https://playentry.org/ 엔트리 온라인의 인터넷 주소입니다. 엔트리에서는 작품을 만드는 것뿐만 아니라 다른 친구들의 작품을 감상할 수 있으며, 엔트리에서 작품을 만드는 방법을 배울 수 있습니다.	https://playentry.org/download/offline 엔트리 오프라인은 인터넷 없이도 엔트리 작품을 만들 수 있습니다. 프로그램을 설치하면 컴퓨터에서 언제든 엔트리 작품을 만들 수 있습니다. 하지만 오프라인 버전의 경우 작품 만들기 기능만 제공하므로, 작품 공유와 커뮤니티 참여를 위해서는 온라인 접속이 필요합니다.

엔트리 회원가입

엔트리는 회원가입을 하지 않아도 무료로 이용할 수 있지만, 작품을 저장하고 공유하기 위해서는 회원가입을 해야 합니다.

1 화면 상단 오른쪽의 로그인 버튼을 클릭합니다.

2 이동한 화면 아래에서 '회원가입하기'를 클릭합니다.

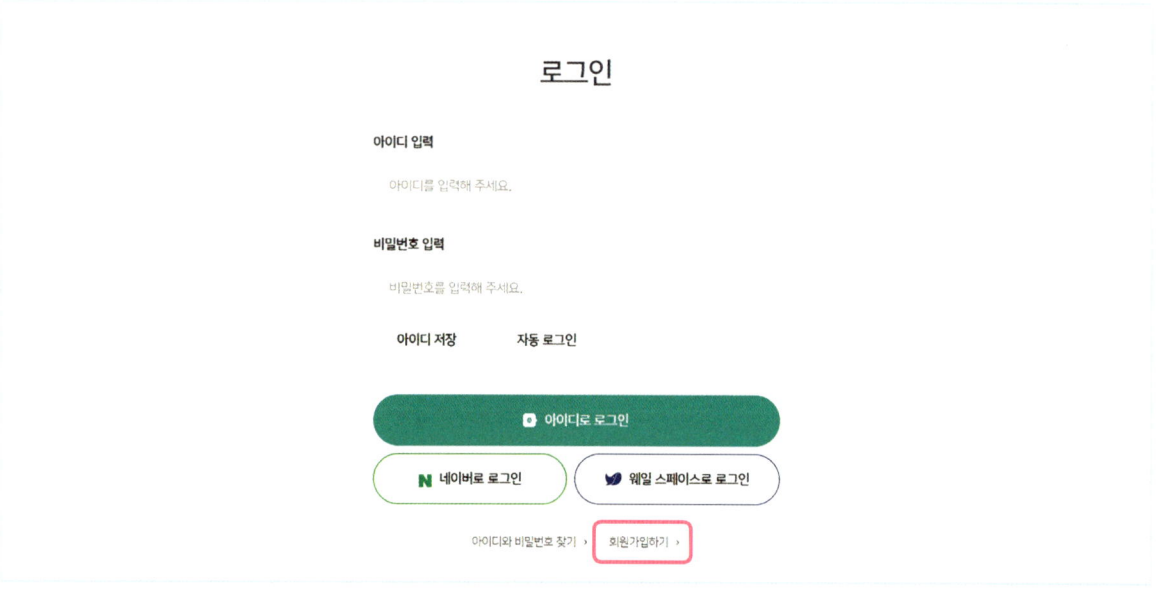

3 '필수' 부분을 마우스로 모두 클릭합니다.

4 아이디와 비밀번호를 입력 후 다음 버튼을 클릭합니다.

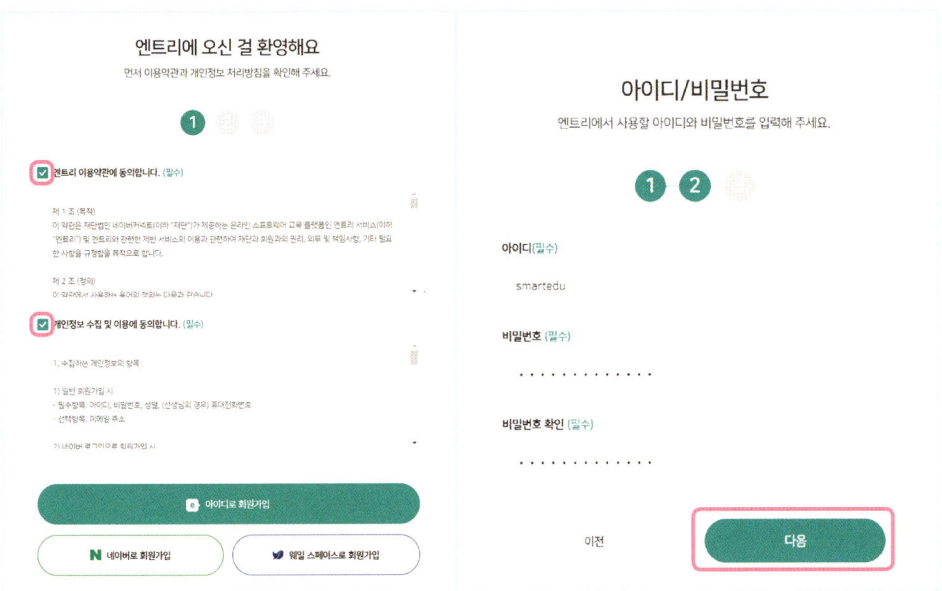

5 필수 부분을 모두 입력합니다. 이메일의 경우 비밀번호를 잊어버렸을 때 사용되므로 이메일 주소를 작성하는 것이 좋습니다.

6 회원가입이 완료됩니다. (메일 주소를 입력한 경우 사용하는 메일로 이동해 메일 인증을 해주세요.)

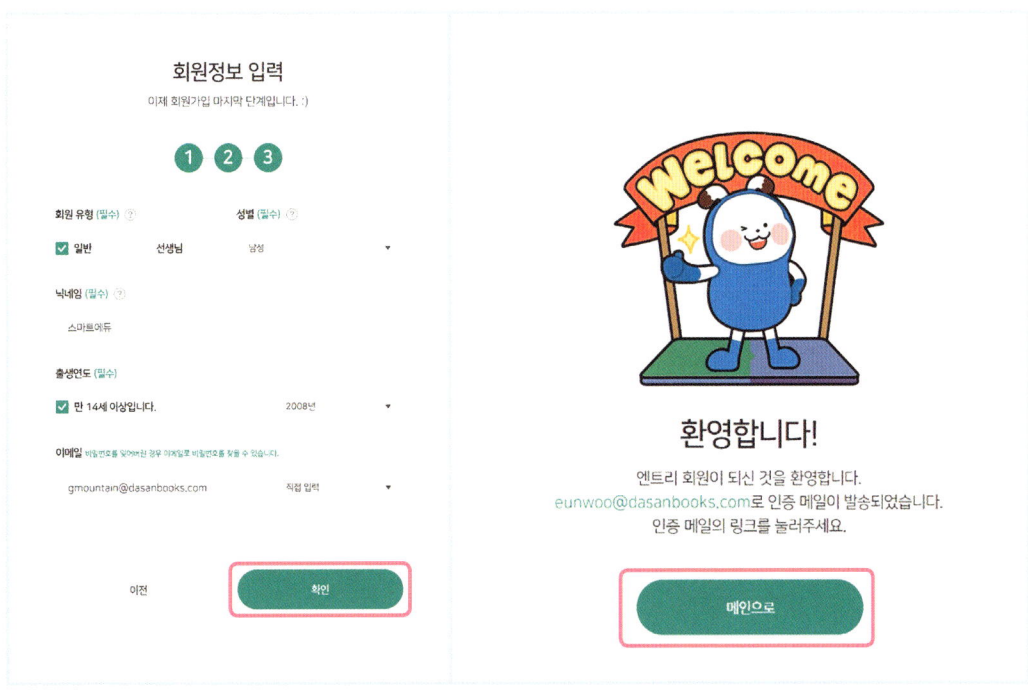

💛 엔트리 화면 구성 살펴보기

만들기 > 작품 만들기를 클릭하면 작품을 만드는 공간으로 이동합니다.

엔트리는 다음과 같은 화면으로 구성되어 있습니다.

1 상단 메뉴

① **엔트리 로고** : 프로그래밍의 첫걸음, 엔트리의 로고입니다. 클릭하면 말풍선 메뉴가 표시됩니다. 말풍선 메뉴를 통해 엔트리 홈으로 이동하거나, 만들고 있는 작품의 상세 페이지로 이동할 수 있습니다.

② **작품 이름** : 작품의 제목을 확인하고, 클릭해 새로 입력하거나 수정할 수 있습니다. 작품을 효과적으로 관리하기 위해서는 작품마다 각각 제목을 입력해주는 것을 추천합니다.

③ **만들기 모드** : 엔트리에서 작품을 만드는 방법을 선택합니다. 선택한 모드에 따라 블록 탭의 모양이 바뀌는데 블록을 조립해서 작품을 만들거나(블록 코딩), 텍스트를 직접 입력해 작품을 만드는(엔트리파이썬) 두 가지 모드가 있습니다.

④ **새로 만들기/불러오기** : 새 작품을 만들거나, 온라인/오프라인에서 작품을 불러올 수 있어요. 각 메뉴를 클릭하면 지금 열려있는 작품에서 빠져나가게 되니 꼭 미리 작품을 저장해야 합니다.

⑤ **저장하기** : 작품을 로그인한 계정의 '나의 작품'(서버) 또는 내 컴퓨터에 저장합니다. 로그인하지 않은 경우 '내 컴퓨터에 저장하기'만 사용할 수 있으며, 오프라인 엔트리를 사용하는 경우에는 '저장하기'와 '복사본으로 저장하기'만 사용할 수 있습니다.

⑥ **도움말** : '블록 도움말'을 클릭하면 보조 창에서 도움말 탭으로 이동해요. 블록 꾸러미나 블록 조립소에 있는 블록을 선택하면 해당 블록의 설명이 나타납니다.

⑦ **출력하기** : 실행 화면과 모든 오브젝트, 코드, 속성(변수, 리스트, 신호, 함수)을 정리해서 볼 수 있는 기능입니다.

⑧ **되돌리기/되살리기** : 작품 내 대부분의 작업을 이전으로 되돌리거나 이후로 되살리는 유용한 기능입니다. 왼쪽 버튼을 누르면 되돌리고, 오른쪽 버튼을 누르면 되살립니다.

⑨ **기본형/교과형 선택** : 기본형 만들기 모드와 실과 교과형 만들기 모드를 확인할 수 있습니다.

⑩ **로그인 메뉴** : 로그인한 계정을 클릭하면 나타나는 메뉴입니다. 각 메뉴를 클릭하면 지금 열려있는 작품에서 빠져나가기 때문에 꼭 먼저 저장해야 합니다. 로그인하지 않으면 '로그인' 또는 '회원가입'을 클릭할 수 있습니다.

⑪ **언어 선택** : 만들기 화면에서 표시되는 언어를 변경할 수 있습니다. 사용할 수 있는 언어는 한국어와 영어입니다.

2 실행화면

1. **속도 조절 버튼** : '속도 조절' 버튼을 누르면 작품의 실행 속도를 1~5 범위에서 조절할 수 있습니다. 블록의 실행 순서를 눈으로 천천히 확인하고자 할 때 유용합니다.
2. **모눈종이 버튼** : '모눈종이' 버튼을 클릭하면 실행 화면에 눈금 좌표계가 나타납니다. 오브젝트의 위치를 파악할 때 유용합니다.
3. **크게 보기 버튼** : 오른쪽 위의 '크게 보기' 버튼을 클릭하면 실행 화면을 크게 볼 수 있습니다.
4. **오브젝트 추가하기** : '오브젝트 추가하기' 버튼을 누르면 원하는 오브젝트를 오브젝트 목록에 추가할 수 있습니다.
5. **시작하기 버튼** : '시작하기' 버튼을 누르면 작품을 실행할 수 있습니다.

3 보조창

1. **오브젝트 목록 탭** : 선택한 장면에서 오브젝트를 추가하거나 관리하는 영역입니다. 실행 화면 아래에 있습니다. 오브젝트에 대한 다양한 정보를 보여줍니다.
2. **도움말 탭** : 도움말 탭은 블록 꾸러미나 블록 조립소에 있는 블록을 선택하면 해당 블록의 설명이 나타나는 영역입니다.
3. **엔트리 콘솔 탭** : 엔트리 파이썬 모드에서 명령어를 입력하는 데 사용하는 영역입니다. 블록 코딩 모드에서는 대답 창 대신 대답을 입력하는 데 사용할 수 있습니다.
4. **하드웨어 상세 탭** : 하드웨어를 연결하면 나타나는 탭입니다. 엔트리에 연결한 하드웨어의 상세 정보를 확인하는 영역입니다. 작품을 실행하지 않아도 하드웨어의 입력/출력값을 실시간으로 확인할 수 있습니다.

4 중간 메뉴(블록 꾸러미)

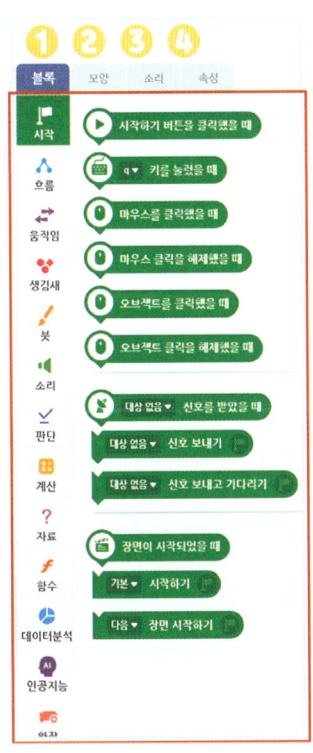

1. **블록 탭** : 오브젝트가 '어떻게 동작할 것인지'에 대한 정보를 담고 있습니다. 엔트리에서 텍스트 코드 대신 사용되는 블록 코드가 바로 여기에 들어 있습니다.
2. **모양 탭** : 오브젝트가 '어떻게 보일 것인지'에 대한 정보를 담고 있습니다. 하나 또는 여러 개의 이미지로 이루어지고, 각각 순서를 정할 수 있습니다. 이미지는 엔트리에서 기본적으로 제공하는 것 중에서 고를 수도 있고, 이미지 파일을 업로드하거나 그림판 기능을 이용해 직접 그려 사용하는 것도 가능합니다.
3. **소리 탭** : 오브젝트에서 '어떤 소리가 날 것인지'에 대한 정보를 담고 있습니다. 모양과 비슷하게 하나 또는 여러 개의 오디오로 이루어지고, 각각 순서를 정할 수 있습니다. 소리는 엔트리에서 기본적으로 제공하는 것 중에서 고르거나, 오디오 파일을 업로드해 사용할 수 있습니다.
4. **속성 탭** : 오브젝트에서 '어떤 값을 활용할 것인지'에 대한 정보를 담고 있습니다. 속성에는 '변수', '리스트', '신호', '함수'가 있고 이는 모두 오브젝트가 동작하는데 필요한 값에 대한 정보입니다.

5 블록 조립소

1. **블록 조립** : 중간 메뉴의 블록 꾸러미에서 블록을 가져와 조립할 수 있습니다. 블록 꾸러미에서 가져온 블록을 조립하면 블록(또는 명령어)은 '코드'라는 이름으로 불립니다.
2. **모든 메모 보기** : 작성한 메모를 모두 확인할 수 있습니다.
3. **메모 추가하기** : 메모를 추가할 수 있습니다.
4. **나의 보관함** : 보관한 블록을 가져올 수 있습니다.
5. **블록 사이즈 조정** : 블록 조립소의 블록을 축소(60%) 및 확대(200%) 할 수 있습니다.
6. **휴지통** : 사용하지 않는 블록은 휴지통으로 드래그하여 삭제할 수 있습니다.

오브젝트 알아보기

오브젝트는 명령어를 통해 움직일 수 있는 캐릭터, 배경, 글상자 등을 말합니다. 오브젝트는 이름, 위치, 크기, 방향, 이동 방향, 회전 방식의 정보를 가지고 있습니다.

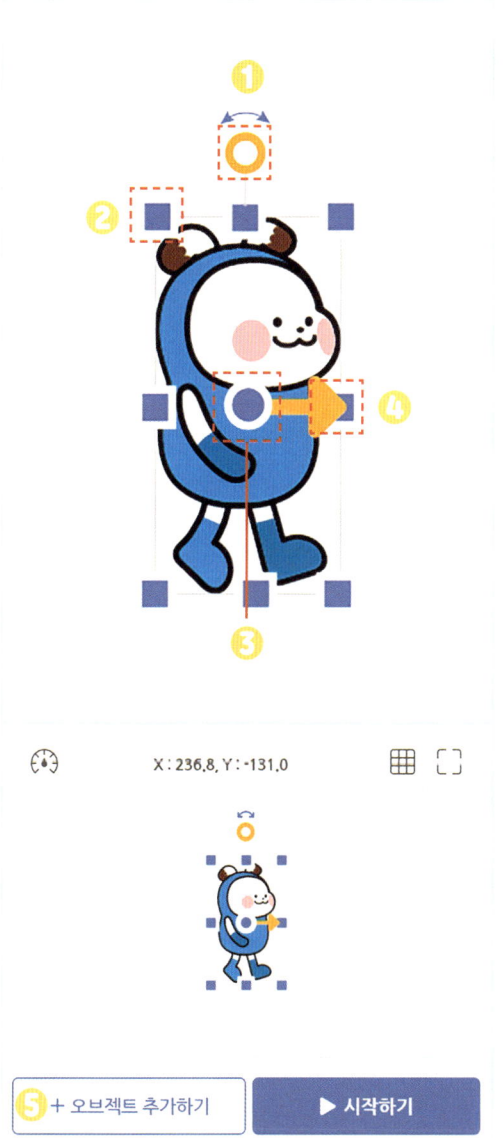

① **방향 핸들** : 오브젝트의 중심을 기준으로 드래그를 하며 방향을 조절합니다. 오브젝트 방향 핸들을 바꾸면 오브젝트가 바라보는 방향도 함께 바뀝니다.

② **셀렉트 박스** : 마우스로 크기 조절점을 드래그하면 오브젝트의 크기를 조절할 수 있습니다.

③ **중심점, 중심축** : 드래그해서 중심 위치를 조절합니다. 중심점은 오브젝트 속성의 좌표입니다. 오브젝트를 이동할 때에도 이 중심점을 기준으로 이동하며 오브젝트의 방향을 회전할 때의 중심축이기도 합니다.

④ **이동방향 화살표** : 드래그해서 오브젝트가 이동할 수 있는 이동 방향을 조절합니다.

⑤ **오브젝트 추가하기** : 다양한 오브젝트를 추가할 수 있습니다.

⑥ **잠금/해제, 보이기/숨기기** : 오브젝트를 움직이지 못하게 잠그거나 눈에 보이지 않도록 숨기기 처리를 할 수 있습니다.

⑦ **오브젝트 이름** : 오브젝트의 이름을 나타냅니다.

⑧ **오브젝트 위치** : 실행 화면에서의 오브젝트의 위치를 나타내며 x : -240~240, y : -135~135의 좌표를 가집니다.

⑨ **크기** : 오브젝트의 크기 값을 나타냅니다.

⑩ **방향** : 회전 방향을 나타내며 0~360의 각도 값으로 나타냅니다.

⑪ **이동 방향** : 오브젝트가 이동할 수 있는 방향 값을 나타내며 0~360의 각도 값으로 나타냅니다.

⑫ **회전 방식** : 오브젝트의 회전 방식을 결정합니다.

♣ 예제 파일 내려받기

1. 다산스마트에듀홈페이지(https://www.dasansmartedu.com/)에 접속합니다.
2. 고객지원→자료실에서 도서명에 맞는 예제 파일을 본인 컴퓨터에 다운로드 합니다.
3. 원하시는 폴더에 다운로드 한 압축 파일을 풉니다.
    작품별 학습 참고 영상을 제공합니다. 학습 참고 영상은 차시별 링크와 QR코드로 접속하실 수 있습니다.

♣ 온라인 엔트리에서 예제 파일 확인하기

1. 다산스마트에듀 엔트리 페이지(http://naver.me/FZqtVeta)에 접속합니다.
2. 각 작품에서 [클릭]-[리메이크하기]-[저장 버튼]-[저장하기]를 선택하면 나의 작품으로 저장되어 실습용으로 활용할 수 있습니다.

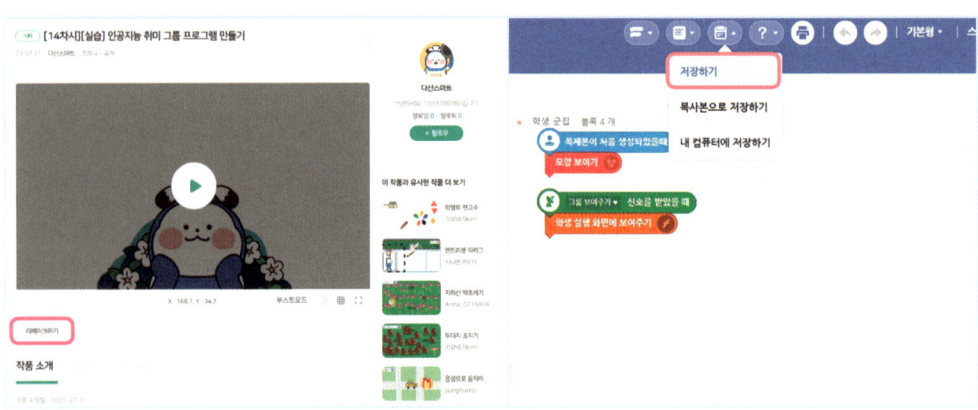

♣ 학습 참고 영상 이용 방법

작품별 학습 참고 영상을 제공합니다. 학습 참고 영상은 차시별 링크와 QR코드로 접속하실 수 있습니다.

링크로 접속하기
예제 파일 다운로드 시 학습 참고 영상 링크도 함께 다운로드 받을 수 있습니다. 차시별로 정리된 링크에 접속하면 학습 참고 영상을 확인할 수 있습니다.

QR코드로 접속하기
각 차시 첫 페이지 상단에 있는 QR코드를 스마트폰으로 인식하면 학습 참고 영상을 확인할 수 있습니다.

교강사를 위한 수업안 및 PPT 자료 별도 제공

PART 1

인공지능 블록 불러오기

번역, 비디오 감지, 오디오 감지, 읽어주기

PART 1 활용 인공지능 -번역

Chapter 01 인공지능으로 번역기 만들기

언어의 마법사가 되어보자! 전 세계 친구들과 대화하기

💡 인공지능 알아보기

이해하기 인공지능이 어떻게 말을 이해하고 변환할까?

Part 1에서는 미리 학습되어 있는 인공지능 모델을 이용하여 우리가 사용하는 인공지능의 다양한 동작 방법에 대해 알아보도록 하겠습니다.

통계 기반 기계 번역과 신경망 기계 번역

번역기는 한 언어로 쓰인 말이나 글을 다른 언어로 바꿔주는 기계 또는 컴퓨터 프로그램으로 현대의 번역기 안에는 인공지능이 함께 작동되고 있습니다.

1990년대에 언어학이 아닌 통계학을 사용해 **통계 기반 기계 번역(SMT, Statistical Machine Translation)** 을 만들었습니다. 사용자가 문장을 입력하면 단어나 구문을 쪼갠 뒤 통계적으로 의미에 가깝다고 판단되는 단어나 구문을 선택하여 번역을 합니다. 하지만 여기서 문제가 발생합니다. 예를 들어 '밤을 먹다'라는 문장에서 밤이 먹는 밤(chestnut)인지 저녁을 뜻하는 밤(night)인지 구분하지 못하는 결과가 나올 수 있습니다. 그래서 이 문제를 해결하기 위해 새로운 방법을 생각해 냈습니다. 그것이 바로 2013년에 처음 등장한 **신경망 기계 번역(NMT, Neural Machine Translation)** 입니다. 이 방법은 우리 뇌가 어떻게 생각하는지를 본떠서, 문장이 무슨 뜻이고 어떻게 연결되어 있는지를 번역기가 더 잘 이해하도록 만들었습니다. 문장을 번역할 때 단어나 구문을 쪼개지 않고 문장 단위로 번역합니다. 전체 문맥을 파악하고 문장 내에서 단어, 순서, 의미, 문맥의 차이를 찾은 후에 번역하기 때문에 더 자연스러운 번역을 할 수 있게 되었습니다.

인공지능이 번역을 하는 과정

① 데이터 수집 → ② 텍스트 전처리 → ③ 토큰화 → ④ 임베딩 → ⑤ 인공신경망 학습 → ⑥ 문장 구조 이해 → ⑦ 번역과 생성 → ⑧ 번역 개선

여기서 **신경망**은 컴퓨터가 사람의 뇌처럼 정보를 처리하도록 하는 기술입니다. 딥 러닝은 이러한 신경망 중 복잡한 구조를 가진 모델로, 컴퓨터가 스스로 학습하며 지능을 향상시키는 데 사용됩니다.

사람의 뇌 속 인공신경망

인공지능의 인공신경망

사람 뇌의 뉴런 구조

인공지능의 인공신경망 구조

딥 러닝을 사용한 덕분에 컴퓨터는 번역을 하고, 책을 요약하며, 사진에서 사람 얼굴을 찾는 등의 복잡한 작업을 할 수 있게 되었습니다.

살펴보기 다양한 인공지능 번역기

구글 번역(Google Translate)
가장 유명한 인공지능 번역기 중 하나이며 많은 언어를 지원하고, 단어, 문장, 웹 페이지 등을 번역할 수 있습니다.

https://translate.google.com

파파고(Papago)
네이버에서 만든 인공지능 번역기입니다. 주로 한국어와 다른 언어 사이의 번역에 특화되어 있고, 사용자 친화적인 화면 디자인으로 구성되어 있습니다.

https://papago.naver.com

딥엘(DeepL)
딥엘은 독일에서 개발된 번역기로, 특정 언어 간에 자연스러운 번역과 높은 정확도를 제공합니다.

https://www.deepl.com/ko/translator

마이크로소프트 Bing(Microsoft Bing)
마이크로소프트에서 개발한 인공지능 번역기로, 여러 언어를 지원하며 문서, 음성, 대화 등 다양한 형태의 번역을 제공합니다.

https://www.bing.com/translator

이렇게 다양한 인공지능 번역기가 있어서 서로 다른 언어를 사용하는 사람 간의 의사소통이 편리해졌습니다. 인공지능 번역기는 계속 발전하고 있으며, 더 많은 언어와 높은 정확도를 지원하기 위해 노력하고 있습니다.

인공지능 프로젝트 일지

	20XX년 XX월 XX일 X요일 
상황	맑고 상쾌한 날씨에 기운이 넘치는 나는 하얀이와 함께 기쁜 마음으로 산책을 나섰다. 하지만 갑자기 뒤에서 '실례합니다'라는 목소리가 들려 나의 발걸음을 멈췄다. 뒤로 몸을 돌리니 낯선 외국인이 지도를 펼쳐 들고 나에게 무언가를 묻고 있는 것 같았다. 그 말은 영어가 아니어서 정확히 이해할 수 없었으나, 표정과 몸짓으로 미루어 보아 이 지역의 어떤 명소를 찾고 있는 것으로 추측되었다. 
발견된 문제점	나는 프랑스어를 모르고, 상대방은 한국어를 모르기 때문에 의사소통을 할 수 없었다.
해결 방법	인공지능 기반의 기계 번역 알고리즘을 이용해 한국어와 프랑스어 간에 글자를 번역할 수 있는 프로그램을 만든다. 이 프로그램은 사용자가 글자를 입력하면 상대방의 언어로 번역하여 보여준다.

프로젝트 설계하기

목표	프랑스어를 번역할 수 있는 번역기를 만들자.
기능	1. 입력/번역 버튼을 클릭하여 번역할 내용을 한국어로 입력한다. 2. 인공지능 번역기 모델을 통해 입력 받은 내용을 번역한다. 3. 화면에 입력한 내용과 번역된 내용을 함께 보여준다.
화면 디자인	한국어 — ② 입력한 내용 보이기 프랑스어 — ③ 번역된 내용 보이기 입력 ① 버튼을 클릭하면 입력창이 보이고 내용을 입력할 수 있다
순서도	입력/번역 버튼 클릭하기 ↓ 번역할 내용 입력하기 ↓ 프랑스어 번역하기 ↓ 번역한 내용 화면에 보여주기

프로젝트 만들기

학습목표

- 인공지능 블록의 '번역' 블록을 추가할 수 있다.
- '번역' 블록의 기능을 이해하고 사용할 수 있다.
- 번역을 이용하여 번역기 작품을 만들 수 있다.

· 예제 작품 주소 : http://naver.me/x3ilSbGX
· 완성 작품 주소 : http://naver.me/5JQuEM8x
· 실습 파일 : 없음

실습 영상

준비하기

프로젝트 미리보기

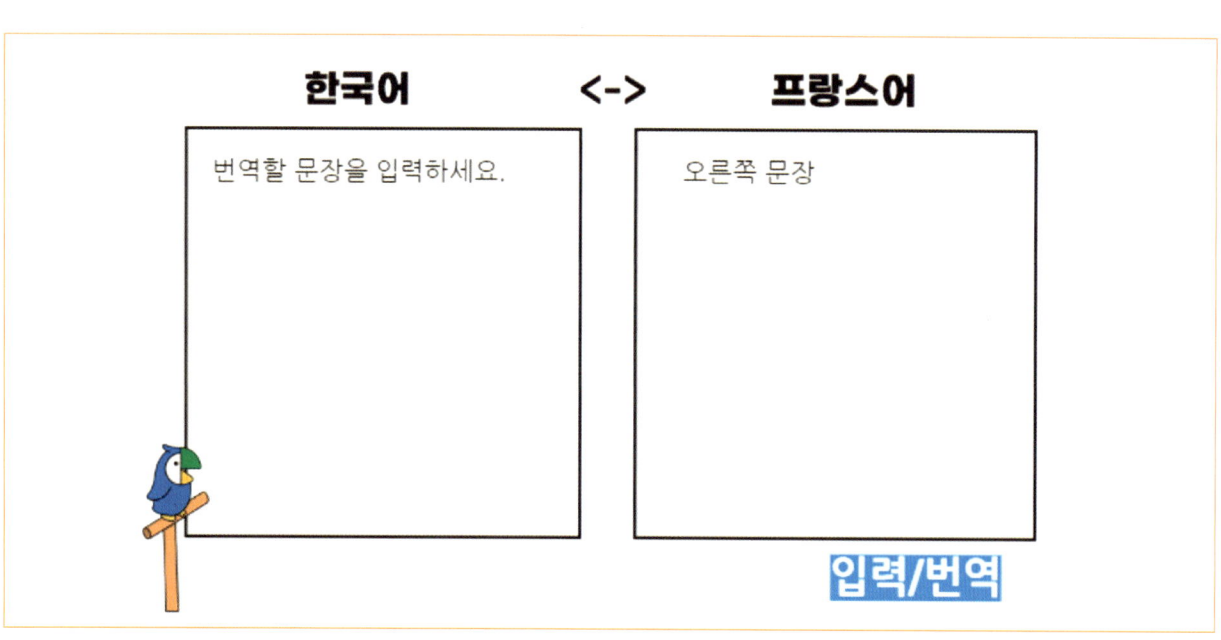

엔트리의 인공지능　번역

이번 프로젝트에서는 엔트리에서 제공하는 다음 인공지능을 이용하여 작품을 만듭니다.

✿ 기능 알아보기

'네이버 랩스'가 자체 개발한 인공신경망 기반 번역 서비스 '파파고'를 활용해 언어를 번역합니다.

* 인터넷에 연결되지 않았거나 인터넷 환경이 불안정할 경우, '알 수 없는 문장입니다.'를 가져오고 다음 블록으로 넘어갑니다.
* 내용은 3,000자까지 입력할 수 있습니다.

✿ 블록 알아보기

블록	기능
한국어▼ 엔트리 을(를) 영어▼ 로 번역한 값	입력한 문자값을 선택한 언어로 번역합니다. 3,000자까지 입력 가능합니다.
엔트리 의 언어	입력된 문자값의 언어를 감지합니다. 문장 형태로 3,000자까지 입력 가능합니다.

✿ 오브젝트 살펴보기

이름	배경	입력/번역 버튼	번역 언어	왼쪽 문장	오른쪽 문장
x	0	150	0	-110	110
y	0	-115	115	0	0
크기	365%	60%	160%	170%	170%

🔸 프로젝트 만들기

Step 1 인공지능 불러오기

'번역' 인공지능 블록을 불러옵니다.

1 [인공지능] 카테고리에서 [인공지능 블록 불러오기] 버튼을 클릭합니다.

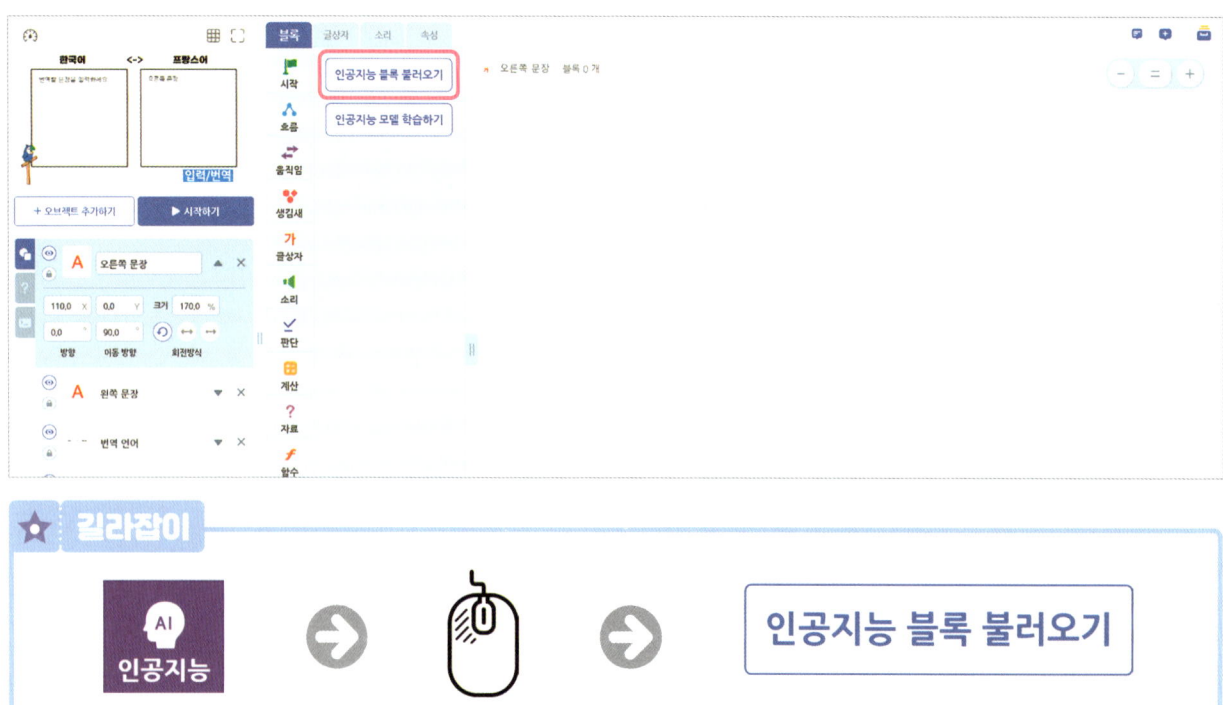

2 AI 활용 블록 중 [번역]을 클릭한 후, 화면 오른쪽 위의 [불러오기] 버튼을 클릭합니다.

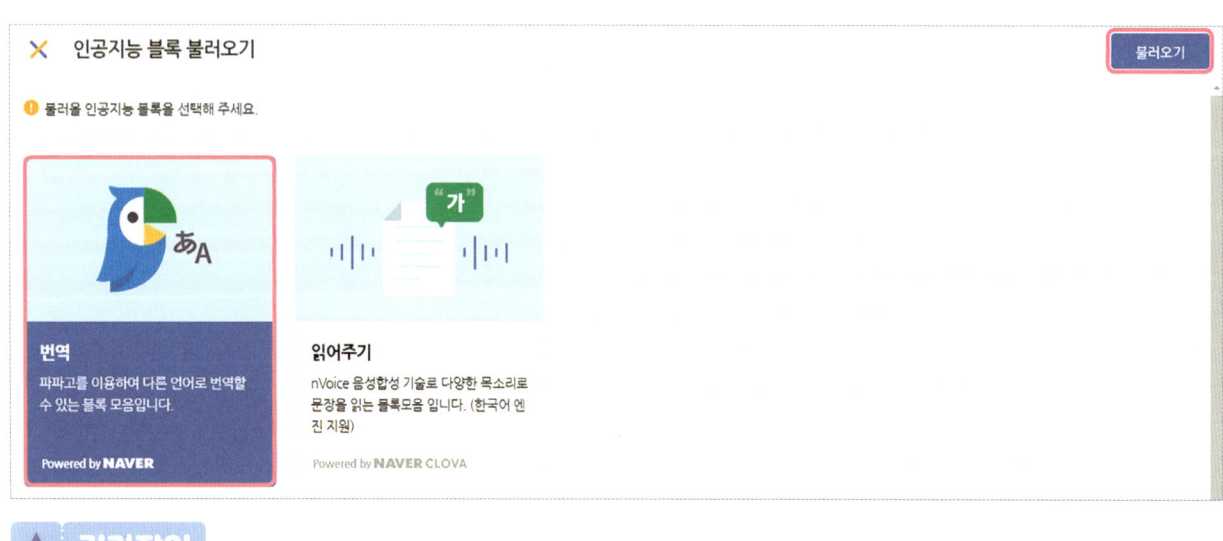

Step 2 변수 추가하기

'왼쪽 언어', '오른쪽 언어' 값을 저장하는 변수를 추가합니다.

3 [속성] 탭에서 [변수]-[변수 추가하기] 버튼을 클릭한 후, 변수 이름에 '왼쪽 언어'라고 입력하고 [변수 추가] 버튼을 클릭합니다. 같은 방법으로 '오른쪽 언어' 변수를 추가합니다.

4 '번역 언어' 오브젝트를 클릭한 후, [시작] 카테고리에서 [시작하기 버튼을 클릭했을 때] 블록을 가져옵니다.

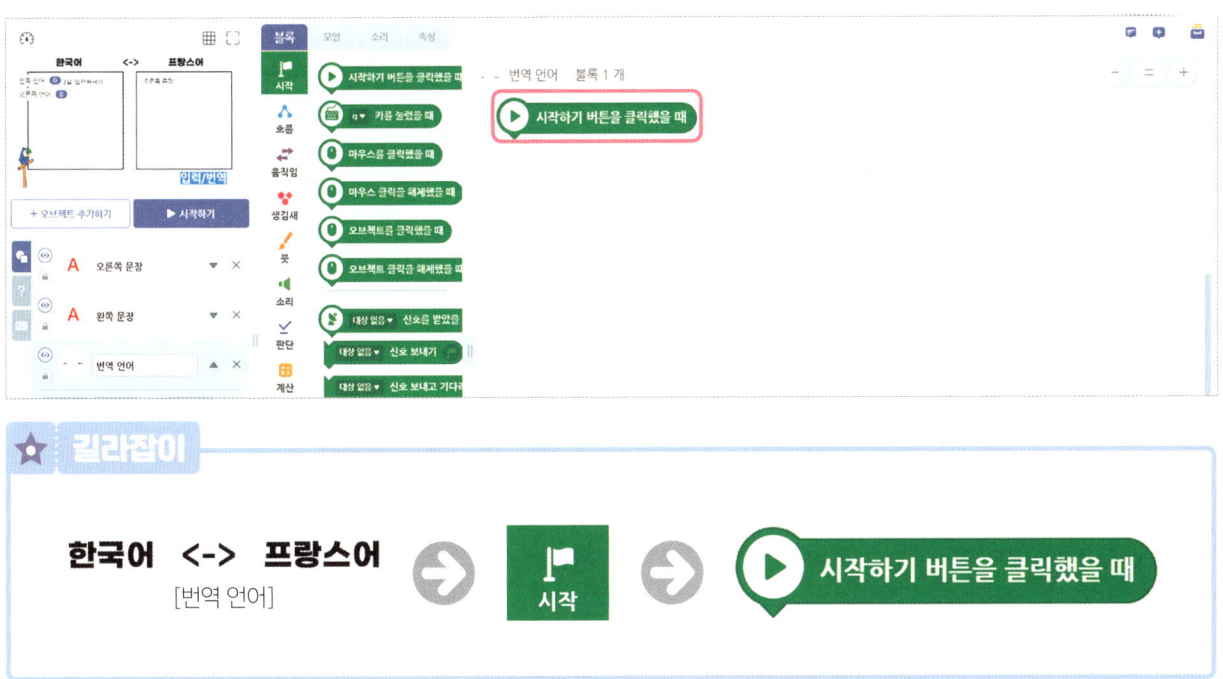

Chapter 01 | 인공지능으로 번역기 만들기

5 [자료] 카테고리에서 [오른쪽 언어를 10 (으)로 정하기] 블록 2개를 가져와 [왼쪽 언어를 한국어 (으)로 정하기], [오른쪽 언어를 프랑스어 (으)로 정하기]로 수정합니다.

Step 3 신호 추가하기

번역할 내용을 입력하고, 번역된 내용이 실행화면에 보일 수 있도록 신호를 추가합니다.

6 [속성] 탭에서 [신호]-[신호 추가하기] 버튼을 클릭한 후, 신호 이름에 '입력'이라고 입력하고 [신호 추가] 버튼을 클릭합니다. 같은 방법으로 '번역' 신호를 추가합니다.

32 Part 1 | 인공지능 블록 불러오기

Step 4 '입력' 신호 보내기와 '입력' 신호를 받았을 때

'입력/번역 버튼' 오브젝트를 클릭했을 때, '번역 언어' 오브젝트가 번역할 내용을 입력받을 수 있도록 신호를 사용합니다.

7 '입력/번역 버튼' 오브젝트를 클릭한 후, [시작] 카테고리에서 [오브젝트를 클릭했을 때] 블록을 가져옵니다.

8 [시작] 카테고리에서 [번역 신호 보내기] 블록을 가져와 [입력 신호 보내기]로 수정합니다.

9 '번역 언어' 오브젝트를 클릭한 후, [시작] 카테고리에서 [번역 신호를 받았을 때] 블록을 가져와 [입력 신호를 받았을 때]로 수정합니다.

10 [자료] 카테고리에서 [안녕! 을(를) 묻고 대답 기다리기] 블록을 가져옵니다.

11 [계산] 카테고리에서 (안녕! 과(와) 엔트리 을(를) 합친 값) 블록을 3개 가져와 다음과 같이 블록을 합쳐 준 후, [안녕! 을(를) 묻고 대답 기다리기] 블록의 '안녕!' 부분에 합친 블록을 넣어줍니다.

12 (안녕! 과(와) 엔트리 을(를) 합친 값) 블록의 두 번째와 네 번째 동그라미 부분을 다음과 같이 수정합니다. - 두 번째 동그라미 : '로 번역하고 싶은', 네 번째 동그라미 : '문장을 입력하세요.'

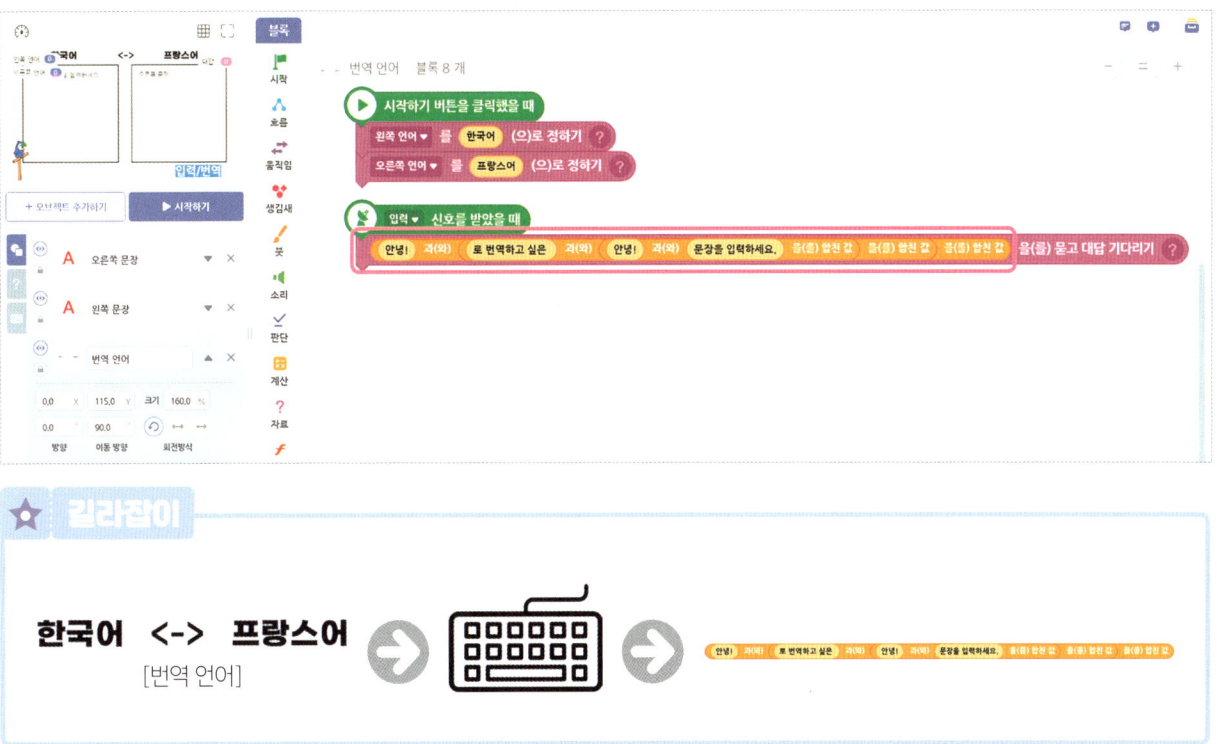

13 [자료] 카테고리에서 (오른쪽 언어 값) 블록을 2개 가져와 (안녕! 과(와) 엔트리 을(를) 합친 값) 블록의 첫 번째와 세 번째 동그라미 부분에 다음과 같이 블록을 넣어줍니다.
   – 첫 번째 동그라미 : (오른쪽 언어 값), 세 번째 동그라미 : (왼쪽 언어 값)

14 [시작] 카테고리에서 [번역 신호 보내기] 블록을 가져옵니다.

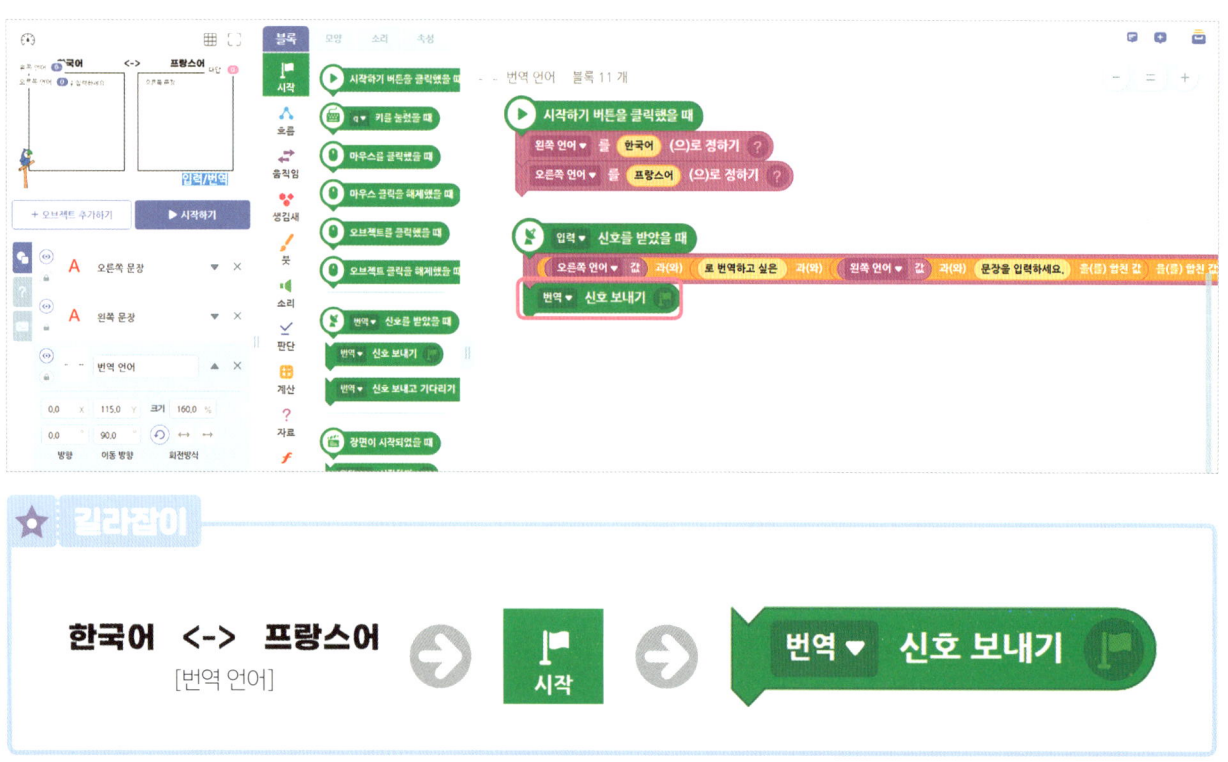

Step 5 '번역' 신호 보내기와 '번역' 신호를 받았을 때

'왼쪽 문장'에 입력한 내용이 보이고, '오른쪽 문장'에 번역한 내용이 보일 수 있게 신호를 사용합니다.

15 '왼쪽 문장' 오브젝트를 클릭한 후, [시작] 카테고리에서 [번역 신호를 받았을 때] 블록을 가져옵니다.

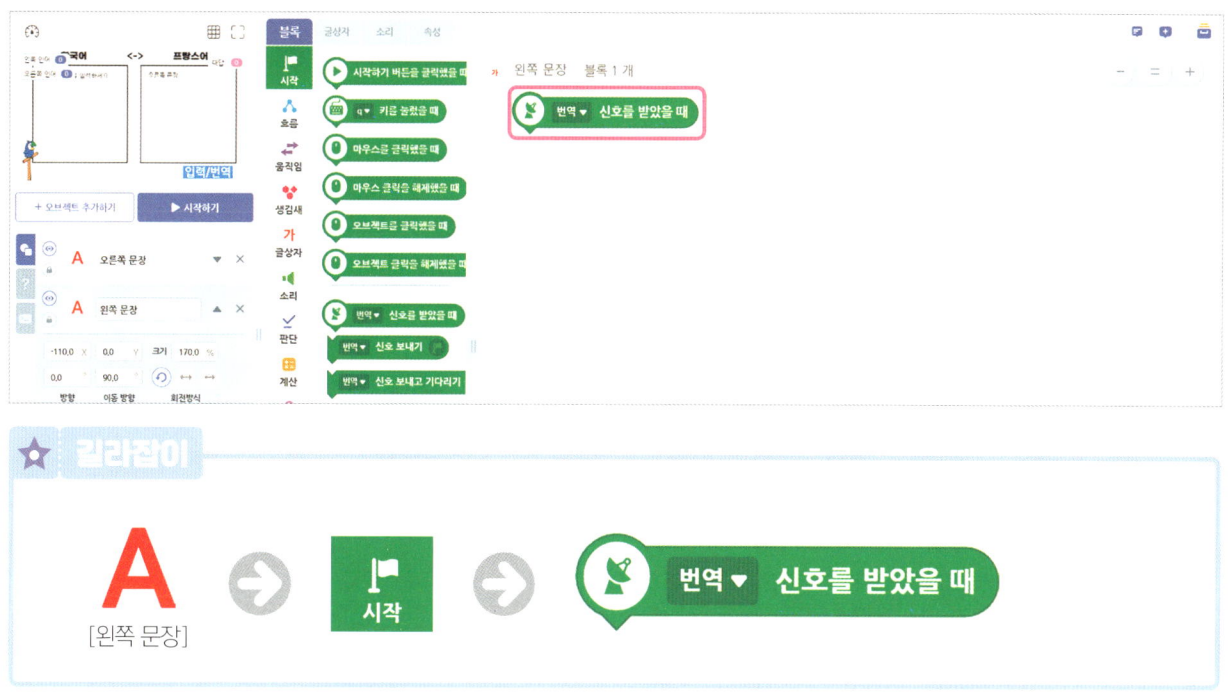

16 [글상자] 카테고리에서 [엔트리 (이)라고 글쓰기] 블록을 가져옵니다.

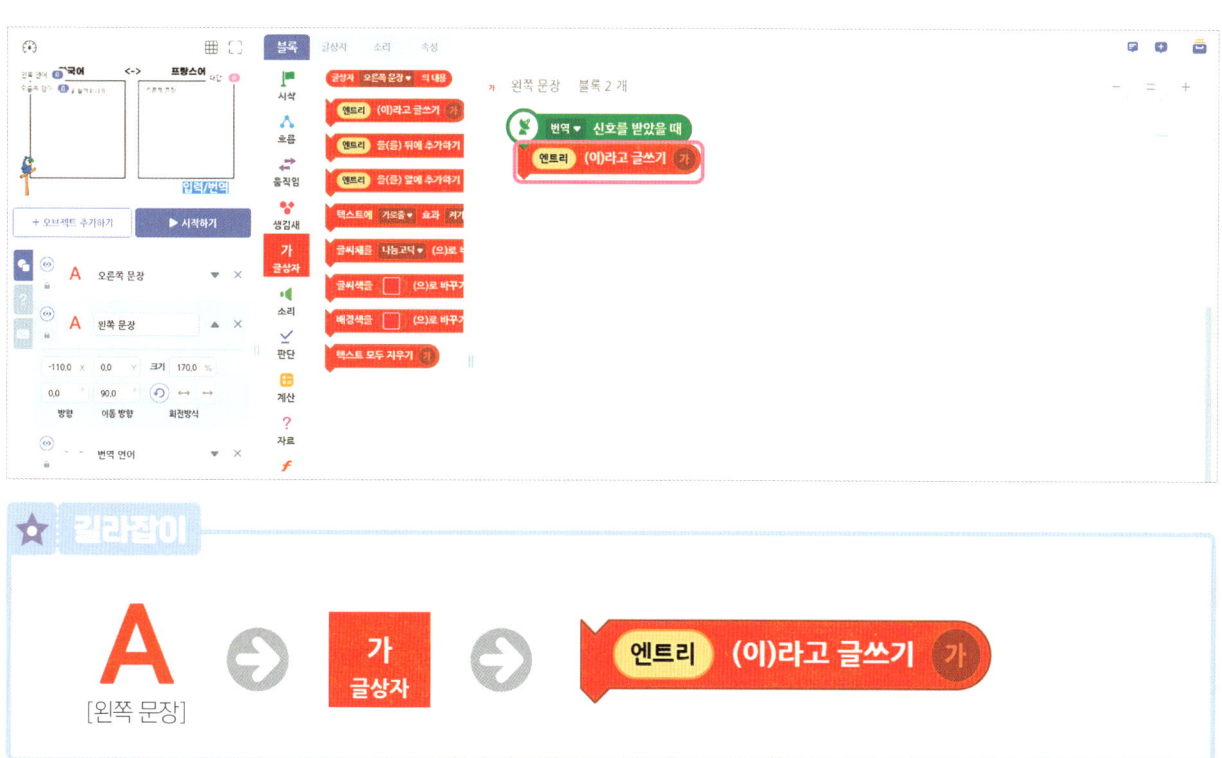

17 [자료] 카테고리에서 (대답) 블록을 가져와 [엔트리 (이)라고 글쓰기] 블록의 '엔트리' 부분에 넣어줍니다.

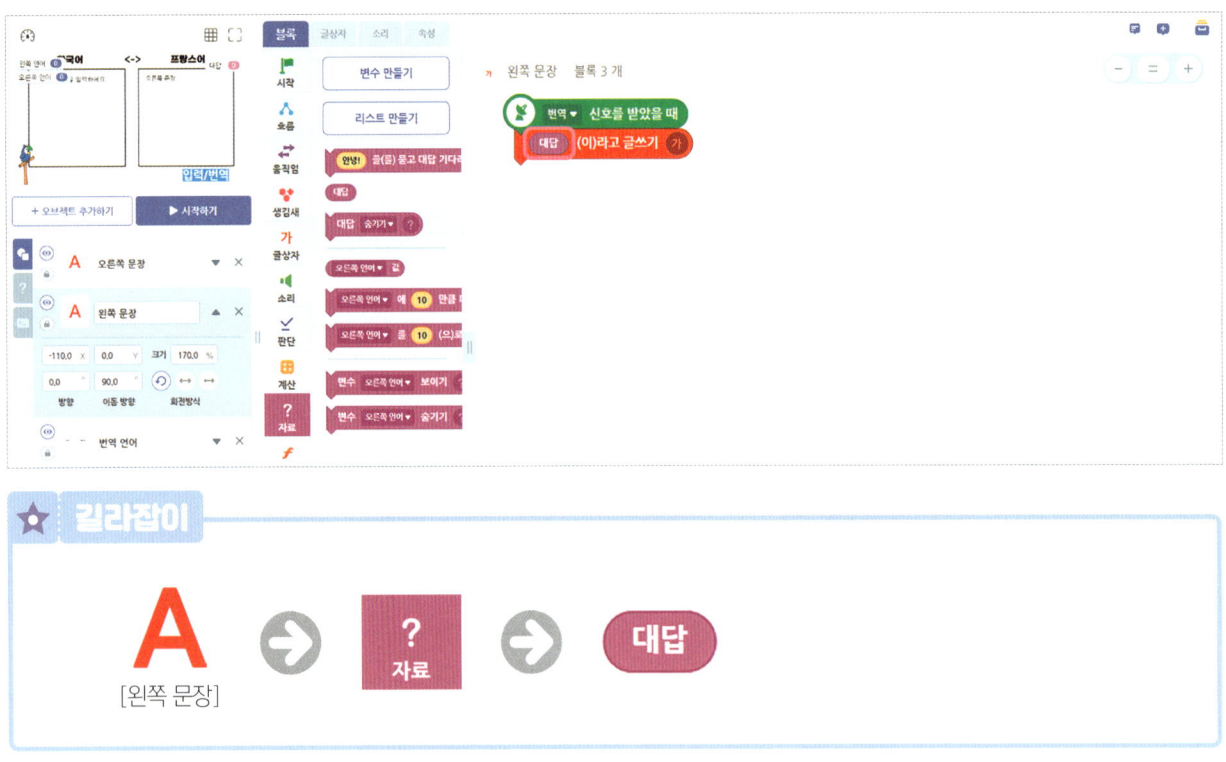

18 '오른쪽 문장' 오브젝트를 클릭한 후, [시작] 카테고리에서 [번역 신호를 받았을 때] 블록을 가져옵니다.

19 [흐름] 카테고리에서 [만일 <참> (이)라면 - 아니면] 블록을 가져옵니다.

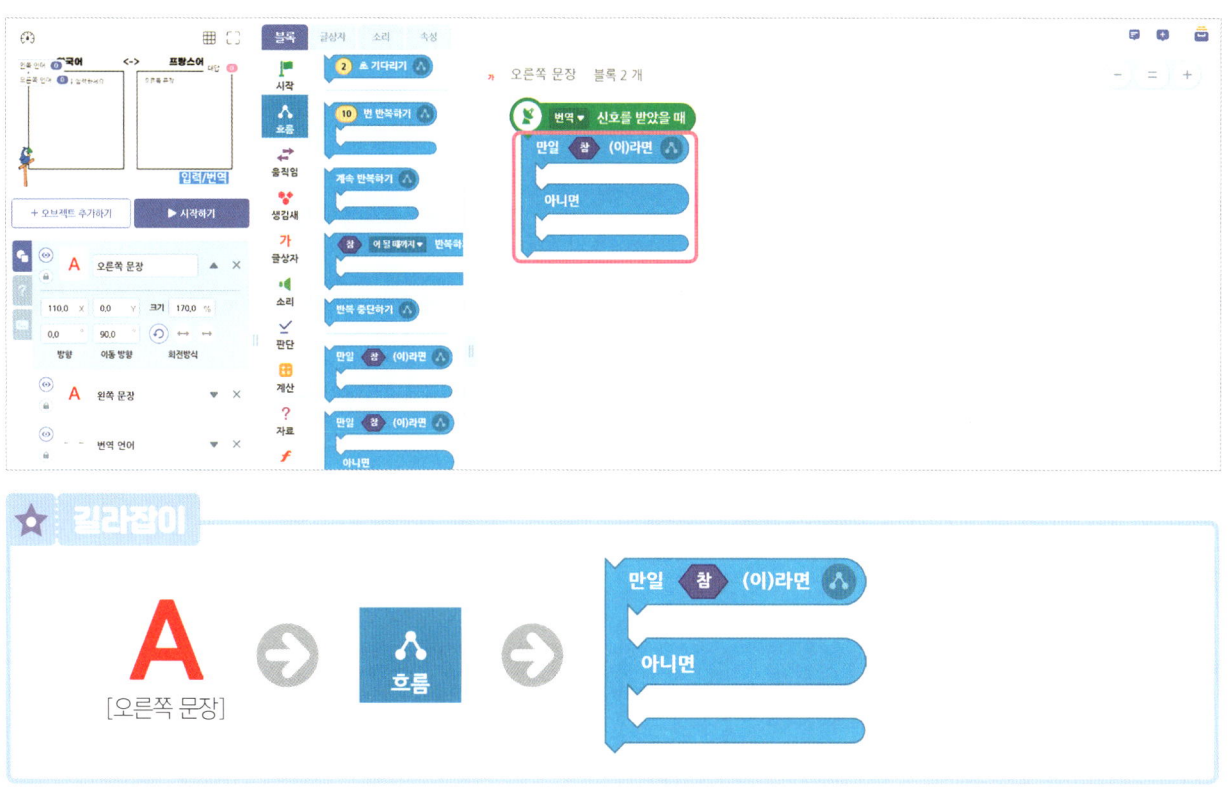

20 [판단] 카테고리에서 <10 = 10> 블록을 가져와 <참> 부분에 넣어줍니다.

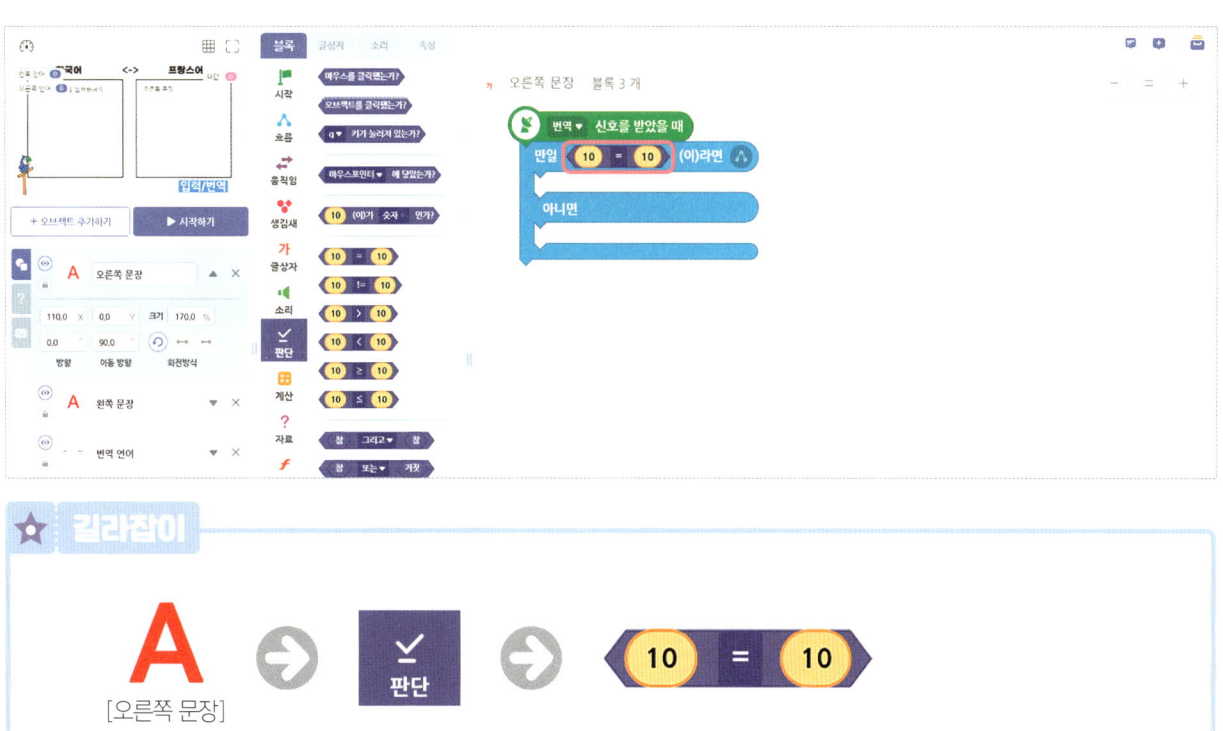

Chapter 01 | 인공지능으로 번역기 만들기　39

21 [자료] 카테고리에서 (오른쪽 언어 값) 블록을 가져와 (왼쪽 언어 값)으로 수정한 후, <10 = 10> 블록 왼쪽에 넣어줍니다. <10 = 10> 블록 오른쪽의 '10' 값은 '한국어'로 수정합니다.

22 [글상자] 카테고리에서 [엔트리 (이)라고 글쓰기] 블록 2개를 가져옵니다.

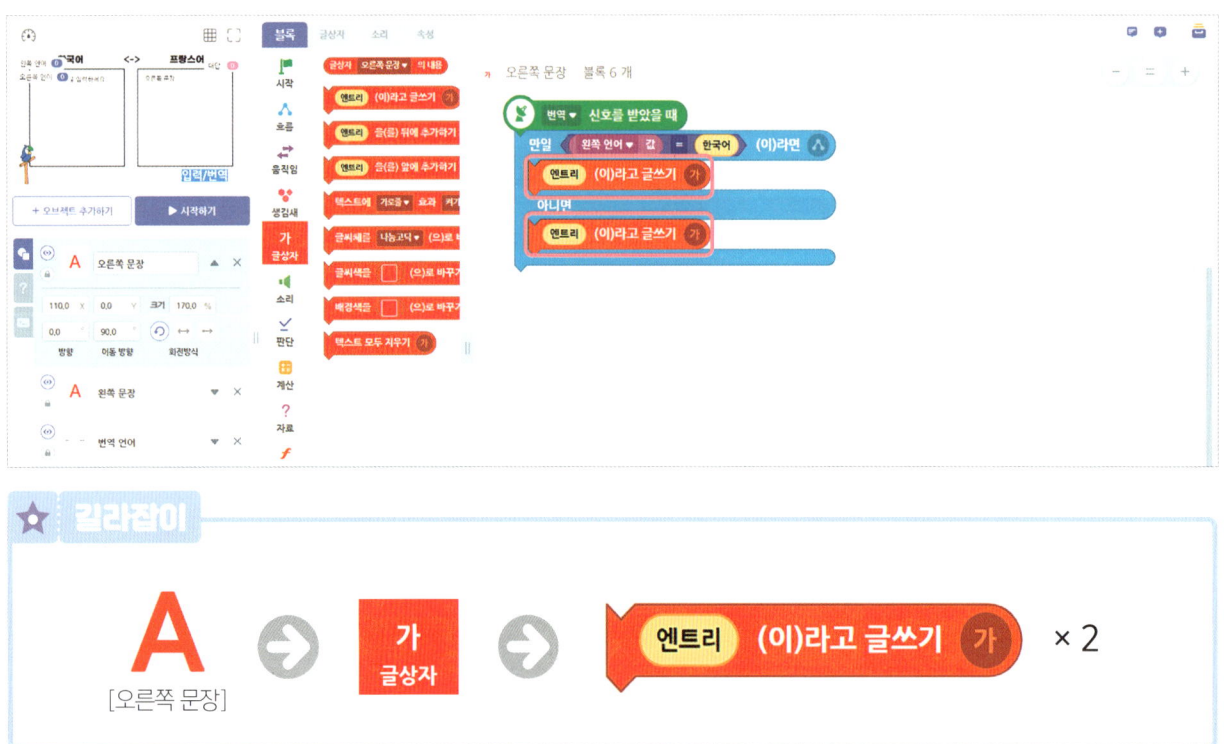

40 Part 1 | 인공지능 블록 불러오기

23 [인공지능] 카테고리에서 (한국어 엔트리 을(를) 영어로 번역한 값) 블록을 2개 가져와 (한국어 엔트리 을(를) 프랑스어로 번역한 값), (프랑스어 엔트리 을(를) 한국어로 번역한 값)로 수정합니다. 그리고 다음과 같이 [엔트리 (이)라고 글쓰기] 블록의 '엔트리' 부분에 수정한 블록을 각각 넣어줍니다.

24 [자료] 카테고리에서 (대답) 블록을 2개 가져와 '엔트리' 부분에 넣어줍니다.

Step 6 실행화면 요소 숨기기

실행화면에 불필요한 요소를 보이지 않게 숨깁니다.

25 '번역 언어' 오브젝트를 클릭한 후, [자료] 카테고리에서 [대답 숨기기] 블록을 가져와 [오른쪽 언어를 프랑스어 (으)로 정하기] 블록 아래에 붙여줍니다.

26 [속성] 탭에서 [변수] 버튼을 클릭한 후, 변수의 눈을 클릭하여 '왼쪽 언어', '오른쪽 언어' 변수를 실행화면에 보이지 않게 숨겨 줍니다.

정리하기

전체 코드 보기

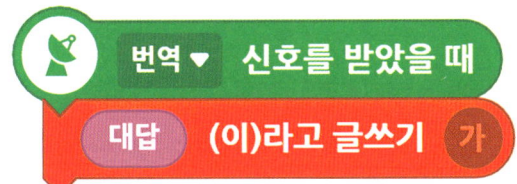

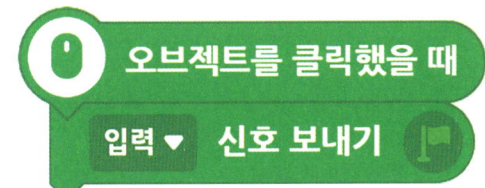

발전시키기

번역기 만들기 프로젝트의 개선점을 찾고, 새로운 기능을 추가하여 더 나은 프로그램으로 확장해 보세요.

기능	프랑스어를 한국어로 변환한다.
화면 디자인	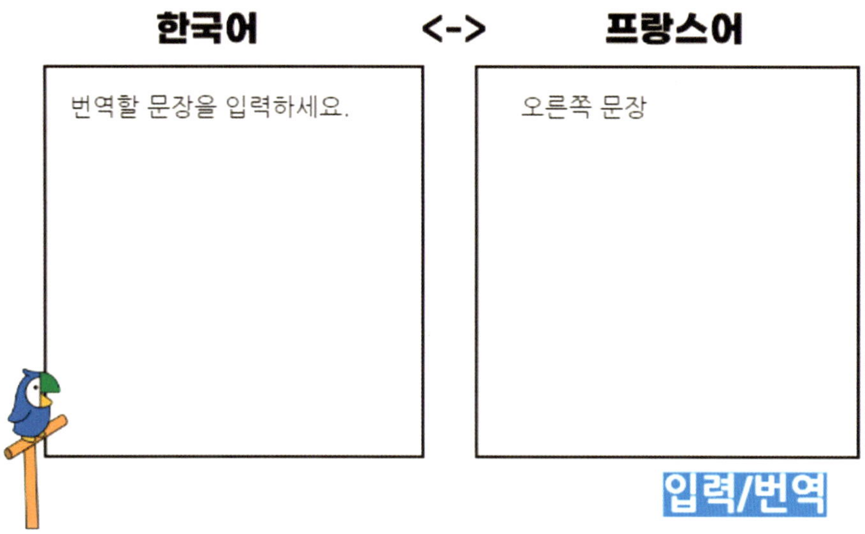 **한국어 <-> 프랑스어** 번역할 문장을 입력하세요. / 오른쪽 문장 입력/번역
오브젝트 모양 확인	**프로젝트 만들기 힌트** 1. '번역 언어' 오브젝트를 클릭합니다 2. [속성]-[모양] 탭에서 모양 번호를 확인합니다. 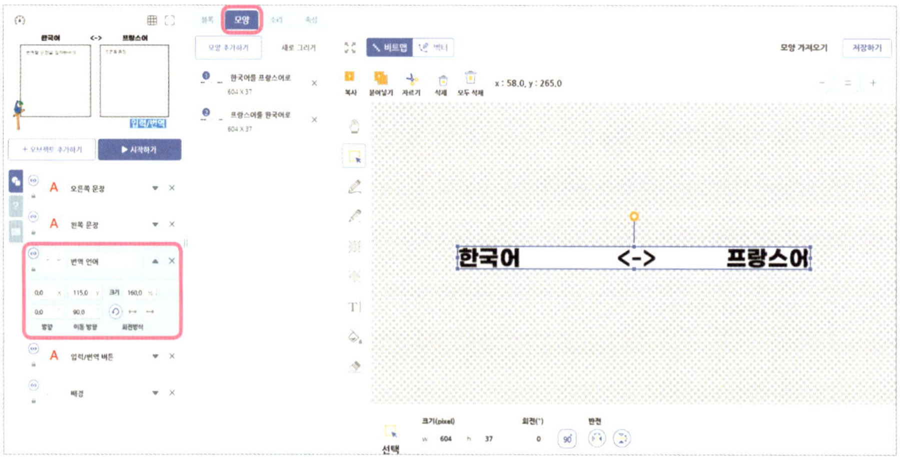

• 코드 설명 : 모양 번호가 1이면 프랑스어를 한국어로 번역합니다. 모양 번호가 1이 아니면 한국어를 프랑스어로 번역합니다.

코드 추가	힌트 코드
	한국어 <-> 프랑스어 [번역 언어]

힌트 코드 블록:
- 오브젝트를 클릭했을 때
- 다음▼ 모양으로 바꾸기
- 만일 참 (이)라면 / 아니면
- 번역 언어▼ 의 모양 번호▼ = 1
- 왼쪽 언어▼ 를 한국어 (으)로 정하기
- 오른쪽 언어▼ 를 프랑스어 (으)로 정하기
- 왼쪽 언어▼ 를 프랑스어 (으)로 정하기
- 오른쪽 언어▼ 를 한국어 (으)로 정하기

PART 1   활용 인공지능 -비디오 감지, 사람 인식

Chapter 02 인공지능으로 사람 인식 게임 만들기

별을 손으로 받아라! 화면 속 별똥별 획득하기

💡 인공지능 알아보기

이해하기 인공지능은 영상 속에서 사람을 어떻게 찾아낼까?

인공지능이 영상 속 사람을 찾는 방법

인공지능을 사용하여 영상에서 사람을 찾아내는 것은 **컴퓨터 비전**이라는 분야입니다. 컴퓨터 비전은 기계가 영상과 이미지를 해석하고 이해하는 데 사용하는 기술입니다. 특히 영상과 이미지에서 사물과 사람을 찾아내는 것은 **객체 탐지(Object Detection)**라고 하며, 여기에는 다양한 기술들이 많은 단계를 거쳐 사용되고 있습니다.

컴퓨터 비전의 객체 탐지

인공지능은 사람이 존재하는 영상과 사람의 위치 정보를 담고 있는 많은 양의 데이터를 필요로 합니다. **CNN(Convolutional Neural Networks)**과 같은 '**딥 러닝 알고리즘**'은 다양한 형태의 사람을 인식할 수 있도록 여러 이미지와 영상에 포함된 사람의 특징을 학습합니다. 영상의 각 프레임을 분석하여 사람이 있는 영역을 찾고, 그 위치를 사각형 박스로 표시합니다. 영상 속에서 사람을 찾는 것뿐만 아니라 움직이는 사람을 추

적하는 기능도 있습니다. 이렇게 인공지능과 컴퓨터 비전 기술을 사용하여 영상 속에서 사람을 찾아내는 기술은 보안, 감시, 인터랙티브 미디어, 자율주행 차량 등 다양한 분야에서 활용되고 있습니다.

사람의 행동 인식

휴먼 포즈 에스티메이션(Human Pose Estimation) 기술은 사람의 관절 포인트 위치를 예측하고, 이를 이용해서 인식한 동작을 분석합니다. 과거에는 몸에 부착하는 기기를 통해 동작 인식을 연구했지만, 현재는 인공지능을 이용하여 자세 추정 연구를 하고 있습니다. 인공지능의 딥 러닝을 이용한 자세 추정은 사람의 관절을 추정하고 각 관절의 위치를 이은 다음, 각각에 해당하는 사람의 관절 위치를 보여주는 방식입니다.

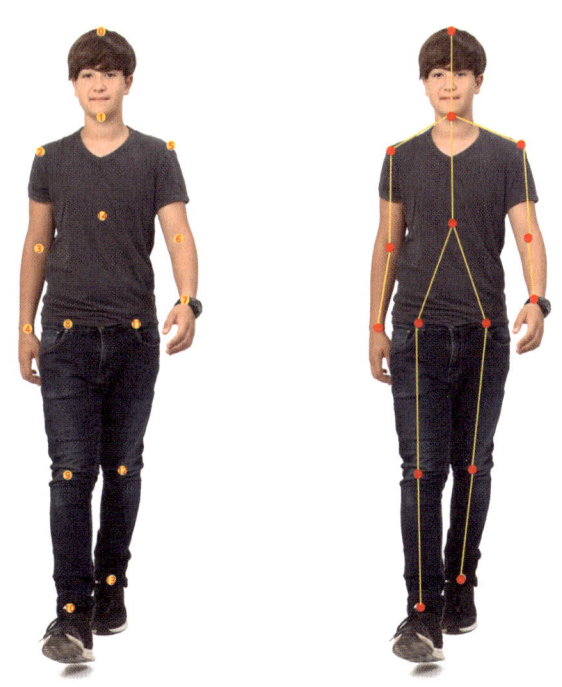

휴먼 포즈 에스티메이션

살펴보기 딥 러닝을 이용한 휴먼 포즈 에스티메이션 활용 가능 분야

운동 및 피트니스 코칭
사용자가 정확한 자세로 운동하도록 사용자의 운동 자세를 분석하고 결과를 제공하는 데 사용됩니다.

물리 치료
물리 치료에서 환자의 움직임을 모니터링하고, 치료 과정에서 정확한 운동을 유도하는 데 사용됩니다.

게임과 엔터테인먼트
사용자의 움직임을 감지하여 게임 내 캐릭터를 움직이게 하는 데 사용됩니다.

공연과 댄스
댄서의 움직임을 추적하고, 이를 바탕으로 시각적 효과나 인터랙티브 미디어를 생성하는 데 사용됩니다.

인공지능 프로젝트 일지

	20XX년 XX월 XX일 X요일	
상황	얼마 전 과학관에 3D 모션 캡처 체험실이 생겼다. 3D 모션 캡처라는 기술이 무엇인지 몰라서 누나에게 물었다. 누나는 이 기술이 영화나 게임의 캐릭터를 제작할 때 사용된다고 설명했다. 연기자가 특별한 3D 모션 캡처 슈트를 입고 움직이면, 그 움직임이 실시간으로 전달되어 화면의 캐릭터가 연기자와 똑같이 움직이는 것이라고 말해주었다. 	
발견된 문제점	컴퓨터가 사람의 동작을 인식하기 위해서는 특수의상을 입어야 한다.	
해결 방법	딥 러닝 기반의 포즈 추정 알고리즘을 이용해 사람의 동작을 실시간으로 인식할 수 있는 프로그램을 만든다. 이 프로그램은 일반 카메라를 사용하여 사람의 관절과 신체 동작을 보여준다.	

프로젝트 설계하기

목표	특수의상 없이 사람을 인식하는 프로그램을 만들자.
기능	1. 화면 위에서 아래로 총 10개의 별 모양이 떨어진다. 2. 인공지능 비디오 감지 모델이 카메라를 통해 오른쪽 손목을 감지하여 '판'을 움직인다. 3. '별'이 '판'에 닿으면 점수를 올려준다.
화면 디자인	① 카메라 → 사람을 인식한다 ② 별이 위에서 아래로 떨어진다 ③ 오른손으로 화면의 판을 조종한다 ④ 판은 인식된 사람이 팔로 조종하고 별이 판에 닿으면 터진다 ⑤ 별이 터지면 점수가 올라간다 (5점)
순서도	시작하기 버튼 클릭하기 ↓ 사람 인식 시작하기 ↓ [계속 반복: 1번째 사람의 왼쪽 손목으로 이동하기]

| 인공지능 알아보기 | 인공지능 프로젝트 읽지 | 프로젝트 설계하기 | **프로젝트 만들기** | 정리하기 | 발전시키기 |

프로젝트 만들기

학습목표

- 인공지능 블록의 '사람 인식' 블록을 추가할 수 있다.
- '사람 인식' 블록의 기능을 이해하고 사용할 수 있다.
- 사람을 인식하는 관절 포인트에 대해 이해하고 사용할 수 있다.
- '비디오 감지'의 사람 인식을 이용하여 게임을 만들 수 있다.

· 예제 작품 주소 : http://naver.me/5bdOeaie
· 완성 작품 주소 : http://naver.me/5RtVMGOB
· 실습 파일 : 없음

실습 영상

준비하기

| 활용
인공지능 | 
[사람 인식] | 준비물 | [컴퓨터]　[카메라] |

프로젝트 미리보기

50　Part 1 | 인공지능 블록 불러오기

엔트리의 인공지능　　비디오 감지 : 사람 인식

이번 프로젝트에서는 엔트리에서 제공하는 다음 인공지능을 이용하여 작품을 만듭니다.

✸ 기능 알아보기

사람 인식
카메라를 이용하여 사람의 신체를 인식하는 블록들의 모음입니다.

카메라로 입력되는 이미지(영상)를 통해 사람(신체)을 인식하는 블록입니다. 카메라에 자신을 스스로 비춰보고 몸의 동작을 인공지능이 어떻게 자동으로 감지하고 인식하는지 경험할 수 있습니다.

✸ 블록 알아보기

블록	기능
비디오 화면　보이기▼	연결된 카메라가 촬영하는 것을 실행화면에서 보이게 하거나 숨깁니다. (기본값으로 50%의 투명도가 적용되어 있습니다.)
사람 인식　시작하기▼	사람 인식을 시작하거나 중지합니다. (사람 인식: 사람의 몸을 인식하여 각 신체 부위의 위치 등을 좌표로 반환할 수 있습니다.)
인식한 사람　보이기▼	인식한 사람의 형태를 실행화면에 보이게 하거나 숨깁니다.
1▼ 번째 사람의　코▼ 의 x▼ 좌표	입력한 순서대로 사람의 신체 부위 위치값입니다. 인식이 되지 않는 경우 0을 반환합니다. (신체 부위: 코, 왼쪽 눈 안쪽, 왼쪽 눈, 왼쪽 눈 바깥쪽, 오른쪽 눈 안쪽, 오른쪽 눈, 오른쪽 눈 바깥쪽, 왼쪽 귀, 오른쪽 귀, 왼쪽 입꼬리, 오른쪽 입꼬리, 왼쪽 어깨, 오른쪽 어깨, 왼쪽 팔꿈치, 오른쪽 팔꿈치, 왼쪽 손목, 오른쪽 손목, 왼쪽 소지, 오른쪽 소지, 왼쪽 검지, 오른쪽 검지, 왼쪽 엄지, 오른쪽 엄지, 왼쪽 엉덩이, 오른쪽 엉덩이, 왼쪽 무릎, 오른쪽 무릎, 왼쪽 발목, 오른쪽 발목, 왼쪽 발꿈치, 오른쪽 발꿈치, 왼쪽 발끝, 오른쪽 발끝)

✸ 오브젝트 살펴보기

이름	판	별	점수
x	0	-200	0
y	0	170	120
크기	30%	40%	20%

🔴 프로젝트 만들기

Step 1 인공지능 불러오기

'비디오 감지'의 '사람 인식' 인공지능 블록을 불러옵니다.

1 [인공지능] 카테고리에서 [인공지능 블록 불러오기] 버튼을 클릭합니다.

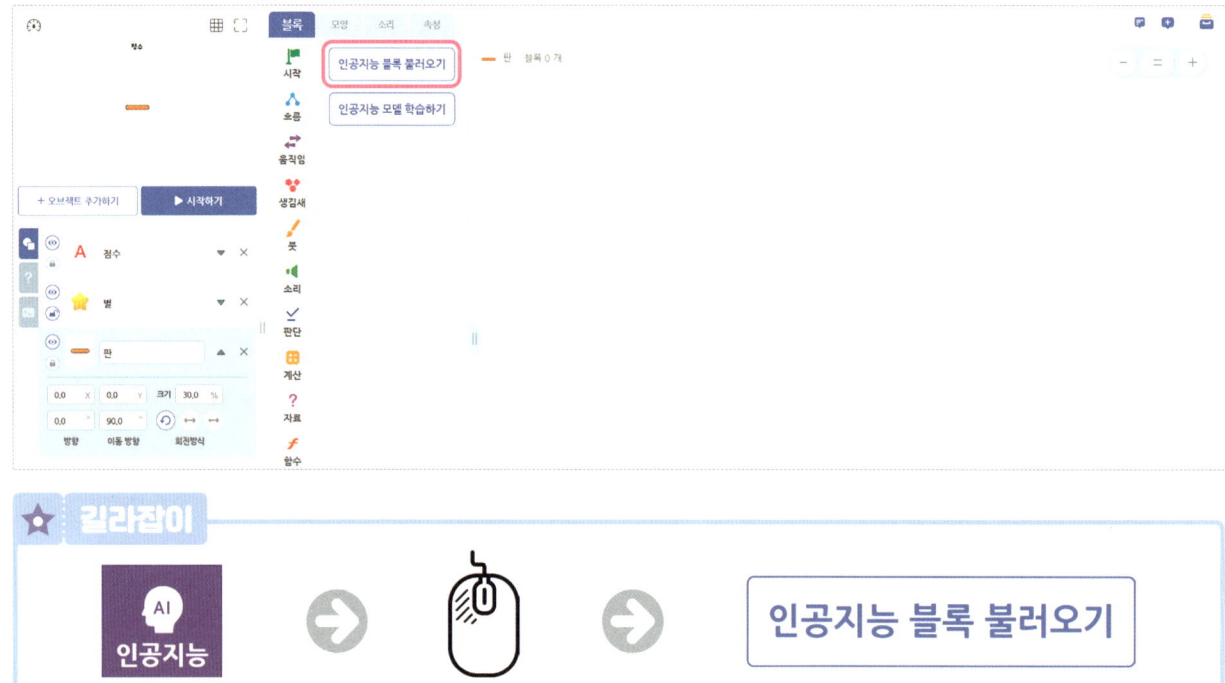

2 AI 활용 블록 중 [사람 인식]를 클릭한 후, 화면 오른쪽 위의 [불러오기] 버튼을 클릭합니다.

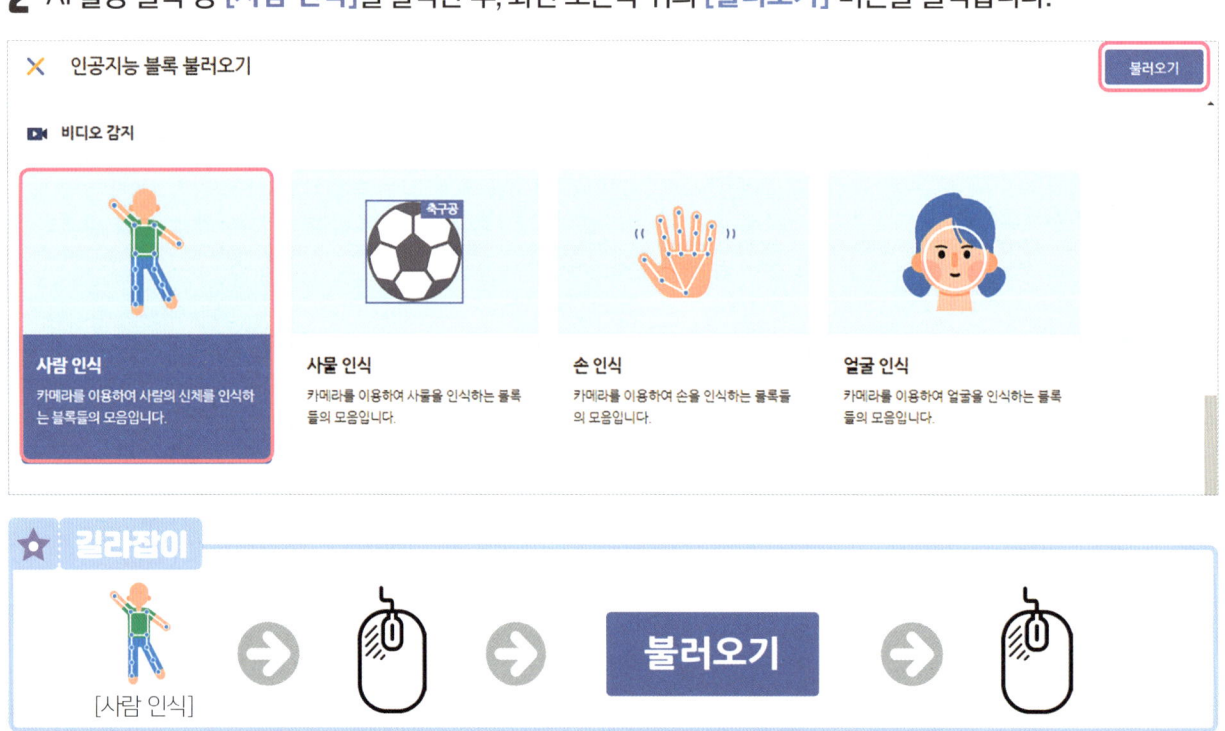

Step 2 사람 인식하기

'비디오 감지'의 '사람 인식' 인공지능을 이용하여 컴퓨터 카메라에 보이는 사람을 인식합니다.

3 '판' 오브젝트를 클릭한 후, [시작] 카테고리에서 [시작하기 버튼을 클릭했을 때] 블록을 가져옵니다.

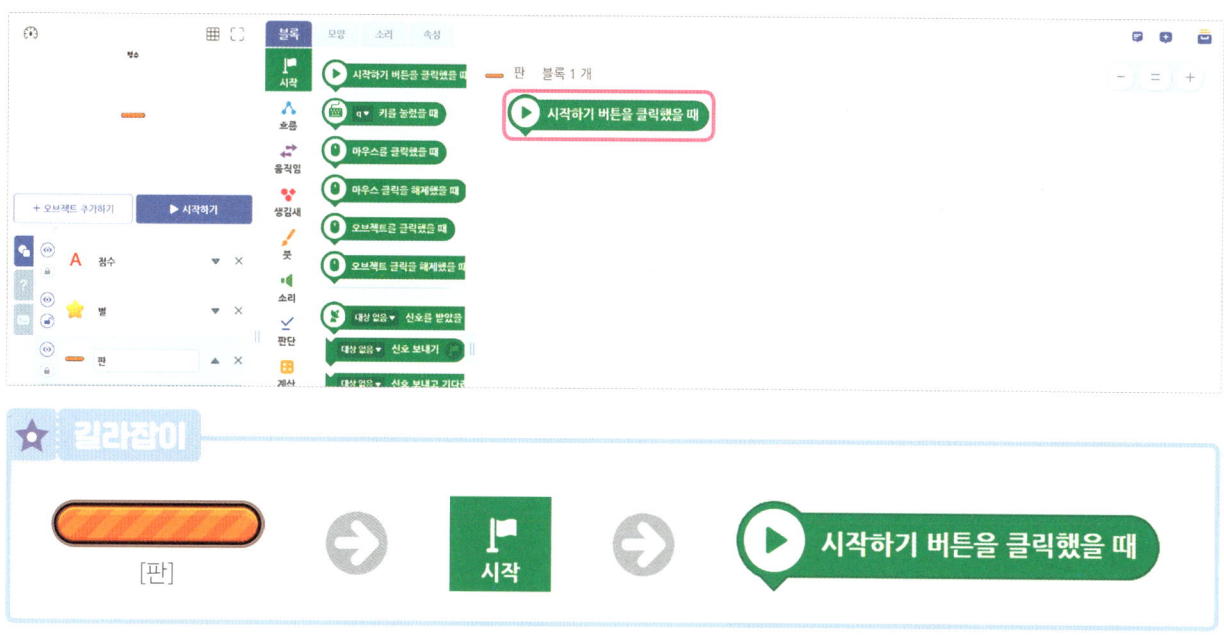

4 [인공지능] 카테고리에서 [비디오 화면 보이기], [사람 인식 시작하기], [인식한 사람 보이기] 블록을 가져옵니다.

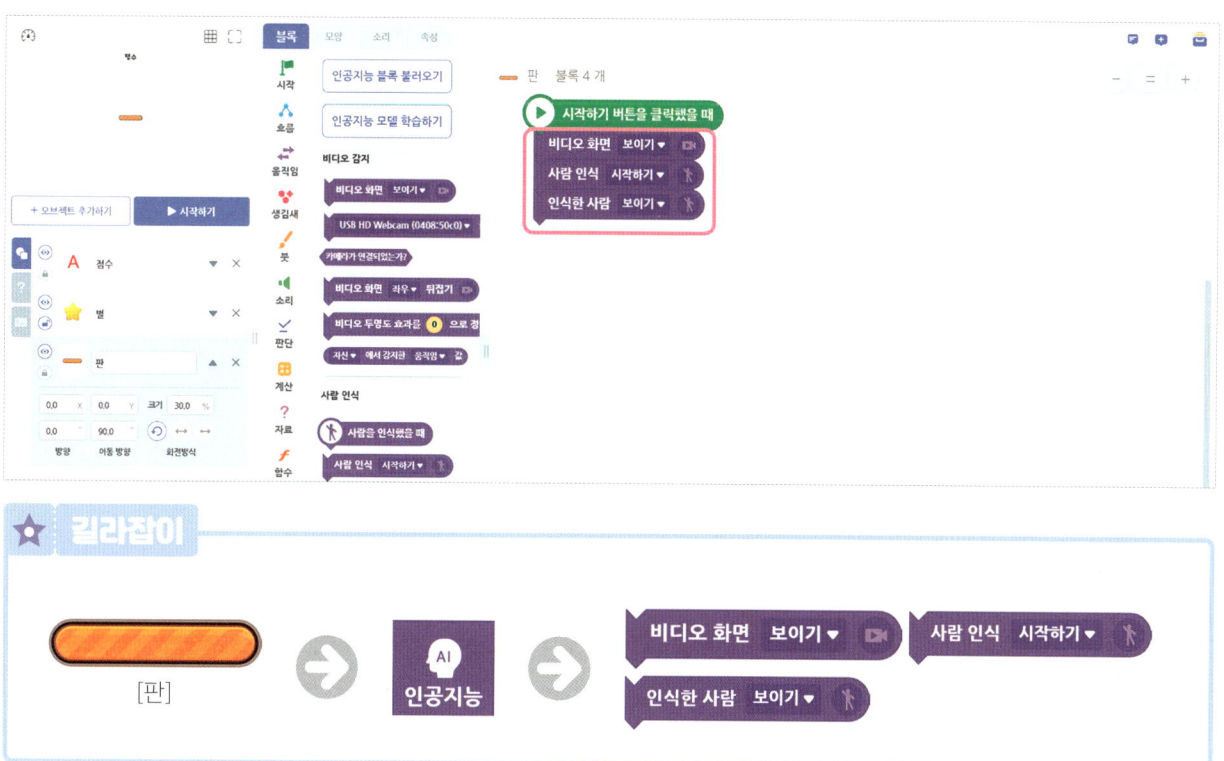

Step 3   오른손을 따라 움직이기

'판' 오브젝트가 오른쪽 손목을 따라 '계속' 움직입니다.

5 [흐름] 카테고리에서 [계속 반복하기] 블록을 가져옵니다.

6 [움직임] 카테고리에서 [x: 0 y: 0 위치로 이동하기] 블록을 가져옵니다.

7 [인공지능] 카테고리에서 (1번째 사람의 코의 x 좌표) 블록 2개를 가져와 (1번째 사람의 오른쪽 손목의 x 좌표), (1번째 사람의 오른쪽 손목의 y 좌표)로 수정합니다.

8 [▶시작하기] 버튼을 클릭하여 실행화면에서 사람 인식을 확인한 후, [인식한 사람 보이기] 블록을 [인식한 사람 숨기기]로 수정합니다.

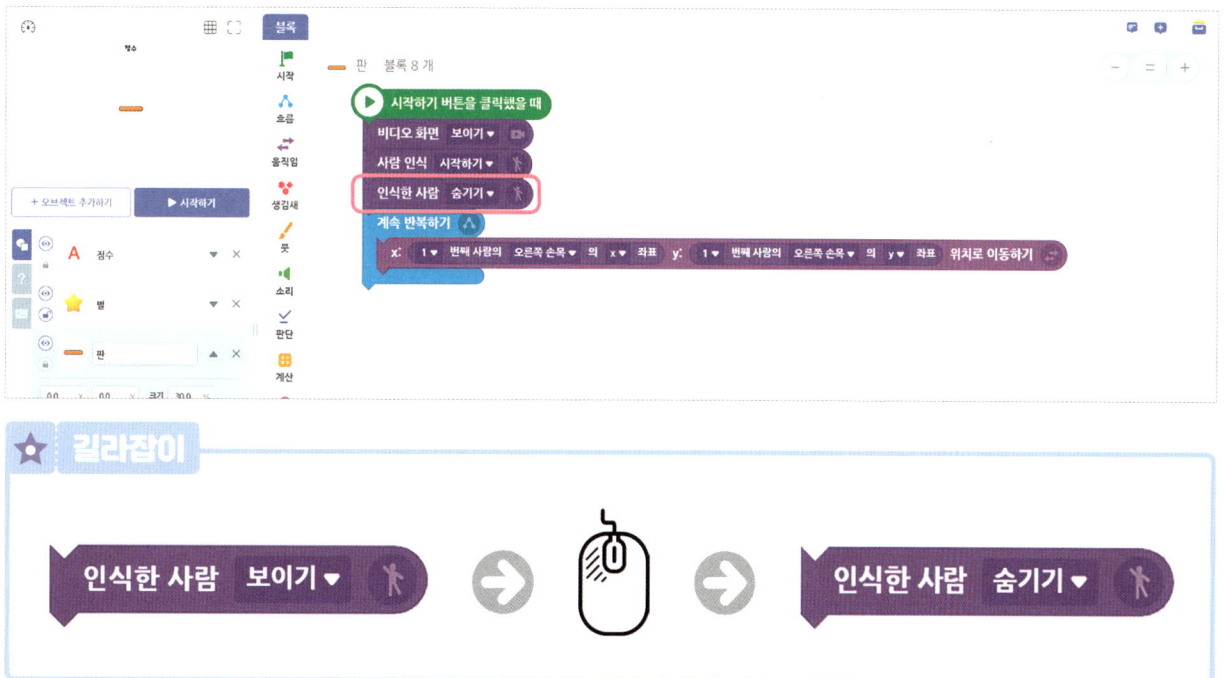

Step 4   아이템 복제하기

'별' 오브젝트 한 개를 복제하여 여러 개의 '별' 오브젝트를 실행화면에 나타냅니다.

9 '별' 오브젝트를 클릭한 후, [시작] 카테고리에서 [시작하기 버튼을 클릭했을 때] 블록을 가져옵니다.

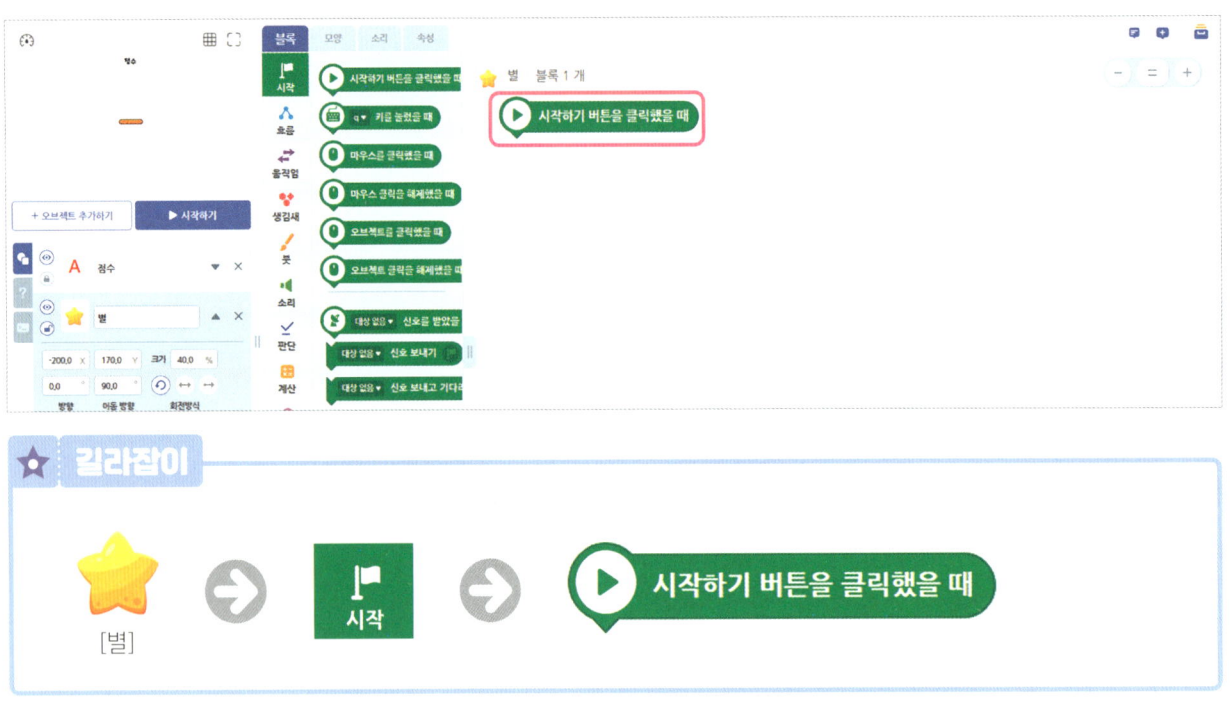

10 [생김새] 카테고리에서 [모양 숨기기] 블록을 가져옵니다.

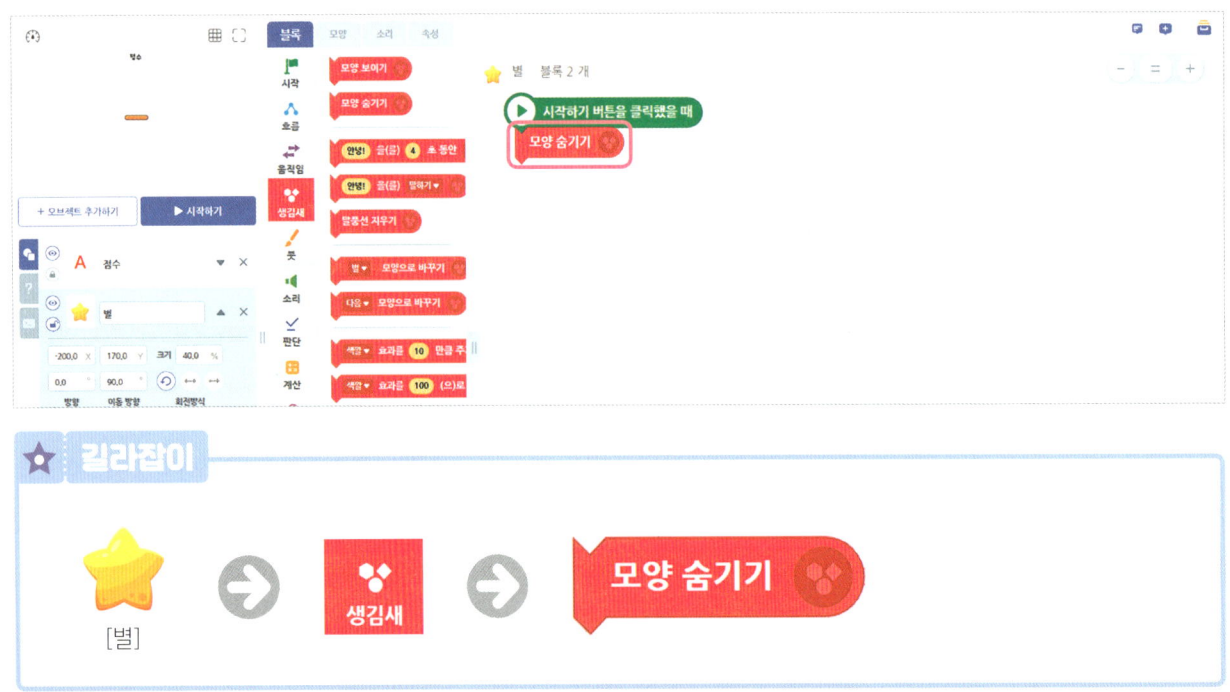

11 [흐름] 카테고리에서 [10 번 반복하기] 블록을 가져옵니다.

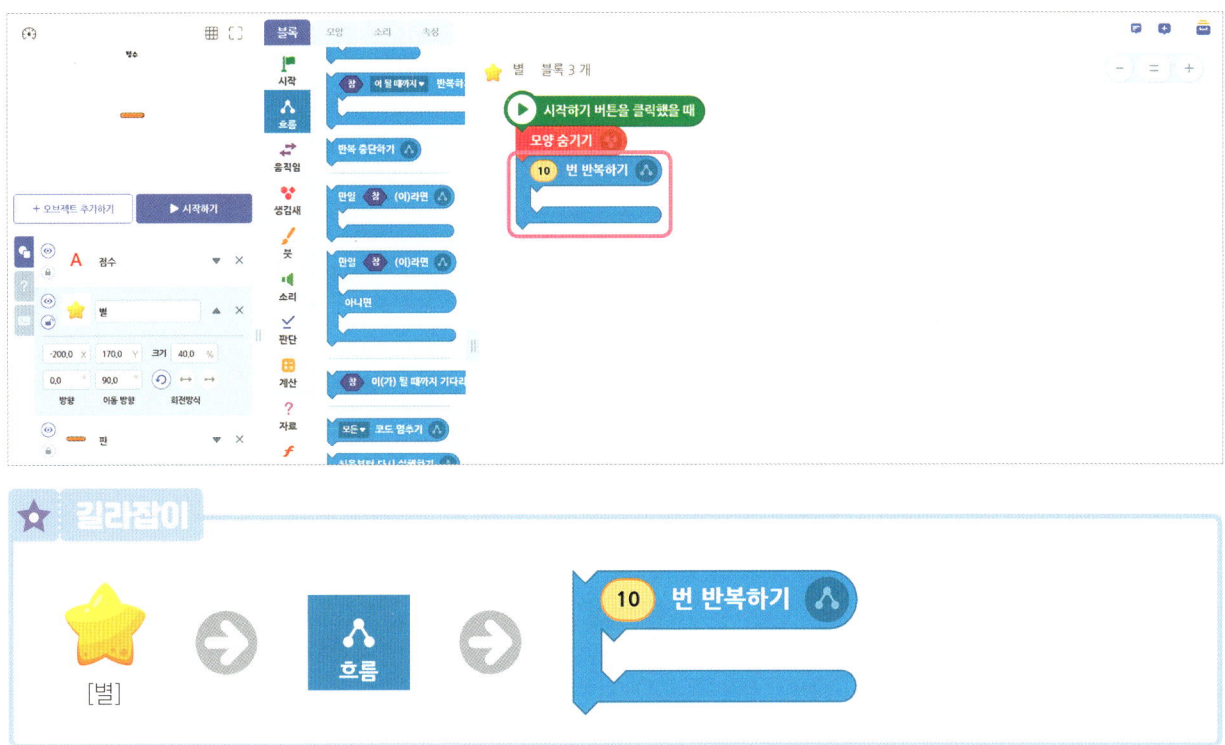

12 [흐름] 카테고리에서 [자신의 복제본 만들기] 블록을 가져옵니다.

13 [흐름] 카테고리에서 [2 초 기다리기] 블록을 가져와 [1 초 기다리기]로 수정합니다.

Step 5 복제한 아이템 움직이기

실행화면의 2차원 좌표 중 y 좌표를 이용하여 '별' 오브젝트가 실행화면 위에서 아래로 떨어지는 효과를 나타냅니다.

14 [흐름] 카테고리에서 [복제본이 처음 생성되었을 때] 블록을 가져옵니다.

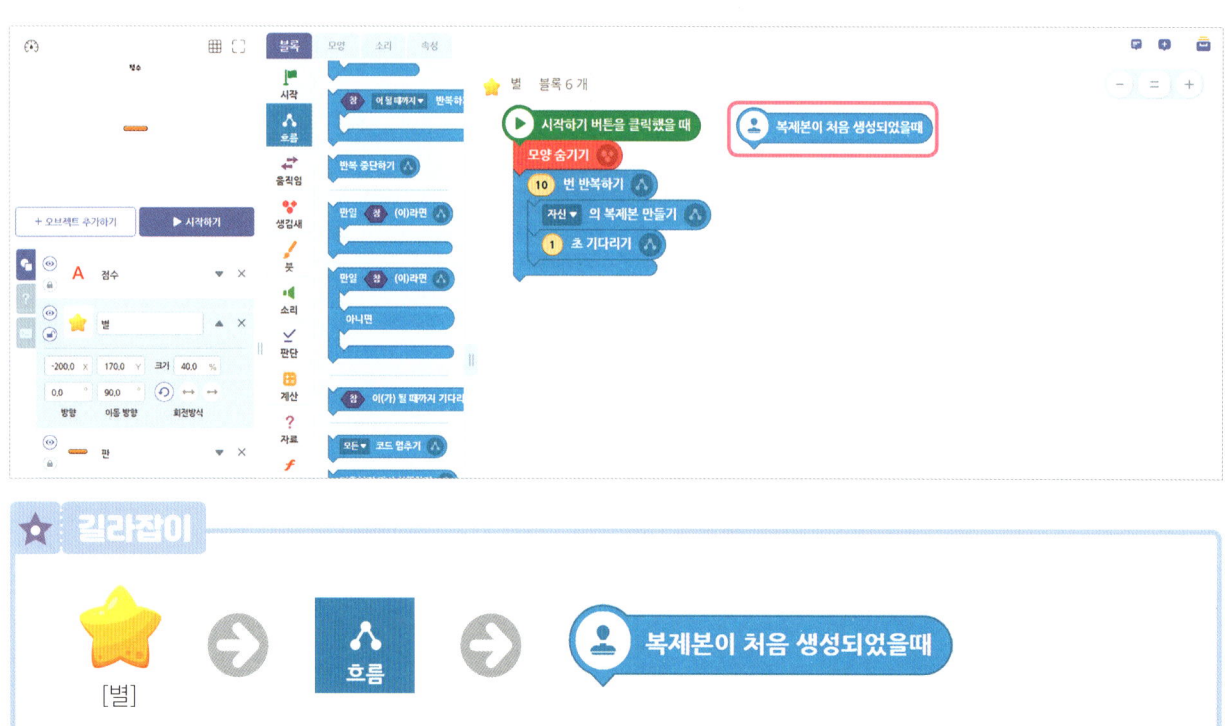

15 [움직임] 카테고리에서 [x: 10 위치로 이동하기] 블록을 가져옵니다.

16 [계산] 카테고리에서 (0 부터 10 사이의 무작위 수) 블록을 가져와 [x: 10 위치로 이동하기] 블록의 '10'에 넣어준 후, (-200 부터 200 사이의 무작위 수)로 수정합니다.

17 [생김새] 카테고리에서 [모양 보이기] 블록을 가져옵니다.

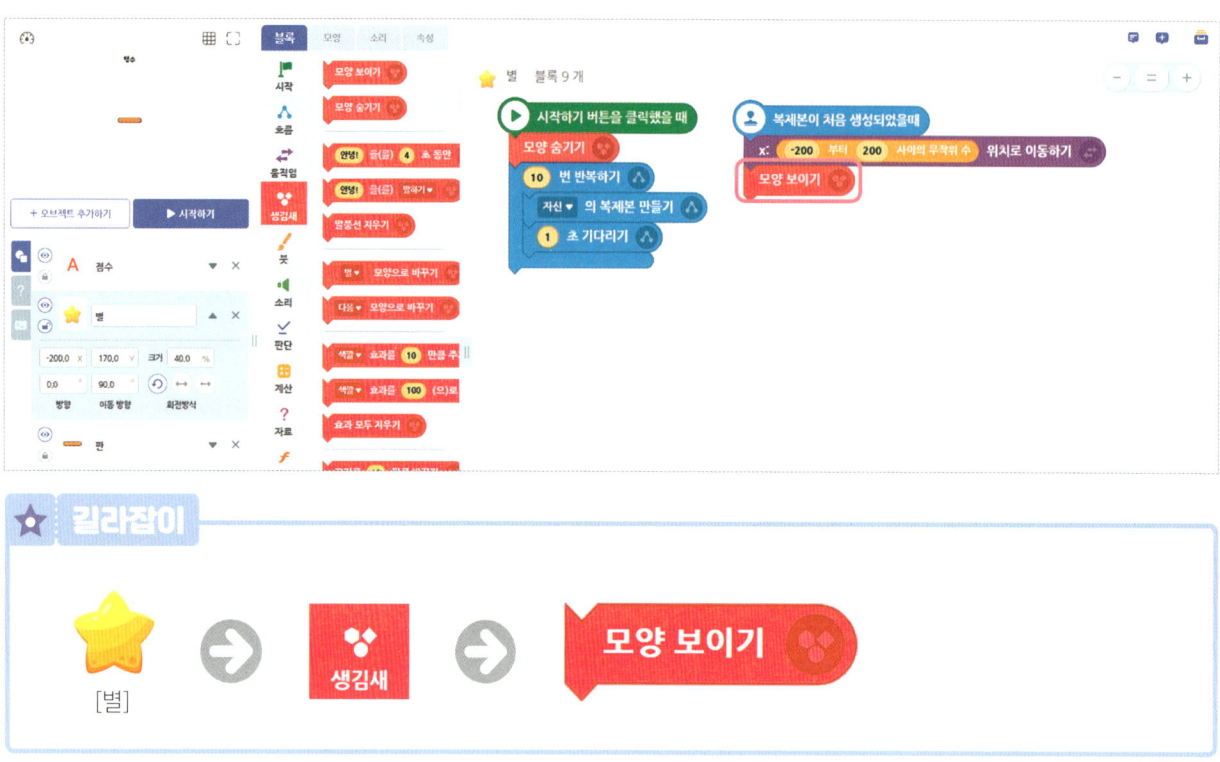

18 [흐름] 카테고리에서 [계속 반복하기] 블록을 가져옵니다.

19 [움직임] 카테고리에서 [y 좌표를 10 만큼 바꾸기] 블록을 가져와 [y 좌표를 −2 만큼 바꾸기]로 수정합니다.

Step 6   복제한 아이템 효과 나타내기

'별' 오브젝트가 실행화면 아래로 떨어지는 중에 '판' 오브젝트에 닿았을 때 터지는 효과를 나타냅니다.

20 [흐름] 카테고리에서 [만일 <참> (이)라면] 블록을 가져옵니다.

21 [판단] 카테고리에서 <마우스포인터에 닿았는가?> 블록을 가져와 <참>에 넣어준 후, <판에 닿았는가?>로 수정합니다.

22 [생김새] 카테고리에서 [별 모양으로 바꾸기] 블록을 가져와 [터짐 모양으로 바꾸기]로 수정합니다.

23 [흐름] 카테고리에서 [2 초 기다리기] 블록을 가져와 [0.2 초 기다리기]로 수정합니다.

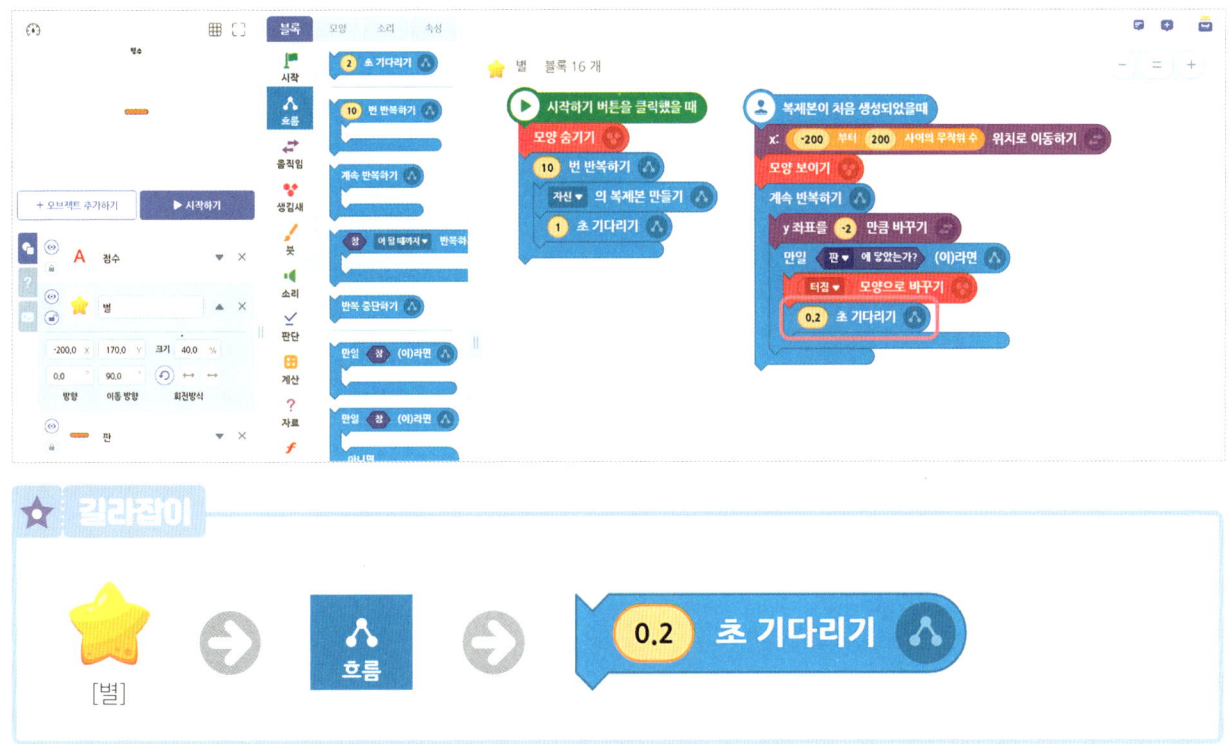

24 [생김새] 카테고리에서 [모양 숨기기] 블록을 가져옵니다.

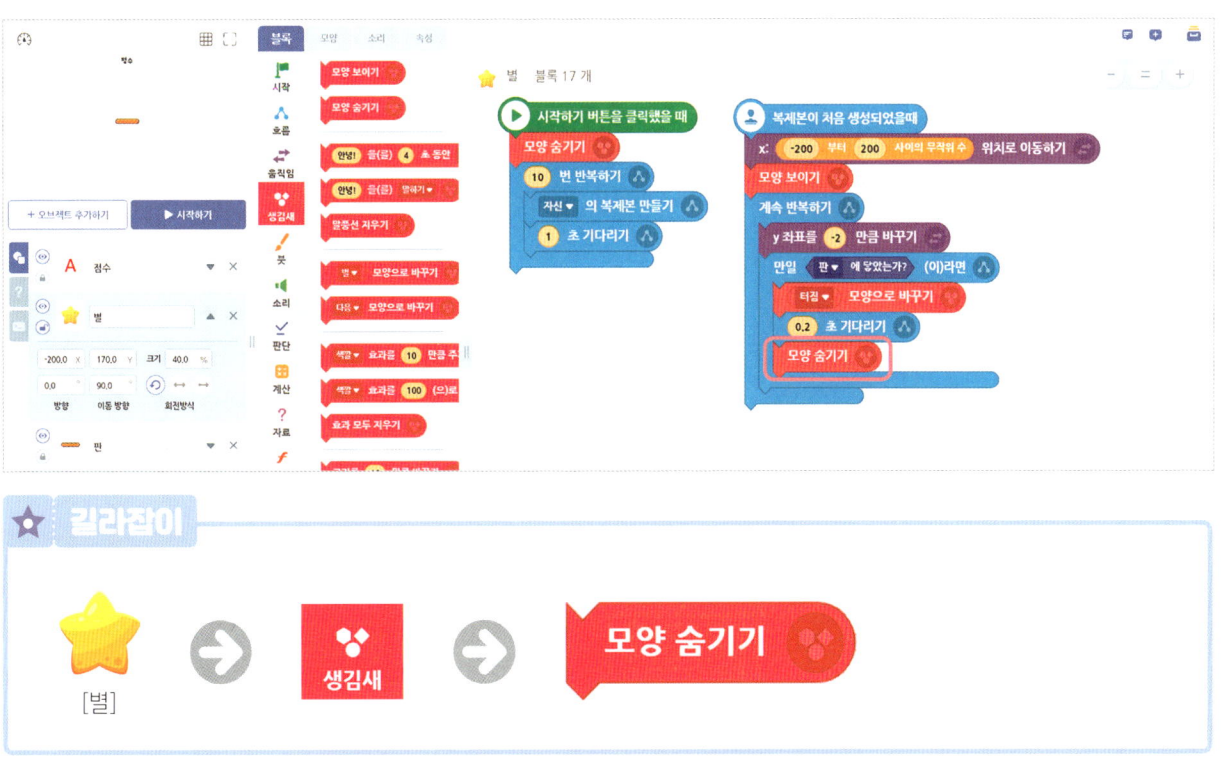

25 [흐름] 카테고리에서 [이 복제본 삭제하기] 블록을 가져옵니다.

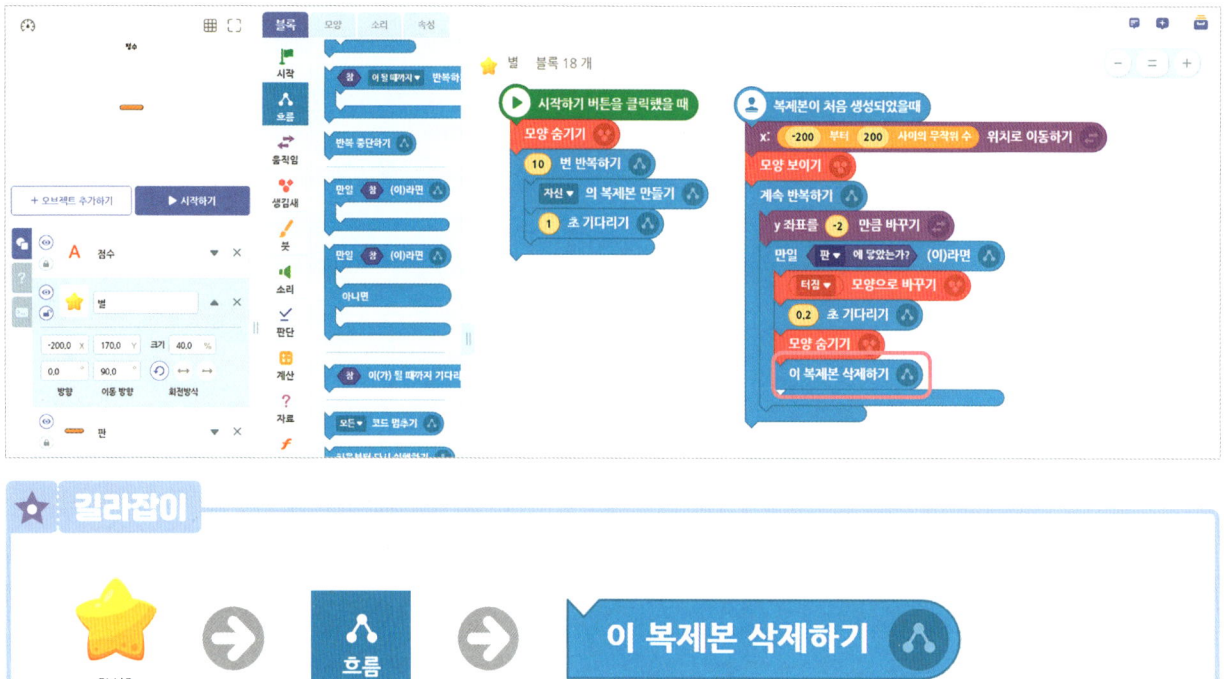

Step 7 점수 나타내기

'점수' 변수를 추가하여 '판' 오브젝트에 '별' 오브젝트가 닿았을 때 점수를 1점씩 올려줍니다.

26 [속성] 탭에서 [변수]-[변수 추가하기] 버튼을 클릭한 후, 변수 이름에 '점수'라고 입력하고 [변수 추가] 버튼을 클릭합니다.

27 [자료] 카테고리에서 [점수에 10 만큼 더하기] 블록을 가져와 [터짐 모양으로 바꾸기] 블록 위에 붙여 준 후, [점수에 1 만큼 더하기]로 수정합니다.

28 '점수' 오브젝트를 클릭한 후, 미리 만들어진 블록을 확인합니다. [자료] 카테고리에서 (점수 값) 블록을 가져와 [점수 을(를) 뒤에 추가하기] 블록의 '점수'에 넣어줍니다.

정리하기

전체 코드 보기

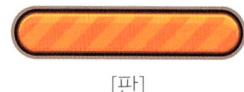
[판]

발전시키기

사람 인식 게임 만들기 프로젝트의 개선점을 찾고, 새로운 기능을 추가하여 더 나은 프로그램으로 확장해 보세요.

기능	'별' 오브젝트와 비슷한 기능을 하는 새로운 아이템을 추가한다.
화면 디자인	
	프로젝트 만들기 힌트 1. '별' 오브젝트 위에서 마우스 오른쪽을 클릭합니다. 2. 단축 메뉴 중에서 [복제하기]를 선택합니다. 3. 복제한 '별1' 오브젝트를 클릭한 후, [속성]-[모양] 탭에서 모양을 변경합니다. • 코드 설명 : '별1' 오브젝트 내려오는 속도를 '-1'로 수정하고, '점수' 오브젝트의 '10개 중에' 문구를 '20개 중에'로 수정합니다.
오브젝트 모양 확인	 

PART 1 활용 인공지능 - 비디오 감지, 얼굴 인식

Chapter 03 인공지능으로 표정 아바타 만들기

표정의 마술사! 내 가상의 얼굴로 웃고 찡그리는 캐릭터

인공지능 알아보기

이해하기 인공지능은 어떻게 웃는 얼굴과 슬픈 얼굴을 구분할까?

인공지능이 사람의 얼굴을 구분하는 방법

인공지능의 얼굴 인식 기능을 활용한 기술이 실생활에서 많이 쓰이고 있습니다. 주로 본인 확인이 필요한 분야에 많이 활용되는데, 스마트폰 본인 확인, 은행 등의 금융 서비스 본인 확인, 마스크 착용 여부 검사 등이 그 대표적인 예입니다.

얼굴 인식은 탐지, 분석, 인식의 세 단계로 작동합니다. **탐지**는 이미지에서 얼굴을 찾는 것입니다. 한 명 또는 많은 사람의 얼굴이 포함된 이미지에서 개인의 얼굴을 탐지하고 구분할 수 있습니다. 그런 다음 얼굴 인식 시스템이 얼굴의 이미지를 **분석**하여 얼굴을 다른 물체와 구분하는 데 핵심이 되는 얼굴 랜드마크를 식별합니다. 얼굴 **인식**은 두 개 이상의 이미지에서 얼굴을 비교하고 얼굴 일치의 가능성을 평가함으로써 사람을 구분할 수 있습니다. 예를 들어 모바일 카메라로 찍은 셀카의 얼굴이 운전면허증이나 여권 등의 사진 얼굴과 일치하는지 확인할 수 있을 뿐 아니라, 셀카에 찍힌 얼굴이 이전에 찍힌 얼굴 모음과 일치하지 않는지 확인할 수도 있습니다.

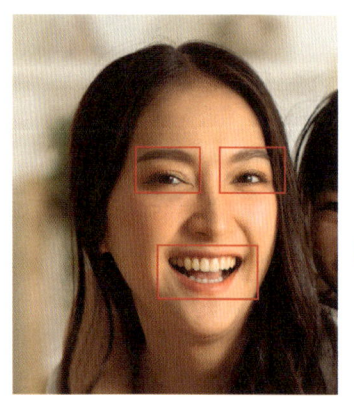

얼굴 인식 3단계

얼굴의 랜드마크 페이스프린트

랜드마크는 어떤 지역을 대표하는 건물 또는 조형물을 말합니다. 그렇다면, 사람 얼굴에서 랜드마크로 생각할 수 있을 만한 것에는 무엇이 있을까요? 쉽게 말해서 내 얼굴을 대표하는 고유한 특징이 바로 랜드마크입니다.

얼굴 인식에서 사용하는 랜드마크는 다음과 같습니다.
- 두 눈 사이의 거리
- 이마에서 턱까지의 거리
- 코와 입 사이의 거리
- 안와(눈구멍)의 깊이
- 광대뼈의 모양
- 입술, 귀, 턱의 윤곽

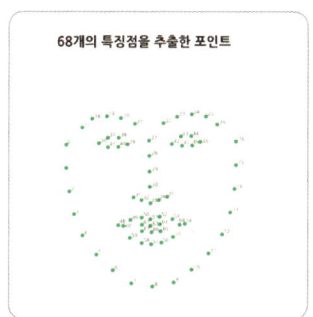 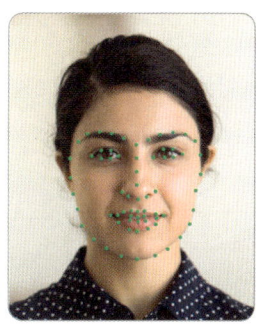 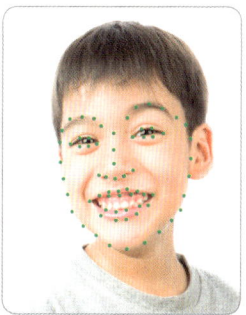

페이스프린트

이 랜드마크는 사람의 지문과 비슷한 독특한 페이스프린트를 가지고 있어서 사람의 얼굴을 구분할 수 있습니다. 얼굴의 랜드마크를 잘 검출해 낸다면 사람이 눈을 뜨고 있는지 감고 있는지를 알아낼 수 있습니다. 그러면 사진 찍을 때 모든 사람이 눈을 뜨고 있는 순간을 촬영할 수 있습니다. 또한 사람의 표정을 추정하여 웃고 있는지, 울고 있는지, 화난 표정인지 등을 알 수 있습니다.

살펴보기 인공지능 얼굴 인식의 정확도

얼굴 인식 프로그램의 정확도를 높이려면 다음과 같은 조건이 필요합니다.

- 사람이 한 곳에 가만히 있고, 조명이 깨끗해야 한다.
- 얼굴이 깨끗하고, 가려지지 않아야 한다.
- 색깔이나 배경이 조절되어 있어야 한다.
- 카메라 성능이 좋고, 사진이 선명해야 한다.

일상에서 이러한 조건들을 항상 충족할 수는 없으므로 일반적으로는 정확도가 더 낮습니다. 또한, 시간이 지나면서 얼굴이 바뀌는데, 이렇게 바뀐 얼굴을 몇 년 전 사진과 비교하는 것은 더 많은 데이터와 학습이 필요합니다.

인공지능 프로젝트 일지

20XX년 XX월 XX일 X요일	
상황	동생이 재미있는 영상을 보고 있다가, 갑자기 '잔망루루'라는 캐릭터가 나오는 부분을 나에게 보여주며, 캐릭터의 움직임과 표정이 사람이 직접 그린 것인지 물었다. 나는 이게 사람이 그린 것일 수도 있고, 다른 방식일 수도 있다고 말하며 확신하지 못했다. 그때 누나가 학교에서 돌아와 우리의 대화를 듣고, 그 캐릭터는 인공지능이 사람의 동작과 표정을 분석하여 보여주는 것이라고 설명했다. 나는 이전에 누나와 함께 3D 동작 인식을 체험한 적이 있어 동작 인식은 알고 있었지만, 표정까지 인식한다는 것에 놀랐다. 그래서 나는 얼굴에도 특별한 마스크를 착용해야 하는지 궁금해졌다. 
발견된 문제점	동생이 인공지능이 무엇이고 어떤 방식으로 표정 인식을 하는지 알지 못해 동영상 콘텐츠를 제대로 이해하고 즐기는 데 어려움을 겪고 있다.
해결 방법	딥 러닝 기반의 얼굴 인식 알고리즘을 이용해 사용자의 표정을 실시간으로 인식하는 프로그램을 만든다. 이 프로그램은 사용자의 표정을 분석하고, 직접 표정을 짓고, 화면 속 캐릭터와 상호작용을 한다.

프로젝트 설계하기

목표	얼굴 인식으로 내 표정에 따라 캐릭터의 표정도 변하게 하는 프로그램을 만들자.
기능	1. 카메라에 얼굴을 비추면 무작위로 캐릭터 얼굴을 생성한다. 2. 비디오 감지 모델이 표정을 인식한다. 3. 사람의 표정이 바뀔 때마다 화면 속 캐릭터의 표정이 따라서 실시간으로 바뀐다.
화면 디자인	← 카메라 행복 ② 화면 속 카메라가 사람 표정에 따라 함께 표정을 짓는다 ① 사람이 컴퓨터를 보고 표정을 짓는다
순서도	시작하기 버튼 클릭하기 ↓ 비디오 연결하기 ↓ 얼굴 인식 시작하기 ↓ 기준 위치로 이동하기 ↓ 계속 반복 [감정 = 무표정] —아니오→ [감정 = 분노] 예↓ 무표정 보여주기 / 예↓ 분노한 표정 보여주기

Chapter 03 | 인공지능으로 표정 아바타 만들기

| 인공지능 알아보기 | 인공지능 프로젝트 알기 | 프로젝트 설계하기 | **프로젝트 만들기** | 정리하기 | 발전시키기 |

 프로젝트 만들기

◉ 학습목표

- 인공지능 블록의 '얼굴 인식' 블록을 추가할 수 있다.
- '얼굴 인식' 블록의 기능을 이해하고 사용할 수 있다.
- 얼굴을 감지하는 페이스프린트에 대해 이해하고 사용할 수 있다.
- '비디오 감지'의 얼굴 인식을 이용하여 표정을 따라 하는 캐릭터를 만들 수 있다.

· 예제 작품 주소 : http://naver.me/GyykOIJz
· 완성 작품 주소 : http://naver.me/xOmDLVTm
· 실습 파일 : 없음

실습 영상

◉ 준비하기

| 활용
인공지능 | 
[얼굴 인식] | 준비물 | 
[컴퓨터] | 
[카메라] |

◉ 프로젝트 미리보기

엔트리의 인공지능　비디오 감지: 얼굴 인식

이번 프로젝트에서는 엔트리에서 제공하는 다음 인공지능을 이용하여 작품을 만듭니다.

✳ 기능 알아보기

얼굴 인식
카메라를 이용하여 얼굴을 인식하는 블록들의 모음입니다.

카메라로 입력되는 이미지(영상)를 통해 얼굴을 인식하는 블록입니다. 카메라에 자신을 스스로 비춰보고 표정을 인공지능이 어떻게 자동으로 감지하고 인식하는지 경험할 수 있습니다.

✳ 블록 알아보기

블록	기능
비디오 투명도 효과를 `0` 으로 정하기	촬영되는 화면의 투명도 효과를 입력한 값으로 정합니다. 0~100 사이의 범위로 설정할 수 있습니다. (0 이하는 0으로, 100 이상은 100으로 처리됩니다.)
`1`▼ 번째 얼굴의 `왼쪽 눈`▼ 의 `x`▼ 좌표	입력한 순서의 얼굴 중 선택된 얼굴 부위의 위치 값입니다. 인식이 잘되지 않는 경우 무조건 0으로 출력됩니다. (왼쪽 눈, 오른쪽 눈, 코, 왼쪽 입꼬리, 오른쪽 입꼬리, 윗입술, 아랫입술)
`1`▼ 번째 얼굴의 `성별`▼	입력한 순서에 따른 얼굴의 성별/나이/감정의 추정값입니다. 인식이 잘되지 않는 경우 null을 반환합니다.

✳ 오브젝트 살펴보기

이름	얼굴모양	눈	코	머리	입
x	0	0	0	0	0
y	0	0	0	0	0
크기	190%	100%	100%	280%	100%

🎯 프로젝트 만들기

Step 1 인공지능 불러오기

'비디오 감지'의 '얼굴 인식' 인공지능 블록을 불러옵니다.

1 [인공지능] 카테고리에서 [인공지능 블록 불러오기] 버튼을 클릭합니다.

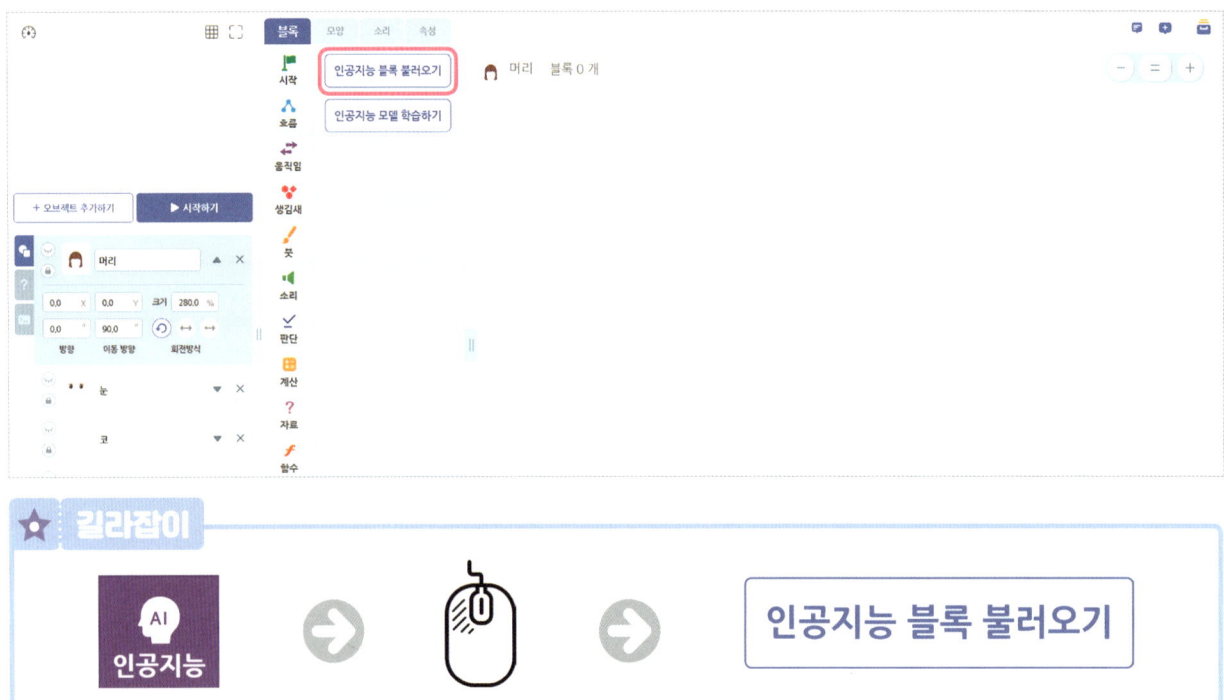

2 AI 활용 블록 중 [얼굴 인식]을 클릭한 후, 화면 오른쪽 위 끝에 [불러오기] 버튼을 클릭합니다.

Step 2   얼굴 인식하기

'얼굴 인식' 인공지능을 이용하여 컴퓨터 카메라에 보이는 얼굴을 인식합니다.

3 '머리' 오브젝트를 클릭한 후, [시작] 카테고리에서 [시작하기 버튼을 클릭했을 때] 블록을 가져옵니다.

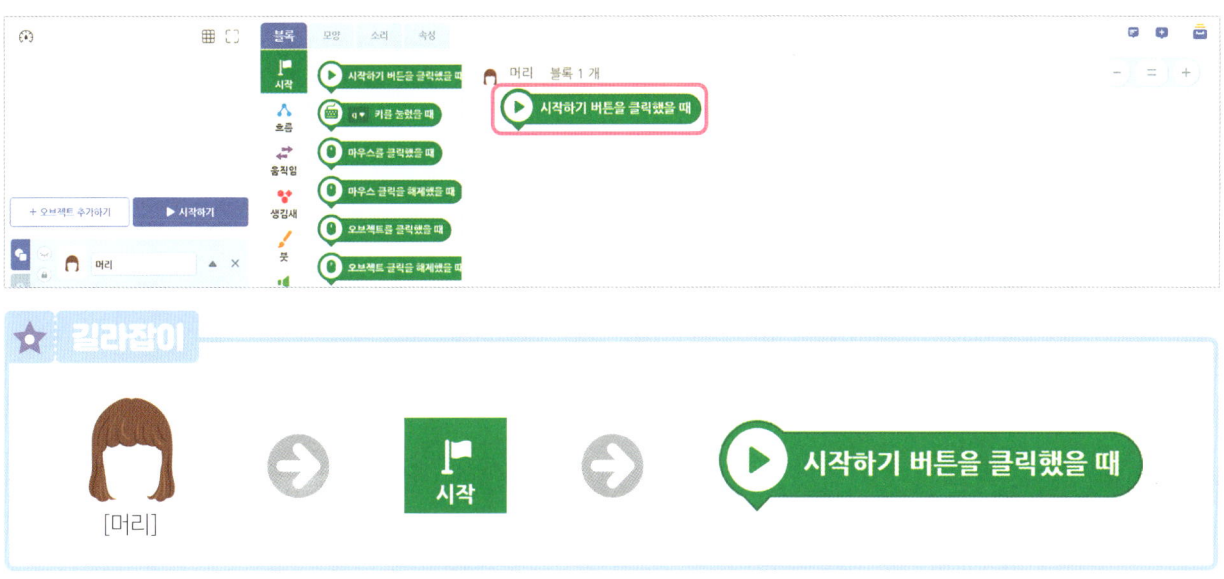

4 [인공지능] 카테고리에서 [비디오 화면 보이기], [비디오 투명도 효과를 0 으로 정하기], [얼굴 인식 시작하기], [인식한 얼굴 보이기] 블록을 가져온 후, [비디오 투명도 효과를 50 으로 정하기]로 수정합니다.

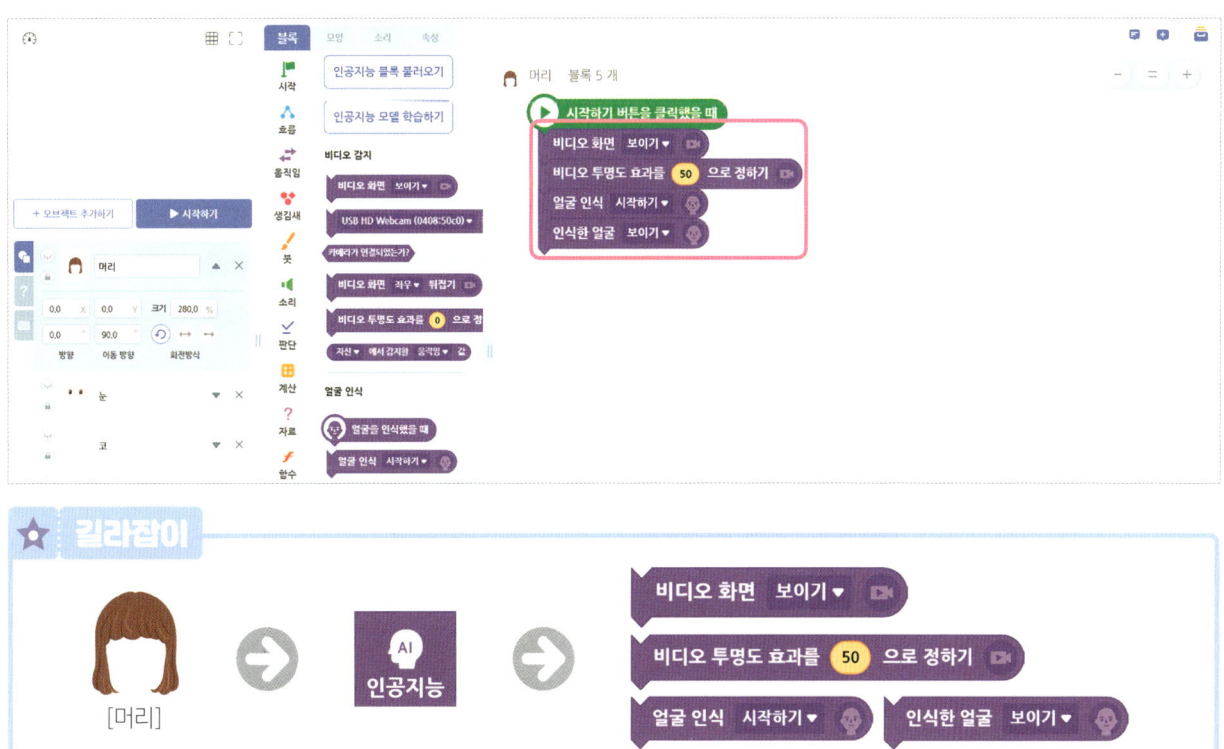

Step 3 신호 추가하기

얼굴 인식이 완료된 후에 아바타가 만들어질 수 있도록 '얼굴 인식' 신호를 추가합니다.

5 [속성] 탭에서 [신호]-[신호 추가하기] 버튼을 클릭한 후, 신호 이름에 '얼굴 인식'이라고 입력하고 [신호 추가] 버튼을 클릭합니다.

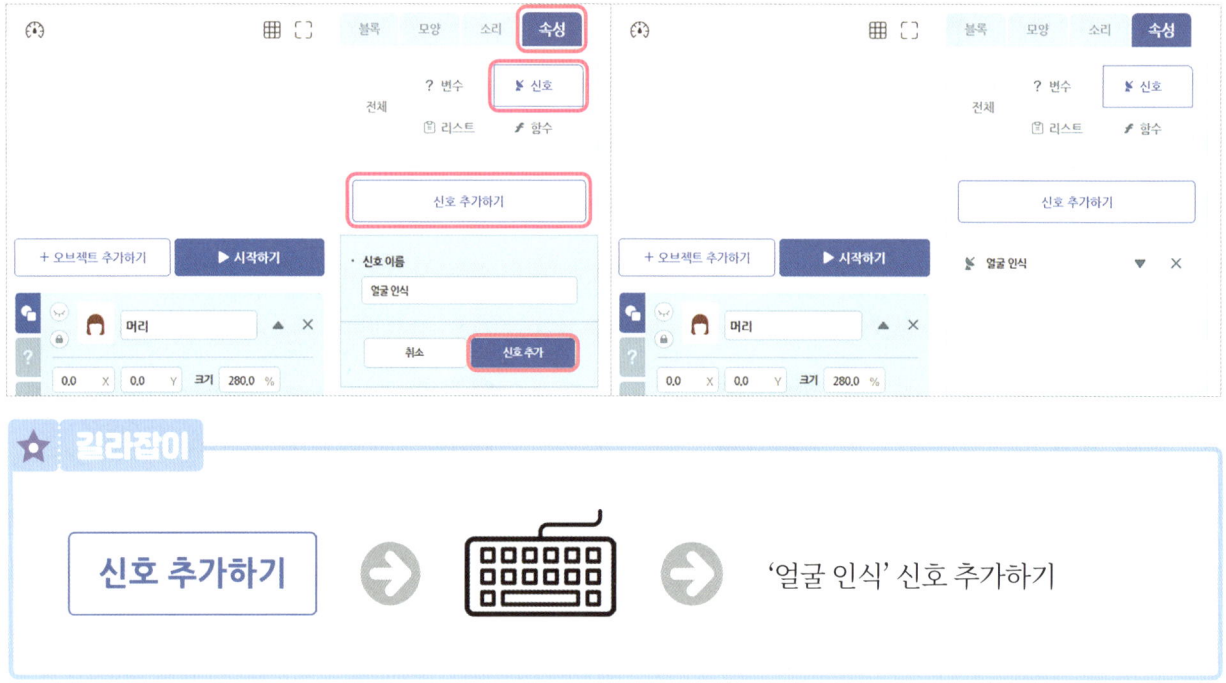

6 [시작] 카테고리에서 [얼굴 인식 신호 보내기] 블록을 가져옵니다.

Step 4 '머리' 스타일 정하기

20개의 '머리' 오브젝트 모양 중 한 가지 모양이 무작위로 선택됩니다. 또한 카메라에 비친 얼굴이 움직일 때마다 실행화면 속 '머리' 오브젝트는 '코' 오브젝트를 중심으로 움직입니다.

7 [시작] 카테고리에서 [얼굴 인식 신호를 받았을 때] 블록을 가져옵니다.

8 [생김새] 카테고리에서 [모양 보이기] 블록을 가져옵니다.

Chapter 03 | 인공지능으로 표정 아바타 만들기　77

9 [생김새] 카테고리에서 [긴머리_01 모양으로 바꾸기] 블록을 가져와 (긴머리_01) 블록을 떼어 블록 꾸러미에 버립니다.

10 [계산] 카테고리에서 (0 부터 10 사이의 무작위 수) 블록을 가져와 [10 모양으로 바꾸기] 블록의 '10'에 넣어준 후, (1 부터 20 사이의 무작위 수)로 수정합니다.

11 [흐름] 카테고리에서 [계속 반복하기] 블록을 가져옵니다.

12 [움직임] 카테고리에서 [y: 10 위치로 이동하기] 블록을 가져옵니다.

13 [계산] 카테고리에서 (10 + 10) 블록을 가져와 [y: 10 위치로 이동하기] 블록의 '10'에 넣어준 후, (10 + 30)으로 수정합니다.

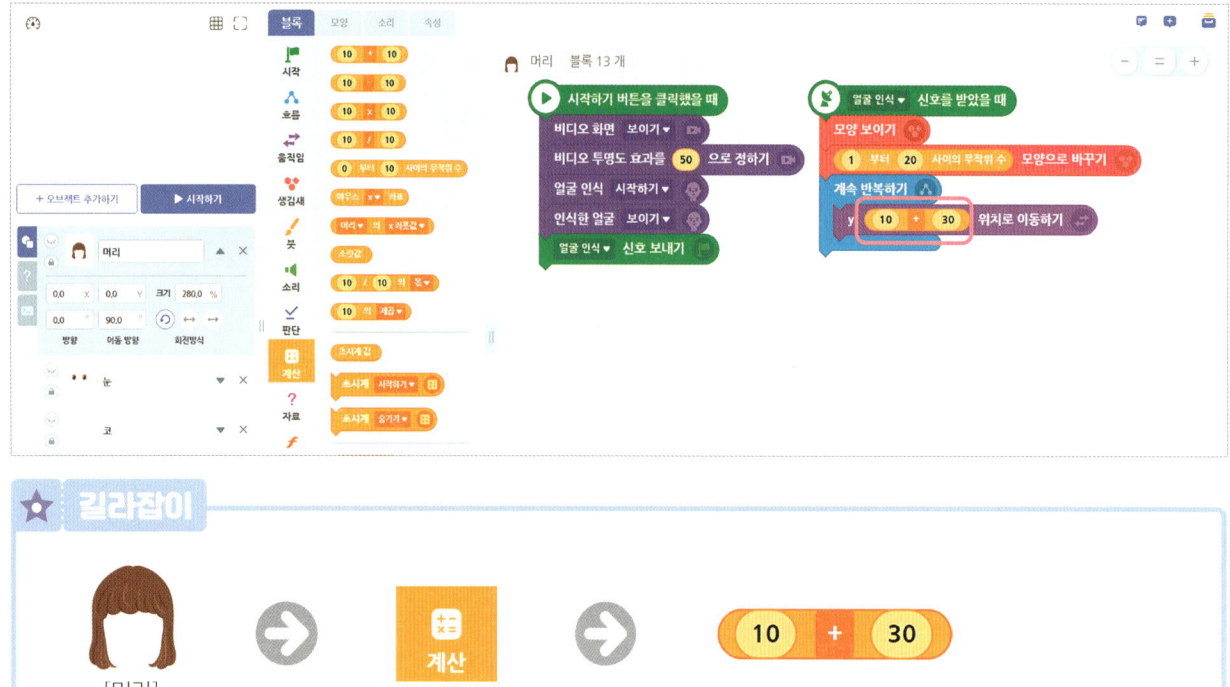

14 [인공지능] 카테고리에서 (1번째 얼굴의 왼쪽 눈의 x 좌표) 블록을 가져와 (10 + 30) 블록의 '10'에 넣어준 후, (1번째 얼굴의 코의 y 좌표)로 수정합니다.

Step 5   '얼굴' 스타일 정하기

8개의 '얼굴' 오브젝트 모양 중 한 가지 모양이 무작위로 선택됩니다. 또한 카메라에 비친 얼굴이 움직일 때마다 실행화면 속 '얼굴' 오브젝트는 '코' 오브젝트를 중심으로 움직입니다.

15 [얼굴 인식 신호를 받았을 때] 블록 위에서 마우스 오른쪽과 [코드 복사] 메뉴를 차례대로 클릭합니다.

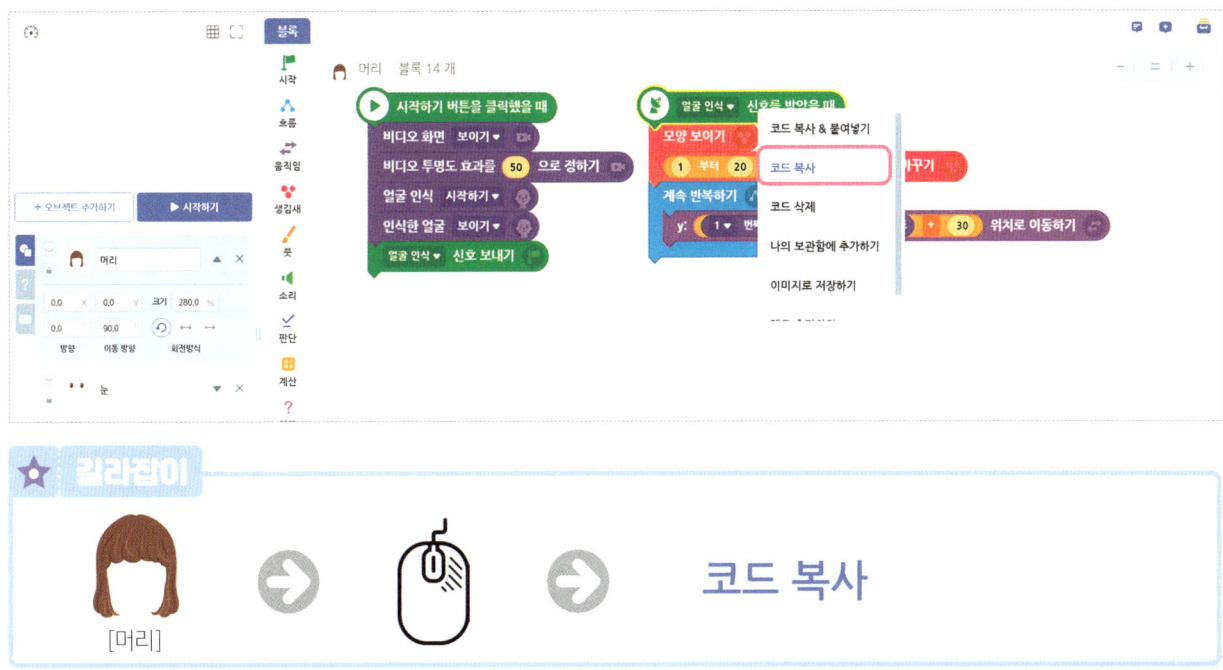

16 '얼굴모양' 오브젝트를 클릭한 후, 블록 조립소에서 마우스 오른쪽과 [붙여넣기] 메뉴를 차례대로 클릭합니다.

17 (1 부터 20 사이의 무작위 수)를 (1 부터 8 사이의 무작위 수)로, ((1번째 얼굴의 코의 y 좌표) + 30)을 ((1번째 얼굴의 코의 y 좌표) + 0)으로 수정합니다.

(무작위 수), (더하기) 블록 수정하기

Step 6 '코' 스타일 정하기

10개의 '코' 오브젝트 모양 중 한 가지 모양이 무작위로 선택됩니다. 또한 카메라에 비친 얼굴이 움직일 때마다 실행화면 속 '코' 오브젝트의 위치도 따라 움직입니다.

18 '코' 오브젝트를 클릭한 후, 블록 조립소에서 마우스 오른쪽과 [붙여넣기] 메뉴를 차례대로 클릭합니다.

붙여넣기

19 (1 부터 20 사이의 무작위 수)를 (1 부터 10 사이의 무작위 수)로, ((1번째 얼굴의 코의 y 좌표) + 30)을 ((1번째 얼굴의 코의 y 좌표) + 0)으로 수정합니다.

Step 7 '입' 스타일 정하기

20개의 '입' 오브젝트 모양 중 한 가지 모양이 무작위로 선택됩니다. 또한 카메라에 비친 얼굴이 움직일 때마다 실행화면 속 '입' 오브젝트는 '코' 오브젝트를 중심으로 움직이게 합니다. 또한 카메라에 비친 표정에 따라 입 모양이 바뀝니다.

20 '입' 오브젝트를 클릭한 후, 블록 조립소에서 마우스 오른쪽과 [붙여넣기] 메뉴를 차례대로 클릭합니다.

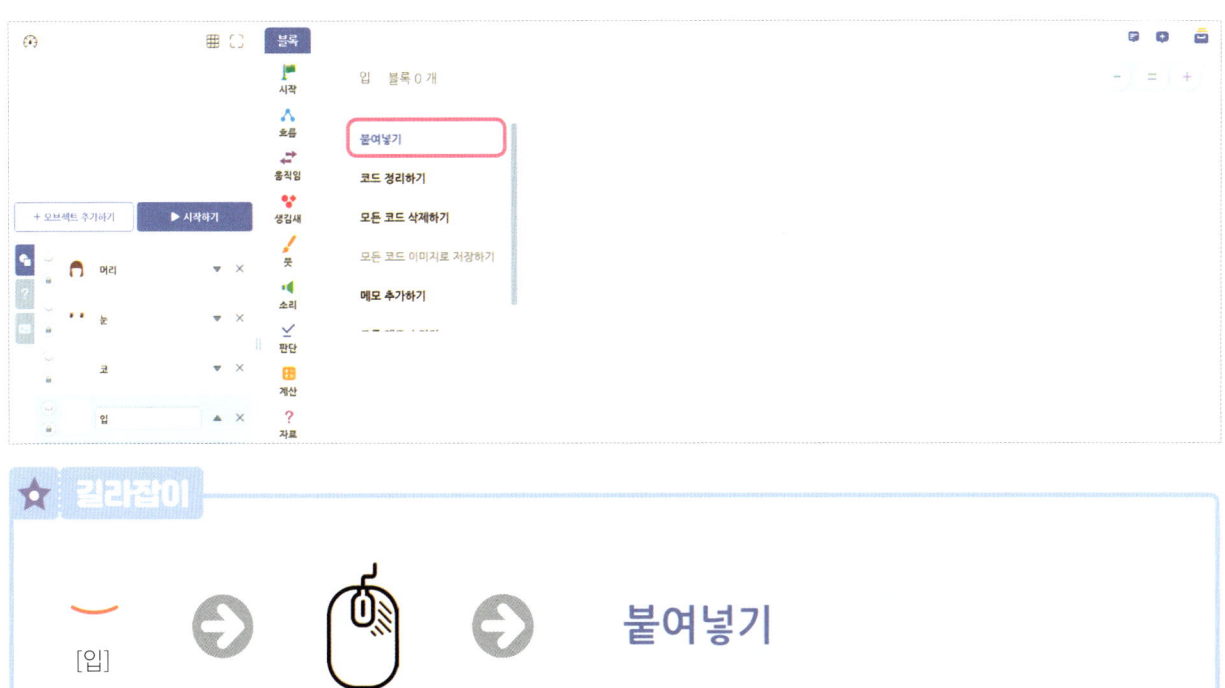

21 [(1 부터 20 사이의 무작위 수) 모양으로 바꾸기] 블록 위에서 마우스 오른쪽과 [코드 삭제] 메뉴를 차례대로 클릭합니다.

22 ((1번째 얼굴의 코의 y 좌표) + 30)을 ((1번째 얼굴의 코의 y 좌표) + -45)로 수정합니다.

23 [흐름] 카테고리에서 [만일 <참> (이)라면 - 아니면] 블록 5개를 가져와 각 [아니면]에 다음과 같이 블록을 넣어줍니다.

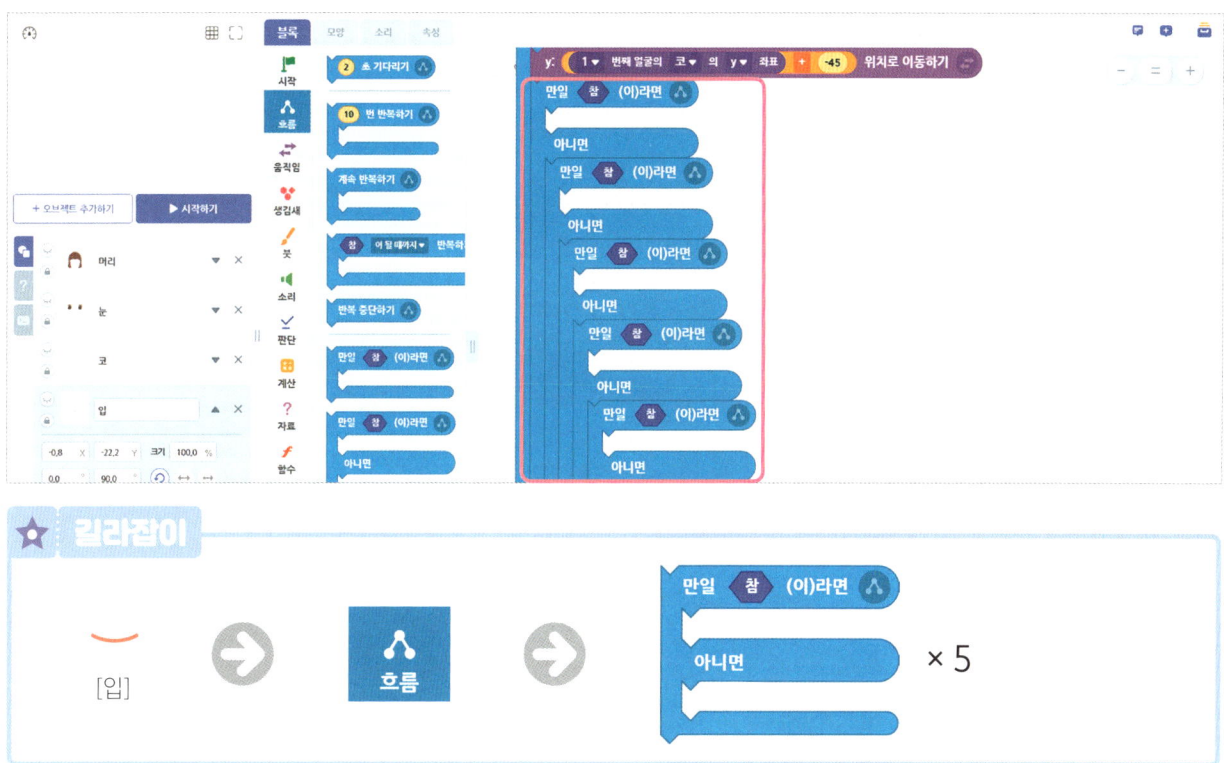

24 [판단] 카테고리에서 <10 = 10> 블록 5개를 가져와 [만일 <참> (이)라면 - 아니면] 블록의 <참>에 넣어준 후, <10 = 10> 블록의 오른쪽 '10'을 각각 '무표정', '행복', '놀람', '슬픔', '혐오'로 수정합니다.

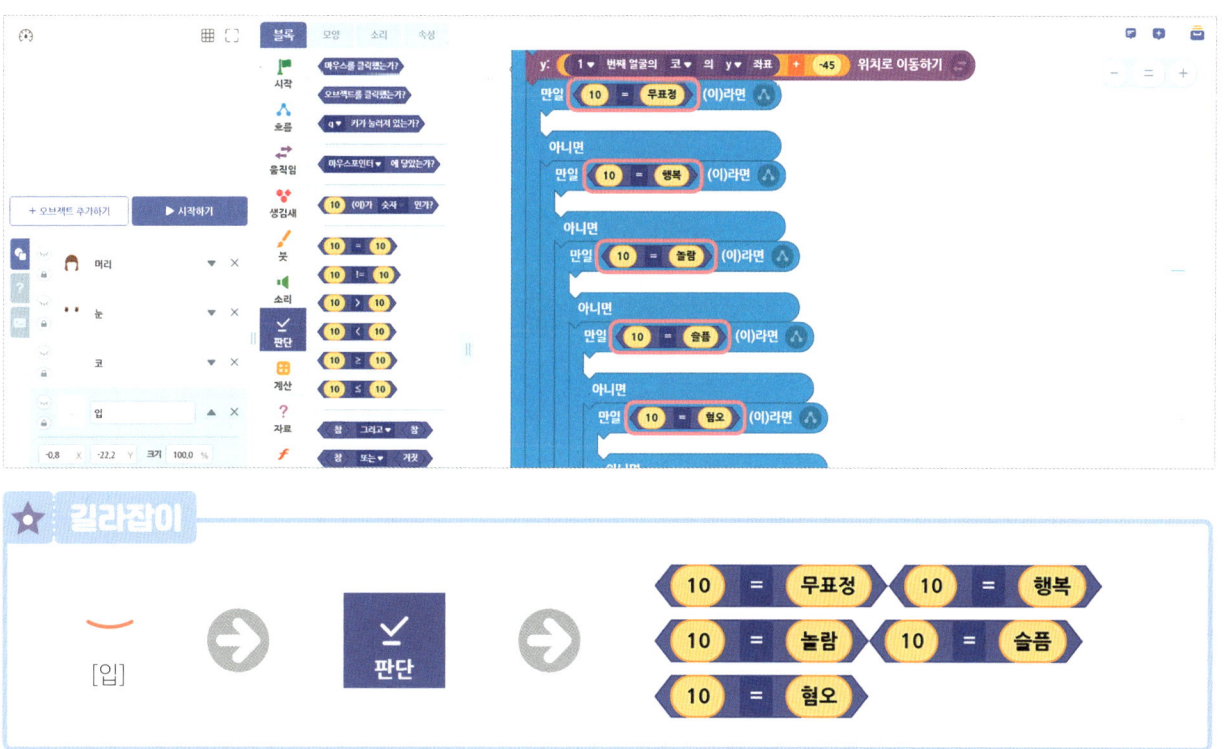

25 [생김새] 카테고리에서 [입_21 모양으로 바꾸기] 블록 5개를 가져와 (입_21) 블록을 떼어 블록 꾸러미에 버립니다.

26 [10 모양으로 바꾸기] 블록의 '10'을 [모양] 탭의 모양과 비교하여 수정합니다.

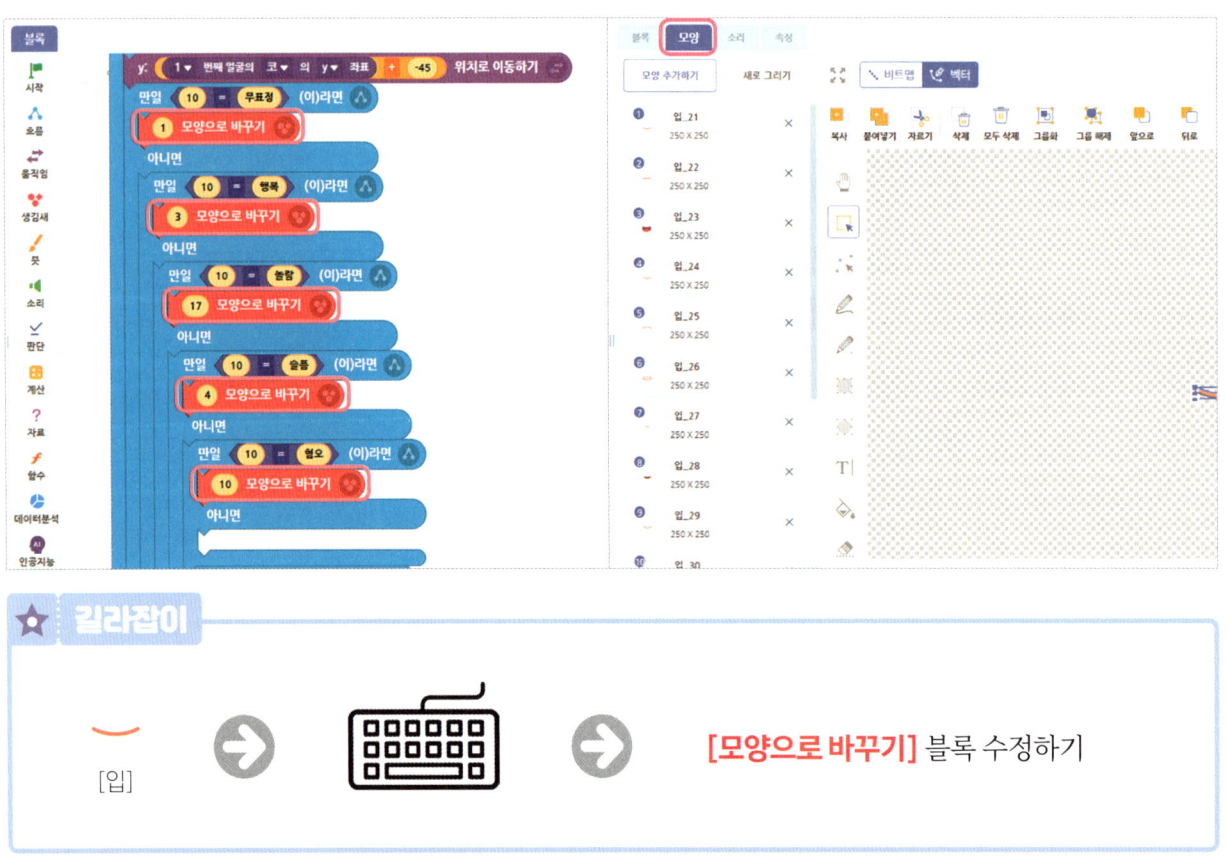

27 [흐름] 카테고리에서 [만일 <참> (이)라면] 블록을 가져와 맨 아래의 [아니면]에 블록을 넣어줍니다.

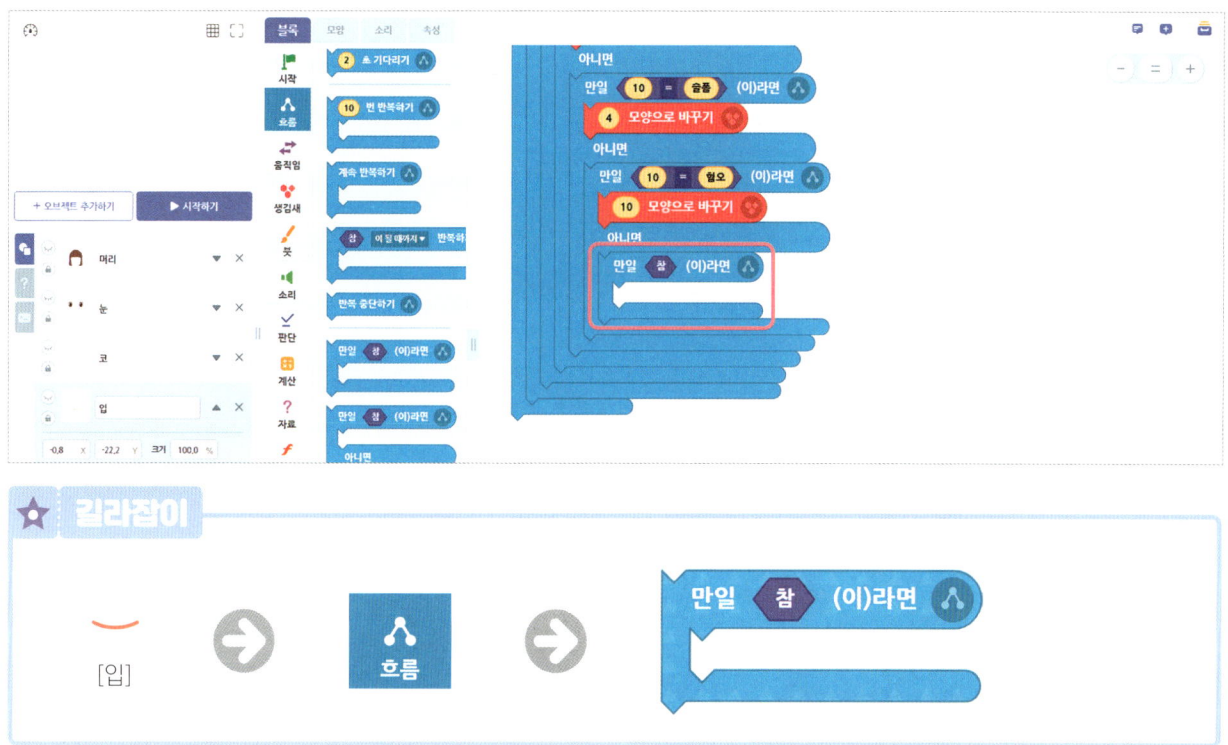

28 <10 = 혐오> 블록 위에서 마우스 오른쪽과 [코드 복사 & 붙여넣기] 메뉴를 차례대로 클릭합니다. [만일 <참> (이)라면] 블록의 <참>에 넣어준 후, '혐오'를 '분노'로 수정합니다.

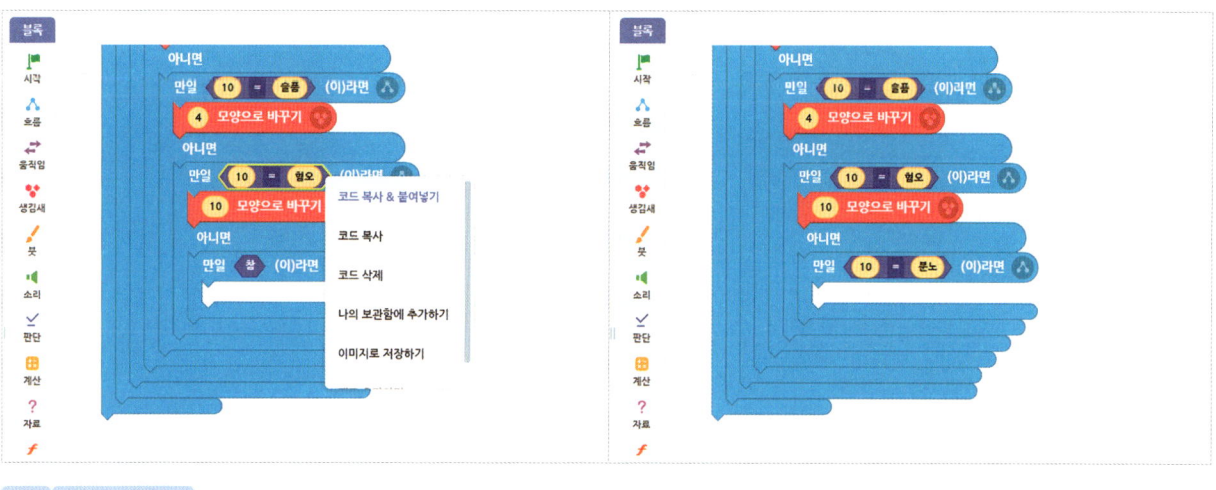

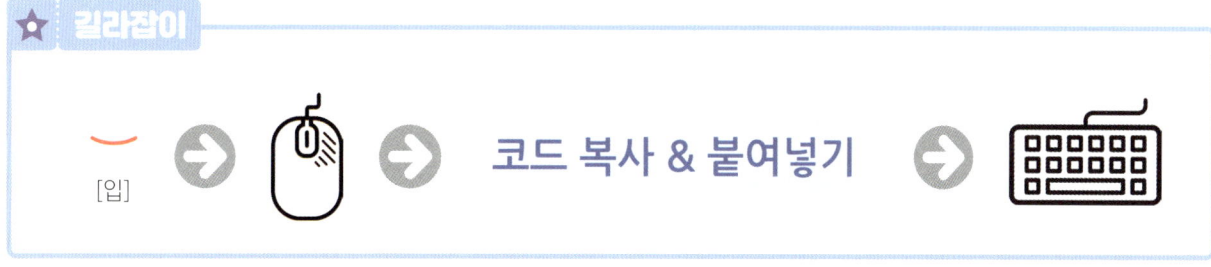

29 [10 모양으로 바꾸기] 블록 위에서 마우스 오른쪽과 [코드 복사 & 붙여넣기] 메뉴를 차례대로 클릭합니다. [만일 <참> (이)라면] 안에 블록을 넣어준 후, [10 모양으로 바꾸기] 블록의 '10'을 '8'로 수정합니다.

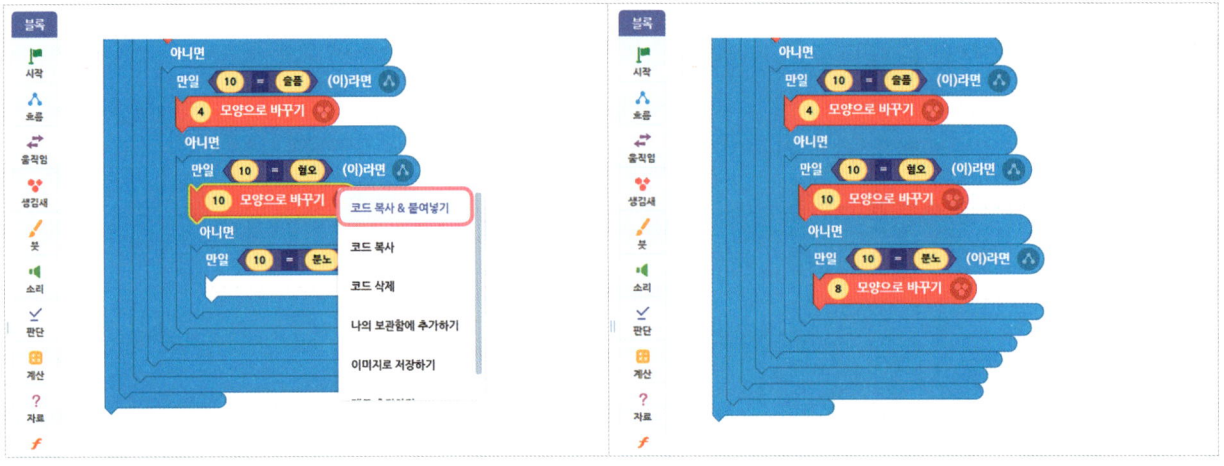

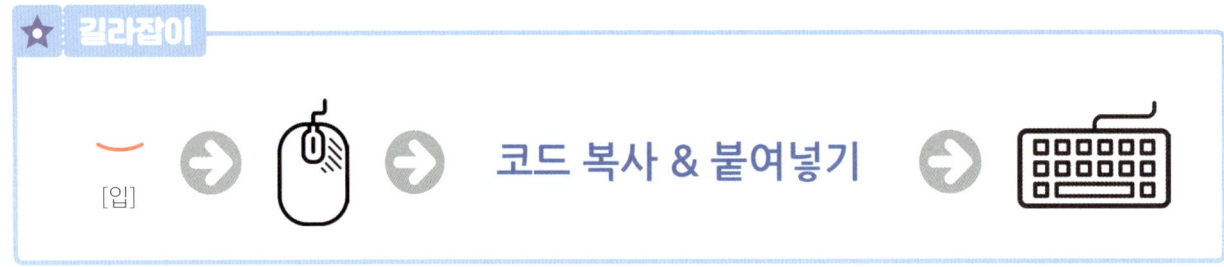

30 [인공지능] 카테고리에서 **(1번째 얼굴의 성별)** 블록 6개를 가져와 **<10 = 표정>**의 왼쪽 '10'에 각각 넣어준 후, **(1번째 얼굴의 감정)**으로 수정합니다.

Step 8 '눈' 스타일 정하기

10개의 '눈' 오브젝트 모양 중 한 가지 모양이 무작위로 선택됩니다. 또한 카메라에 비친 얼굴이 움직일 때마다 실행화면 속 '눈' 오브젝트는 '코' 오브젝트를 중심으로 움직이게 합니다. 또한 카메라에 비친 표정에 따라 눈 모양이 바뀝니다.

31 [얼굴 인식 신호를 받았을 때] 블록 위에서 마우스 오른쪽과 [코드 복사] 메뉴를 차례대로 클릭합니다.

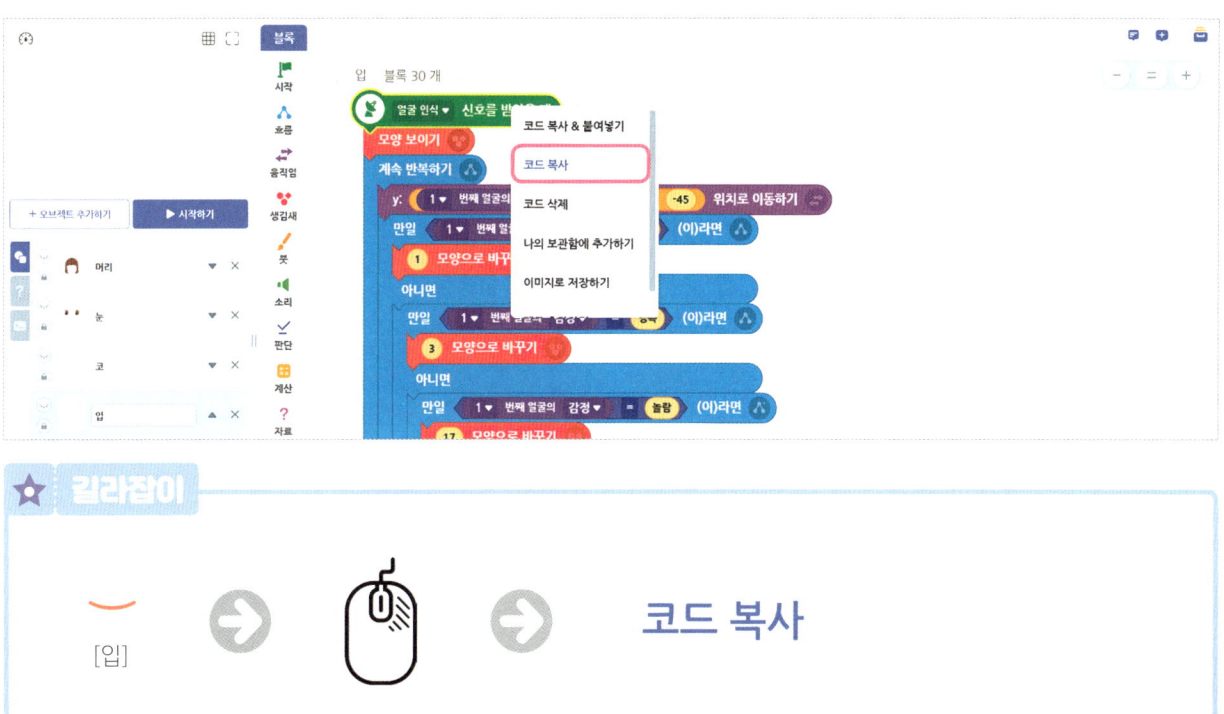

32 '눈' 오브젝트를 클릭한 후, 블록 조립소에서 마우스 오른쪽과 [붙여넣기] 메뉴를 차례대로 클릭합니다.

33 ((1번째 얼굴의 코의 y 좌표) + −45) 블록을 ((1번째 얼굴의 코의 y 좌표) + 15)로 수정합니다.

34 ['숫자' 모양으로 바꾸기]의 '숫자'를 [모양] 탭의 모양과 비교하여 수정합니다.

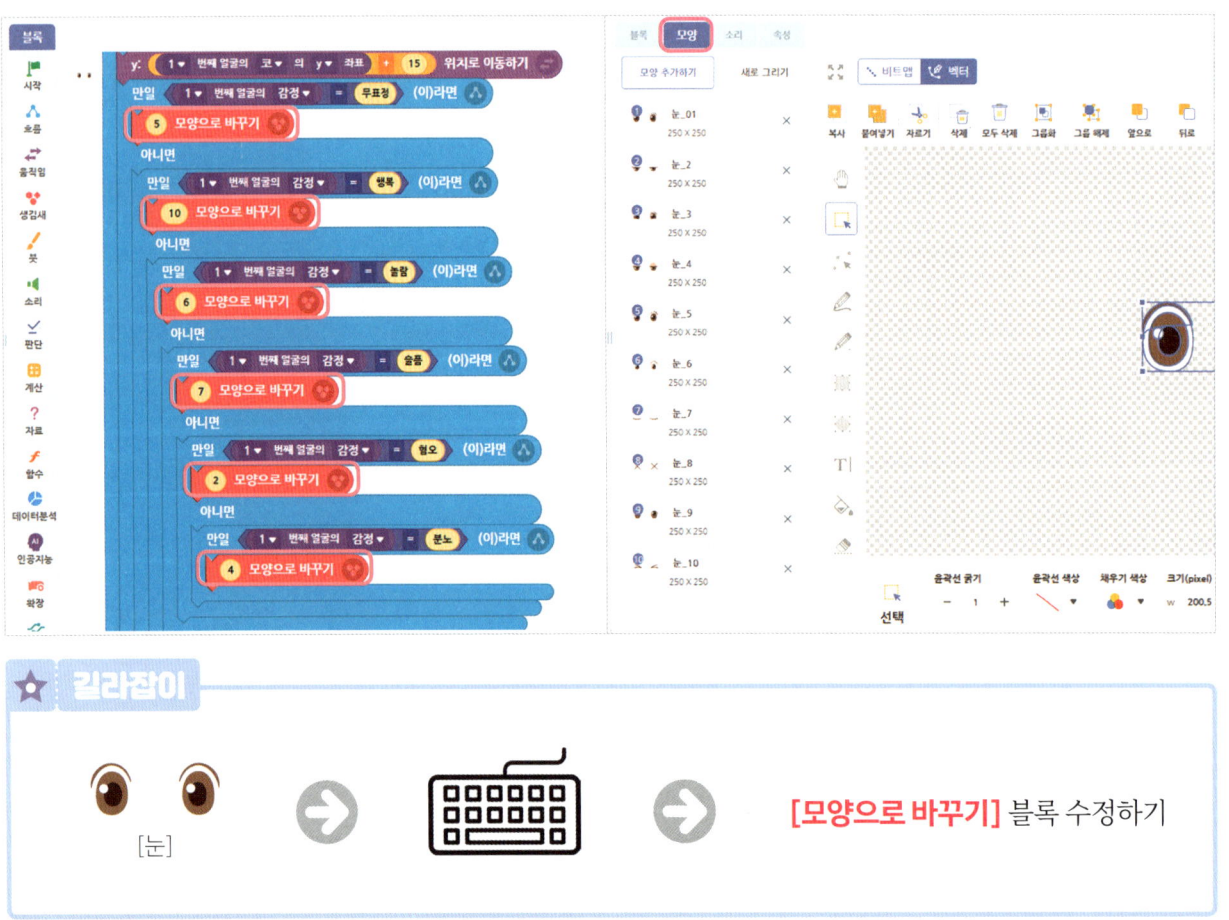

Step 9 인식한 '얼굴' 숨기기

실행화면에서 얼굴 인식을 확인한 후 인식한 얼굴을 숨겨줍니다.

35 '머리' 오브젝트를 클릭한 후, [▶시작하기] 버튼을 클릭하여 실행화면에서 사람 얼굴을 확인하고 [인식한 얼굴 보이기] 블록을 [인식한 얼굴 숨기기]로 수정합니다.

정리하기

전체 코드 보기

[입]

[얼굴모양]

Chapter 03 | 인공지능으로 표정 아바타 만들기

발전시키기

표정 아바타 만들기 프로젝트의 개선점을 찾고, 새로운 기능을 추가하여 더 나은 프로그램으로 확장해보세요.

기능	1. 현재의 표정을 말풍선으로 나타낸다. 2. 표정에 따른 애니메이션 효과를 표현한다.
화면 디자인	
오브젝트 모양 확인	프로젝트 만들기 힌트 1. '머리' 오브젝트를 클릭합니다. 2. 감정을 나타내는 말풍선 코드를 추가합니다. 3. '[묶음] 폭발 효과' 오브젝트를 클릭합니다. 4. [모양] 탭에서 [묶음] 폭발 효과 모양을 확인합니다. 5. 특정 표정, 예를 들어 '놀람' 표정이 되면 머리위에 애니메이션 효과를 나타나는 코드를 추가합니다. 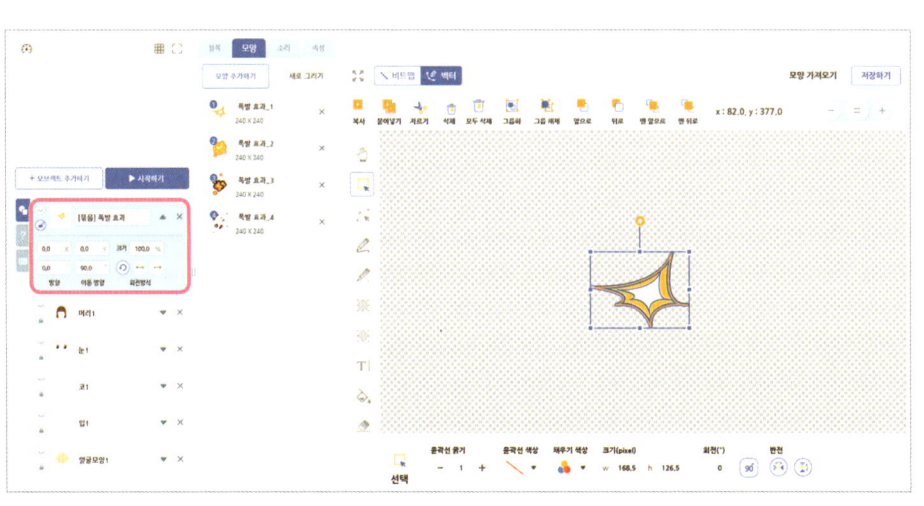

- 코드 설명 1 : **[인공지능]** 카테고리에서 **(1번째 얼굴의 감정)** 블록과 **[생김새]**의 **[말하기]** 블록을 활용하여 현재 어떤 표정을 짓고 있는지 나타나게 합니다. 표정을 인식하지 못할 때 자동으로 null이라는 값이 보입니다.
- 코드 설명 2 : 계속 오브젝트가 따라다닐 수 있게 하며, 머리 위에 애니메이션 효과가 나타날 수 있게 위치를 조정합니다. 특정 표정이 되었을 때 모양이 보이고 모양을 일정 시간 바꾸어 애니메이션 효과가 나타나게 합니다. 시간은 값이 작을수록 빠른 애니메이션 효과를 낼 수 있습니다.

코드 수정

인공지능 알아보기 | 인공지능 프로젝트 일지 | 프로젝트 설계하기 | 프로젝트 만들기 | 정리하기 | 발전시키기

PART 1 활용 인공지능 - 비디오 감지, 사물 인식

Chapter 04 인공지능으로 준비물 도우미 만들기

인공지능 도우미와 함께! 준비물 빠짐없이 챙기기

인공지능 알아보기

이해하기 인공지능은 어떻게 사다리, 자동차와 같은 다양한 물건을 알아볼까?

인공지능이 이미지를 바라보는 방법

사람들은 눈으로 대상을 봅니다. 하지만 컴퓨터는 눈이 없는 대신, 카메라를 통해 디지털 영상을 받아들이고 이를 분석합니다.

이때, 컴퓨터가 영상을 '보는' 방식은 사람과 매우 다릅니다. 컴퓨터는 사진과 영상을 숫자로 바꿔서 처리합니다. 컴퓨터는 사진이나 영상을 **'픽셀'**이라는 아주 작은 점들로 나눕니다. 각 픽셀은 색상을 나타내는 **숫자**로 표현됩니다. 예를 들어, 빨간색은 A라는 숫자로, 파란색은 B라는 숫자로 표현되는 것이죠. 이렇게 사진이나 영상을 많은 숫자로 바꿔서 컴퓨터가 이해할 수 있게 만듭니다. 이런 숫자들을 인공지능이 분석해서 사진 속에 무엇이 있는지, 영상 속에서 무슨 일이 일어나고 있는지 알아냅니다.

 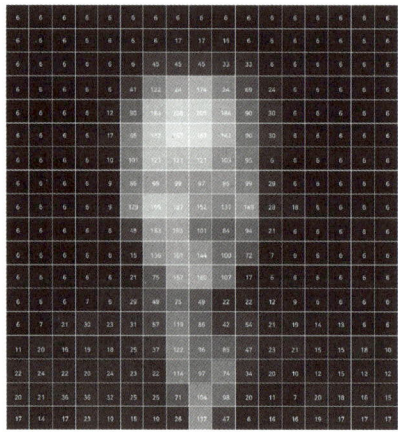 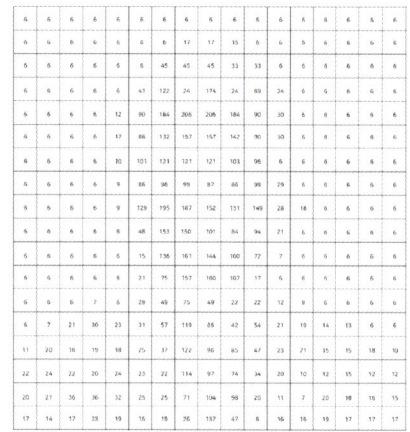

인공지능이 보는 이미지의 형태

이미지 인식과 CNN(Convolutional Neural Net, 합성곱 신경망)

숫자 값으로 표현된 이미지에서 특정 사물이 무엇인지 알기 위해서는 각 사물의 특징을 알아야 합니다. 이때 사용되는 것이 **CNN(Convolutional Neural Net, 합성곱 신경망)**과 같은 딥 러닝 모델입니다.

컴퓨터 안에는 사람의 뇌와 같은 수많은 작은 뉴런들이 있는데, 이 뉴런들이 서로 이야기하며 정보를 주고받습니다. CNN은 이 뉴런들을 여러 층으로 쌓아서, 이미지를 보고 무엇인지 알아내도록 도와줍니다. CNN의 첫 번째 층에서는 이미지를 보면서 간단한 선이나 점 같은 패턴을 찾습니다. 이 정보들이 다음 층으로 넘어가면, 이번에는 좀 더 큰 부분을 보게 됩니다. 이 층에서는 조금 더 복잡한 곡선과 간단한 도형 같은 패턴을 찾아냅니다. 이렇게 정보가 계속해서 위로 올라가면서 컴퓨터는 점점 더 큰 부분을 보게 되고, 더 복잡한 패턴을 알아낼 수 있게 됩니다. 마지막 층에 도착하면, 컴퓨터는 이미지 전체를 보며 그 이미지가 무엇인지 알아낼 수 있습니다.

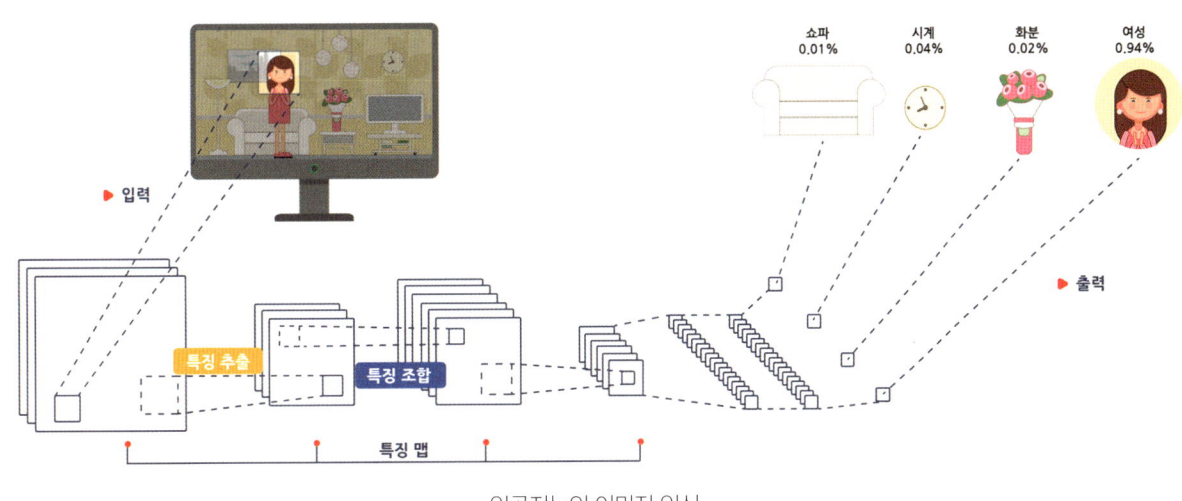

인공지능의 이미지 인식

살펴보기 일상에서의 다양한 사물인식

스마트 공장에서 부품 체크
유리 기판 같은 부품을 만드는 공장이 있습니다. 이 유리 기판에 기포나 먼지가 있으면 큰 문제가 생길 수 있습니다. 이때 AI 이미지 분석 기술을 사용하면, 공장의 기계가 스스로 유리 기판을 자세히 살펴보고 기포나 먼지를 찾아낼 수 있습니다. 이렇게 하면 사람이 하나하나 직접 확인하는 것보다 더 정확하게 불량 부품을 찾아낼 수 있습니다.

공항이나 백화점의 보안 검색대
공항이나 백화점에서 보안 검사를 진행할 때 가방을 검사대에 올려놓으면, 기계가 엑스레이로 사진을 찍고 보안 요원이 그 사진을 보면서 문제가 있는지 확인합니다. 하지만 AI 이미지 분석 기술을 사용하면 기계가 스스로 가방 안에 물건들을 확인할 수 있습니다.

무인 상점
사람이 없는 무인 상점에 가서 쇼핑 카트에 담은 물건을 계산대에 올리면, 계산대에 있는 카메라가 물건을 확인하여 구매하려는 물건을 식별하고 자동으로 계산까지 할 수 있습니다.

인공지능 프로젝트 일지

	20XX년 XX월 XX일 X요일	 
상황	요즘 엄마가 말하려던 단어를 잊어버리거나 물건을 어디에 두었는지 기억하지 못하는 경우가 많다고 하신다. 얼마 전에는 원예 수업을 들으러 가는 데 필요한 준비물을 놓고 가버려서, 옆에 앉아있던 아주머니에게 가위를 빌려 사용했다고 말씀하셨다. 엄마가 이렇게 일상에서 필요한 물건이나 정보를 잊어버리는 일이 없도록, 엄마의 준비물을 검사해 주는 로봇이 있다면 정말 좋을 것 같다. 	
발견된 문제점	엄마가 자주 물건을 깜빡하고 외출해서 필요한 물건이 없어 불편함을 겪으신다.	
해결 방법	인공지능 기반의 객체 인식 알고리즘을 이용해 사용자가 외출하기 전에 필요한 물건들을 카메라로 촬영하면, 프로그램이 그 물건들을 인식하고 준비물과 비교해 주는 프로그램을 만든다. 이 프로그램은 미리 정한 준비물 목록과 카메라 영상을 분석하여 빠뜨린 물건이 있는지 보여준다.	

프로젝트 설계하기

목표	외출 전 준비물 확인을 도와주는 프로그램을 만들자.
기능	1. 인공지능 비디오 감지 모델이 카메라를 통해 준비물을 확인한다. 2. 준비물의 챙김 상태를 화면에 보여준다.
화면 디자인	카메라 준비물 리스트 • 책 ○ • 핸드폰 X • 가위 X ③ 확인이 되면 'O'가 된다 핸드폰과 가위를 챙겨야 합니다 사물: 책 ④ 챙기지 않은 물건을 보여준다 ① 사용자가 준비물 리스트에 있는 사물을 카메라에 비춘다 ② 인식된 사물의 형태가 빨간색 네모로 보인다
순서도	시작하기 버튼 클릭하기 → 비디오 연결하기 → 사물 인식 시작하기 → 준비물 확인 신호 보내기 계속 반복 사물 = 책 → 예 → 책을 'O'로 정하기 사물 = 핸드폰 → 예 → 핸드폰을 'O'로 정하기

Chapter 04 | 인공지능으로 준비물 도우미 만들기

인공지능 알아보기 | 인공지능 프로젝트 일지 | 프로젝트 설계하기 | **프로젝트 만들기** | 정리하기 | 발전시키기

프로젝트 만들기

학습목표

- 인공지능 블록의 '사물 인식' 블록을 추가할 수 있다.
- '사물 인식' 블록의 기능을 이해하고 사용할 수 있다.
- 사물 인식 목록을 확인하고 이용하여 작품을 만들 수 있다.

· 예제 작품 주소 : http://naver.me/xQNBCze3
· 완성 작품 주소 : http://naver.me/F2YUGDzS
· 실습 파일 : 없음

실습 영상

준비하기

활용 인공지능	 [사물 인식]	준비물	 [컴퓨터]　 [카메라]

프로젝트 미리보기

100 Part 1 | 인공지능 블록 불러오기

엔트리의 인공지능   비디오 감지 : 사물 인식

이번 프로젝트에서는 엔트리에서 제공하는 다음 인공지능을 이용하여 작품을 만듭니다.

🌸 기능 알아보기

카메라로 입력되는 이미지(영상)를 통해 사물을 인식하는 블록입니다. 다양한 사물을 인공지능이 어떻게 자동으로 감지하고 인식하는지 경험할 수 있습니다. 미리 지정된 80개의 사물을 인식할 수 있습니다.

🌸 블록 알아보기

블록	기능
사물 중 자전거 ▼ (이)가 인식되었는가?	선택한 사물이 인식되었을 때 '참'으로 판단합니다.

🌸 오브젝트 살펴보기

이름	배경	준비물 확인	사람
x	0	0	120
y	0	0	-35
크기	375%	60%	150

프로젝트 만들기

Step 1 인공지능 불러오기

'비디오 감지'의 '사물 인식' 인공지능 블록을 불러옵니다.

1 [인공지능] 카테고리에서 [인공지능 블록 불러오기] 버튼을 클릭합니다.

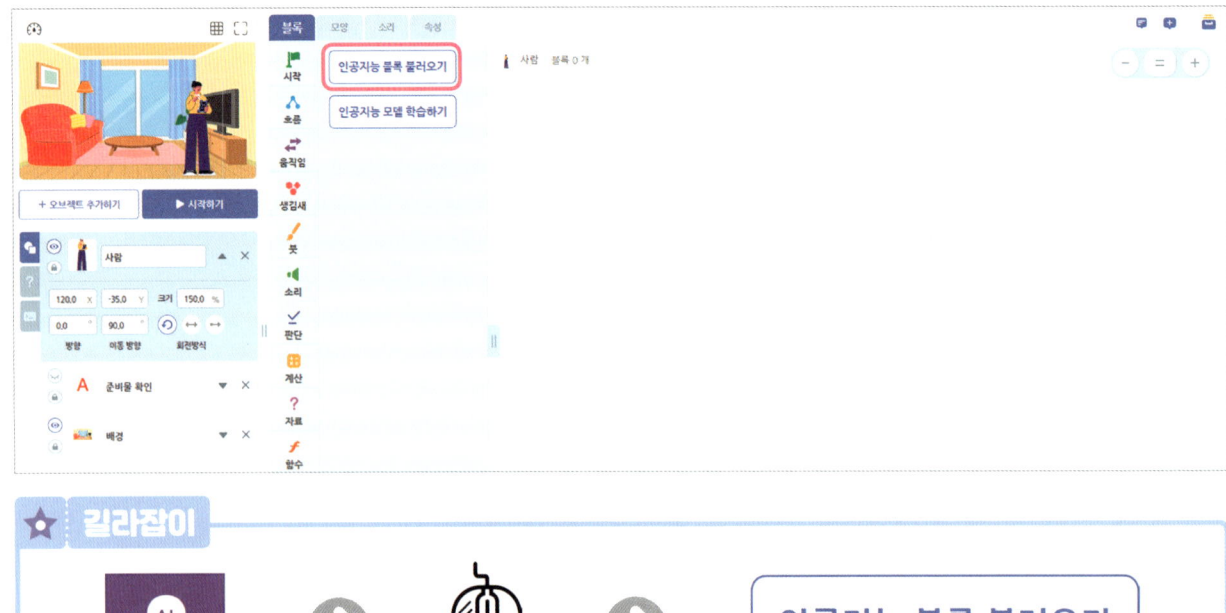

2 AI 활용 블록 중 [사물 인식]을 클릭한 후, 화면 오른쪽 위의 [불러오기] 버튼을 클릭합니다.

3 '사람' 오브젝트를 클릭한 후, [시작] 카테고리에서 [시작하기 버튼을 클릭했을 때] 블록을 가져옵니다.

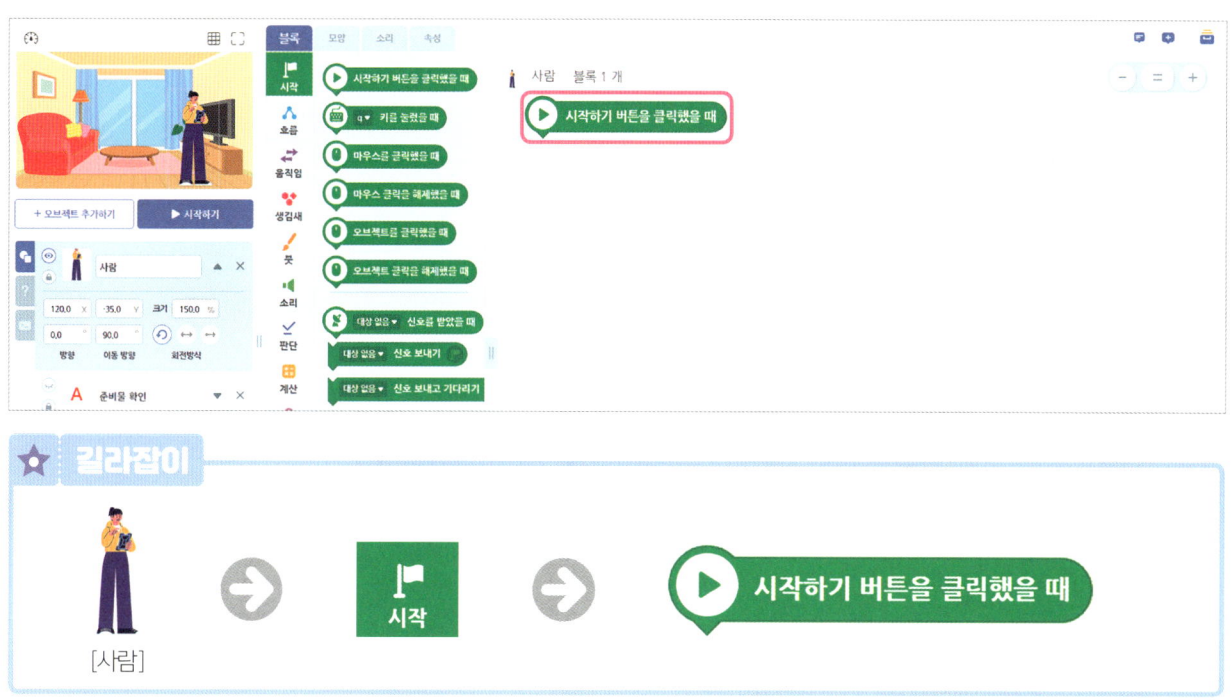

4 [생김새] 카테고리에서 [안녕! 을(를) 4 초 동안 말하기] 블록을 가져와 [엄마가 가져갈 준비물을 확인해보자! 을(를) 4 초 동안 말하기]로 수정합니다.

5 [인공지능] 카테고리에서 [비디오 화면 보이기], [사물 인식 시작하기], [인식한 사물 보이기] 블록을 가져옵니다.

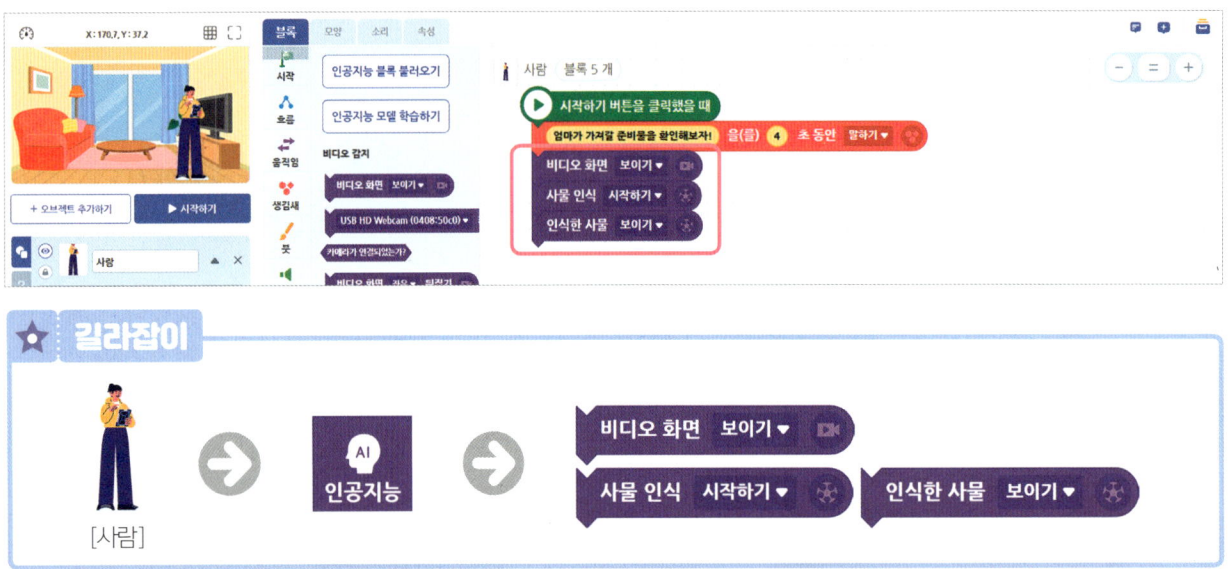

Step 2 변수와 신호 추가하기

'사물'의 정보를 갖고 있을 3개의 변수인 '책', '핸드폰', '가위'와 컴퓨터 카메라에 사물 인식을 확인하기 위한 '준비물 확인' 신호를 추가합니다.

6 [속성] 탭에서 [변수]-[변수 추가하기] 버튼을 클릭하여 변수 이름에 '책'이라고 입력한 후, [변수 추가] 버튼을 클릭합니다. 변수 기본값에 'X'라고 입력합니다. 같은 방법으로 '핸드폰', '가위' 변수를 추가합니다 (변수 기본값은 모두 'X'임).

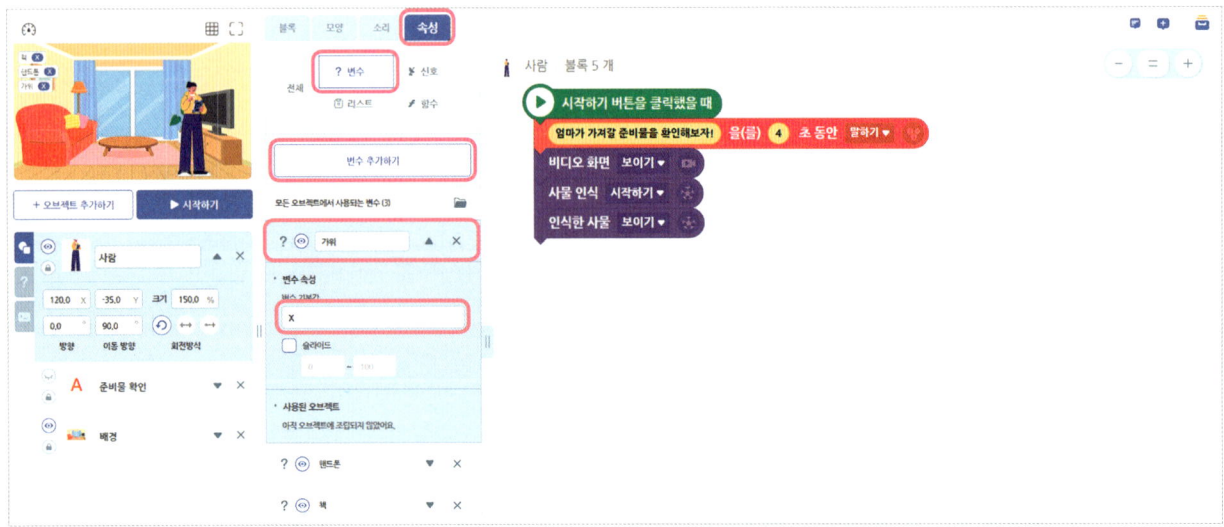

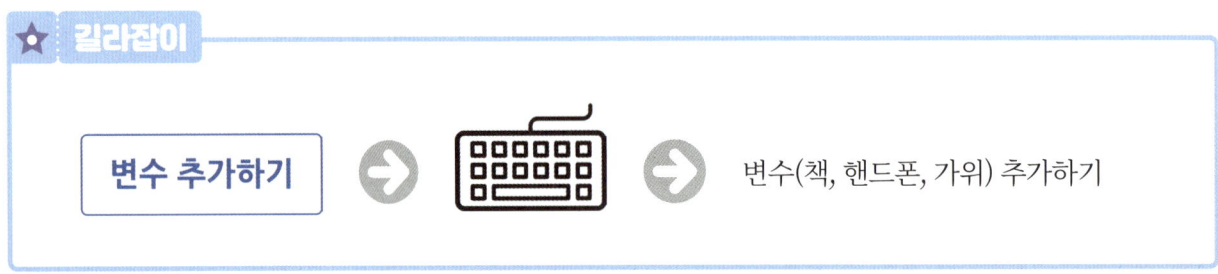

7 [속성] 탭에서 [신호]-[신호 추가하기] 버튼을 클릭한 후, 신호 이름에 '준비물 확인'이라고 입력하고 [신호 추가] 버튼을 클릭합니다.

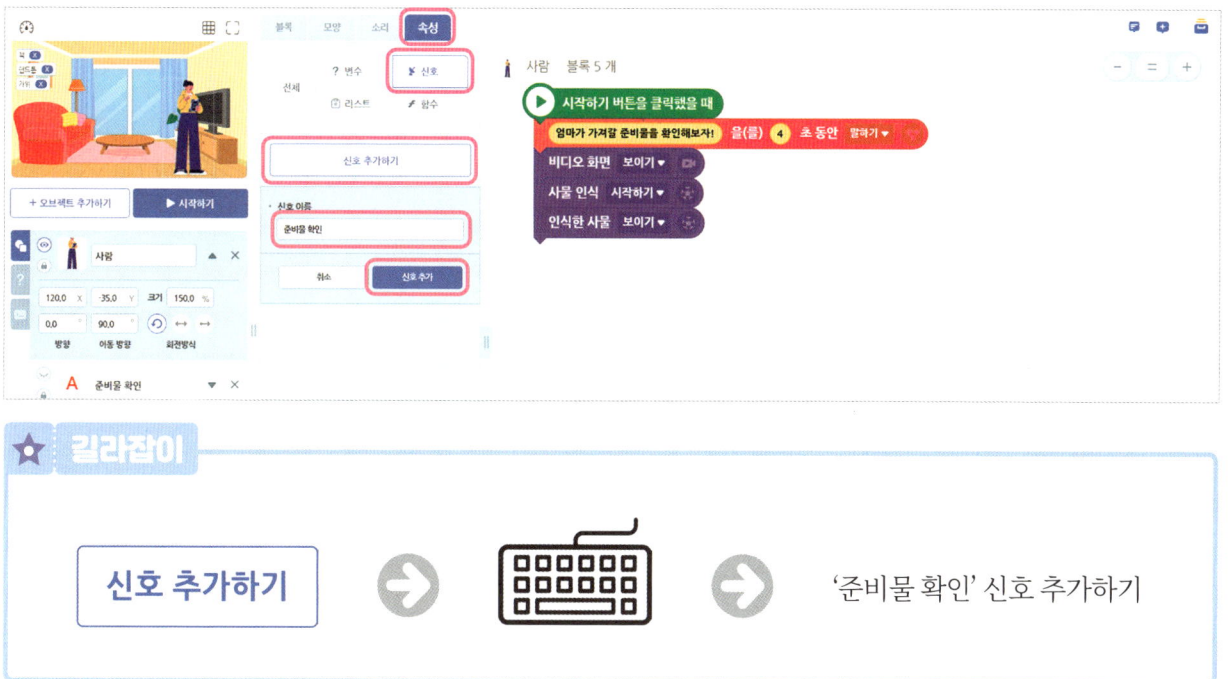

Step 3 '사물' 인식 확인하기

미리 설정한 3개의 사물 '책', '핸드폰', '가위'가 컴퓨터 카메라에 인식이 되었는지 확인합니다.

8 [시작] 카테고리에서 [준비물 확인 신호 보내기] 블록을 가져옵니다.

9 [생김새] 카테고리에서 [모양 숨기기] 블록을 가져옵니다.

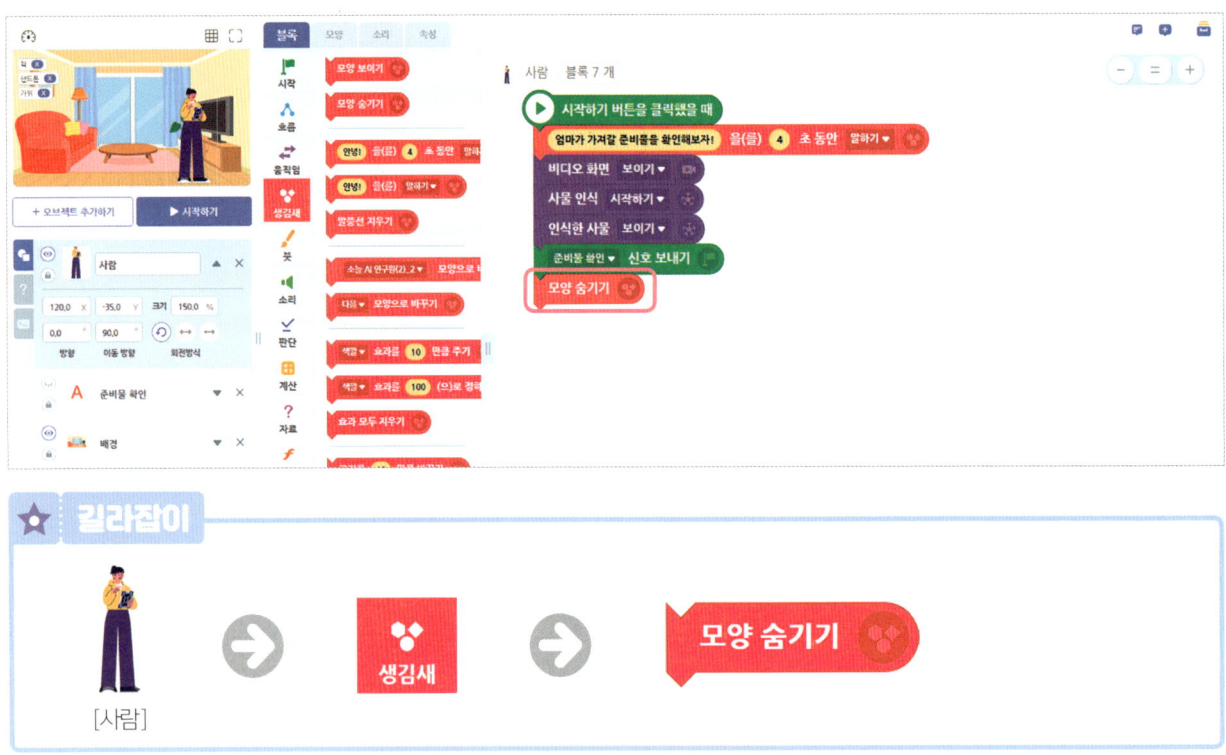

10 [흐름] 카테고리에서 [계속 반복하기] 블록을 가져옵니다.

11 [흐름] 카테고리에서 [만일 <참> (이)라면] 블록 3개를 가져옵니다.

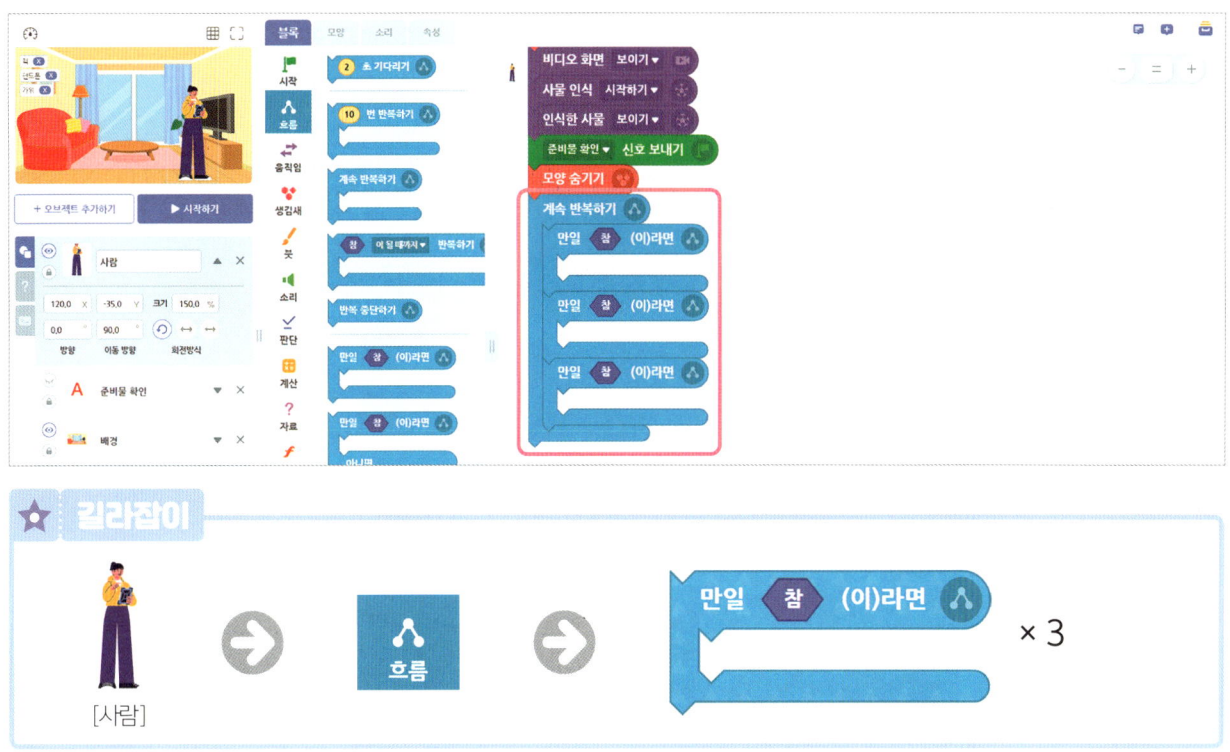

12 [인공지능] 카테고리에서 <사물 중 자전거 을(를) 인식했는가?> 블록 3개를 가져와 [만일 <참> (이)라면] 블록의 <참> 안에 넣어준 후, <사물 중 책 을(를) 인식했는가?>, <사물 중 핸드폰 을(를) 인식했는가?>, <사물 중 가위 을(를) 인식했는가?>로 수정합니다.

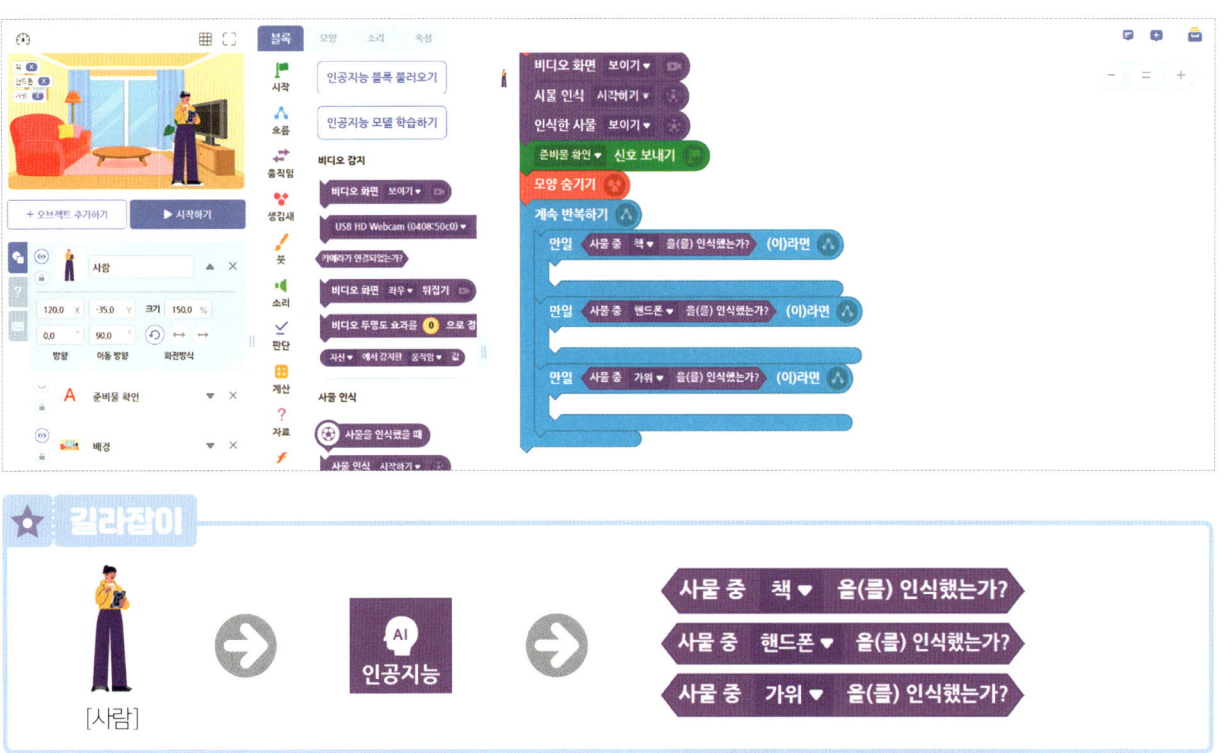

13 [자료] 카테고리에서 [가위를 10 (으)로 정하기] 블록 3개를 가져와 [만일 <참> (이)라면] 블록 안에 넣어준 후, [책를 0 (으)로 정하기], [핸드폰를 0 (으)로 정하기], [가위를 0 (으)로 정하기]로 수정합니다.

Step 4 결과 보여주기

미리 설정한 3개의 사물의 상태 정보를 실행화면에 보여줍니다.

14 '준비물 확인' 오브젝트를 클릭한 후, [시작] 카테고리에서 [준비물 확인 신호를 받았을 때] 블록을 가져옵니다.

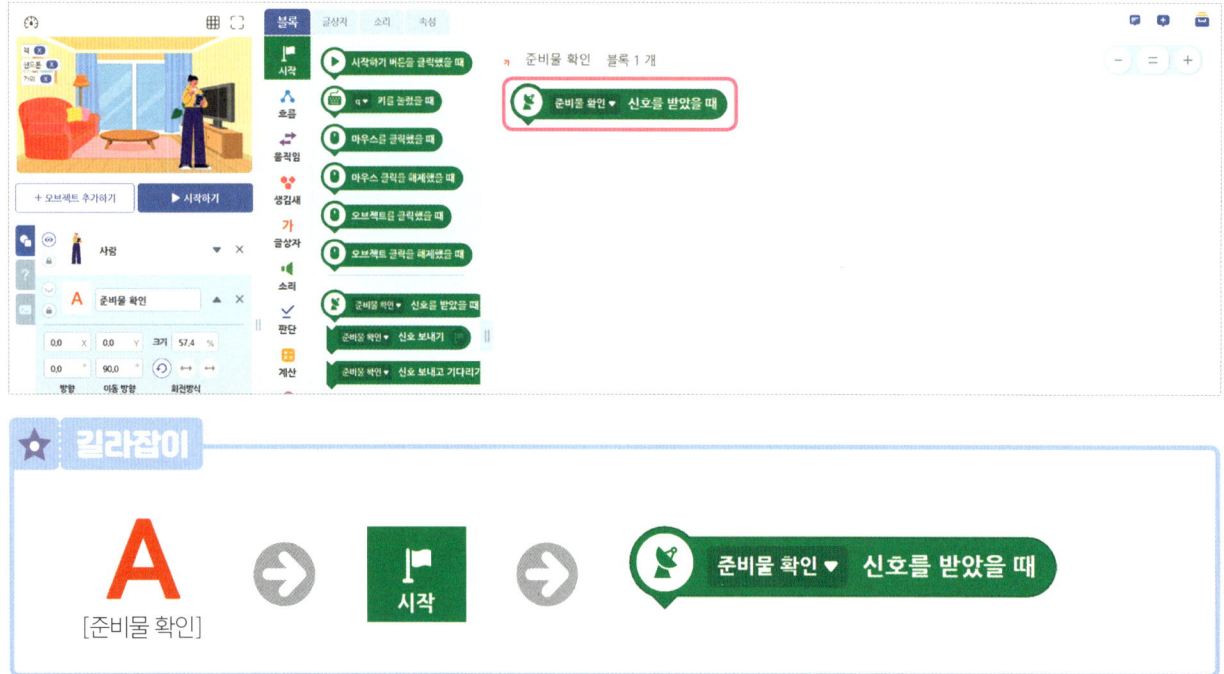

15 [생김새] 카테고리에서 [모양 보이기] 블록을 가져옵니다.

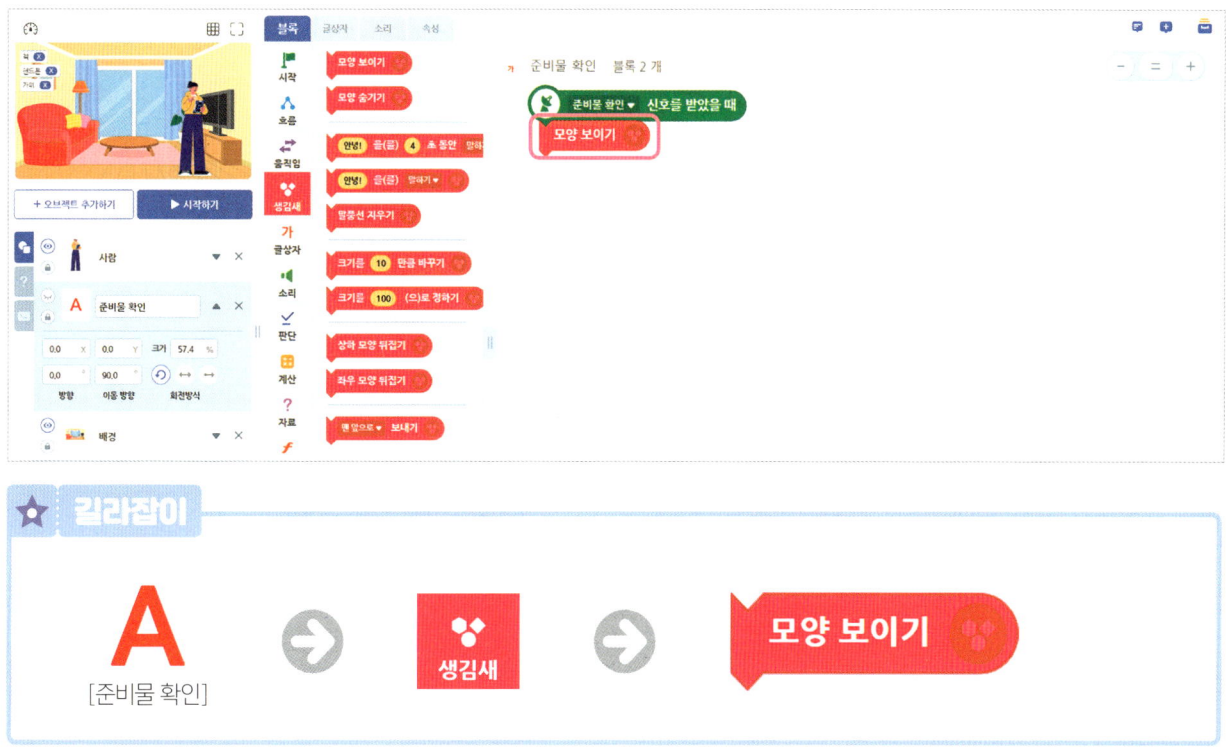

16 [흐름] 카테고리에서 [계속 반복하기] 블록을 가져옵니다.

17 [흐름] 카테고리에서 [만일 <참> (이)라면 - 아니면] 블록을 가져옵니다.

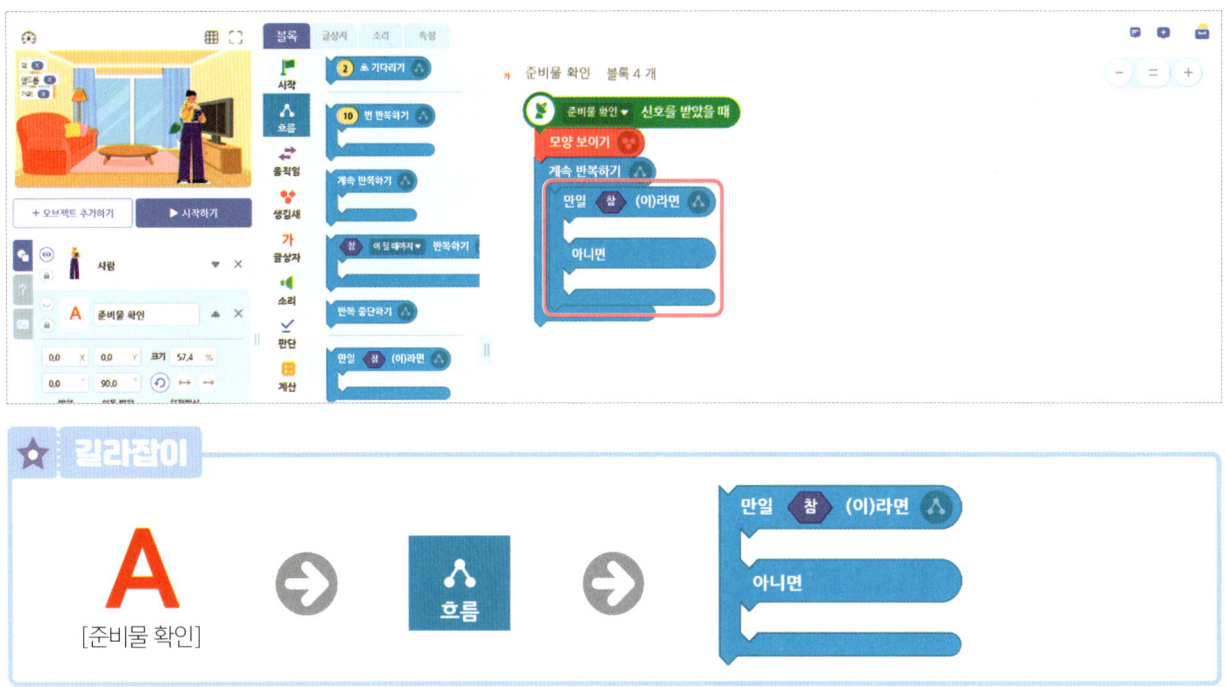

18 [판단] 카테고리에서 <참 또는 거짓> 블록 2개를 가져와 다음과 같이 연결한 후, [만일 <참> (이)라면 - 아니면] 블록의 <참>에 넣어줍니다.

19 [판단] 카테고리에서 <10 = 10> 블록 3개를 <참 또는 참 또는 거짓> 블록에 넣어준 후, <10 = X>로 수정합니다.

20 [자료] 카테고리에서 (가위 값) 블록 3개를 가져와 <10 = X> 블록의 '10'에 넣어 준 후, <(책 값) = X>, <(핸드폰 값) = X>, <(가위 값) = X>로 수정합니다.

21 [흐름] 카테고리에서 [만일 <참> (이)라면 – 아니면] 블록 3개를 가져와 [만일] 블록 안에 넣어줍니다.

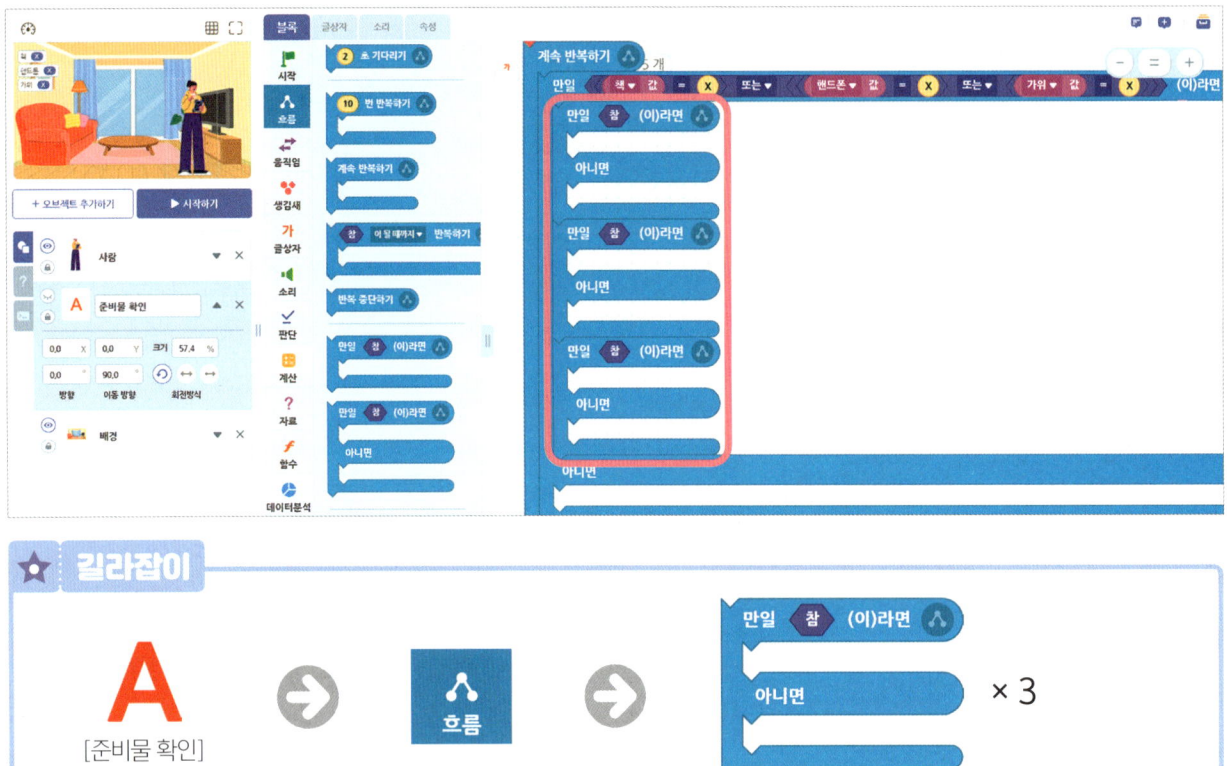

22 <(책 값) = X> 블록 위에서 마우스 오른쪽과 [코드 복사 & 붙여넣기] 메뉴를 차례대로 클릭합니다. 같은 방법으로 <(핸드폰 값) = X>, <(가위 값) = X> 블록도 [코드 복사 & 붙여넣기]를 합니다. 붙여넣기 한 3개의 블록은 안에 있는 [만일 <참> (이)라면 – 아니면] 블록의 <참>에 넣어줍니다.

23 [글상자] 카테고리에서 [엔트리 (이)라고 글쓰기] 블록 2개를 가져와 다음과 같은 위치에 넣어준 후, [책 (이)라고 글쓰기], [(이)라고 글쓰기]로 수정합니다.

24 [글상자] 카테고리에서 [엔트리 을(를) 뒤에 추가하기] 블록 5개를 가져와 다음과 같은 위치에 넣어준 후 [핸드폰 을(를) 뒤에 추가하기], [을(를) 뒤에 추가하기], [가위 을(를) 뒤에 추가하기], [을(를) 뒤에 추가하기], [을(를) 챙기지 않았어. 을(를) 뒤에 추가하기]로 수정합니다.

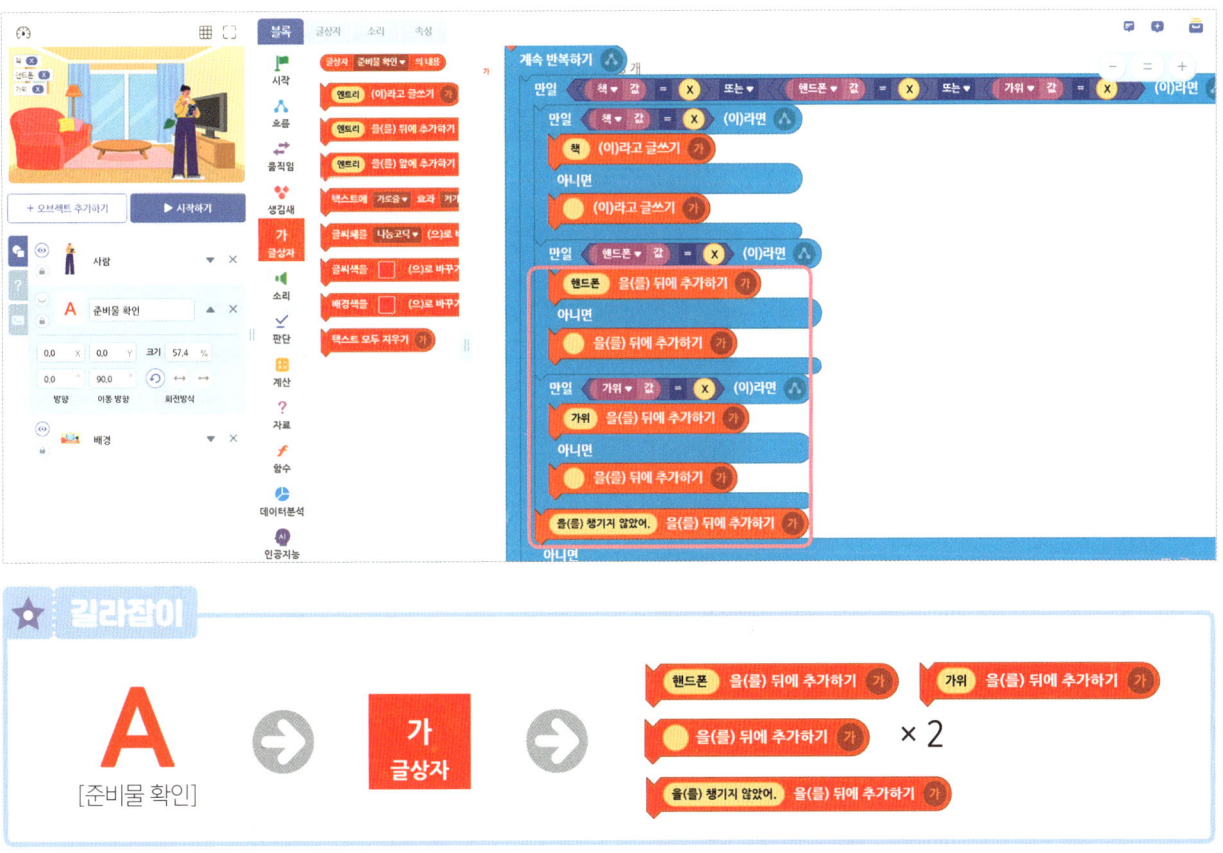

25 [글상자] 카테고리에서 [엔트리 (이)라고 글쓰기] 블록을 가져와 다음과 같은 위치에 넣어 준 후, [준비물을 모두 챙겼어! (이)라고 글쓰기]로 수정합니다.

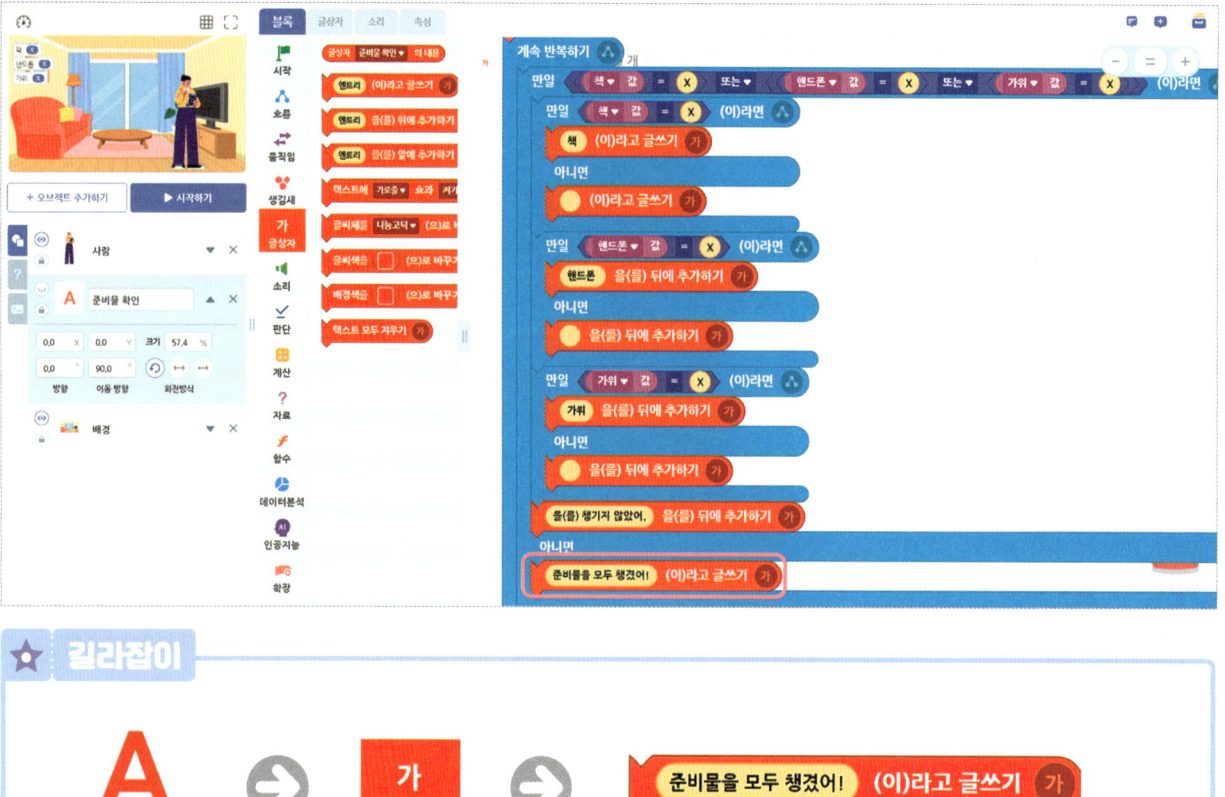

★ 길라잡이

A [준비물 확인] → 가 글상자 → 준비물을 모두 챙겼어! (이)라고 글쓰기 가

Step 5 배경 숨기기

'준비물 확인' 신호를 받으면 '실행화면'에 비디오가 보일 수 있게 배경을 숨겨줍니다.

26 '배경' 오브젝트를 클릭한 후, [시작] 카테고리에서 [준비물 확인 신호를 받았을 때] 블록을 가져옵니다.

27 [생김새] 카테고리에서 [모양 숨기기] 블록을 가져옵니다.

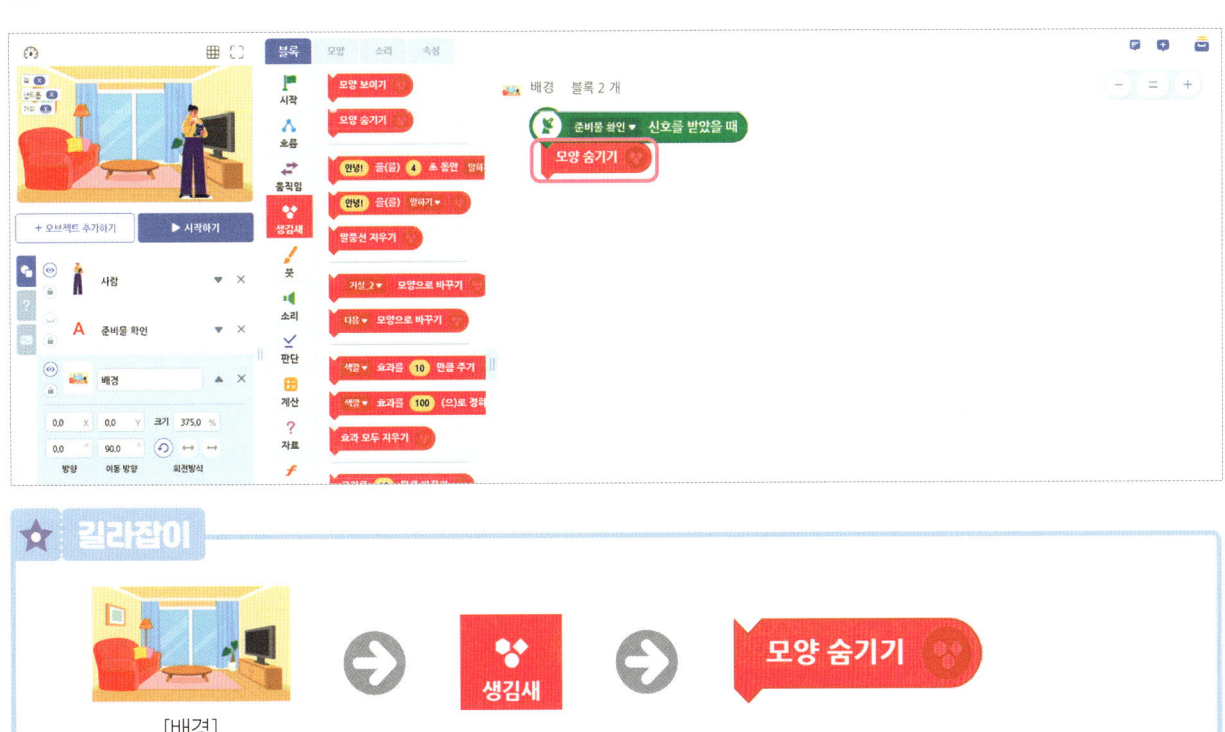

정리하기

전체 코드 보기

[사람]

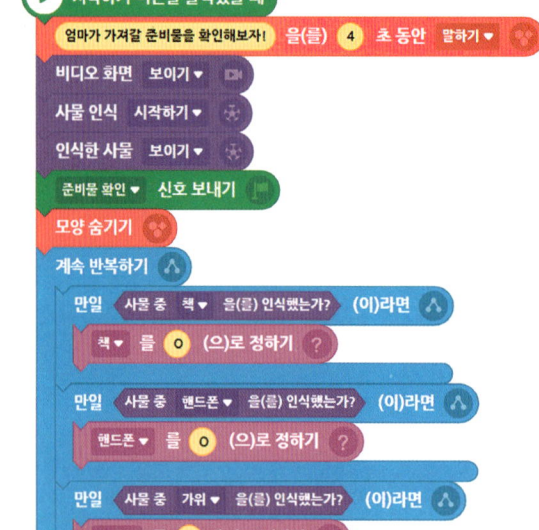

A
[준비물 확인]

[배경]

발전시키기

준비물 도우미 만들기 프로젝트의 개선점을 찾고, 새로운 기능을 추가하여 더 나은 프로그램으로 확장해 보세요.

기능	새로운 준비물을 추가하고 화면에서 준비물 상태를 보여준다.
화면 디자인	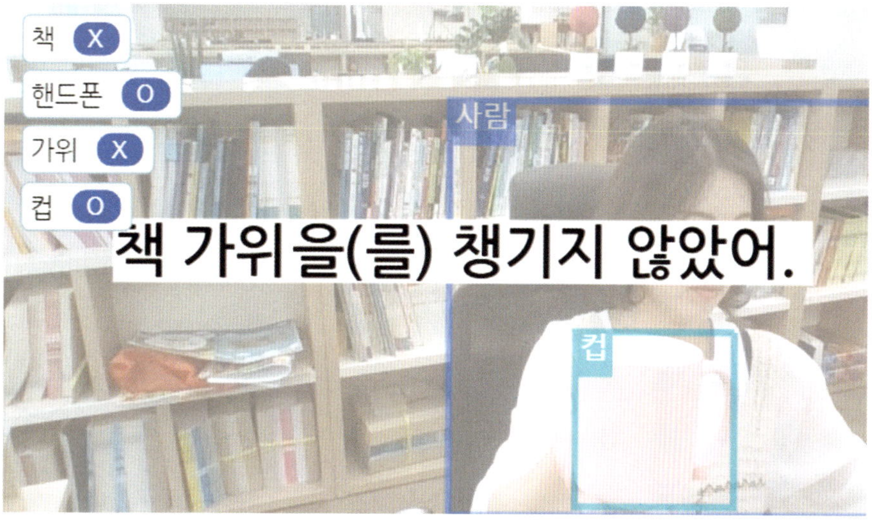 (책 X / 핸드폰 O / 가위 X / 컵 O — "책 가위을(를) 챙기지 않았어.")
코드 추가	**프로젝트 만들기 힌트** 1. [속성]-[변수] 탭에서 '컵' 변수를 추가하고, 기본값을 X로 설정합니다. 2. '사람' 오브젝트에서 '컵'에 대한 코드를 추가합니다. 3. '준비물 확인' 오브젝트에서 '컵'에 대한 코드를 추가합니다. • 코드 설명 : '사람' 오브젝트에서 만약 컵이 인식되었다면 컵 변수의 값을 O로 정합니다. '준비물 확인' 오브젝트에서 만약 컵 변수의 값이 X라면 ('컵'을(를) 챙기지 않있어)라고 써줍니다. 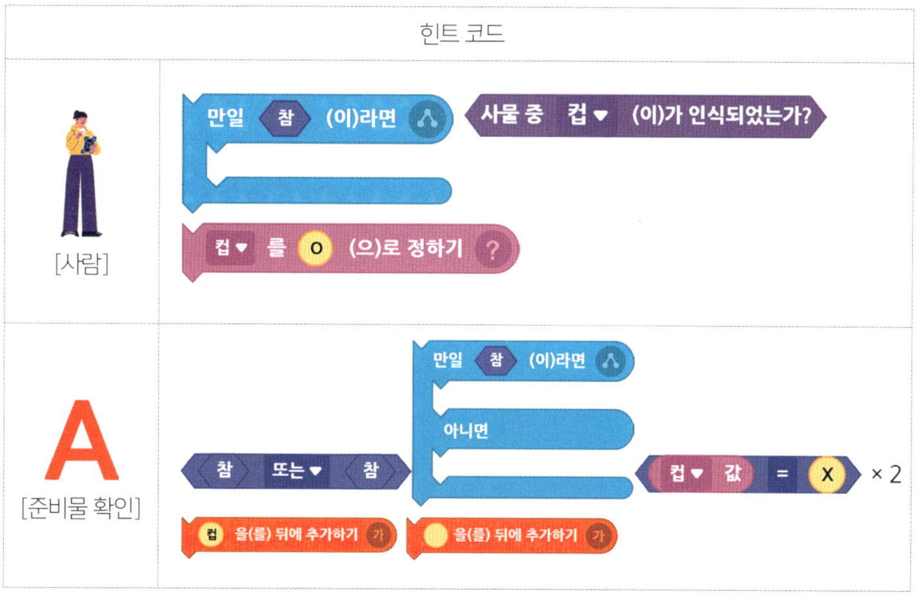 힌트 코드 [사람] : 만일 〈사물 중 컵▼ (이)가 인식되었는가?〉(이)라면 / 컵▼ 를 O (으)로 정하기 A [준비물 확인] : 만일 〈참 또는▼ 참〉 (이)라면 / 아니면 / 〈컵▼ 값 = X〉 × 2 / 컵 을(를) 뒤에 추가하기 / 을(를) 뒤에 추가하기

PART 1 활용 인공지능 - 오디오 감지, 읽어주기

Chapter 05
인공지능으로 스피커 만들기

귀여운 집 요정! 인공지능 스피커로 정보 찾고, 가전 돌보기

💡 인공지능 알아보기

이해하기 인공지능은 어떻게 우리가 말하는 소리를 듣고 이해할까?

인공지능이 소리를 듣는 방법

인공지능(AI) 스피커는 현대 사회에서 흔히 볼 수 있는 전자기기 중 하나로, 사용자의 음성 명령을 인식하여 다양한 기능을 실행해 줍니다. 이렇게 단순한 음성만으로도 정보 검색, 음악 재생, 알람 설정 등의 다양한 작업을 할 수 있게 해주는 것은 인공지능 기술 덕분입니다. 특히, 이러한 스피커는 일반 가정은 물론이고, 호텔, 카페, 회의실 등 다양한 공공장소에서도 점점 더 널리 활용되고 있습니다.

인공지능 스피커가 사용자의 말을 인식하고 처리하는 과정은 여러 단계로 이루어집니다.

1. **목소리 인식 – ASR(자동 음성 인식):** 사용자가 스피커에 명령을 내리면, 스피커는 내장된 마이크로 목소리를 캡처합니다. 그리고 그 목소리는 ASR 기술을 통해 텍스트 형태로 변환됩니다. 즉, 우리가 하는 말을 글로 바꾸는 작업이 이루어집니다.

2. **텍스트 이해 – NLP(자연어 처리):** 변환된 텍스트는 그 안에 담긴 의미를 알아야만 스피커가 원하는 작업을 수행할 수 있습니다. 이때 NLP라는 기술이 도입되어 텍스트에 담긴 단어나 문장의 의미를 정확하게 파악하게 됩니다.

3. **목소리로의 변환 – TTS(음성 합성):** 스피커가 사용자의 질문이나 요청을 정확하게 이해하고 그에 따른 응답을 생성하면, 이를 다시 사용자에게 전달하기 위해 TTS 기술로 텍스트를 음성으로 변환합니다. 그 결과, 사용자는 스피커가 생성한 응답을 목소리로 듣게 됩니다.

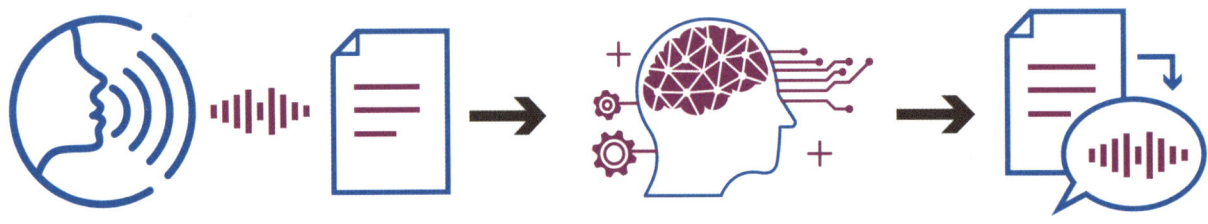

자동 음성 인식 (Automatic Speech Recognition, ASR) → 자연어 처리 (Natural Language Processing, NLP) → 음성 합성 (Text-to-Speech, TTS)

이러한 기술을 통해 인공지능 스피커는 사람의 말을 이해할 수 있습니다. 더 나아가 사용자의 습관을 학습하여 개인화된 서비스를 제공하면서 우리 일상과 더 밀접한 관계를 형성할 수 있습니다. 인공지능과의 지속적인 상호작용은 기술의 발전과 사용자 경험의 향상을 통해 우리의 삶에 편리한 변화를 가져올 것입니다.

다양하게 활용되는 인공지능 스피커

살펴보기 인공지능이 소리를 활용하는 다양한 응용 분야

인공지능이 소리를 활용하는 분야에는 음성 인식, 음성 합성, 음악 추천 시스템 등이 있습니다.

음성 인식 기술은 사용자의 음성을 텍스트 데이터로 변환하는 과정입니다.
이 기술은 딥 러닝과 여러 알고리즘을 기반으로, 사람 목소리의 높낮이, 속도, 발음 등을 인식하고 이를 분석합니다. 스마트폰에서 "Hey Siri"나 "Okay Google" 같은 명령을 통해 디바이스를 제어하거나, 스마트 스피커를 통해 날씨 정보를 물어보거나, 음악을 재생하는 등의 일상적인 활동에서 널리 쓰입니다. 또한, 자동차 내장 시스템에서의 음성 기반 명령 수행 등 다양한 분야에서 활용되고 있습니다.

음성 합성 기술은 텍스트 정보를 사람의 목소리와 유사한 음성으로 변환하는 기술입니다.
여기에는 자연스러운 발음과 감정을 포함한 다양한 톤을 생성할 수 있는 기술이 필요합니다. GPS 내비게이션의 길 안내, 전자책 읽어주기 기능, 콜센터 자동 응답 시스템 등에서 이 기술을 만나볼 수 있습니다. 최근에는 음성 합성 기술을 활용해 가상의 캐릭터나 아바타가 사용자와 대화하는 애플리케이션도 등장하고 있습니다.

음악 추천 시스템은 사용자의 음악 청취 패턴, 선호 장르, 재생 목록 등의 데이터를 분석하여 사용자에게 가장 적합한 음악을 추천하는 인공지능 기반의 서비스입니다.
스트리밍 서비스, 예를 들면 사용자에게 인터넷 연결을 통해 다양한 음악을 스트리밍 형태로 제공하는 서비스인 '음악 스트리밍 플랫폼'에서 사용자에게 개인화된 플레이리스트를 제공하기 위해 이 기술을 활용하고 있습니다. 사용자의 기호에 맞는 노래를 추천하며, 사용자의 플레이리스트를 기반으로 비슷한 취향을 가진 다른 사용자와의 연결도 추천하는 등 다양한 활용이 이루어지고 있습니다.

인공지능 프로젝트 일지

	20XX년 XX월 XX일 X요일	
상황	오늘은 친구 재호의 집에 놀러 갔다. 재호가 최근에 인공지능 스피커를 샀다며 나에게 자랑스럽게 보여주었다. 처음에는 '스마트폰에도 있는 인공지능 스피커인데, 무슨 특별한 점이 있을까?'하고 의아해했다. 그런데 재호가 인공지능 스피커에 음성 명령을 내리면, 집안의 여러 가전 기기들이 명령에 따라 동작하는 것을 보고 정말 놀라웠다. 	
발견된 문제점	집안의 기기와 인공지능 스피커를 연동해야 목소리로 명령을 내릴 수 있다.	
해결 방법	인공지능 스피커의 음성 인식 기능을 이용해 사용자 목소리를 인식하고 이해할 수 있도록 한다. 이 프로그램은 스피커를 집안의 다양한 기기와 연결하고, 사용자는 목소리로 인공지능 스피커가 집안의 기기들을 움직일 수 있게 명령한다.	

프로젝트 설계하기

목표	인공지능 스피커와 다양한 기기를 연결하고 목소리로 명령을 내리는 프로그램을 만들자.
기능	1. 티비(TV)와 전등을 켜짐/꺼짐 할 수 있도록 설정한다. 2. 목소리로 명령을 내려 티비(TV)와 전등의 켜짐/꺼짐 상태를 보여준다.
화면 디자인	① 화면에 있는 TV가 켜진다 ② 스피커가 명령을 듣는다 스피커 "빙빙아~ 티비 켜 줘" ① 목소리로 명령을 내린다
순서도	시작하기 버튼 클릭하기 → 마이크 연결 → 음성 인식하기 → [계속 반복: 음성을 문자로 바꾼 값 = '전등 꺼줘' → 예 → 전등 끄기 신호 보내기 → 음성을 문자로 바꾼 값 = '전등 켜줘' → 예 → 전등 켜기 신호 보내기]

프로젝트 만들기

학습목표

- 인공지능 블록의 '음성 인식' 및 '읽어주기' 블록을 추가할 수 있다.
- '음성 인식' 블록의 기능을 이해하고 사용할 수 있다.
- '읽어주기' 블록의 기능을 이해하고 사용할 수 있다.

· 예제 작품 주소 : http://naver.me/578qzTtL
· 완성 작품 주소 : http://naver.me/FM67ZiAf
· 실습 파일 : 없음

실습 영상

준비하기

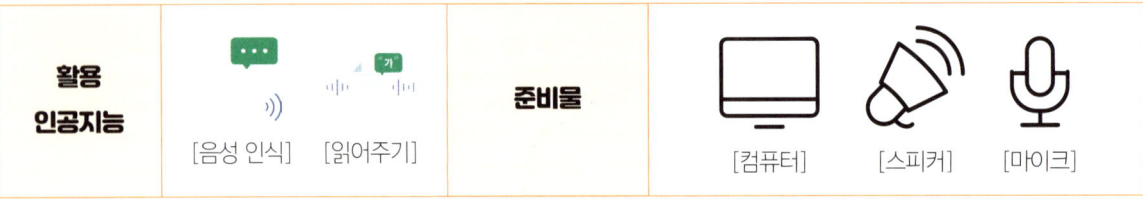

프로젝트 미리보기

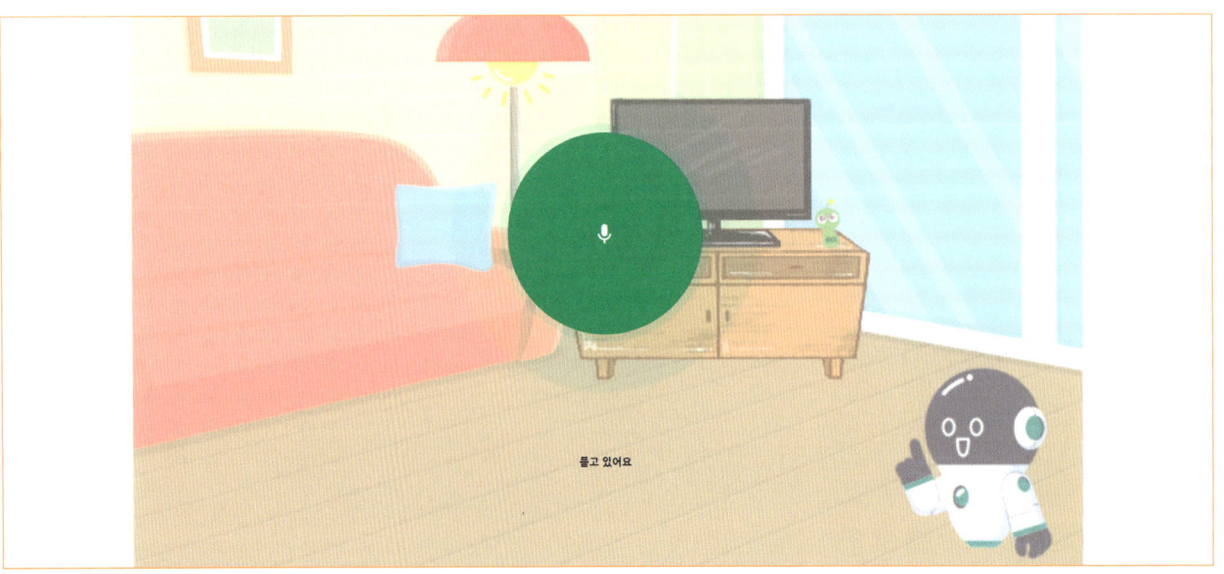

엔트리의 인공지능　음성 인식 및 읽어주기

이번 프로젝트에서는 엔트리에서 제공하는 다음 인공지능을 이용하여 작품을 만듭니다.

☀ 기능 알아보기

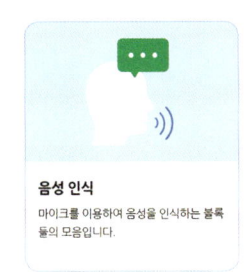 네이버가 개발한 인공지능 음성 인식 엔진 '클로바 스피치'를 활용해서, 마이크로 입력하는 소리를 감지하고, 목소리를 문자로 바꿀 수 있는 블록입니다.

 네이버가 개발한 인공지능 플랫폼 '클로바'의 nVoice 음성 합성 기술을 이용해 인공지능이 합성한 다양한 목소리로 문장을 읽는 블록입니다.

☀ 블록 알아보기

블록	기능
한국어▼ 음성 인식하기	마이크를 통해 녹음된 음성을 인식합니다.
마이크가 연결되었는가?	컴퓨터에 마이크가 연결되었을 때 '참'으로 판단합니다.
음성을 문자로 바꾼 값	사람의 목소리를 문자로 변환한 값입니다. 목소리가 입력되지 않거나, 음성 인식 도중 오류가 발생한 경우 null 값을 반환합니다.
엔트리 읽어주기	입력한 문자값을 설정된 목소리로 읽습니다. 입력은 2,500자까지 가능합니다. 인터넷에 연결되어 있지 않거나 인터넷 환경이 불안할 경우, 해당 블록이 실행되지 않고 다음 블록으로 넘어갈 수 있습니다.
여성▼ 목소리를 보통▼ 속도 보통▼ 음높이로 설정하기	선택한 목소리가 선택한 속도와 선택한 음높이로 설정됩니다.

☀ 오브젝트 살펴보기

이름	배경	인공지능 스피커	전등	TV	밝기 조절
x	0	180	-45	55	0
y	0	-80	125	30	0
크기	375%	100%	85%	160%	375%

프로젝트 만들기

Step 1 인공지능 불러오기

'음성 인식', '읽어주기' 인공지능 블록을 불러옵니다.

1 [인공지능] 카테고리에서 [인공지능 블록 불러오기] 버튼을 클릭합니다.

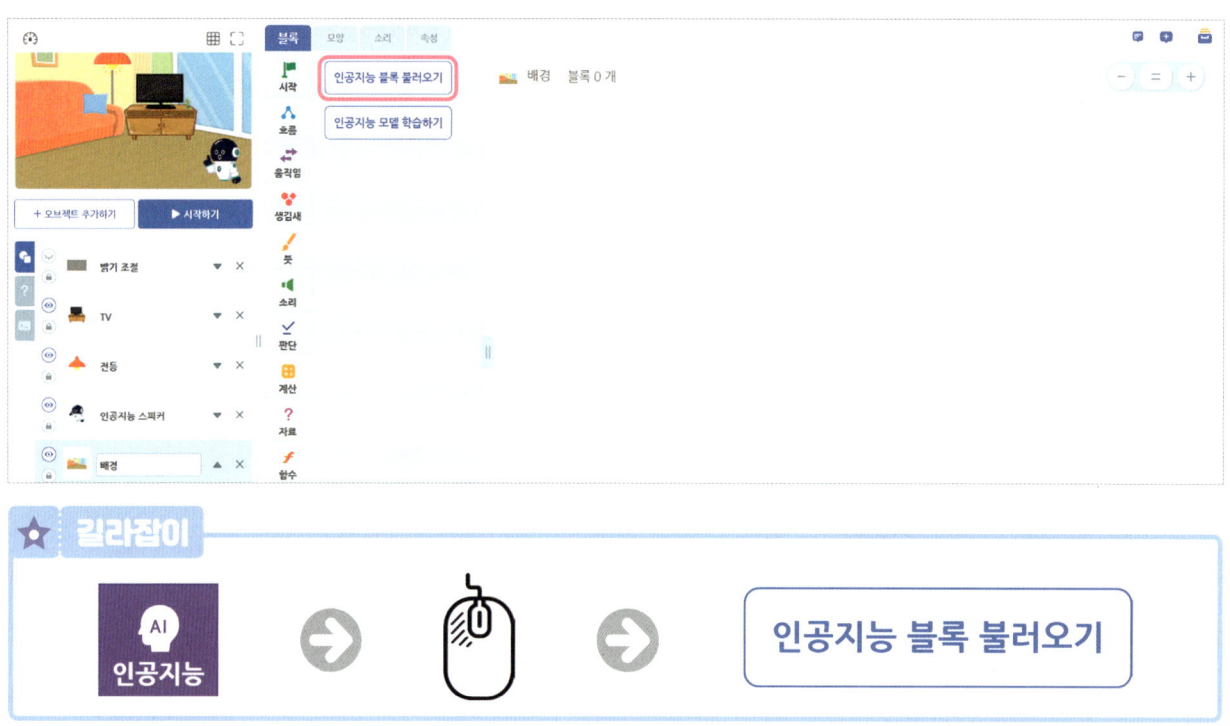

2 AI 활용 블록 중 [음성 인식]과 [읽어주기]를 클릭한 후, 화면 오른쪽 위의 [불러오기] 버튼을 클릭합니다.

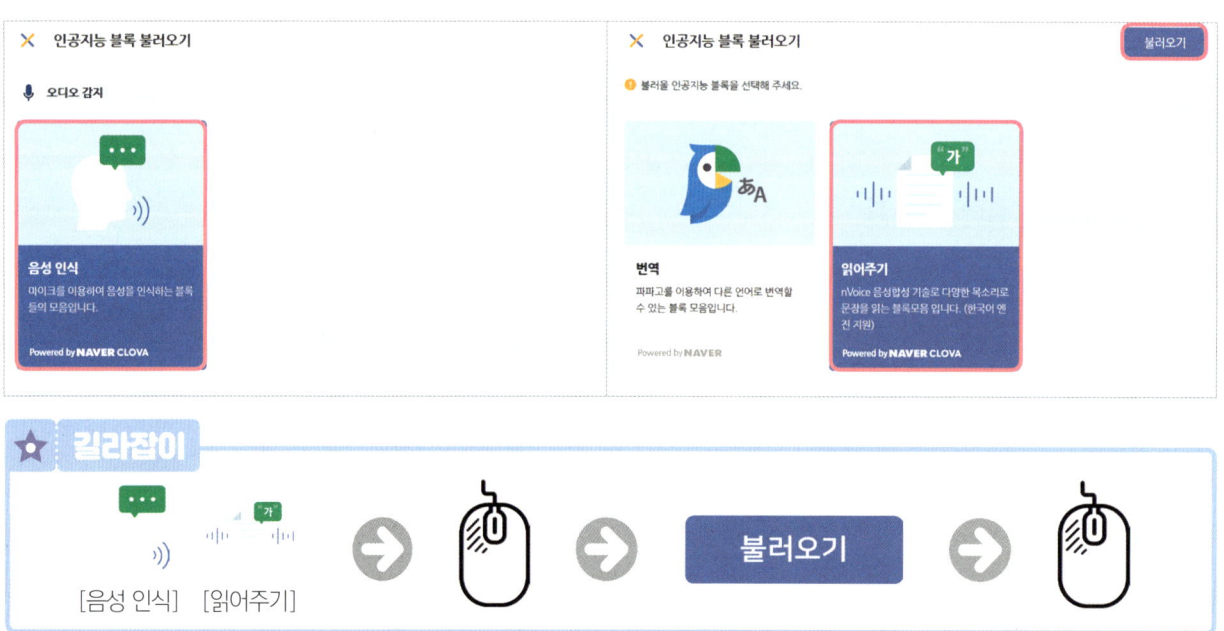

124 Part 1 | 인공지능 블록 불러오기

Step 2 음성 인식하기

'마이크'가 연결되었는지 확인한 후에 음성을 인식합니다.

3 '인공지능 스피커' 오브젝트를 클릭한 후, [시작] 카테고리에서 [시작하기 버튼을 클릭했을 때] 블록을 가져옵니다.

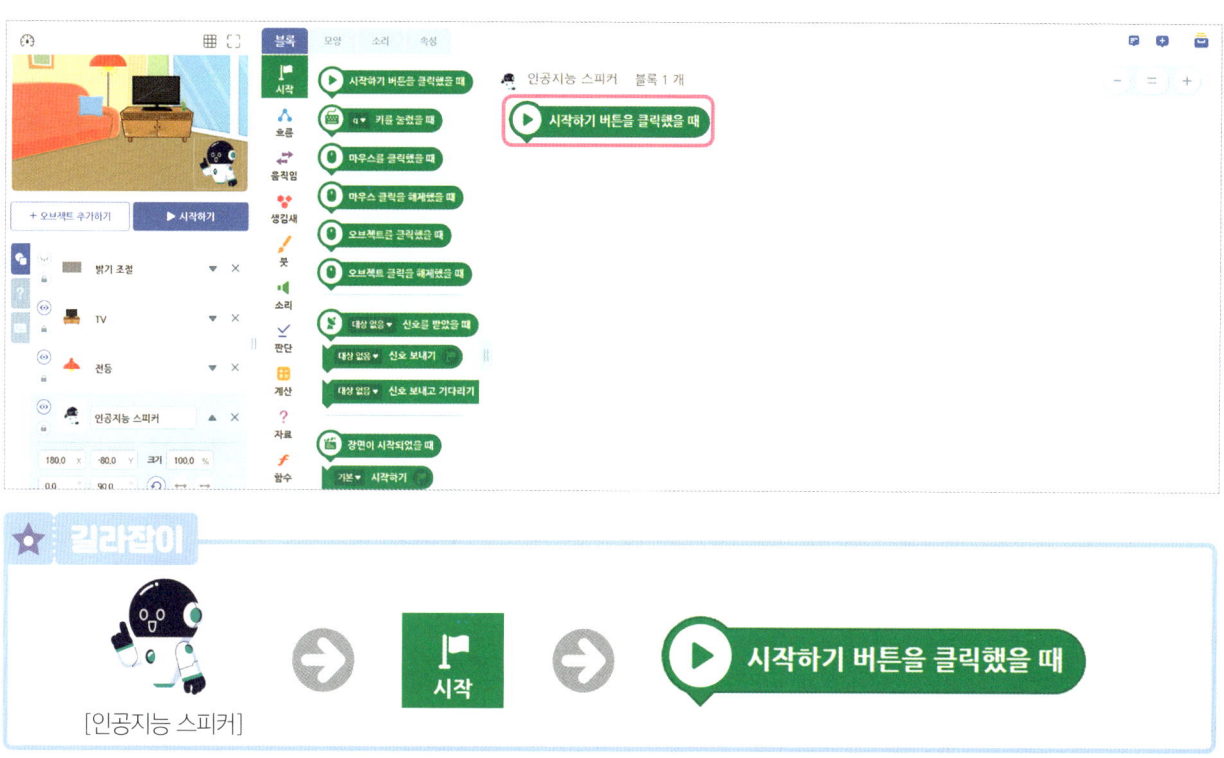

4 [흐름] 카테고리에서 [<참> 이(가) 될 때까지 기다리기] 블록을 가져옵니다.

5 [인공지능] 카테고리에서 <마이크가 연결되었는가?> 블록을 가져와 [<참> 이(가) 될 때까지 기다리기] 블록의 <참>에 넣어줍니다.

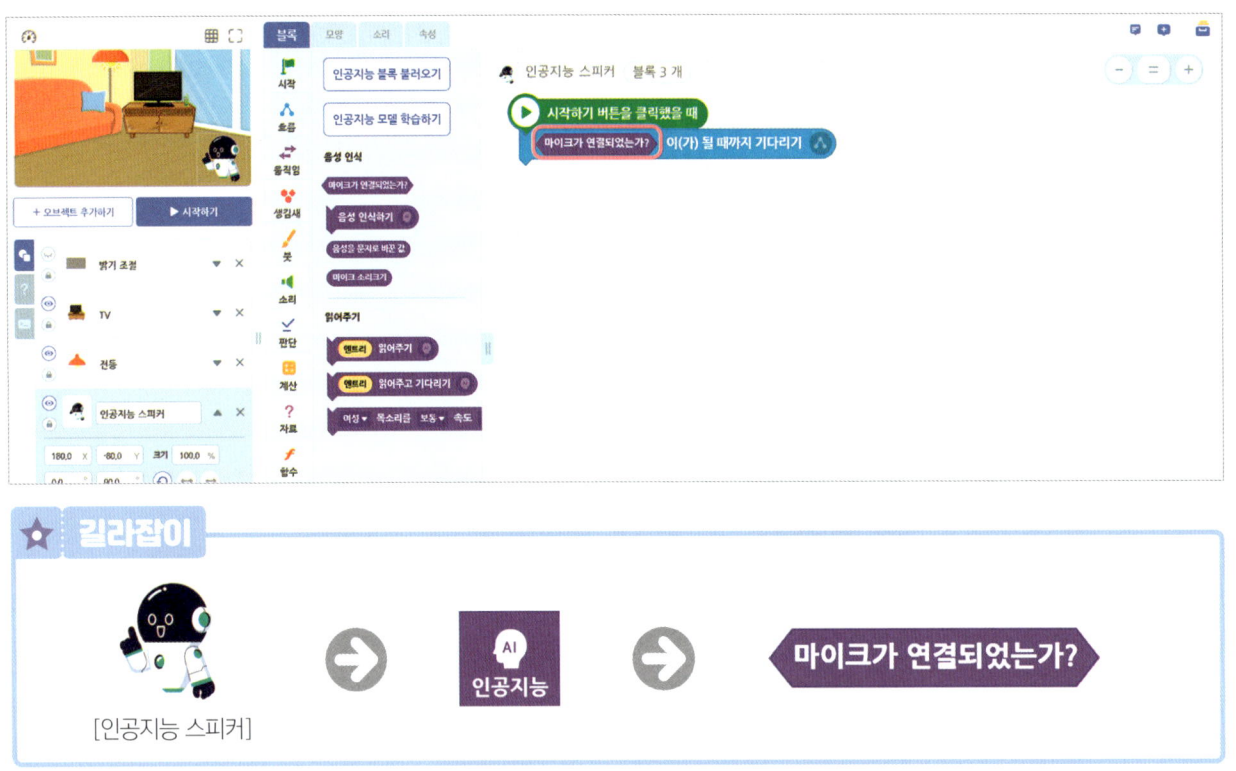

6 [인공지능] 카테고리에서 [한국어 음성 인식하기] 블록을 가져옵니다.

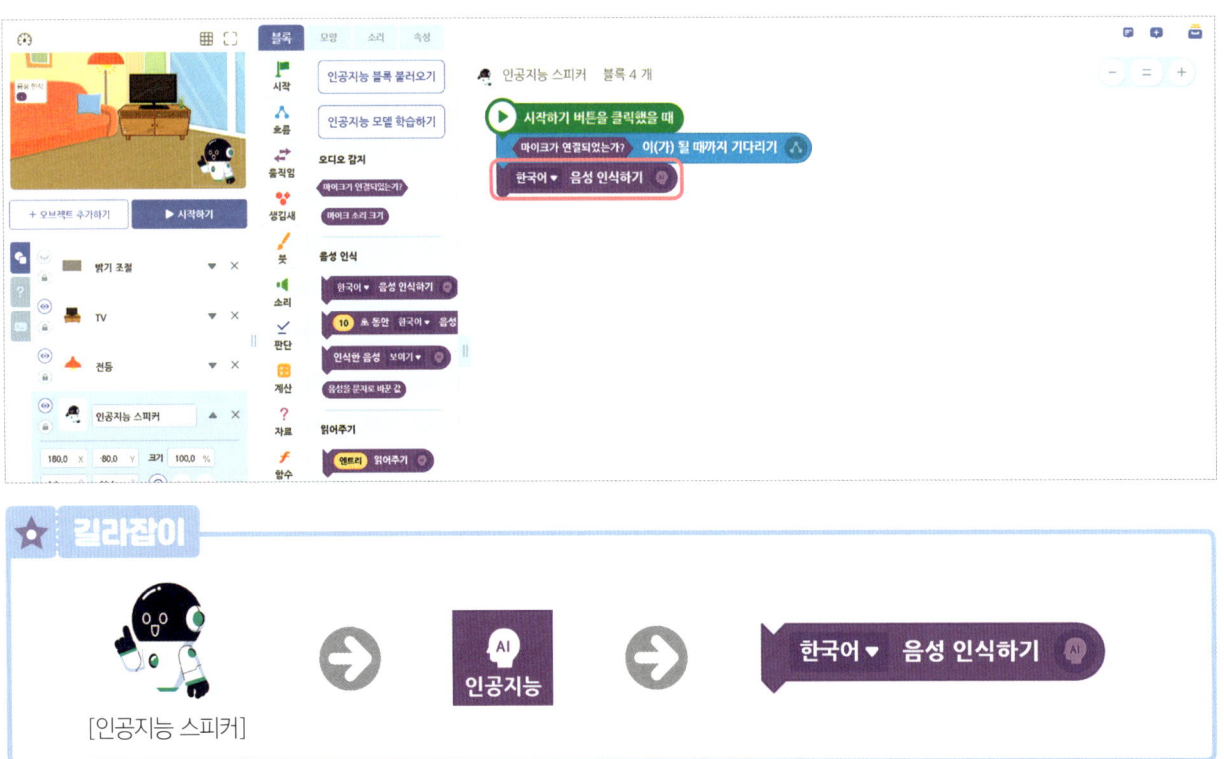

Step 3 목소리 설정하기

인공지능의 다양한 목소리를 확인하고 마음에 드는 목소리가 나오게 설정합니다.

7 [인공지능] 카테고리에서 [여성 목소리를 보통 속도 보통 음높이로 설정하기] 블록을 가져와 [앙증맞은 목소리를 보통 속도 보통 음높이로 설정하기]로 수정합니다.

Step 4 신호 만들기

가전 기기들이 명령어를 듣고 동작할 수 있게 신호를 추가합니다.

8 [속성] 탭에서 [신호]-[신호 추가하기] 버튼을 클릭한 후, 신호 이름에 '전등 꺼줘'라고 입력하고 [신호 추가] 버튼을 클릭합니다. 같은 방법으로 '전등 켜줘', '티비 꺼줘', '티비 켜줘' 신호를 추가합니다.

Step 5 명령어 인식하기

사람의 음성으로 나온 명령어를 인식해 등록된 명령어라면 명령 신호를 보냅니다.

9 [흐름] 카테고리에서 [계속 반복하기] 블록을 가져옵니다.

10 [흐름] 카테고리에서 [만일 <참> (이)라면] 블록 4개를 가져옵니다.

11 [판단] 카테고리에서 <10 = 10> 블록 4개를 [만일 <참> (이)라면] 블록의 <참>에 넣어준 후, <10 = 전등 꺼줘>, <10 = 전등 켜줘>, <10 = tv 꺼줘>, <10 = tv 켜줘>로 수정합니다.

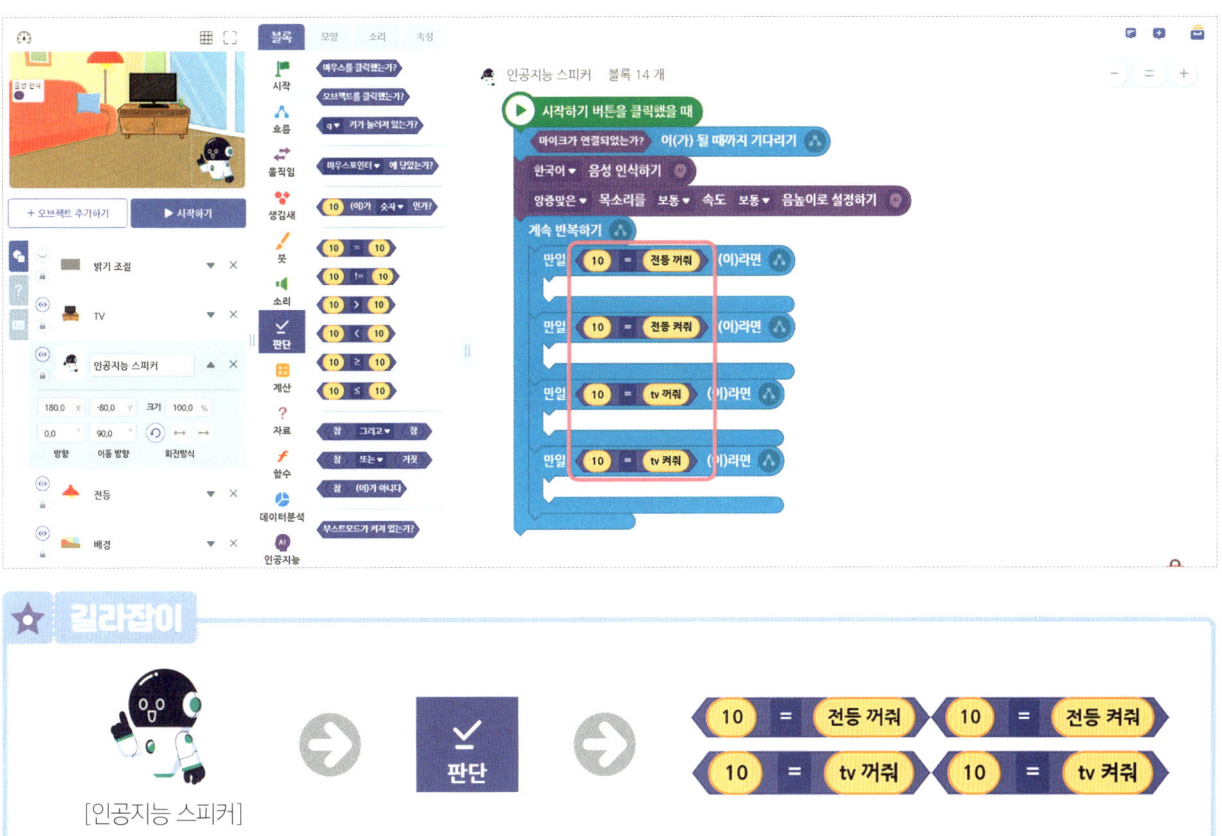

12 [인공지능] 카테고리에서 (음성을 문자로 바꾼 값) 블록 4개를 가져와 <10 = 명령> 블록의 '10'에 넣어 줍니다.

13 [인공지능] 카테고리에서 [엔트리 읽어주기] 블록 4개를 가져와 [네. 전등을 끄겠습니다. 읽어주기], [네. 전등을 켜겠습니다. 읽어주기], [네. 티비를 끄겠습니다. 읽어주기], [네. 티비를 켜겠습니다. 읽어주기]로 수정합니다.

[인공지능 스피커]

14 [생김새] 카테고리에서 [안녕! 을(를) 4 초 동안 말하기] 블록 4개를 가져와 [만일 <참> (이)라면] 블록 안에 넣어준 후, [네. 전등을 끄겠습니다. 을(를) 4 초 동안 말하기], [네. 전등을 켜겠습니다. 을(를) 4 초 동안 말하기], [네. 티비를 끄겠습니다. 을(를) 4 초 동안 말하기], [네. 티비를 켜겠습니다. 을(를) 4 초 동안 말하기]로 수정합니다.

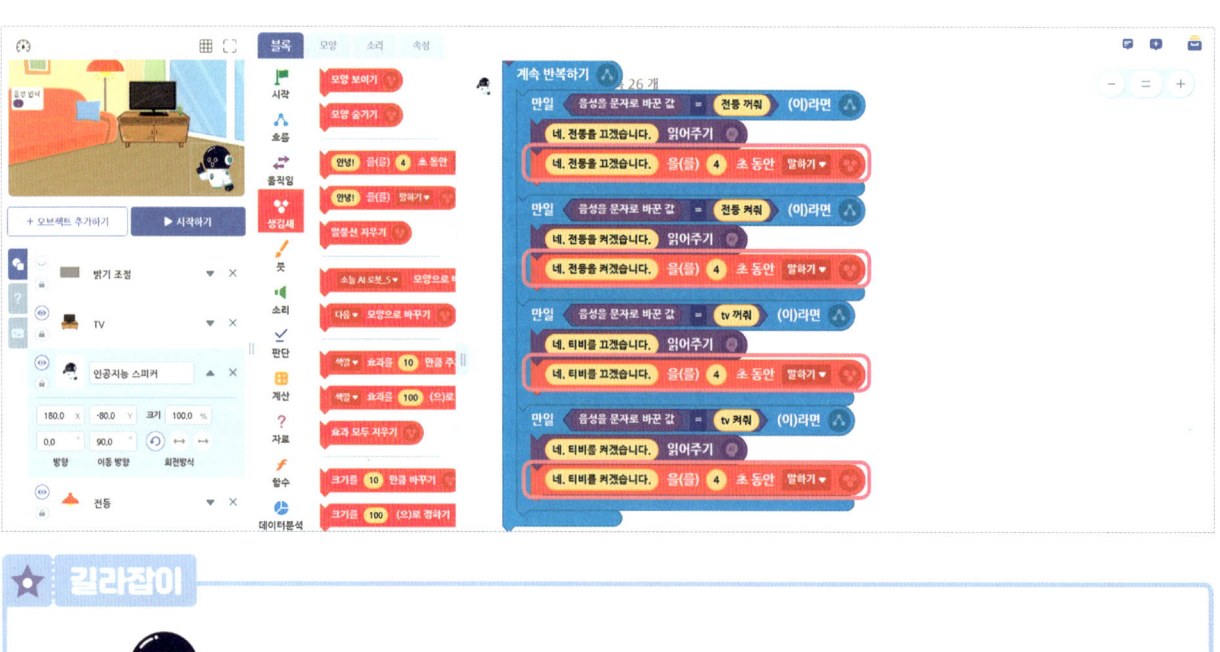

[인공지능 스피커]

15 [시작] 카테고리에서 [티비 켜줘 신호 보내기] 블록 4개를 각 [말하기] 블록 아래에 붙여준 후, [전등 꺼 줘 신호 보내기], [전등 켜줘 신호 보내기], [티비 꺼줘 신호 보내기], [티비 켜줘 신호 보내기]로 수정 합니다.

16 [흐름] 카테고리에서 [반복 중단하기] 블록 4개를 가져와 각 [신호 보내기] 아래에 붙여줍니다.

Step 6 명령어 동작하기

명령 신호를 받았을 때 '전등', '밝기 조절', 'TV' 오브젝트가 동작하게 합니다.

17 '전등' 오브젝트를 클릭한 후, [시작] 카테고리에서 [티비 켜줘 신호를 받았을 때] 블록 2개를 가져와 [전등 꺼줘 신호를 받았을 때], [전등 켜줘 신호를 받았을 때]로 수정합니다.

18 [생김새] 카테고리에서 [전등 꺼짐 모양으로 바꾸기] 블록 2개를 가져와 [전등 꺼짐 모양으로 바꾸기], [전등 켜짐 모양으로 바꾸기]로 수정합니다.

19 '밝기 조절' 오브젝트를 클릭한 후, [시작] 카테고리에서 [티비 켜줘 신호를 받았을 때] 블록 2개를 가져와 [전등 꺼줘 신호를 받았을 때], [전등 켜줘 신호를 받았을 때]로 수정합니다.

20 [생김새] 카테고리에서 [모양 보이기], [모양 숨기기] 블록을 가져옵니다.

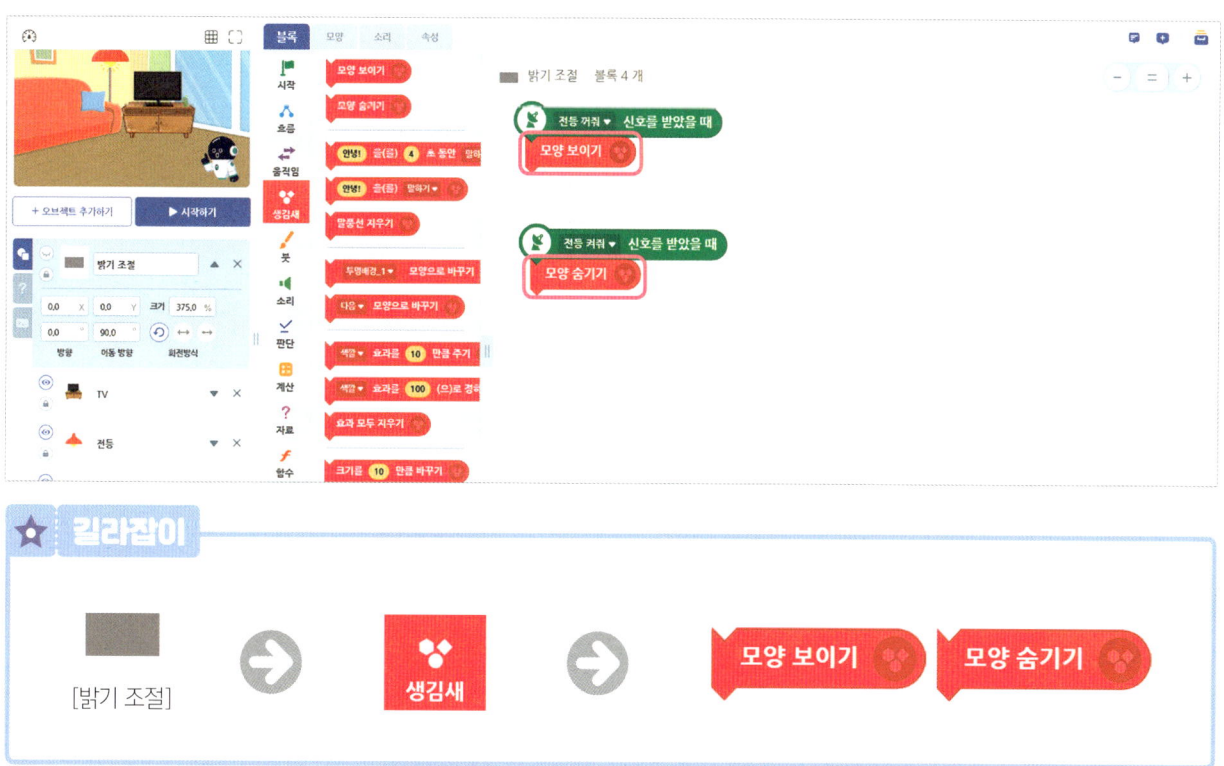

21 'TV' 오브젝트를 클릭한 후, [시작] 카테고리에서 [티비 켜줘 신호를 받았을 때] 블록 2개를 가져와 [티비 꺼줘 신호를 받았을 때], [티비 켜줘 신호를 받았을 때]로 수정합니다.

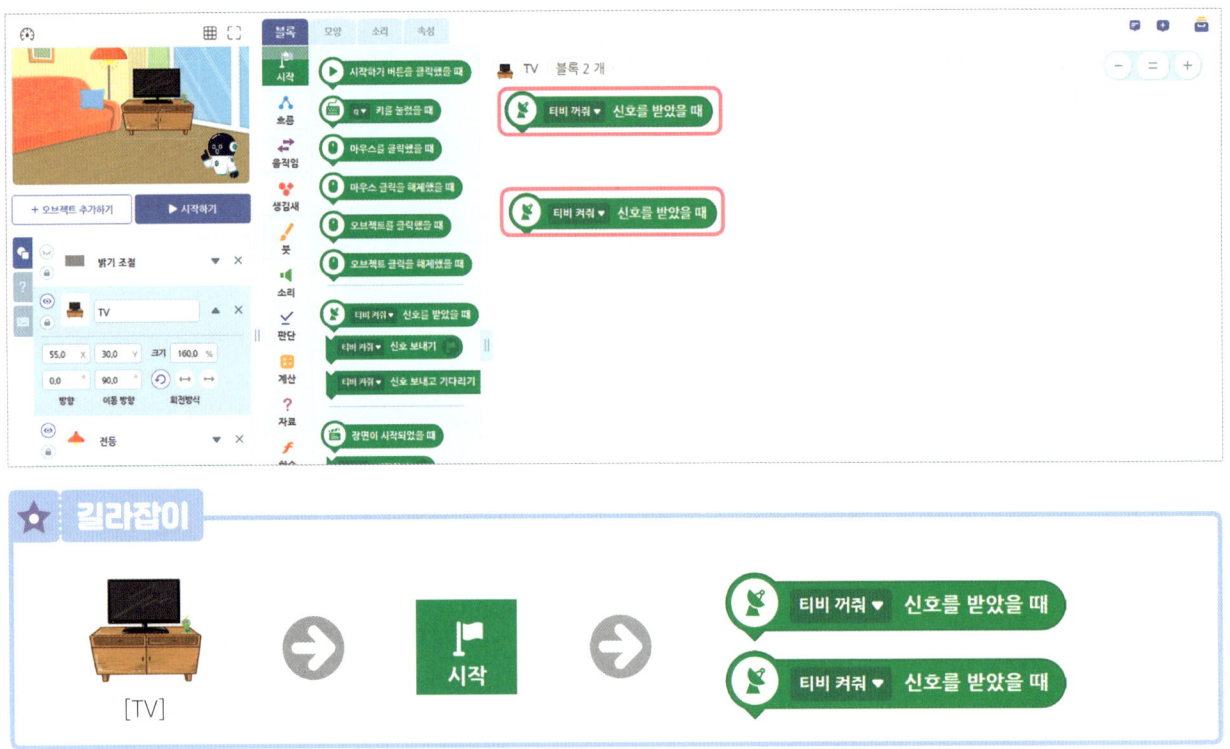

22 [생김새] 카테고리에서 [TV_밝음 모양으로 바꾸기] 블록 2개를 가져와 [TV_꺼짐 모양으로 바꾸기], [TV_밝음 모양으로 바꾸기]로 수정합니다.

Step 7   다시 명령받기

키보드 이벤트를 통해 '인공지능 스피커' 오브젝트가 음성 명령을 다시 받을 수 있게 합니다.

23 '인공지능 스피커' 오브젝트를 클릭한 후, [시작] 카테고리에서 [q 키를 눌렀을 때] 블록을 가져와 [스페이스 키를 눌렀을 때]로 수정합니다.

24 [흐름] 카테고리에서 [처음부터 다시 실행하기] 블록을 가져옵니다.

Chapter 05 | 인공지능으로 스피커 만들기   135

정리하기

전체 코드 보기

[밝기 조절]

```
전등 꺼줘 ▾ 신호를 받았을 때
모양 보이기

전등 켜줘 ▾ 신호를 받았을 때
모양 숨기기
```

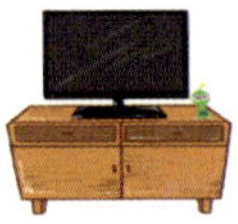

[TV]

```
티비 꺼줘 ▾ 신호를 받았을 때
TV_꺼짐 ▾ 모양으로 바꾸기

티비 켜줘 ▾ 신호를 받았을 때
TV_밝음 ▾ 모양으로 바꾸기
```

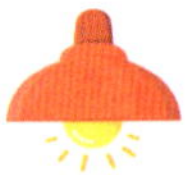

[전등]

```
전등 꺼줘 ▾ 신호를 받았을 때
전등 꺼짐 ▾ 모양으로 바꾸기

전등 켜줘 ▾ 신호를 받았을 때
전등 켜짐 ▾ 모양으로 바꾸기
```

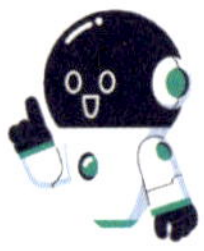

[인공지능 스피커]

```
시작하기 버튼을 클릭했을 때
마이크가 연결되었는가? 이(가) 될 때까지 기다리기
한국어 ▾ 음성 인식하기
앙증맞은 ▾ 목소리를 보통 ▾ 속도 보통 ▾ 음높이로 설정하기
계속 반복하기
    만일 음성을 문자로 바꾼 값 = 전등 꺼줘 (이)라면
        네. 전등을 끄겠습니다. 읽어주기
        네. 전등을 끄겠습니다. 을(를) 4 초 동안 말하기 ▾
        전등 꺼줘 ▾ 신호 보내기
        반복 중단하기
    만일 음성을 문자로 바꾼 값 = 전등 켜줘 (이)라면
        네. 전등을 켜겠습니다. 읽어주기
        네. 전등을 켜겠습니다. 을(를) 4 초 동안 말하기 ▾
        전등 켜줘 ▾ 신호 보내기
        반복 중단하기
    만일 음성을 문자로 바꾼 값 = tv 꺼줘 (이)라면
        네. 티비를 끄겠습니다. 읽어주기
        네. 티비를 끄겠습니다. 을(를) 4 초 동안 말하기 ▾
        티비 꺼줘 ▾ 신호 보내기
        반복 중단하기
    만일 음성을 문자로 바꾼 값 = tv 켜줘 (이)라면
        네. 티비를 켜겠습니다. 읽어주기
        네. 티비를 켜겠습니다. 을(를) 4 초 동안 말하기 ▾
        티비 켜줘 ▾ 신호 보내기
        반복 중단하기

스페이스 ▾ 키를 눌렀을 때
처음부터 다시 실행하기
```

| 인공지능 알아보기 | 인공지능 프로젝트 알기 | 프로젝트 설계하기 | 프로젝트 만들기 | 정리하기 | **발전시키기** |

 **발전시키기**

인공지능 스피커 만들기 프로젝트의 개선점을 찾고, 새로운 기능을 추가하여 더 나은 프로그램으로 확장해 보세요.

기능	현재 날씨를 알 수 있는 명령을 추가한다.
화면 디자인	 날씨를 알려드리겠습니다.
확장 블록 불러오기	**프로젝트 만들기 힌트** 1. [확장] 카테고리에서 [확장 블록 불러오기] 버튼을 클릭합니다. 2. 창이 뜨면 [날씨]를 클릭한 후에 오른쪽 화면 위에 있는 [불러오기] 버튼을 클릭합니다. 3. '인공지능 스피커' 오브젝트 코드에서 날씨 명령 코드를 추가합니다. 

Chapter 05 | 인공지능으로 스피커 만들기　137

발전시키기

코드 추가	• 코드 설명 : '인공지능 스피커' 오브젝트에서 만약 음성으로 바꾼 값이 (날씨 알려줘)라면 현재의 날씨를 말풍선으로 보여주고, 인공지능이 말하게 합니다. 힌트 코드 [인공지능 스피커] 만일 〈 음성을 문자로 바꾼 값 = 날씨 알려줘 〉 (이)라면 　날씨를 알려드리겠습니다. 을(를) 4 초 동안 말하기 　현재 서울의 기온은 과(와) 안녕! 과(와) 입니다. 을(를) 합친 값 을(를) 합친 값 　현재 서울▼ 전체▼ 의 기온(℃)▼ 　엔트리 읽어주기 　반복 중단하기

PART 2

인공지능 모델 학습하기

지도 학습　분류　이미지, 텍스트, 소리

PART 2 　머신러닝 유형 -지도 학습 / 학습할 모델 - 분류: 이미지

Chapter 06　인공지능으로 환경 자판기 만들기

환경의 수호자가 되자! 자동으로 캔과 페트병 분류하기

인공지능 알아보기

이해하기　인공지능은 어떻게 사진 속에 있는 이미지를 여러 그룹으로 나눌까?

Part 2에서는 인공지능의 '**머신러닝**'과 학습 방법인 '**지도 학습**'에 대해 배우고, 이미지, 텍스트, 소리와 같은 데이터를 인공지능이 어떻게 분류하는지 살펴보겠습니다.

머신러닝과 지도 학습

머신러닝은 마치 사람이 배우고 경험하는 것처럼 컴퓨터가 많은 데이터와 알고리즘을 사용하여 기계가 스스로 학습하게 하는 기술입니다. 일반적으로 사람이 프로그래밍을 통해 결과를 얻어내는 방식과 머신러닝에는 다음과 같은 차이가 있습니다.

일반 프로그래밍은 문제 해결을 위해 사람이 직접 규칙과 알고리즘을 만듭니다. 하지만 문제가 바뀌거나 새로운 요구사항이 생기면 사람이 이를 수동으로 수정해야 합니다. 반면에, 머신러닝은 데이터를 활용해 알고리즘으로 패턴을 스스로 학습하는 방식입니다. 이를 통해 새로운 데이터로 미래의 값을 예측하거나 비슷한 항목을 분류하는 것이 가능해집니다. 게다가, 문제가 바뀌거나 새로운 요구사항이 생겨도 계속 새로운 데이터로 학습할 수 있습니다.

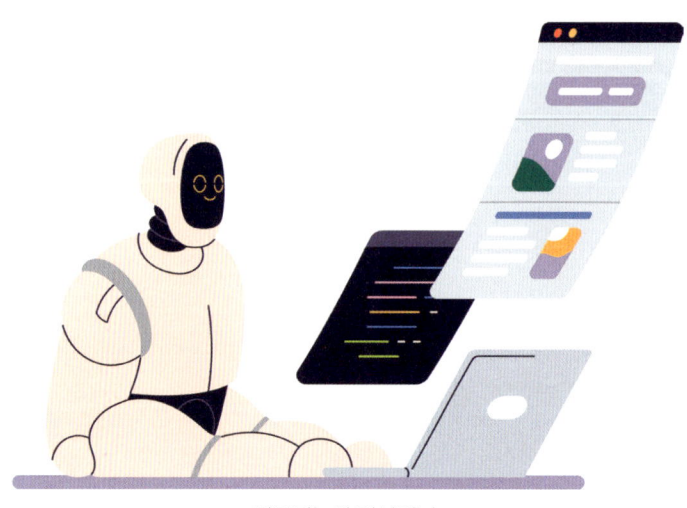

인공지능의 머신러닝

지도 학습은 머신러닝 기법의 하나로, 컴퓨터에 어떤 것을 가르치는 과정입니다. 예를 들어, 강아지와 고양이 사진을 구별하는 프로그램을 만들려면 컴퓨터에 강아지와 고양이 사진을 보여주는데, 각 사진에 '강아지' 또는 '고양이'라는 정답(레이블)을 붙여 알려줍니다. 컴퓨터는 이 사진들과 레이블을 보고 '강아지는 이런 특성이 있네!', '고양이는 이런 모양이군!'이라고 인지하며 학습해 나갑니다.

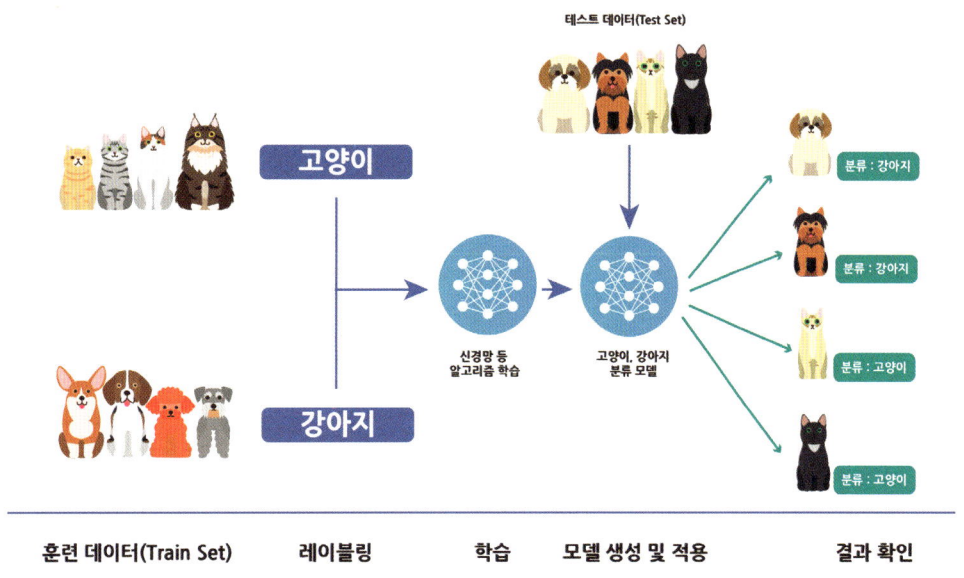

인공지능의 학습 과정

새로운 사진을 컴퓨터에 제시하면 컴퓨터는 이전에 배운 경험을 바탕으로 '이 사진은 강아지로 보여!', '그 사진은 고양이로 보여!'라고 구분할 수 있게 됩니다. 머신러닝은 컴퓨터가 데이터를 통해 학습하는 과정이며, 지도 학습은 우리가 정답을 알려주면서 컴퓨터가 학습하는 방법입니다.

살펴보기 이미지 분류가 사용되는 다양한 분야

의료
X-ray나 MRI 이미지에서 종양을 감지하는 것과 같이, 이미 레이블링된 데이터셋(예: 종양이 있는 이미지와 없는 이미지)을 사용하여 모델을 학습시킨 후, 새로운 의료 영상을 분석하여 질병을 진단합니다.

자율주행 자동차
자동차가 주변 환경을 인식하기 위해 카메라로부터 얻은 이미지를 분석하는 것은 지도 학습을 기반으로 합니다. 예를 들면, 이미 레이블링된 데이터셋을 통해 차량, 보행자, 표지판 등을 구분하는 모델을 학습시킵니다.

보안 및 감시
보안 카메라에서 사람, 차량 등의 움직임을 감지하거나 특정 물체나 사람을 식별하는 데에는 지도 학습을 사용합니다. 레이블링된 데이터셋을 활용해 원하는 객체를 탐지하는 모델을 학습시킵니다.

소셜 미디어에서의 이미지 분류와 태그 생성은 종종 비지도 학습을 활용할 수 있지만, 명확한 태그나 카테고리를 분류하기 위해서는 지도 학습 방식이 활용될 수 있습니다.

인공지능 프로젝트 일지

	20XX년 XX월 XX일 X요일	
상황	밖에 비가 쏟아지고 있어서 오늘은 집에서 시간을 보내기로 했다. TV를 켜고 채널을 돌리다가 환경 보호에 관한 다큐멘터리를 발견했다. 다큐멘터리에서는 '환경 자판기'라는 주제로, 캔과 플라스틱을 분리하여 버리면 포인트를 적립해 주거나 길고양이와 강아지를 위한 사료를 제공하는 휴지통을 소개했다. 이 아이디어는 환경 보호와 동물 보호를 결합한 멋진 발상이라고 생각했다. 하지만 휴지통이 어떻게 캔과 플라스틱을 구별하는지에 대해 궁금증이 생겼다.   	
발견된 문제점	환경 자판기가 재활용 종류를 정확히 구분하지 못하여, 잘못된 포인트를 지급하거나 사료를 제공하면 사용자들의 불만이 생길 수 있다.	
해결 방법	카메라와 인공지능 알고리즘을 이용해 환경 자판기에 다양한 종류의 쓰레기를 정확히 구분할 수 있는 프로그램을 만든다. 이 프로그램은 사진이나 영상을 분석하여 쓰레기의 종류를 파악하고 재활용 쓰레기를 분류한다.	

프로젝트 설계하기

목표	재활용 쓰레기를 정확히 구분하여 분류하는 환경 자판기를 만들자.
기능	1. 환경 자판기를 클릭하면 재활용 쓰레기 이미지를 업로드한다. 2. 이미지를 확인하여 캔, 플라스틱으로 분류한다. 3. 캔일 경우 300원, 플라스틱일 경우 500원을 포인트로 지급하고 결과를 보여준다.
화면 디자인	① 쓰레기 이미지를 업로드한다 (이미지 업로드) ② 환경 자판기가 쓰레기를 확인하고 포인트를 준다 (환경 자판기: 캔이 확인되어 포인트 300원을 드립니다)
순서도	환경 자판기 클릭하기 → 학습 모델 분류하기 **계속 반복** 분류 결과 = 캔 → 예 → 포인트를 '300'만큼 더하기 → 캔 신호 보내기 → 반복 중단하기 **계속 반복** 분류 결과 = 플라스틱 → 예 → 포인트를 '500'만큼 더하기 → 플라스틱 신호 보내기 → 반복 중단하기

Chapter 06 | 인공지능으로 환경 자판기 만들기

| 인공지능 알아보기 | 인공지능 프로젝트 알기 | 프로젝트 설계하기 | **프로젝트 만들기** | 정리하기 | 발전시키기 |

 프로젝트 만들기

🔘 학습목표

- 인공지능 모델 학습하기의 '이미지 분류' 모델을 이용하여 이미지를 분류할 수 있다.
- 이미지를 레이블링하고 레이블링에 맞는 이미지를 학습시킬 수 있다.
- 이미지 분류를 이용하여 작품을 만들 수 있다.

· 예제 작품 주소 : http://naver.me/xw9QDwZM
· 완성 작품 주소 : http://naver.me/5dyotJRV
· 실습 파일 : [교육_자료_파일] - [06차시]

실습 영상

🔘 준비하기

🔘 프로젝트 미리보기

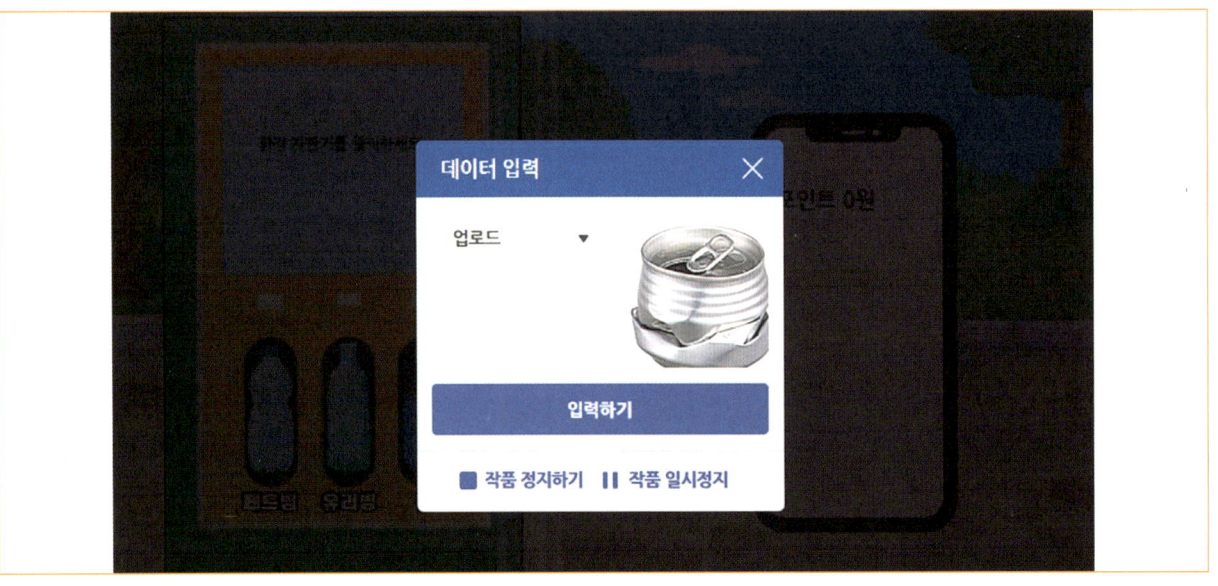

144 Part 2 | 인공지능 모델 학습하기

엔트리의 인공지능   분류: 이미지

이번 프로젝트에서는 엔트리에서 제공하는 다음 인공지능을 이용하여 작품을 만듭니다.

기능 알아보기

모델이 학습할 이미지를 업로드하거나 직접 촬영해서 데이터로 입력하고, 입력한 데이터를 직접 분류해서 학습시키면 나만의 인공지능 모델이 만들어집니다.

* 이미지 모델의 '촬영' 모드는 카메라 사용이 지원되는 브라우저에서만 사용할 수 있습니다.

블록 알아보기

블록	기능
학습한 모델로 분류하기	데이터를 입력하고 학습한 모델로 인식합니다.
분류 결과가 캔 인가?	입력한 데이터의 인식 결과가 선택한 클래스일 때 '참'으로 판단합니다.

오브젝트 살펴보기

이름	배경	환경 자판기	스마트폰	포인트	메시지
x	0	-125	123.5	90	-125.5
y	0	0	-12.5	40	60
크기	375%	220%	150%	28%	93%

Chapter 06 | 인공지능으로 환경 자판기 만들기

프로젝트 만들기

Step 1 인공지능 선택하기

'분류: 이미지' 인공지능 모델 학습하기를 선택합니다.

1 [인공지능] 카테고리에서 [인공지능 모델 학습하기] 버튼을 클릭합니다.

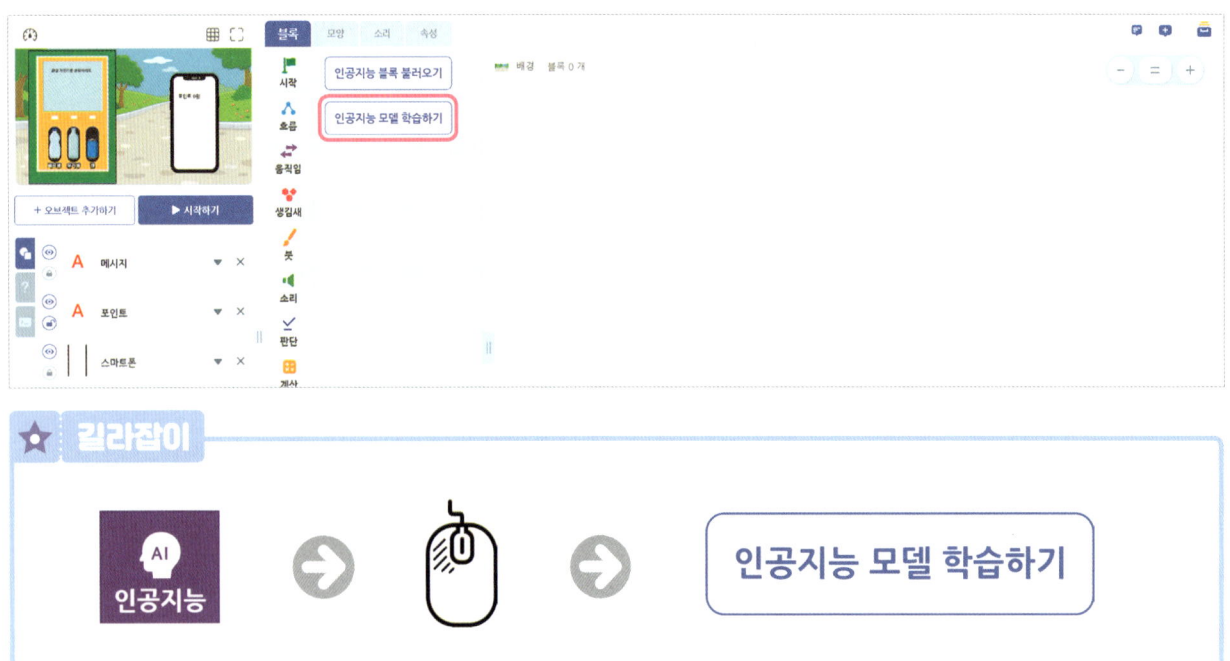

2 학습할 모델 중 [분류: 이미지]를 클릭한 후, 화면 오른쪽 위의 [학습하기] 버튼을 클릭합니다.

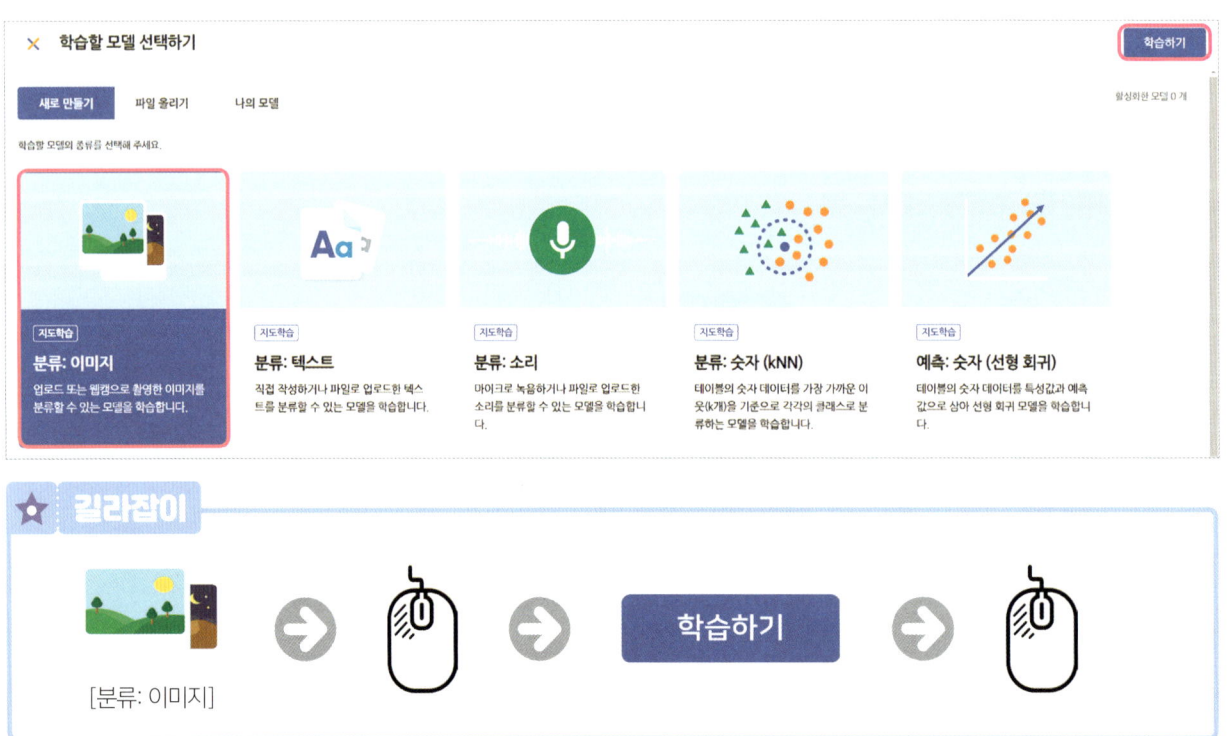

Step 2 이미지 모델 학습하기

'캔'과 '페트병' 클래스를 만들고 실습 파일에 있는 이미지를 업로드합니다.

3 모델 이름을 '재활용 분류하기'로 입력한 후, 클래스1의 이름은 '캔', 클래스2의 이름은 '페트병'으로 입력합니다.

모델 이름 '재활용 분류하기', 클래스1 이름 '캔', 클래스2 이름 '페트병' 입력하기

4 '캔' 클래스에서 '파일 업로드' 버튼을 클릭하면 파일을 불러올 수 있는 창이 열립니다. **[인공지능 교육_자료_파일]-[06차시]-[01. 캔_이미지]** 폴더로 이동하여 폴더 안에 있는 이미지를 모두 선택한 후, **[열기]** 버튼을 클릭합니다. 같은 방법으로 페트병 이미지도 업로드합니다.

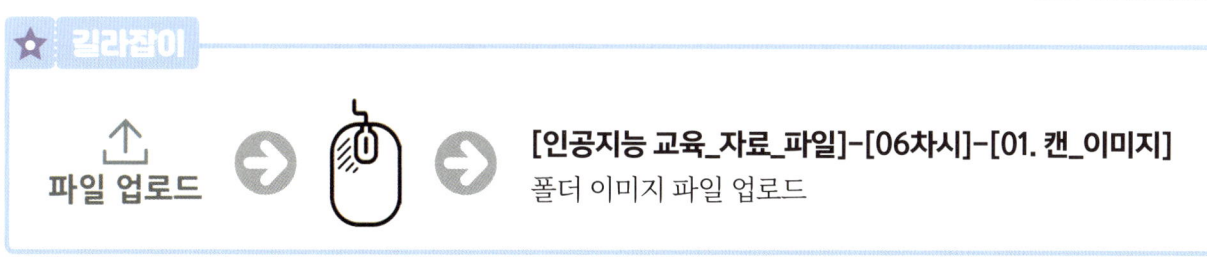

[인공지능 교육_자료_파일]-[06차시]-[01. 캔_이미지] 폴더 이미지 파일 업로드

5 [**모델 학습하기**] 버튼을 클릭하여 '캔'과 '페트병' 이미지를 학습시킵니다.

6 '파일 업로드' 버튼을 클릭하면 파일을 불러올 수 있는 창이 열립니다. [**인공지능 교육_자료_파일**]-[**06차시**]-[**04. 실습_이미지**] 폴더로 이동하여 '캔' 또는 '페트병' 이미지를 하나 선택한 후, [**열기**] 버튼을 클릭하여 결과를 확인하고 화면 오른쪽 위의 [**적용하기**] 버튼을 클릭합니다.

Step 3   변수와 신호 추가하기

이미지 분류 확인을 위한 '포인트' 변수와 '캔', '페트병' 신호를 추가합니다.

7 [속성] 탭에서 [변수]-[변수 추가하기] 버튼을 클릭하여 변수 이름에 '포인트'라고 입력한 후, '공유 변수로 사용(서버에 저장)'을 선택하고 [변수 추가] 버튼을 클릭합니다.

8 [속성] 탭에서 [신호]-[신호 추가하기] 버튼을 클릭한 후, 신호 이름에 '캔'이라고 입력하고 [신호 추가] 버튼을 클릭합니다. 같은 방법으로 '페트병' 신호를 추가합니다.

Step 4 이미지 분류하기

학습한 이미지 모델이 '캔'과 '페트병' 이미지를 분류합니다.

9 '메시지' 오브젝트를 클릭한 후, [시작] 카테고리에서 [시작하기 버튼을 클릭했을 때] 블록을 가져옵니다.

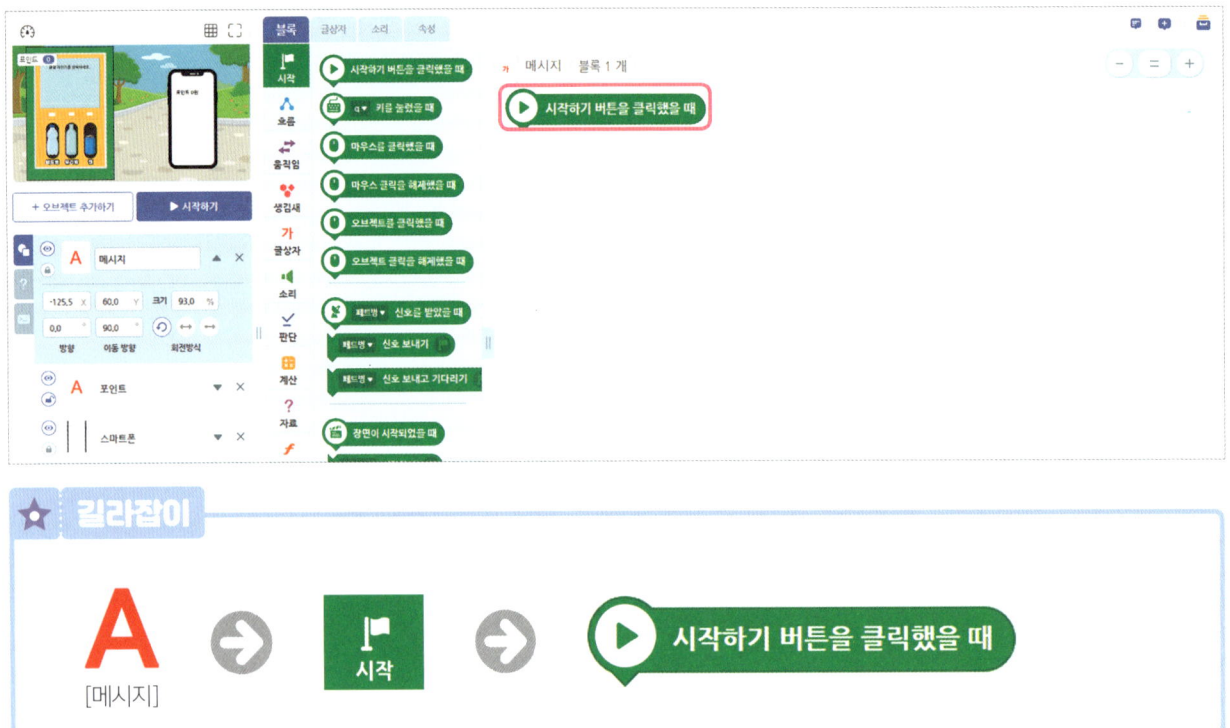

10 [글상자] 카테고리에서 [엔트리 (이)라고 글쓰기] 블록을 가져와 [환경 자판기를 누르면 쓰레기를 분리배출 할 수 있습니다. (이)라고 글쓰기]로 수정합니다.

11 '환경 자판기' 오브젝트를 클릭한 후, [시작] 카테고리에서 [오브젝트를 클릭했을 때] 블록을 가져옵니다.

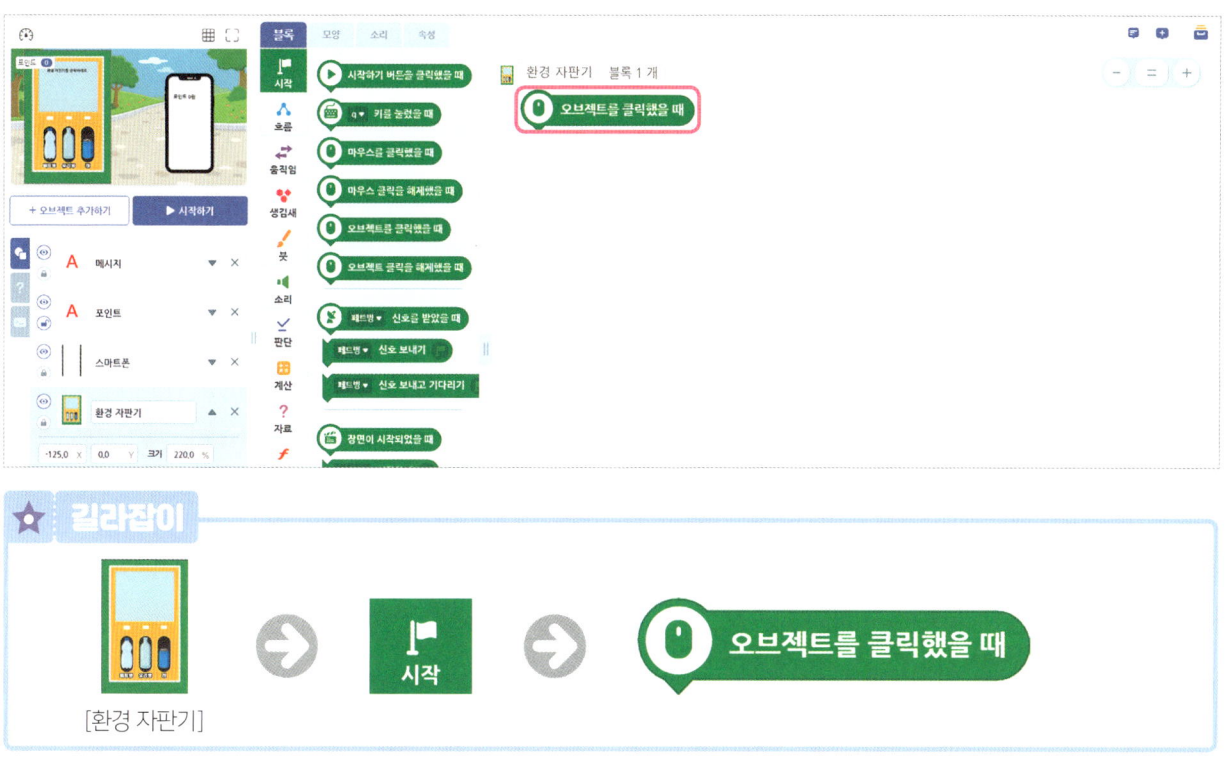

12 [인공지능] 카테고리에서 [학습한 모델로 분류하기] 블록을 가져옵니다.

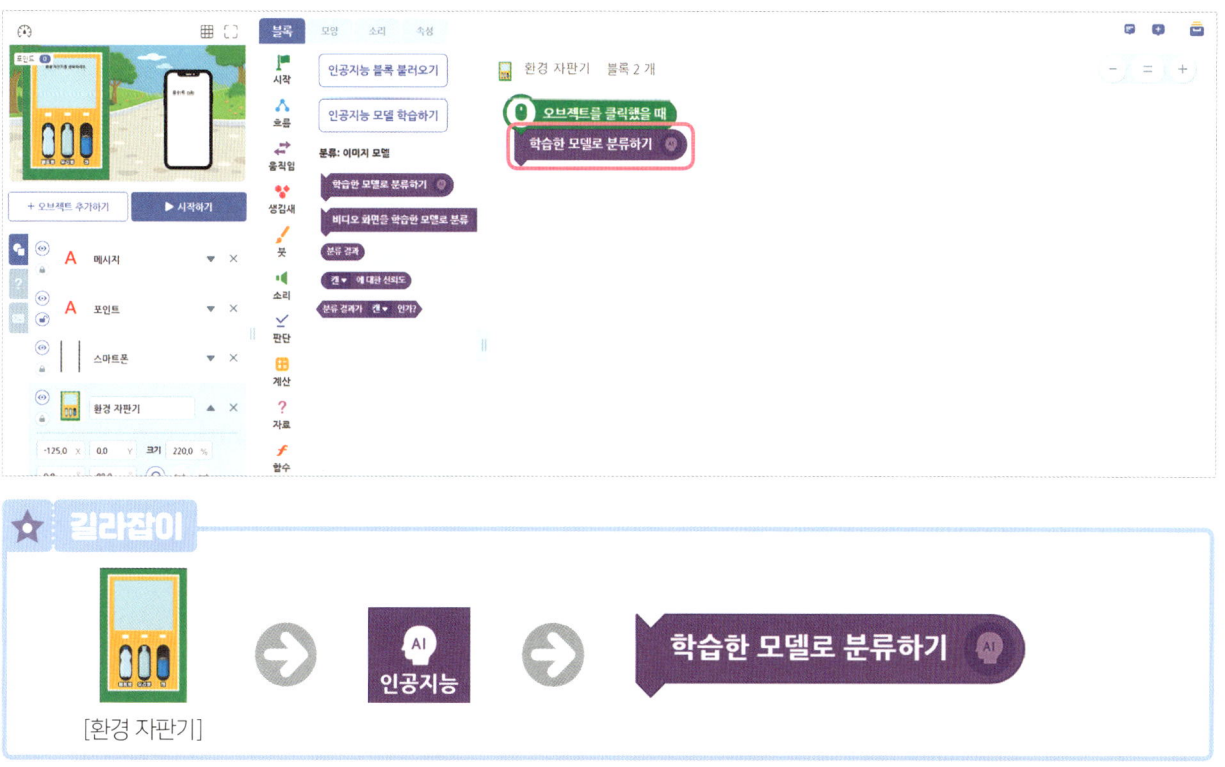

13 [흐름] 카테고리에서 [계속 반복하기] 블록을 가져옵니다.

14 [흐름] 카테고리에서 [만일 <참> (이)라면] 블록을 가져옵니다.

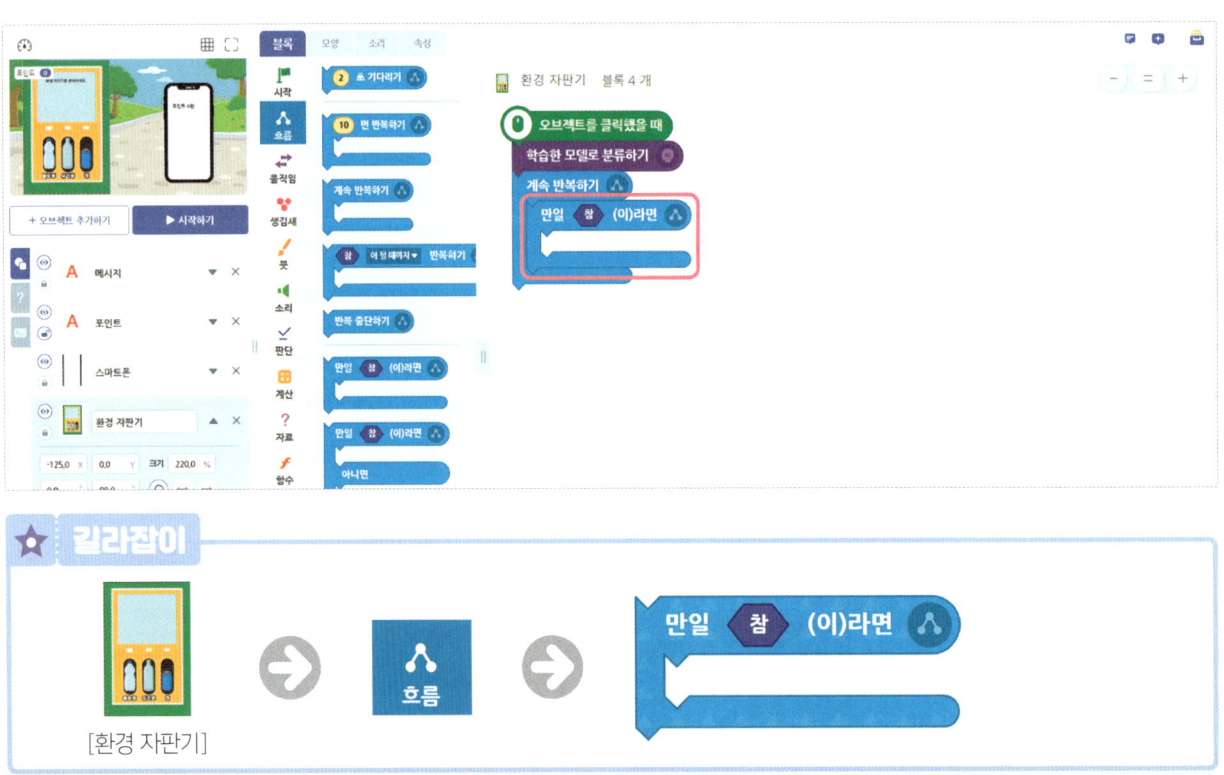

15 [인공지능] 카테고리에서 <분류 결과가 캔인가?> 블록을 가져와 [만일 <참> (이)라면] 블록의 <참>에 넣어줍니다.

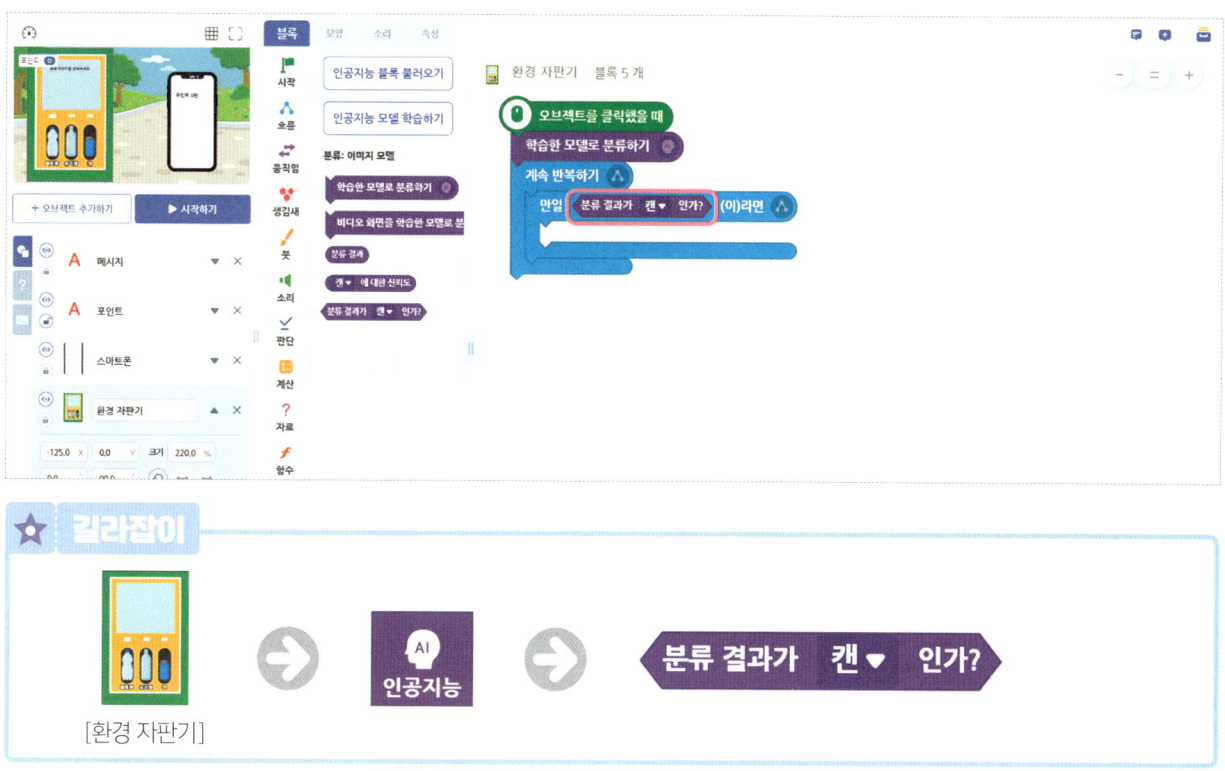

16 [자료] 카테고리에서 [포인트에 10 만큼 더하기] 블록을 가져와 [만일] 블록 안에 넣어주고 [포인트에 300 만큼 더하기]로 수정합니다.

17 [시작] 카테고리에서 [페트병 신호 보내기] 블록을 가져와 [캔 신호 보내기]로 수정합니다.

[환경 자판기]

18 [흐름] 카테고리에서 [반복 중단하기] 블록을 가져옵니다.

[환경 자판기]

19 [만일] 블록 위에서 마우스 오른쪽과 [코드 복사 & 붙여넣기] 메뉴를 차례대로 클릭합니다. [만일] 블록 아래에 [코드 복사 & 붙여넣기] 한 코드를 붙여줍니다.

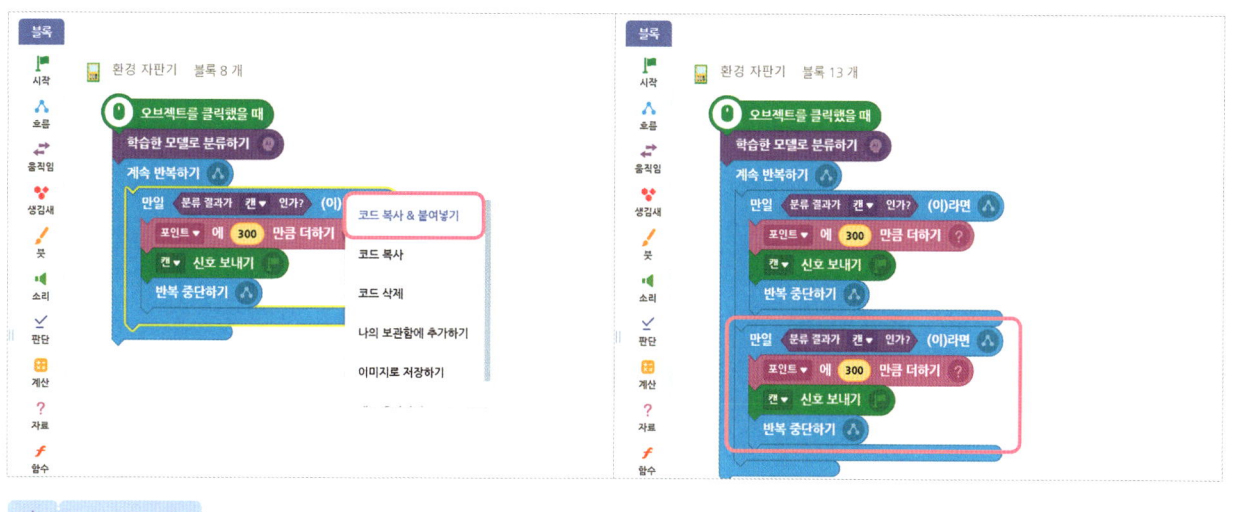

20 [코드 복사 & 붙여넣기] 한 코드에서 <분류 결과가 캔인가?>는 <분류 결과가 페트병인가?>로, [포인트에 300 만큼 더하기]는 [포인트에 500 만큼 더하기]로, [캔 신호 보내기]는 [페트병 신호 보내기]로 수정합니다.

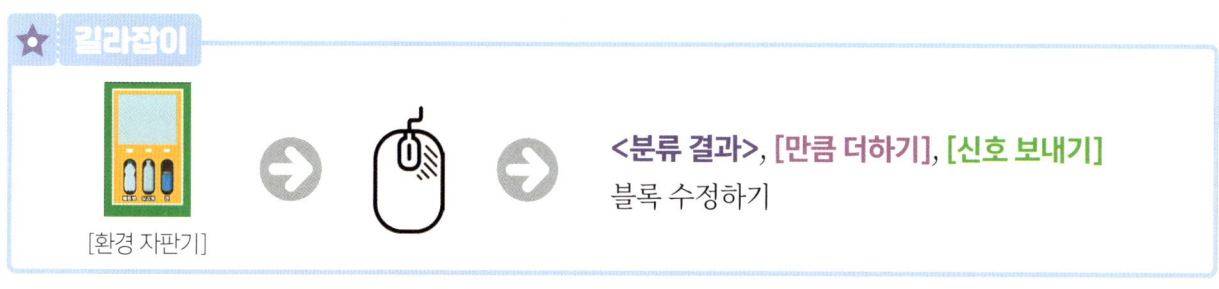

Step 5 분류 결과 확인하기

'환경 자판기' 오브젝트에 분류된 이미지의 결과 포인트를 나타냅니다.

21 '메시지' 오브젝트를 클릭한 후, [시작] 카테고리에서 [페트병 신호를 받았을 때] 블록을 가져옵니다.

22 [글상자] 카테고리에서 [엔트리 (이)라고 글쓰기] 블록 2개를 가져와 [페트병을 분리배출하여 포인트 500원을 받았습니다. (이)라고 글쓰기], [환경 자판기를 누르면 쓰레기를 분리배출 할 수 있습니다. (이)라고 글쓰기]로 수정합니다.

23 [흐름] 카테고리에서 [2 초 기다리기] 블록을 가져와 [페트병을 분리배출하여 포인트 500원을 받았습니다. (이)라고 글쓰기], [환경 자판기를 누르면 쓰레기를 분리배출할 수 있습니다. (이)라고 글쓰기] 사이에 [2 초 기다리기]를 넣어준 후 [3 초 기다리기]로 수정합니다.

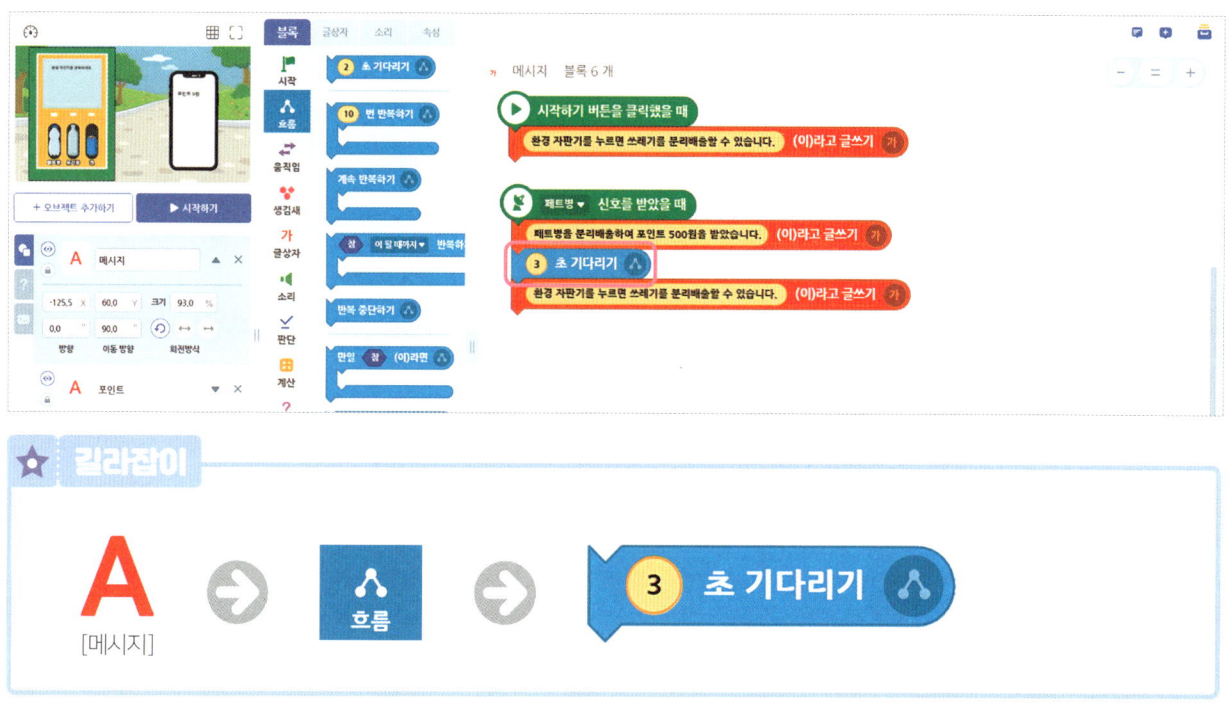

24 [페트병 신호를 받았을 때] 블록 위에서 마우스 오른쪽과 [코드 복사 & 붙여넣기] 메뉴를 차례대로 클릭합니다.

25 [코드 복사 & 붙여넣기] 한 코드에서 [페트병 신호를 받았을 때]는 [캔 신호를 받았을 때]로 [페트병을 분리배출하여 포인트 500원을 받았습니다. (이)라고 글쓰기]는 [캔을 분리배출하여 포인트 300원을 받았습니다. (이)라고 글쓰기]로 수정합니다.

길라잡이

A [메시지] ➡ 🖱 ➡ [(이)라고 글쓰기], [신호를 받았을 때] 블록 수정하기

Step 6   포인트 적립 확인하기

'스마트폰' 오브젝트에 적립된 포인트를 나타냅니다.

26 '포인트' 오브젝트를 클릭한 후, [시작] 카테고리에서 [페트병 신호를 받았을 때] 블록을 가져옵니다.

길라잡이

A [포인트] ➡ 시작 ➡ 페트병 신호를 받았을 때

158   Part 2 | 인공지능 모델 학습하기

27 [글상자] 카테고리에서 [엔트리 (이)라고 글쓰기] 블록과 [엔트리 을(를) 뒤에 추가하기] 블록 2개를 가져와 [포인트 (이)라고 글쓰기], [엔트리 을(를) 뒤에 추가하기], [원 을(를) 뒤에 추가하기]로 수정합니다.

28 [자료] 카테고리에서 (포인트 값) 블록을 가져와 [엔트리 을(를) 뒤에 추가하기] 블록의 '엔트리' 부분에 넣어줍니다.

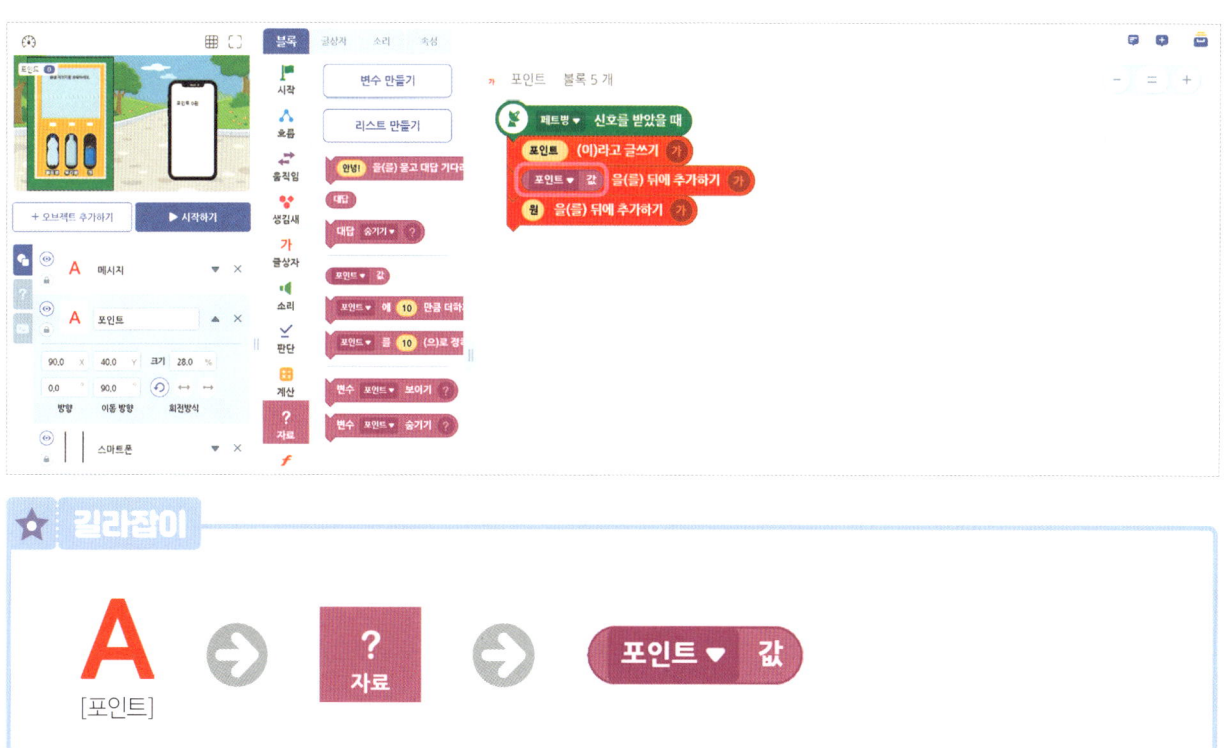

29 [페트병 신호를 받았을 때] 블록 위에서 마우스 오른쪽과 [코드 복사 & 붙여넣기] 메뉴를 차례대로 클릭합니다.

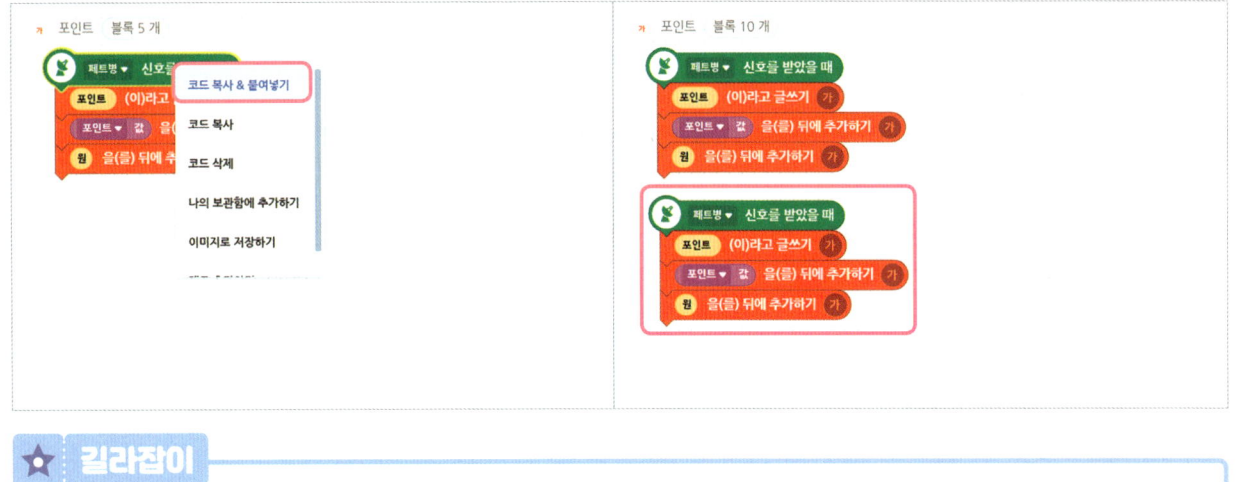

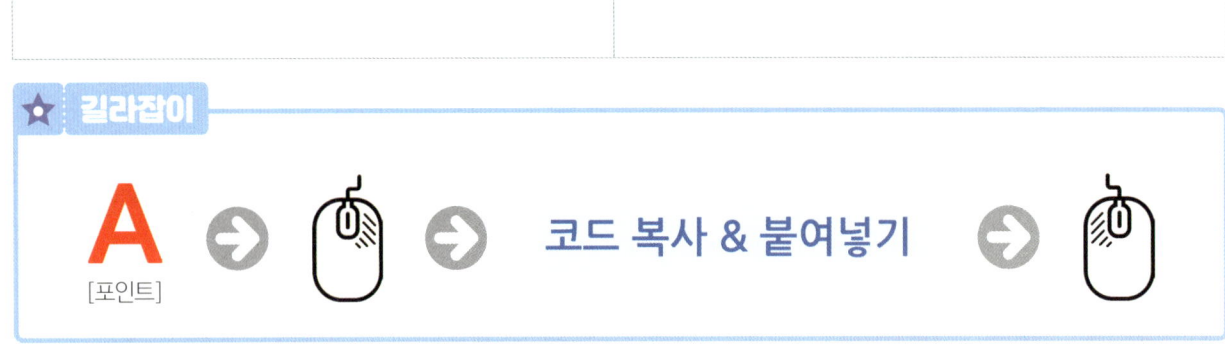

30 [코드 복사 & 붙여넣기] 한 코드에서 [페트병 신호를 받았을 때]는 [캔 신호를 받았을 때]로 수정합니다.

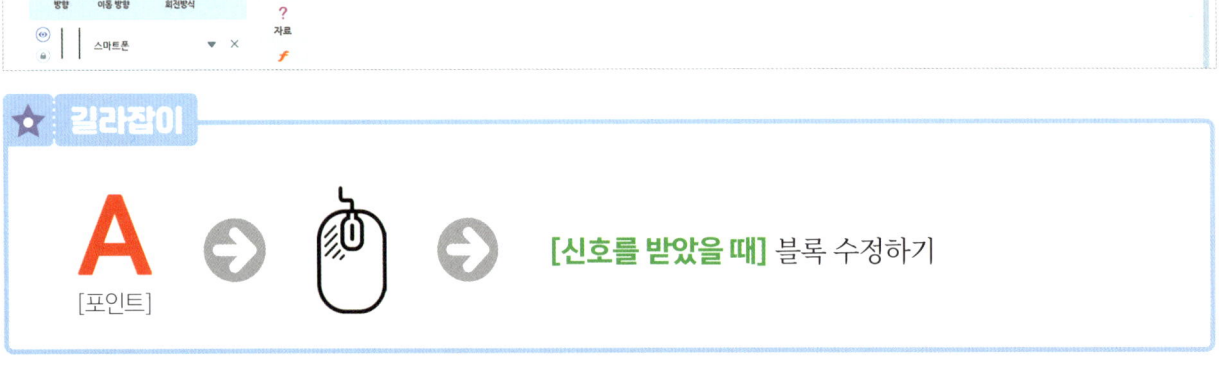

정리하기

전체 코드 보기

A [메시지]

시작하기 버튼을 클릭했을 때
환경 자판기를 누르면 쓰레기를 분리배출 할 수 있습니다. (이)라고 글쓰기

페트병▼ 신호를 받았을 때
페트병을 분리배출하여 포인트 500원을 받았습니다. (이)라고 글쓰기
3 초 기다리기
환경 자판기를 누르면 쓰레기를 분리배출 할 수 있습니다. (이)라고 글쓰기

캔▼ 신호를 받았을 때
캔을 분리배출하여 포인트 300원을 받았습니다. (이)라고 글쓰기
3 초 기다리기
환경 자판기를 누르면 쓰레기를 분리배출 할 수 있습니다. (이)라고 글쓰기

A [포인트]

페트병▼ 신호를 받았을 때
포인트 (이)라고 글쓰기
포인트▼ 값 을(를) 뒤에 추가하기
원 을(를) 뒤에 추가하기

캔▼ 신호를 받았을 때
포인트 (이)라고 글쓰기
포인트▼ 값 을(를) 뒤에 추가하기
원 을(를) 뒤에 추가하기

[환경 자판기]

오브젝트를 클릭했을 때
학습한 모델로 분류하기
계속 반복하기
　만일 〈분류 결과가 캔▼ 인가?〉 (이)라면
　　포인트▼ 에 300 만큼 더하기
　　캔▼ 신호 보내기
　　반복 중단하기
　만일 〈분류 결과가 페트병▼ 인가?〉 (이)라면
　　포인트▼ 에 500 만큼 더하기
　　페트병▼ 신호 보내기
　　반복 중단하기

| 인공지능 알아보기 | 인공지능 프로젝트 일지 | 프로젝트 설계하기 | 프로젝트 만들기 | 정리하기 | **발전시키기** |

발전시키기

환경 자판기 만들기 프로젝트의 개선점을 찾고, 새로운 기능을 추가하여 더 나은 프로그램으로 확장해 보세요.

기능	실행화면에 변수를 숨겨주고, [인공지능] 카테고리의 [인공지능 블록 불러오기]-[나의 모델]에서 재활용 분류하기 모델에 '유리병' 클래스를 추가하여 유리병도 분류한다.
화면 디자인	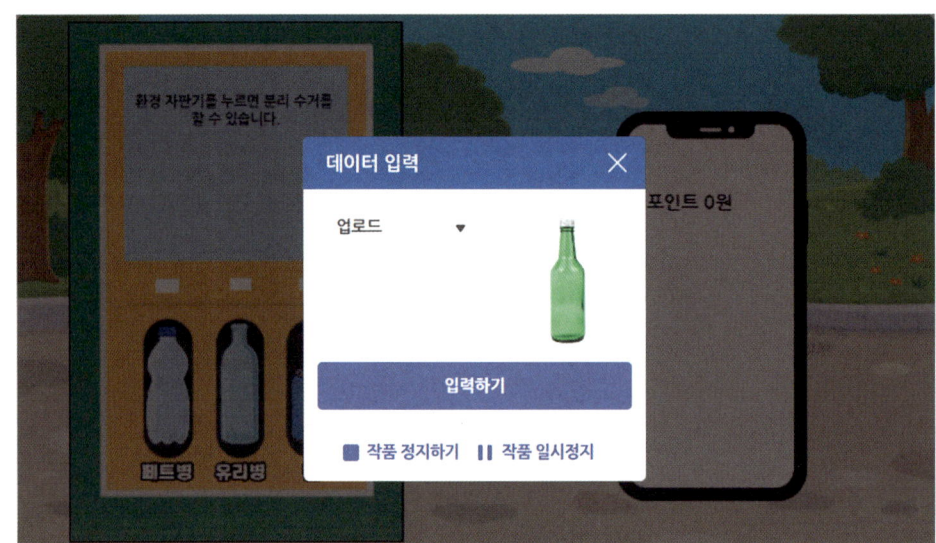
이미지 학습하기	**프로젝트 만들기 힌트** 1. [속성]-[변수] 탭에서 '포인트' 변수의 눈을 클릭하여 실행화면에서 변수를 숨깁니다. 2. [인공지능] 카테고리에서 [인공지능 블록 불러오기] 버튼을 클릭합니다. 3. [나의 모델] 버튼을 클릭하여 [재활용 분류하기] 모델을 클릭한 후, [학습하기] 버튼을 클릭합니다. 4. 클래스3을 추가하고 [인공지능 교육_자료_파일]-[06차시]-[03. 유리병_이미지] 폴더에 있는 유리병 이미지를 학습시킵니다. 5. '메시지', '포인트', '환경 자판기' 오브젝트에 코드를 추가합니다. ** 인공지능을 다시 학습시키면 기존에 학습한 데이터가 새롭게 생성되므로 인공지능 블록은 블록 조립소에서 다시 만들어야 합니다.

- 코드 설명 : '유리병' 신호를 추가한 후 '환경 자판기' 오브젝트에서 분류 결과가 유리병인 경우 포인트를 400만큼 더합니다. '메시지' 오브젝트에서 유리병 신호를 받았을 때 포인트 적립 표시를 해줍니다. '포인트' 오브젝트에서 스마트폰 위에 적립된 유리병 포인트가 나타나게 합니다.

Chapter 06 | 인공지능으로 환경 자판기 만들기

PART 2 　머신러닝 유형 -지도 학습 / 학습할 모델 -분류: 텍스트

Chapter 07　인공지능으로 뉴스 기사 분류 프로그램 만들기

분류는 쉽다! 뉴스 헤드라인으로 뉴스의 종류 분류하기

 인공지능 알아보기

이해하기　인공지능은 어떻게 책이나 기사를 읽고 내용을 분류할까?

기사를 분류하는 인공지능

인공지능이 데이터를 학습하여 어떤 일을 하게 하려면, 그에 알맞은 대량의 데이터가 필요합니다. 특히 텍스트 분류와 같은 작업을 위해 사용되는 방대한 규모의 데이터를 '빅데이터'라고 부릅니다.

책이나 기사의 주제를 분류하기 위해서는 빅데이터가 중요합니다. 빅데이터의 텍스트 데이터를 통해 인공지능은 언어의 패턴, 주제의 특징, 연관 단어들을 학습하게 됩니다. 학습 방식에는 여러 종류가 있습니다. 그 중 '지도 학습'은 레이블링 된 데이터를 통해 학습하는 방식을 의미합니다. 예를 들어, 기사에 '스포츠', '정치'와 같은 주제 레이블을 부여하고, 이 레이블을 바탕으로 인공지능이 학습을 진행하게 됩니다.

지도 학습은 인공지능 학습 방식 중 하나로, 데이터와 결과에 맞춰 비지도 학습이나 강화 학습과 같은 다른 방법도 선택할 수 있습니다.

인공지능의 지도 학습을 통한 주제 분류 단계

1. **빅데이터 수집:** 인공지능을 학습시키기 위해서는 대량의 텍스트 데이터가 필요합니다. 이런 데이터를 '빅데이터'라고 합니다. 뉴스 기사, 책, 블로그 글 등 다양한 소스에서 수집된 텍스트 데이터가 이에 해당합니다.

2. **텍스트 전처리:** 수집된 빅데이터는 불필요한 단어나 기호를 제거하는 전처리 과정을 거칩니다. 중요한 단어들을 추려내고, 문장의 구조를 파악하기 위한 작업이 이루어집니다.

3. **벡터화:** 전처리된 텍스트는 숫자로 변환되어야 합니다. 이렇게 단어나 문장의 의미를 숫자 벡터로 표현하는 것을 '벡터화'라고 합니다.

4. **모델 학습:** 벡터화된 데이터는 딥 러닝 모델에 입력되어 학습됩니다. 이 모델은 각 단어나 문장의 벡터와 해당 기사나 책의 주제 사이의 관계를 학습합니다.

5. 주제 분류: 학습이 완료된 모델은 새로운 기사나 책의 텍스트를 입력받아, 해당 내용이 어떤 주제에 속하는지를 분류하게 됩니다.

빅데이터를 활용한 인공지능은 기사 분류뿐만 아니라 다양한 정보를 제공할 수 있습니다. 예를 들면, 과거의 데이터를 바탕으로 미래의 트렌드나 패턴을 예측하거나, 개인의 취향에 따른 음악과 음식을 추천해 줄 수 있습니다.

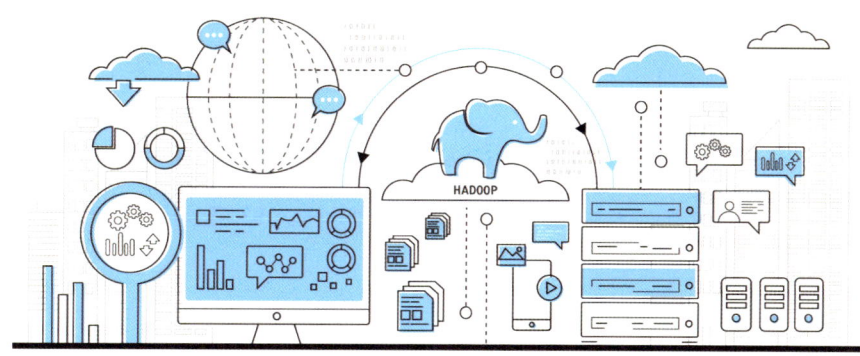

살펴보기 무료로 데이터를 얻을 수 있는 사이트

Kaggle
Kaggle은 데이터 과학자들에게 유명한 웹사이트로, 다양한 종류의 데이터셋을 무료로 제공합니다.

https://www.kaggle.com/

Google Dataset Search
Google은 공개적으로 사용할 수 있는 데이터셋을 검색하는 도구를 제공합니다.

https://datasetsearch.research.google.com/

공공데이터포털
대한민국 정부가 제공하는 공공데이터포털에서는 다양한 분야의 공공데이터를 무료로 이용할 수 있습니다.

https://www.data.go.kr

K-ICT 빅데이터센터
K-ICT 빅데이터센터는 국내외 빅데이터 산업 발전을 지원하고 빅데이터를 활용한 혁신을 촉진하는 데 기여하는 플랫폼으로, 다양한 빅데이터를 제공합니다.

https://kbig.kr/portal/

한국과학기술정보연구원(KISTI)
KISTI는 과학기술 분야의 다양한 데이터를 제공합니다.

https://www.kisti.re.kr

서울 열린데이터 광장
서울시에서 제공하는 데이터로 서울에 관련된 다양한 데이터를 얻을 수 있습니다

https://data.seoul.go.kr

인공지능 프로젝트 일지

20XX년 XX월 XX일 X요일	

상황	우리 학교는 학생들과 지역 주민들이 다양한 소식을 확인할 수 있는 정보 사이트를 운영하고 있다. 사이트 내에서는 각각의 기사들이 주제별로 분류되어 표시된다. 그런데 얼마 전에 과학 기사를 보던 중, 이상하게도 이번 주에 열리는 야구 경기에 관한 소식이 포함되어 있었다. 알아보니, 기사를 작성하고 올리는 과정에서 주제 선택이 잘못되어 이런 실수가 발생했다고 한다. 기사를 작성하고 게시할 때는 내용뿐만 아니라, 정확한 분류와 주제 선택도 중요하다는 것을 알게 되었다. 
발견된 문제점	야구 기사가 과학 카테고리로 잘못 들어갔다.
해결 방법	자연어 처리(NLP) 기반의 인공지능 알고리즘을 이용해 기사의 내용을 분석하고 적절한 카테고리로 분류하는 프로그램을 만든다. 이 프로그램은 기사의 제목과 본문 내용을 분석하고 주요 키워드와 문맥을 파악하여 자동으로 기사를 읽고 적절한 주제로 분류한다.

프로젝트 설계하기

목표	자동으로 기사 카테고리를 분류해 주는 프로그램을 만들자.
기능	1. 로봇을 클릭하여 뉴스 기사의 헤드라인을 입력한다. 2. 입력된 뉴스의 헤드라인이 각 카테고리에 분류되면 결과를 보여준다. 3. 결과와 함께 신뢰도를 보여준다.
화면 디자인	
순서도	

| 인공지능 알아보기 | 인공지능 프로젝트 일지 | 프로젝트 설계하기 | **프로젝트 만들기** | 정리하기 | 발전시키기 |

 프로젝트 만들기

🔘 학습목표

- 인공지능 모델 학습하기의 '텍스트 분류' 모델을 이용하여 텍스트를 분류할 수 있다.
- 텍스트를 레이블링하고 레이블링에 맞는 텍스트를 학습시킬 수 있다.
- 텍스트 분류를 이용하여 기사 분류 작품을 만들 수 있다.

· 예제 작품 주소 : http://naver.me/F5FhnUjw
· 완성 작품 주소 : http://naver.me/G9s29zJM
· 실습 파일 : [교육_자료_파일] – [07차시]

실습 영상

🔘 준비하기

| 활용
인공지능 | 
[분류: 텍스트] | 준비물 | 
[컴퓨터] | 
[텍스트 파일] |

🔘 프로젝트 미리보기

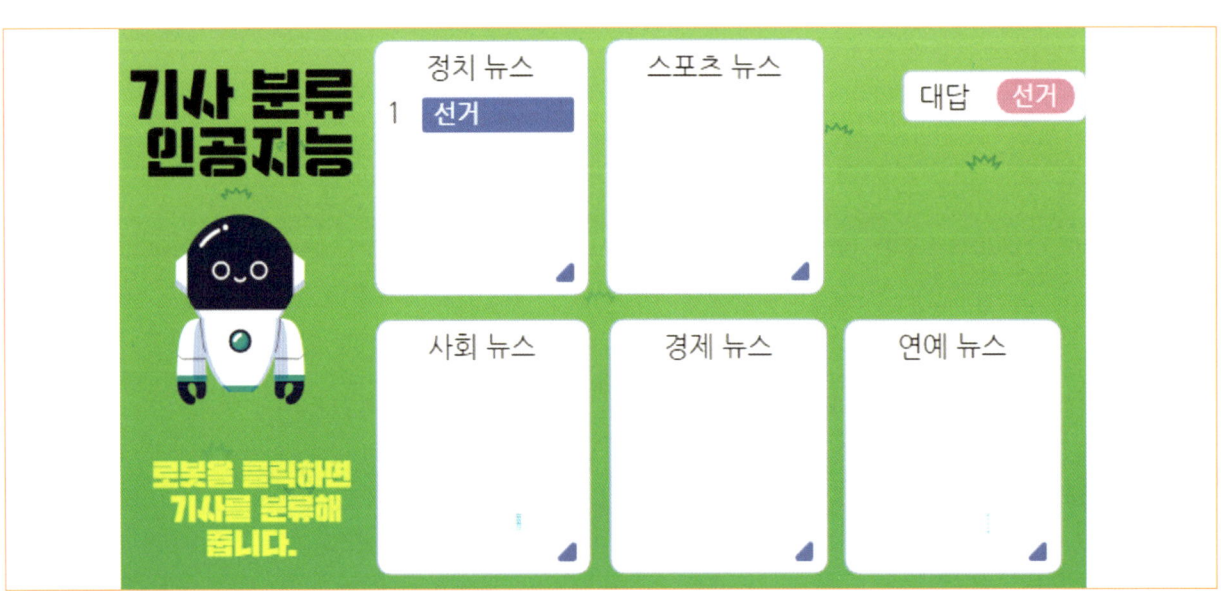

엔트리의 인공지능   분류: 텍스트

이번 프로젝트에서는 엔트리에서 제공하는 다음 인공지능을 이용하여 작품을 만듭니다.

❋ 기능 알아보기

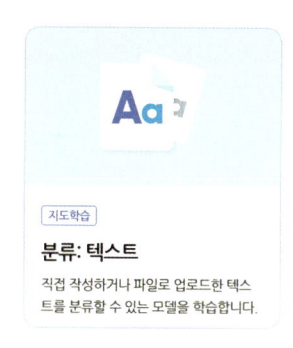

학습 데이터로 입력한 텍스트를 클래스로 직접 분류하고 학습시키면 새롭게 입력되는 텍스트를 분류할 수 있는 모델을 만들 수 있습니다. 텍스트의 의미가 아니라 형태가 얼마나 비슷한지를 기준으로 분류하는 모델입니다.

* 모델이 학습할 텍스트는 직접 작성하거나 txt, csv 파일로 업로드할 수 있습니다.

❋ 블록 알아보기

블록	기능
엔트리 을(를) 학습한 모델로 분류하기	데이터를 입력하고 학습한 모델로 인식합니다.
분류 결과	입력한 데이터를 모델에서 인식한 결과 값입니다. 값은 모델의 클래스 이름(텍스트)으로 표현됩니다.
정치▼ 에 대한 신뢰도	입력한 데이터의 선택한 클래스에 대한 신뢰도 값입니다. 값은 확률(숫자)로 표현됩니다.
분류 결과가 정치▼ 인가?	입력한 데이터의 인식 결과가 선택한 클래스일 때 '참'으로 판단합니다.

❋ 오브젝트 살펴보기

이름	배경	기사 분류 인공지능	AI 로봇	메시지
x	0	-175.0	-180	-175
y	0	85.0	0	-100
크기	375%	100%	100%	87%

🔴 프로젝트 만들기

Step 1   인공지능 선택하기

'분류: 텍스트' 인공지능 모델 학습하기를 선택합니다.

1 [인공지능] 카테고리에서 [인공지능 모델 학습하기] 버튼을 클릭합니다.

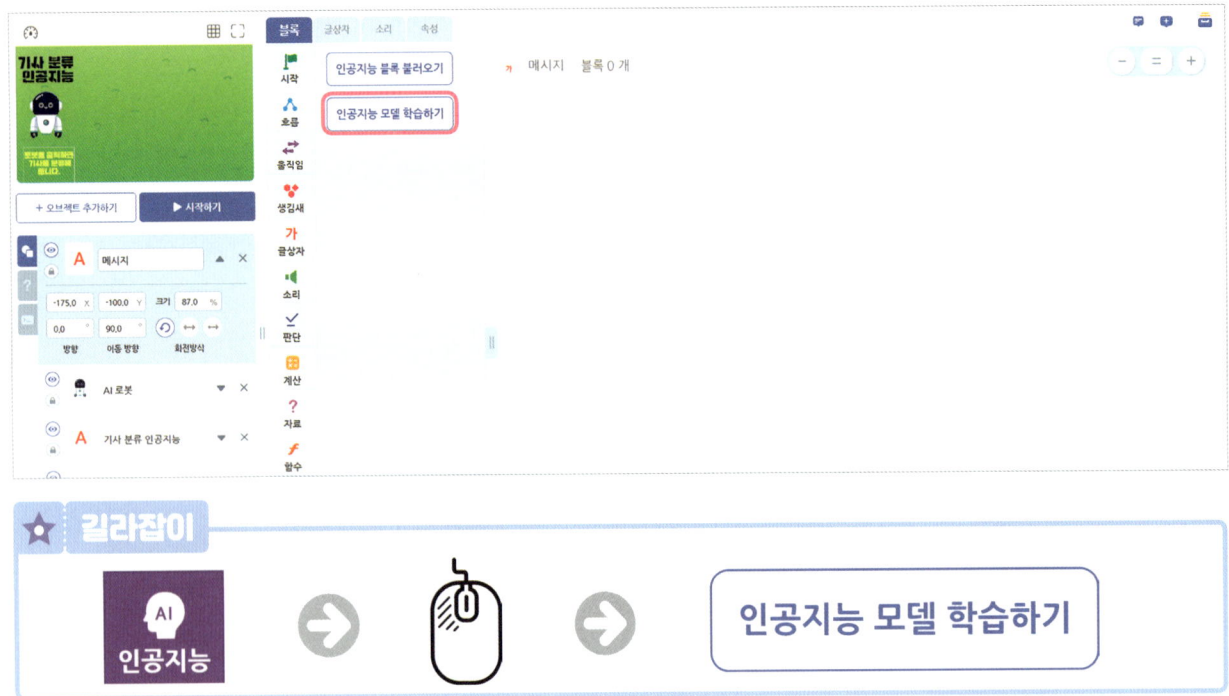

2 학습할 모델 중 [분류: 텍스트]를 클릭한 후, 화면 오른쪽 위의 [학습하기] 버튼을 클릭합니다.

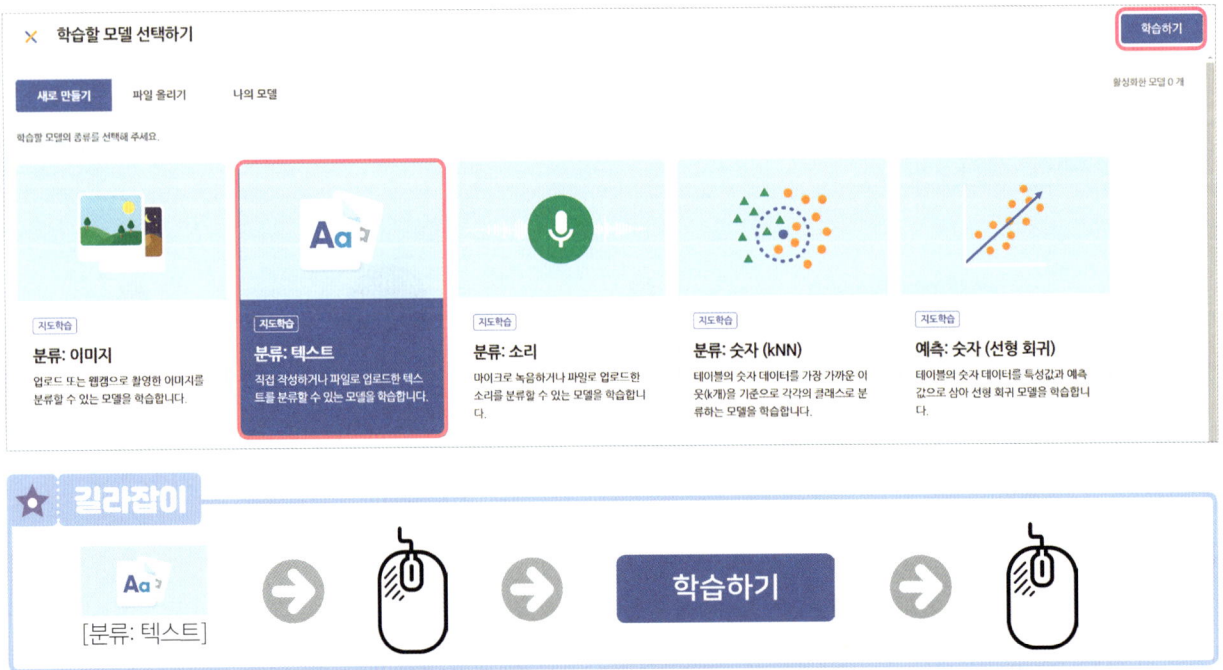

170 Part 2 | 인공지능 모델 학습하기

Step 2   텍스트 모델 학습하기

'정치', '스포츠', '연예', '경제', '사회' 클래스를 만들고 실습 파일에 있는 각 키워드를 입력합니다.

3 모델 이름을 '뉴스 기사 분류하기'로 입력한 후, 클래스 이름을 '정치', '스포츠', '연예', '경제', '사회'로 입력합니다.

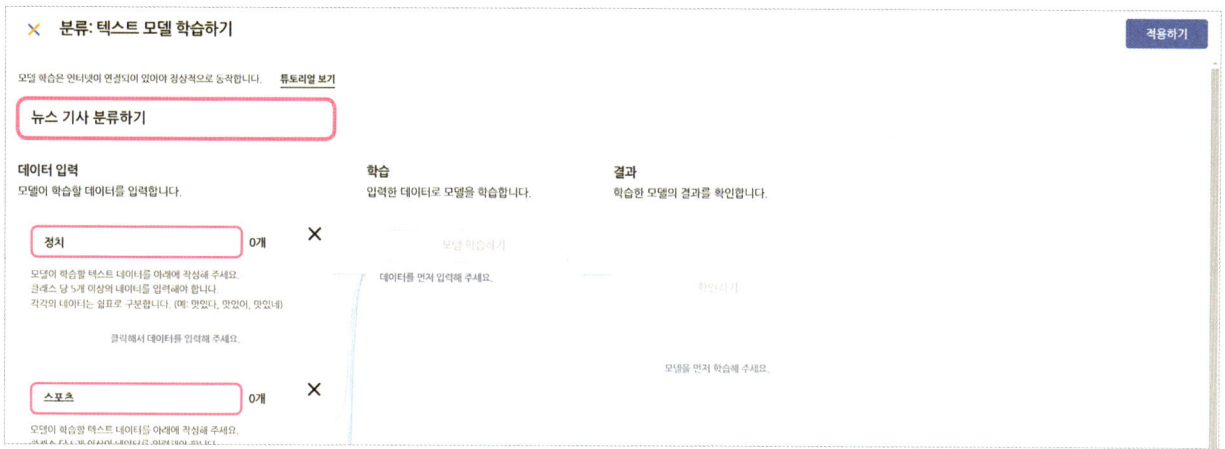

모델 이름(뉴스 기사 분류하기), 클래스 이름(정치, 스포츠, 연예, 경제, 사회) 입력하기

4 '정치' 클래스에서 '파일 업로드' 버튼을 클릭하면 파일을 불러올 수 있는 창이 열립니다. [**인공지능 교육_자료_파일**]-[**07차시**]-[**01. 정치_키워드.txt**] 파일을 선택한 후, [**열기**] 버튼을 클릭합니다. 같은 방법으로 나머지 [**~키워드.txt**] 파일도 업로드합니다.

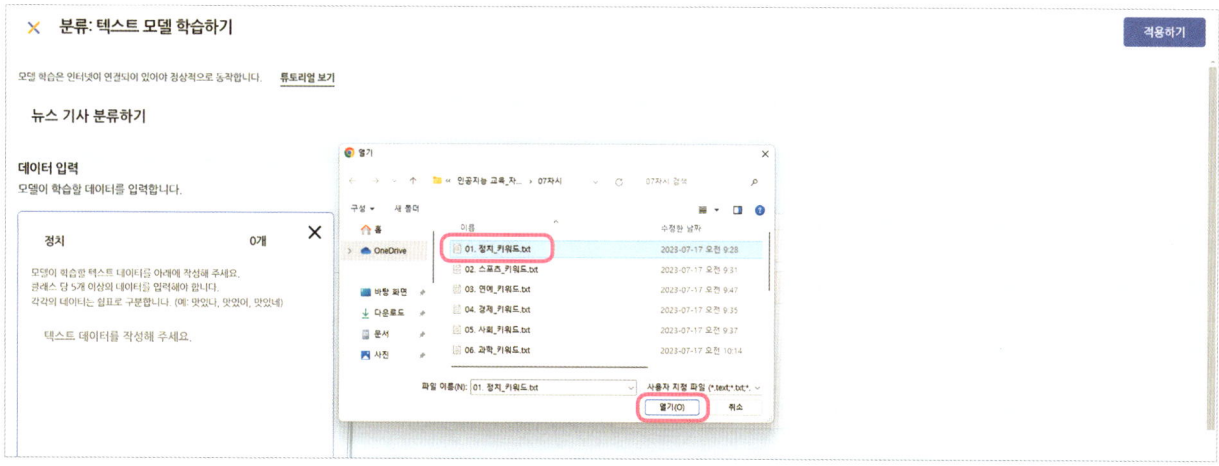

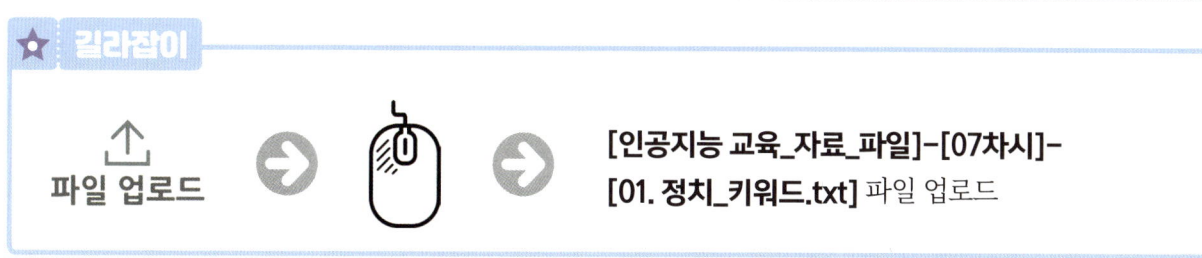

[인공지능 교육_자료_파일]-[07차시]-[01. 정치_키워드.txt] 파일 업로드

5 [모델 학습하기] 버튼을 클릭하여 뉴스 키워드를 학습시킵니다.

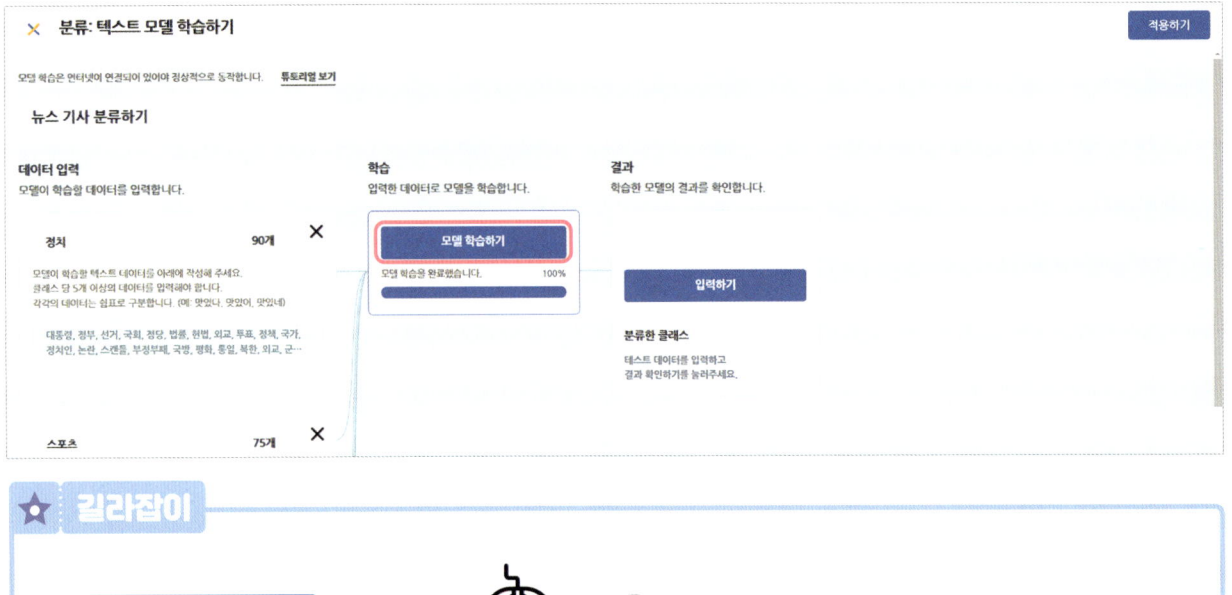

6 [인공지능 교육_자료_파일]-[07차시]-[13. 연예_뉴스_헤드라인(제목).txt]에서 마음에 드는 기사 제목을 선택한 후, 마우스 오른쪽을 클릭하여 [복사] 메뉴를 선택합니다. 결과 입력창에서 마우스 오른쪽을 클릭하여 [붙여넣기] 메뉴를 선택하고 입력 창 아래의 [입력하기] 버튼을 클릭하여 결과를 확인합니다. 결과를 확인한 후, 화면 오른쪽 위의 [적용하기] 버튼을 클릭합니다.

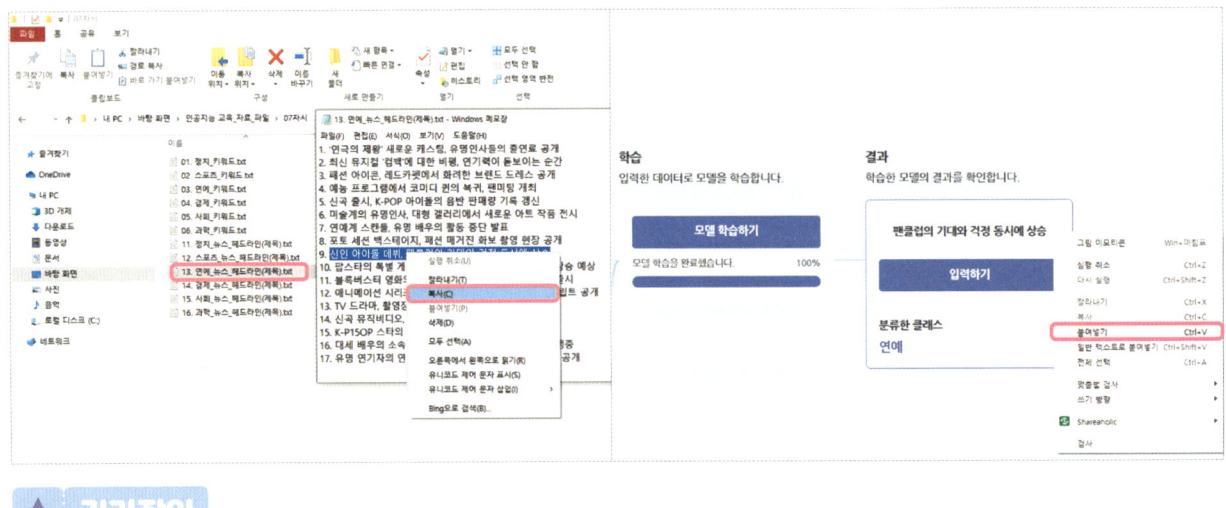

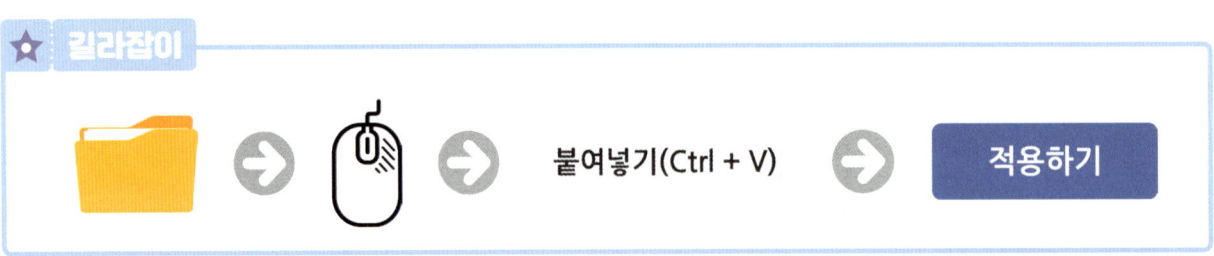

Step 3   리스트 추가하기

뉴스 기사를 분류해서 저장할 '정치 뉴스', '스포츠 뉴스', '연예 뉴스', '경제 뉴스', '사회 뉴스' 리스트를 추가합니다.

7 [속성] 탭에서 [리스트]-[리스트 추가하기] 버튼을 클릭하여 리스트 이름에 '정치 뉴스'라고 입력한 후, [리스트 추가] 버튼을 클릭합니다. 같은 방법으로 '스포츠 뉴스', '연예 뉴스', '경제 뉴스', '사회 뉴스' 리스트를 추가한 다음 실행화면에 있는 리스트를 보기 좋게 정리합니다.

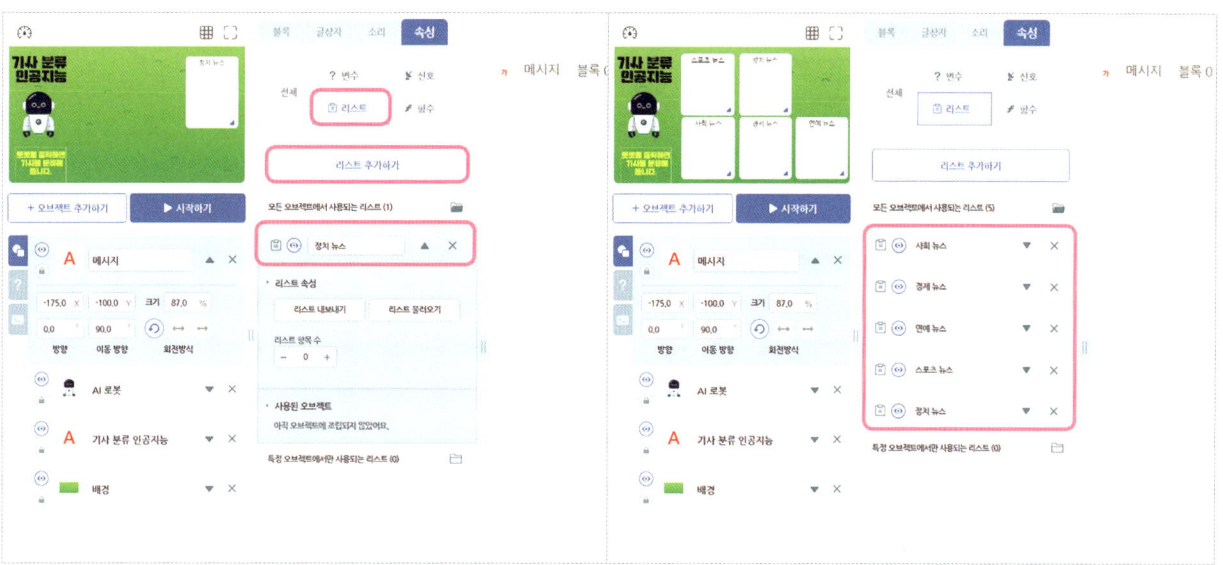

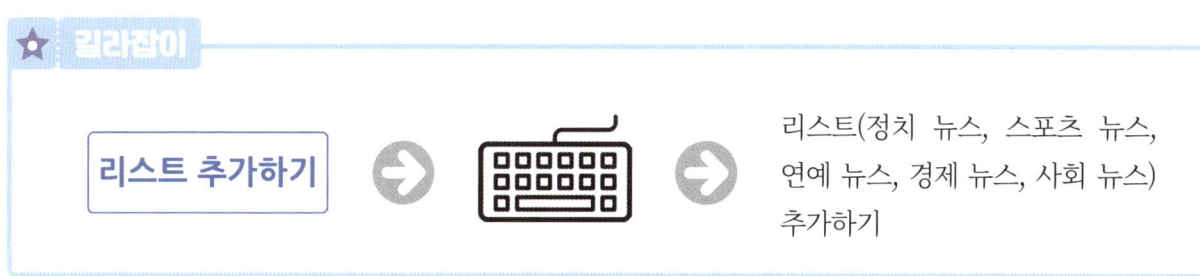

리스트 추가하기 → ⌨ → 리스트(정치 뉴스, 스포츠 뉴스, 연예 뉴스, 경제 뉴스, 사회 뉴스) 추가하기

Step 4 텍스트 분류하기

입력한 뉴스 기사 제목을 학습한 모델로 분류합니다.

8 'AI 로봇' 오브젝트를 클릭한 후, [시작] 카테고리에서 [오브젝트를 클릭했을 때] 블록을 가져옵니다.

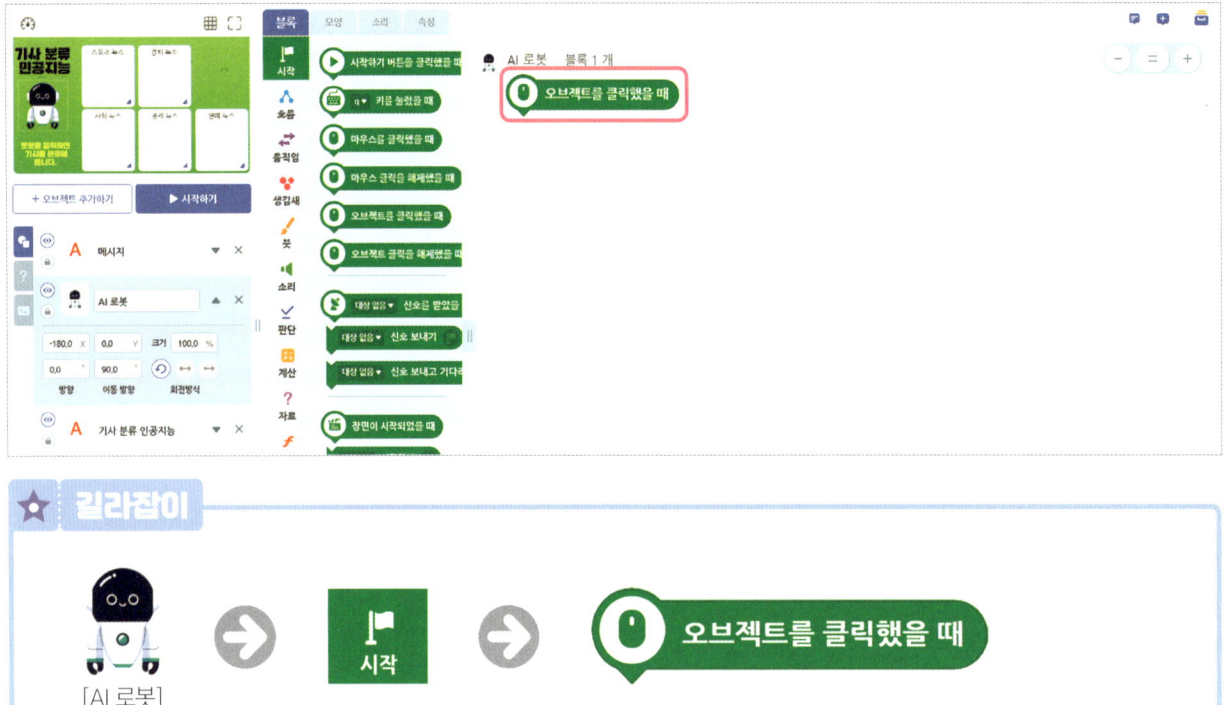

9 [자료] 카테고리에서 [안녕! 을(를) 묻고 대답 기다리기] 블록을 가져와 [뉴스 기사 제목을 입력하세요. 을(를) 묻고 대답 기다리기]로 수정합니다.

10 [인공지능] 카테고리에서 [엔트리 을(를) 학습한 모델로 분류하기] 블록을 가져옵니다.

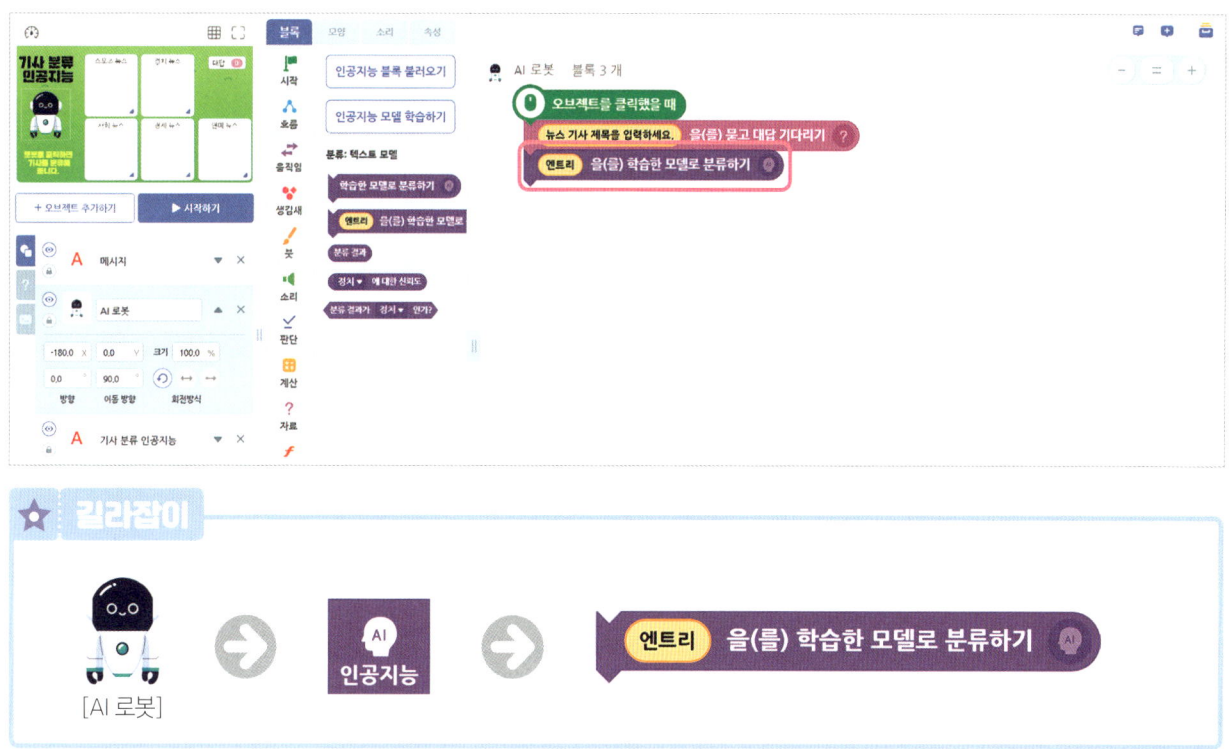

11 [자료] 카테고리에서 (대답) 블록을 가져와 [엔트리 을(를) 학습한 모델로 분류하기] 블록의 '엔트리'에 넣어줍니다.

Step 5 분류 결과 확인하기

추가한 '정치 뉴스', '스포츠 뉴스', '연예 뉴스', '경제 뉴스', '사회 뉴스' 리스트에서 분류 결과를 나타냅니다.

12 [흐름] 카테고리에서 [만일 <참> (이)라면 – 아니면] 블록 4개를 가져와 각 [아니면]에 다음과 같이 넣어줍니다.

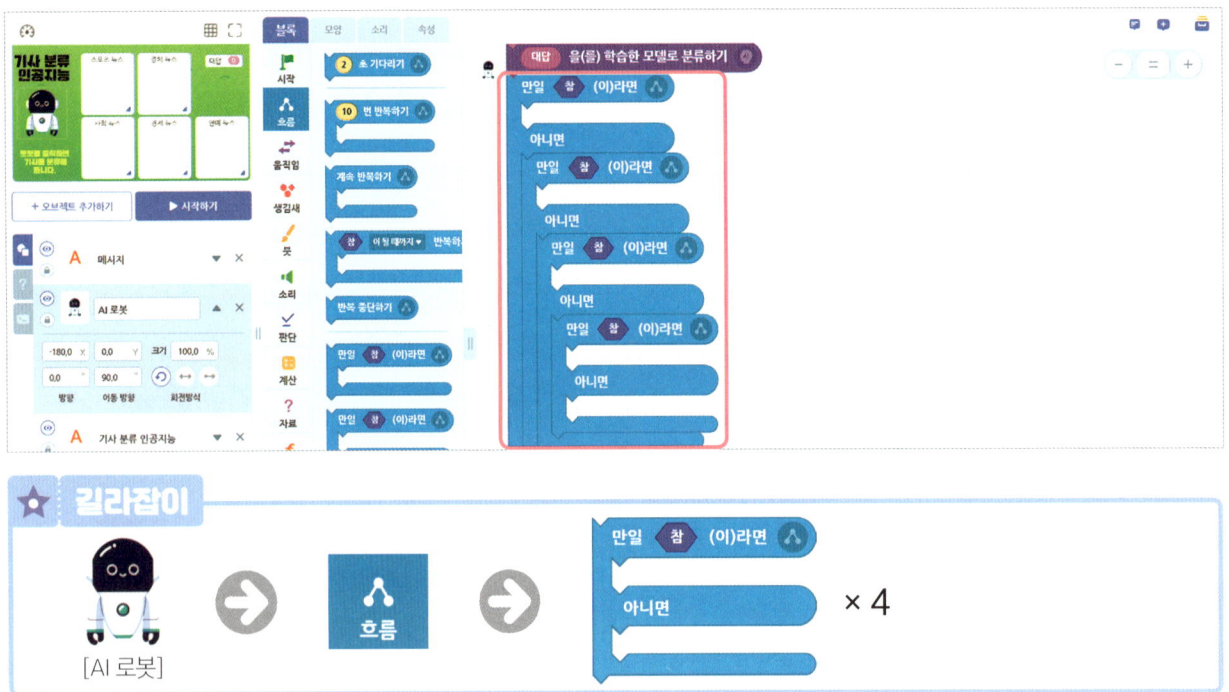

13 [인공지능] 카테고리에서 <분류 결과가 정치인가?> 블록을 가져와 첫 번째의 [만일 <참> (이)라면] 블록의 <참>에 넣어줍니다.

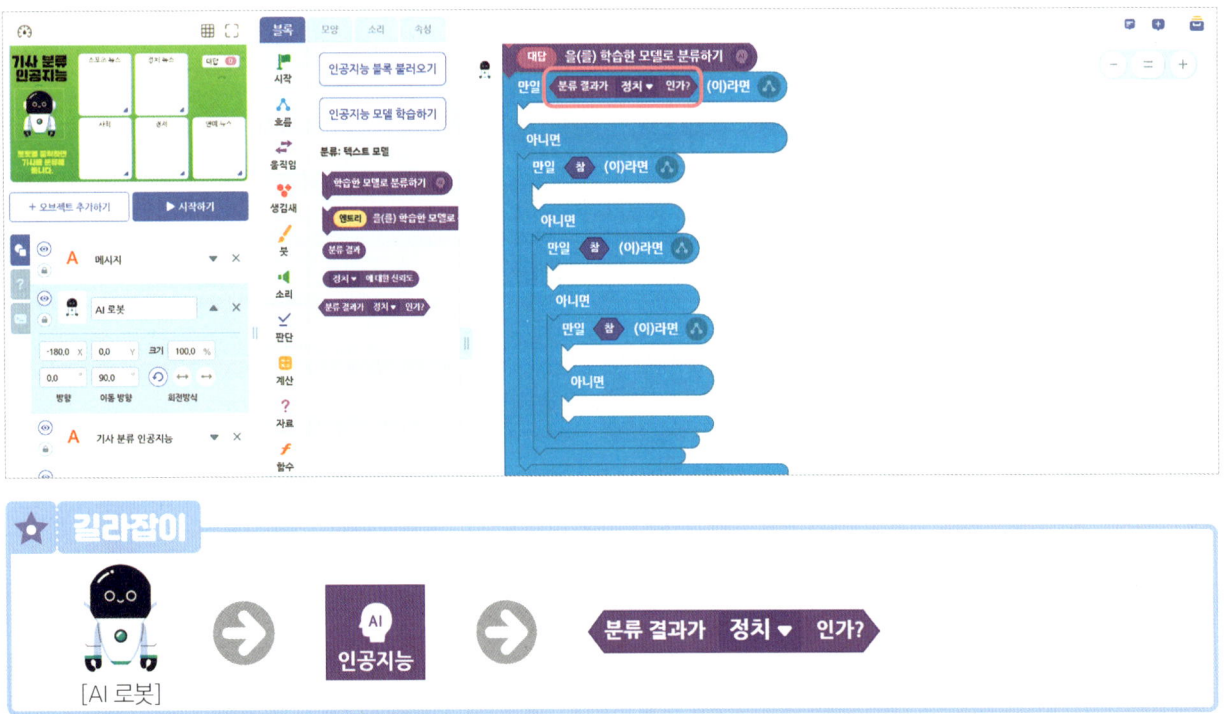

14 [자료] 카테고리에서 [10 항목을 사회 뉴스에 추가하기] 블록을 가져와 첫 번째의 [만일 <참> (이)라면] 블록 안에 넣어준 후, [10 항목을 정치 뉴스에 추가하기]로 수정합니다.

15 [자료] 카테고리에서 (대답) 블록을 가져와 [10 항목을 정치 뉴스에 추가하기] 블록의 '10'에 넣어줍니다.

16 [생김새] 카테고리에서 [안녕! 을(를) 4 초 동안 말하기] 블록을 가져와 다음과 같이 넣어줍니다.

17 [계산] 카테고리에서 (안녕! 과(와) 엔트리 을(를) 합친 값) 블록 3개를 가져와 다음과 같이 합쳐줍니다.

18 (안녕! 과(와) 엔트리 을(를) 합친 값) 블록의 첫 번째와 세 번째를 다음과 같이 수정합니다.
 - (첫 번째 – 분류 결과 :) (세 번째 – /신뢰도 :)

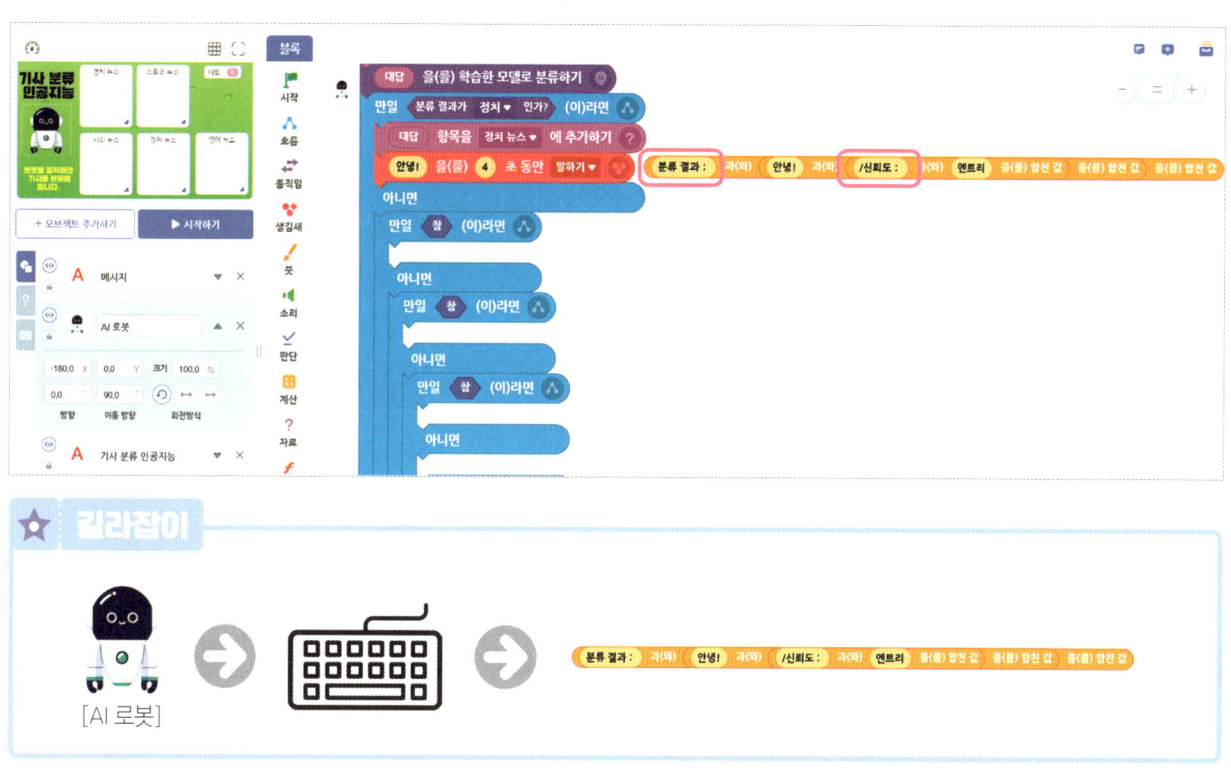

19 [인공지능] 카테고리에서 (분류 결과) 블록을 가져와 (을(를) 합친 값) 블록의 '안녕!'에 넣어줍니다.

20 [계산] 카테고리에서 (안녕 엔트리! 의 2 번째 글자부터 5 번째 글자까지의 글자) 블록을 가져와 (안녕 엔트리! 의 1 번째 글자부터 5 번째 글자까지의 글자)로 수정합니다.

21 [인공지능] 카테고리에서 (정치에 대한 신뢰도) 블록을 가져와 (안녕 엔트리! 의 1 번째 글자부터 5 번째 글자까지의 글자) 블록의 '안녕 엔트리!'에 넣어줍니다.

180 Part 2 | 인공지능 모델 학습하기

22 **((정치에 대한 신뢰도) 의 1 번째 글자부터 5 번째 글자까지의 글자)** 블록을 **(안녕! 과(와) 엔트리 을(를) 합친 값)** 블록의 네 번째에 넣어줍니다.

23 **(안녕! 과(와) 엔트리 을(를) 합친 값)** 블록을 **[안녕! 을(를) 4 초 동안 말하기]** 블록의 '안녕!' 안에 넣어줍니다.

24 <분류 결과가 정치인가?> 블록 위에서 마우스 오른쪽과 [코드 복사 & 붙여넣기] 메뉴를 차례대로 3번 클릭한 후, 나머지 [만일 <참> (이)라면] 블록의 <참>에 넣어주고 <분류 결과가 스포츠인가?>, <분류 결과가 연예인가?>, <분류 결과가 경제인가?>로 수정합니다.

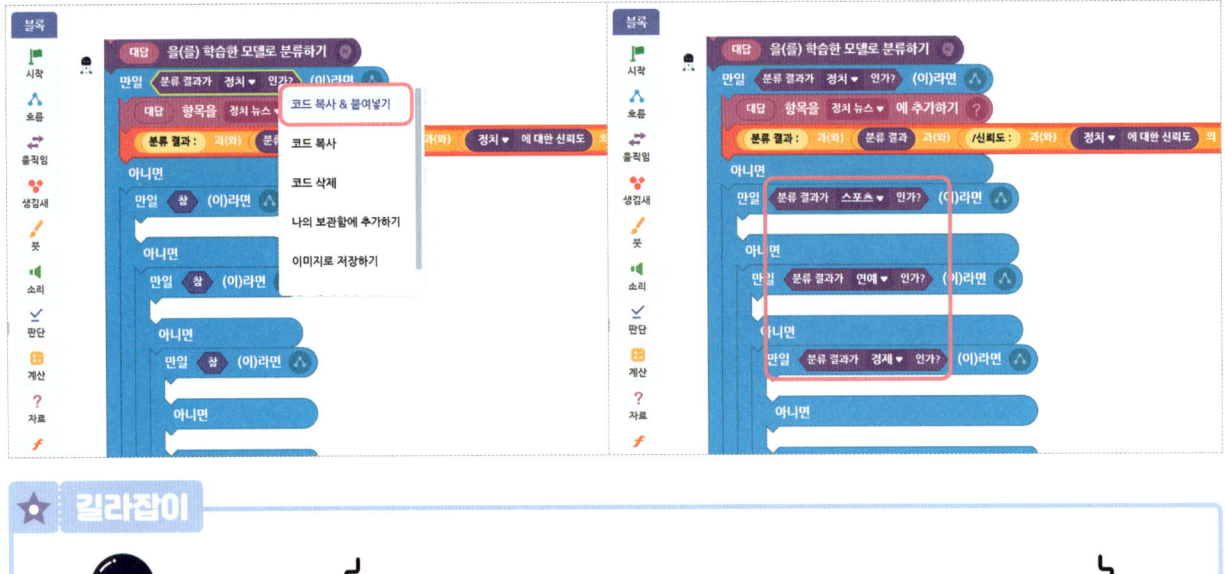

25 [(대답) 항목을 정치 뉴스에 추가하기] 블록 위에서 마우스 오른쪽과 [코드 복사 & 붙여넣기] 클릭을 4번 반복한 후, 나머지 [만일 <참> (이)라면] 블록에 넣어주고, 각 분야에 맞는 주제로 수정합니다.

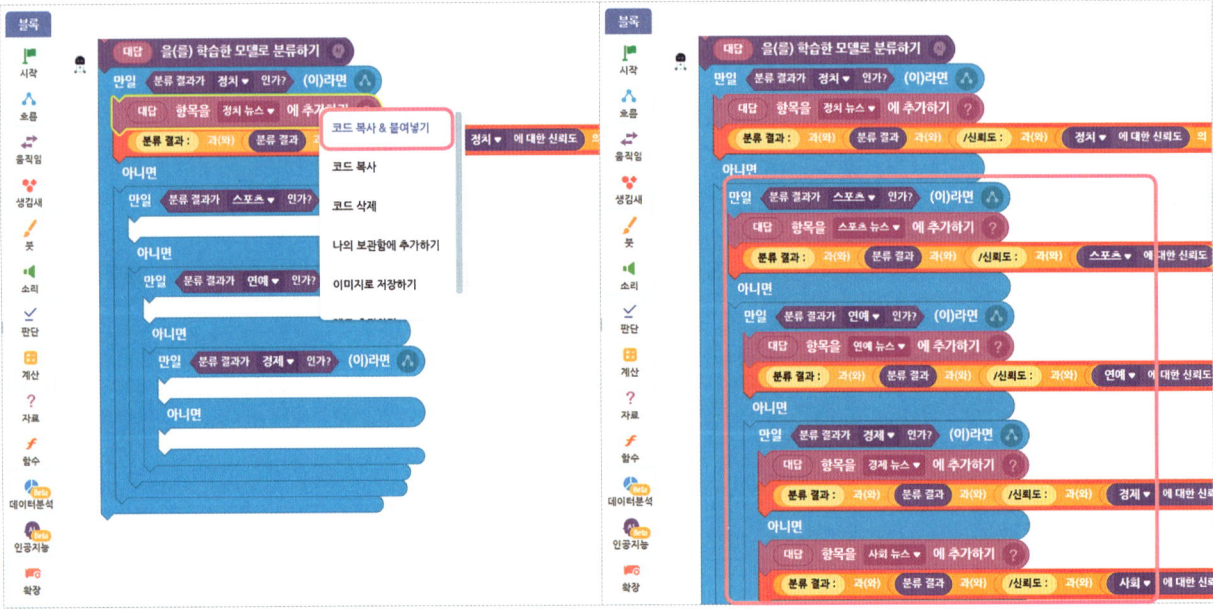

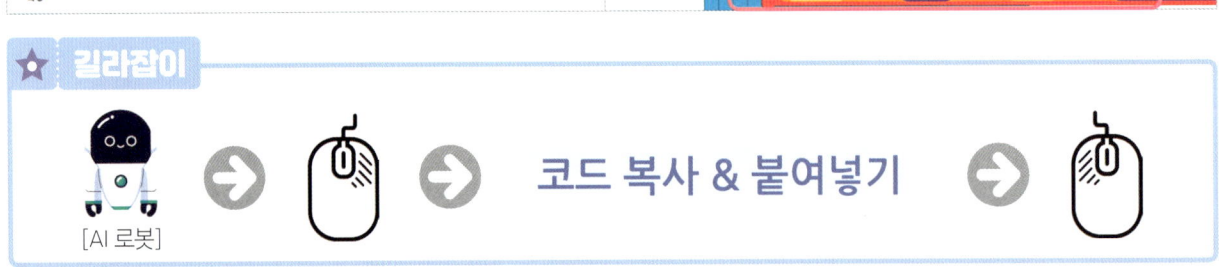

정리하기

전체 코드 보기

[AI 로봇]

발전시키기

기사 분류하기 프로젝트의 개선점을 찾고, 새로운 기능을 추가하여 더 나은 프로그램으로 확장해 보세요.

기능	실행화면에 대답을 숨겨주고, [인공지능] 카테고리의 [인공지능 블록 불러오기]-[나의 모델]에서 뉴스 기사 분류하기 모델에 '과학' 클래스를 추가하여 과학 기사도 분류한다.
화면 디자인	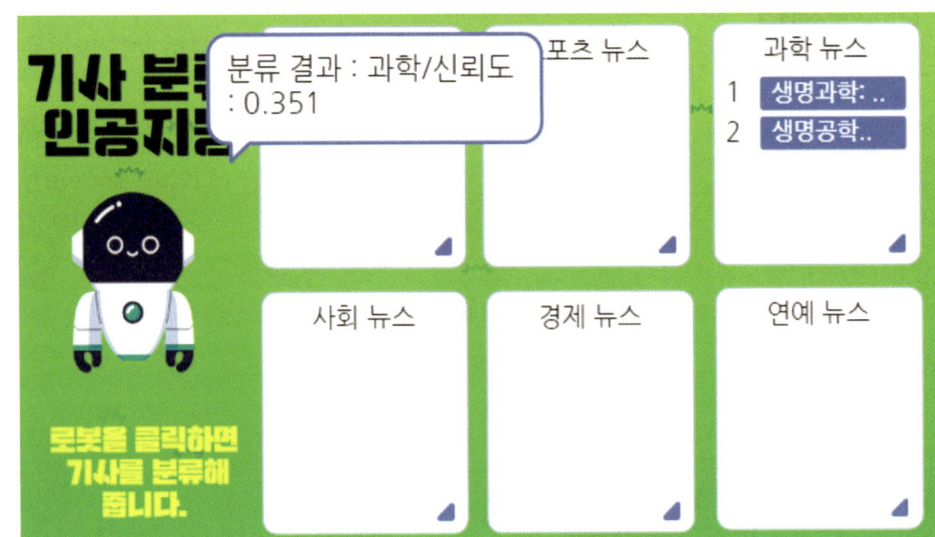
텍스트 학습하기	**프로젝트 만들기 힌트** 1. 'AI 로봇' 오브젝트를 클릭한 후, 대답이 실행화면에 보이지 않도록 코드를 추가합니다. 2. [속성]-[리스트] 탭에서 '과학 뉴스' 리스트를 추가합니다. 3. [인공지능] 카테고리에서 [인공지능 블록 불러오기] 버튼을 클릭합니다. 4. [나의 모델] 버튼을 클릭하여 [뉴스 기사 분류하기] 모델을 클릭한 후, [학습하기] 버튼을 클릭합니다. 5. 클래스를 추가하고 [인공지능 교육_자료_파일]-[07차시]-[06. 과학_키워드.txt] 파일을 학습시킵니다. 6. 'AI 로봇' 오브젝트에 코드를 추가합니다. ** 인공지능을 다시 학습시키면 기존에 학습한 데이터가 새롭게 생성되므로 인공지능 블록은 블록 조립소에서 다시 만들어야 합니다.

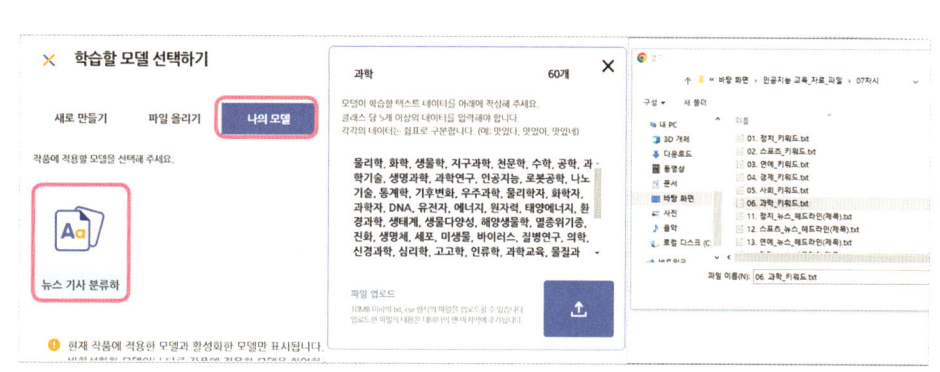

- 코드 설명 : 시작하기 버튼을 클릭했을 때 실행화면에서 대답을 숨깁니다. 입력한 기사 제목이 과학 기사 제목이라면 과학 뉴스 리스트에 입력이 되고, 분류 결과를 AI 로봇이 말해줍니다.

코드 추가

힌트 코드

[AI 로봇]

시작하기 버튼을 클릭했을 때
대답 숨기기 ▼
만일 〈 참 〉(이)라면
아니면
  분류 결과가 사회 ▼ 인가?
  대답 항목을 사회 뉴스 ▼ 에 추가하기
  대답 항목을 과학 뉴스 ▼ 에 추가하기
  안녕! 을(를) 4 초 동안 말하기 ▼
분류 결과 : 과(와) 분류 결과 과(와) /신뢰도: 과(와) 엔트리 을(를) 합친 값 을(를) 합친 값 을(를) 합친 값
사회 ▼ 에 대한 신뢰도 의 1 번째 글자부터 5 번째 글자까지의 글자
안녕! 을(를) 4 초 동안 말하기 ▼
분류 결과 : 과(와) 분류 결과 과(와) /신뢰도: 과(와) 엔트리 을(를) 합친 값 을(를) 합친 값 을(를) 합친 값
과학 ▼ 에 대한 신뢰도 의 1 번째 글자부터 5 번째 글자까지의 글자

PART 2 머신러닝 유형 -지도 학습 / 학습할 모델 -분류: 소리

Chapter 08 인공지능으로 새 소리 분류 프로그램 만들기

새 소리 탐험가! 새의 노래를 듣고 어떤 새인지 알아내기

인공지능 알아보기

이해하기 인공지능은 어떻게 음악 소리와 동물 소리를 구분할까?

인공지능이 소리를 구분하는 방법

사람의 귀는 들어오는 소리의 진동을 감지하고, 이 진동을 전기 신호로 바꿔 뇌로 전송합니다. 뇌는 이 신호를 분석하여 이전에 경험한 소리와 비교하고 어떤 소리인지를 인식하게 됩니다. 인공지능도 이와 비슷한 방법으로 음악 소리나 동물의 울음 소리를 구분할 수 있습니다.

소리는 공기의 진동으로 생성되며, 이 진동은 다양한 주파수와 진폭을 가지고 있습니다. 우리가 일상에서 듣는 음악 소리나 동물의 울음 소리는 그 특성에 따라 다양한 주파수와 진폭 패턴을 보입니다. 이러한 특성은 인공지능이 소리를 구분할 때 중요한 역할을 합니다.

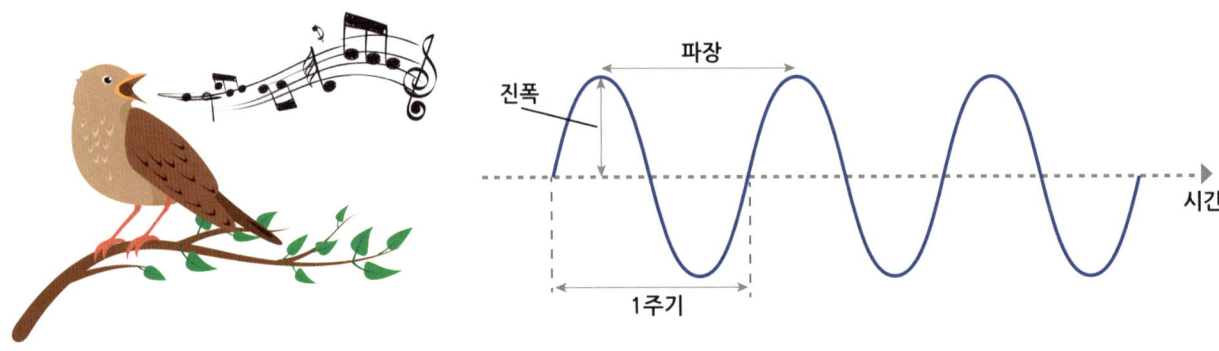

주파수의 기본 구성

음악은 리듬, 멜로디, 조화 등의 다양한 요소로 구성되는데, 이 요소들은 소리의 주파수와 진폭에서 규칙적인 패턴을 형성합니다. 반면, 동물의 소리, 특히 새의 지저귐이나 개의 짖는 소리는 패턴이 덜 규칙적이며 예측이 더 어렵습니다.

소리 데이터에서 의미 있는 특징을 정확히 추출하는 것은 굉장히 중요합니다. 예를 들면, 특정 주파수대의 에너지나 소리의 변동성 등이 음악과 동물 소리 구분에 큰 영향을 미치며, 이러한 특징들을 바탕으로 인공지능은 학습 과정을 거쳐 데이터를 분류하게 됩니다.

딥 러닝 기법인 합성곱 신경망(CNN)은 이러한 소리 데이터의 특징을 효과적으로 파악하고 분류하는 데 큰 도움을 줍니다. 인공지능은 학습 데이터셋을 통해 음악과 동물 소리의 차이점을 배우게 되며, 새로운 소리 데이터를 받으면 그것을 정확하게 분류할 수 있게 됩니다.

인공지능의 소리 구분 단계

최근에는 인공지능을 활용해 새 소리를 분석하면서, 숲의 생태 건강 상태를 파악하는 중요한 자료로 활용하고 있습니다. 이러한 인공지능 기술은 숲 외에도 수중 생태계 파악이나 지진 예측 등에 활용될 것으로 예상됩니다.

살펴보기 음성 인식 인공지능을 확인할 수 있는 사이트

카카오 i(Kakao i)
카카오의 자체적인 AI 플랫폼인 카카오 i를 통해 음성 인식 및 TTS 기술을 활용하는 음성 서비스로, 카카오 미니와 같은 스마트 스피커에서 사용됩니다.

🌐 카카오 i: https://kakao.ai/
🌐 카카오 TTS 서비스: https://kakaocloud.com/service/detail/6-34

SKT NUGU
SKT의 NUGU는 AI 스피커와 같은 제품에 통합되어 사용되는 TTS 기술을 활용한 음성 서비스로, 사용자와 음성으로 대화하면서 다양한 명령을 수행할 수 있습니다.

🌐 SKT NUGU: https://www.nugu.co.kr/
🌐 NUGU TTS 서비스: https://www.sktenterprise.com/product/detail/184

인공지능 프로젝트 일지

	20XX년 XX월 XX일 X요일	 
상황	날씨가 맑고 상쾌해서 아빠와 함께 산으로 향했다. 산길을 걷는데 우리의 귀를 사로잡는 맑은 새 소리가 들려왔다. 이게 어떤 새인지 아빠에게 물었지만, 아빠도 잘 모른다고 했다. 생각해 보니 새의 종류는 엄청나게 많은데 모든 새의 소리를 아빠가 알고 있기는 어려울 것 같았다. 이 산에는 과연 어떤 새들이 살고 있을까? 이렇게 날씨가 좋은 계절에는 어떤 새들이 활동하는 걸까? 이런 생각들이 내 머릿속을 맴돌기 시작했다. 	
발견된 문제점	산에서 들리는 새 소리가 어떤 종류의 새인지 알지 못해서, 새에 대한 호기심을 해결하는 데 어려움이 있다.	
해결 방법	인공지능 기반의 오디오 분석 알고리즘을 이용하여 새의 소리를 인식하고 분류하는 프로그램을 만든다. 이 프로그램은 산이나 자연환경에서 새 소리를 듣고, 어떤 종류의 새인지 쉽게 알아낼 수 있다.	

프로젝트 설계하기

목표	새 소리를 듣고 새의 정보를 알려주는 프로그램을 만들자.
기능	1. 새의 소리 파일을 업로드한다. 2. 업로드한 소리 파일이 안데스 구안과 키위새를 기준으로 어떤 소리에 가까운지 확인한다. 3. 새 소리를 비교하여 확률을 보여주고, 새에 대한 정보를 화면에 보여준다.
화면 디자인	① 소리 파일을 업로드한다 ② 어떤 새인지 이름을 보여준다 이 소리는 키위새 입니다 ③ 새 이미지와 새 설명을 보여준다
순서도	시작하기 버튼 클릭하기 → 업로드한 소리 학습 모델 분류하기 → 분류 결과 = '키위새' 예 → '키위새' 모양 바꾸기 → '키위새' 설명 신호 보내기 아니요 → '구안' 모양 바꾸기 → '구안' 설명 신호 보내기 → '퍼센트' 신호 보내기

Chapter 08 | 인공지능으로 새 소리 분류 프로그램 만들기

| 인공지능 알아보기 | 인공지능 프로젝트 일지 | 프로젝트 설계하기 | **프로젝트 만들기** | 정리하기 | 발전시키기 |

 프로젝트 만들기

학습목표

- 인공지능 모델 학습하기의 '소리 분류' 모델을 이용하여 소리를 분류할 수 있다.
- 소리를 레이블링하고 레이블링에 맞는 소리를 학습시킬 수 있다.
- 소리 분류를 이용하여 새 소리 분류 작품을 만들 수 있다.

· 예제 작품 주소 : http://naver.me/FuEooOKO
· 완성 작품 주소 : http://naver.me/xI2ThYcL
· 실습 파일 : [교육_자료_파일] – [08차시]

실습 영상

준비하기

활용 인공지능	[분류: 소리]	준비물	 [컴퓨터]	 [소리 파일]	 [스피커]

프로젝트 미리보기

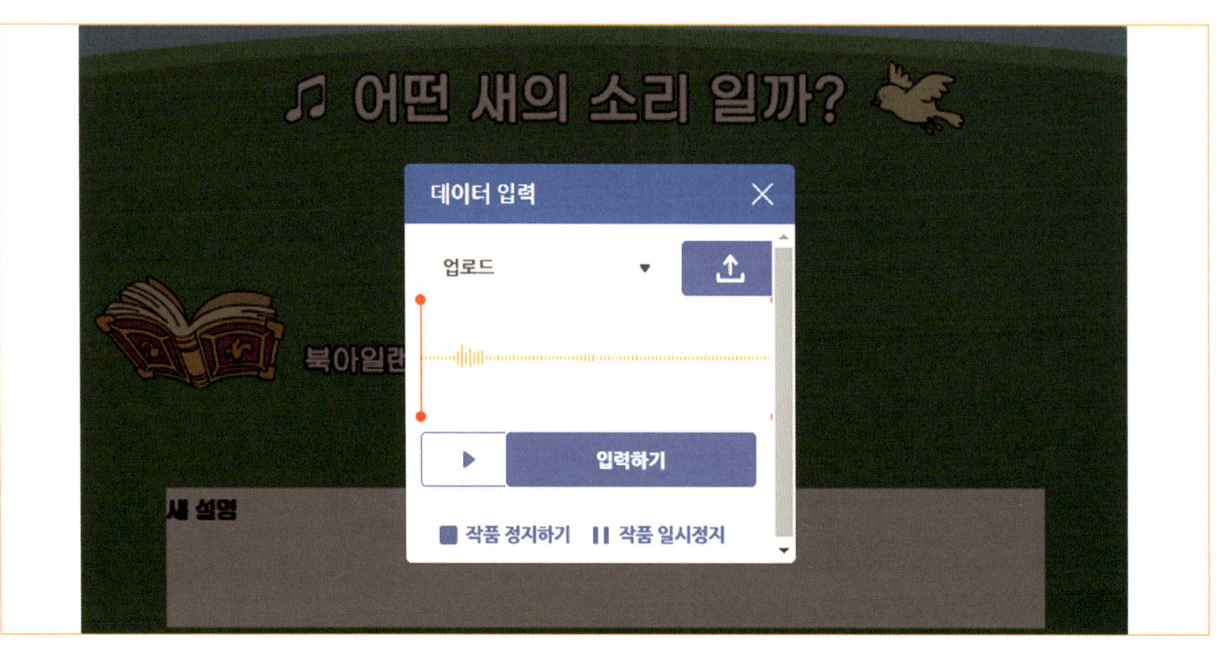

엔트리의 인공지능   분류: 소리

이번 프로젝트에서는 엔트리에서 제공하는 다음 인공지능을 이용하여 작품을 만듭니다.

🌼 기능 알아보기

학습 데이터로 입력한 음성을 클래스로 직접 분류하고 학습시키면 새롭게 입력되는 음성을 분류할 수 있는 모델을 만들 수 있습니다. 음성의 파형이 얼마나 유사한지를 기준으로 분류하는 모델입니다.

* 모델이 학습할 음성은 직접 녹음하거나 wav, mp3 파일로 업로드할 수 있습니다. 직접 녹음할 때는 1~3초까지 녹음 길이를 설정하고, 녹음된 음성의 앞부분과 뒷부분을 잘라내는 트리밍 기능을 사용할 수 있습니다.

🌼 블록 알아보기

블록	기능
학습한 모델로 분류하기	데이터를 입력하고 학습한 모델로 인식합니다.
북아일랜드 브라운 키위새 ▼ 에 대한 신뢰도	입력한 데이터의 선택한 클래스에 대한 신뢰도 값입니다. 값은 확률(숫자)로 표현됩니다.
분류 결과가 북아일랜드 브라운 키위새 ▼ 인가?	입력한 데이터의 인식 결과가 선택한 클래스일 때 '참'으로 판단합니다.

🌼 오브젝트 살펴보기

이름	배경	퍼센트 표시	퍼센트 숫자	새 설명
x	0	20	150	0
y	0	15	15	-100
크기	375%	10%	15%	230%

** 해당 프로젝트는 변수와 신호가 미리 만들어져 있습니다. 또한 '새 설명' 오브젝트에 새의 특징을 설명하는 코드가 미리 추가되어 있으니 먼저 확인해 보세요.

🔵 프로젝트 만들기

Step 1 인공지능 선택하기

'분류: 소리' 인공지능 모델 학습하기를 선택합니다.

1 [인공지능] 카테고리에서 [인공지능 모델 학습하기] 버튼을 클릭합니다.

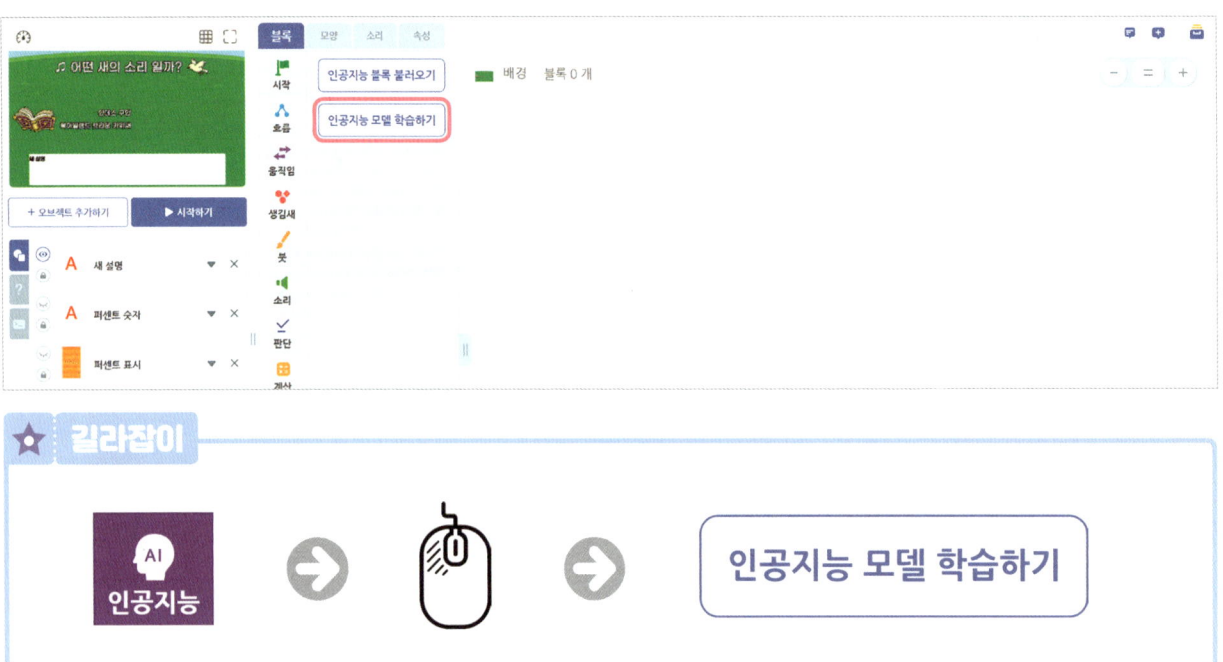

2 학습할 모델 중 [분류: 소리]를 클릭한 후, 화면 오른쪽 위의 [학습하기] 버튼을 클릭합니다.

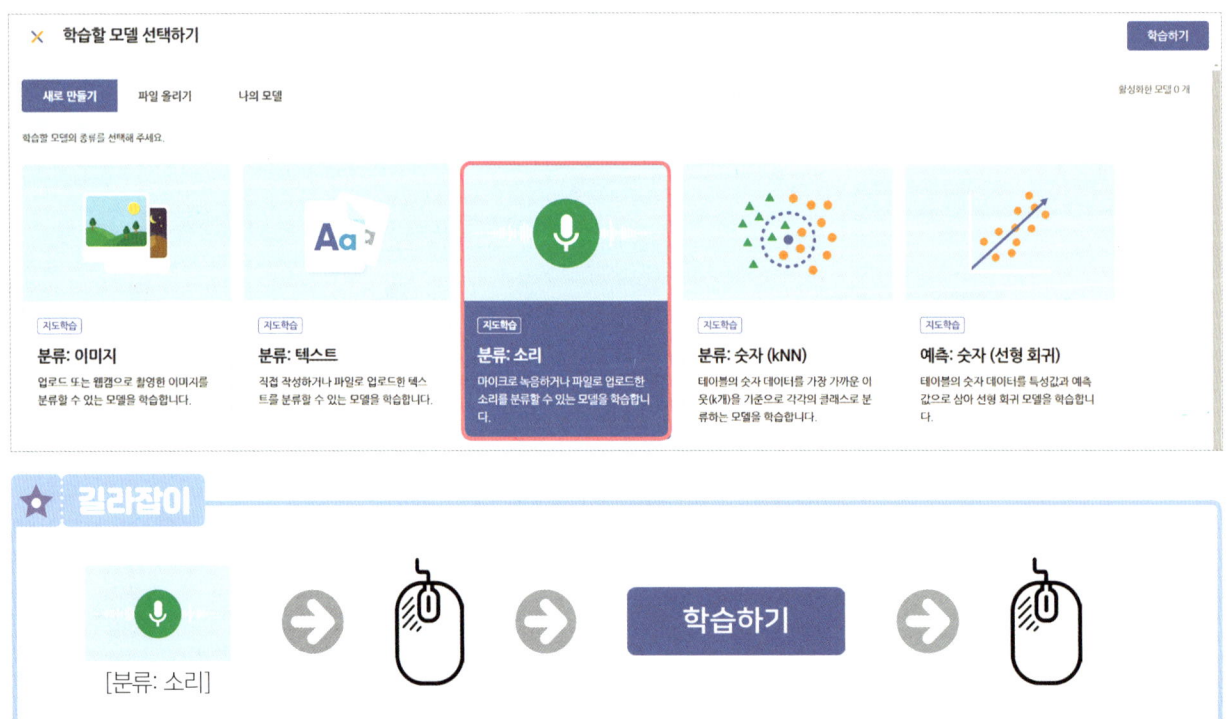

Step 2　소리 모델 학습하기

'북아일랜드 브라운 키위새', '안데스 구안' 클래스를 만들고 실습 파일에 있는 소리 파일을 업로드합니다.

3 모델 이름을 '새 소리 분류하기'로 입력한 후, 클래스 이름을 '북아일랜드 브라운 키위새', '안데스 구안'으로 입력합니다.

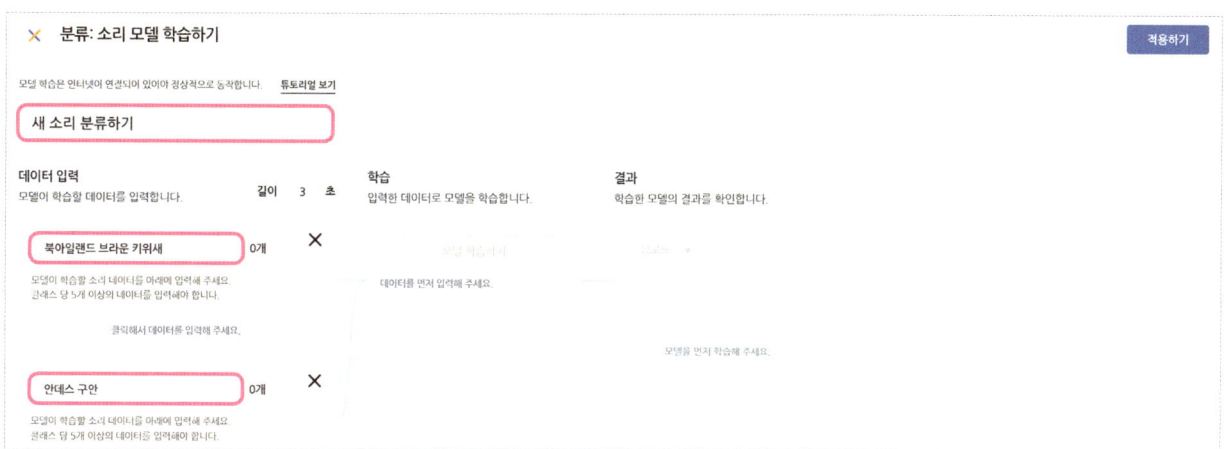

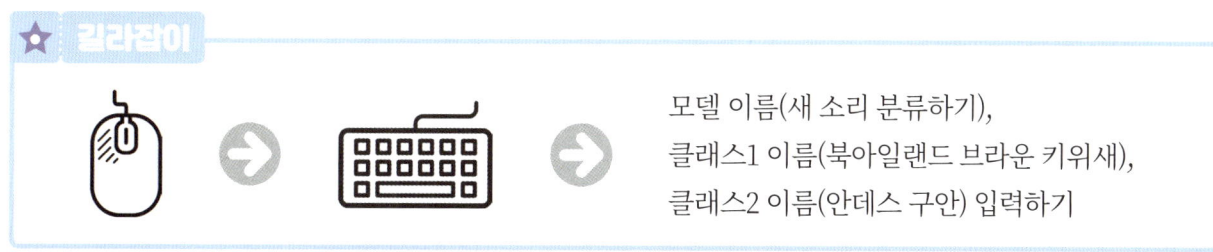

모델 이름(새 소리 분류하기),
클래스1 이름(북아일랜드 브라운 키위새),
클래스2 이름(안데스 구안) 입력하기

4 '북아일랜드 브라운 키위새' 클래스에서 '파일 업로드' 버튼을 클릭하면 파일을 불러올 수 있는 창이 열립니다. [인공지능 교육_자료_파일]-[08차시]-[01. 북아일랜드_브라운_키위새_소리] 폴더로 이동한 후, 소리 파일을 모두 선택하고 [열기] 버튼을 클릭합니다. 같은 방법으로 '안데스 구안' 소리 파일도 업로드합니다.

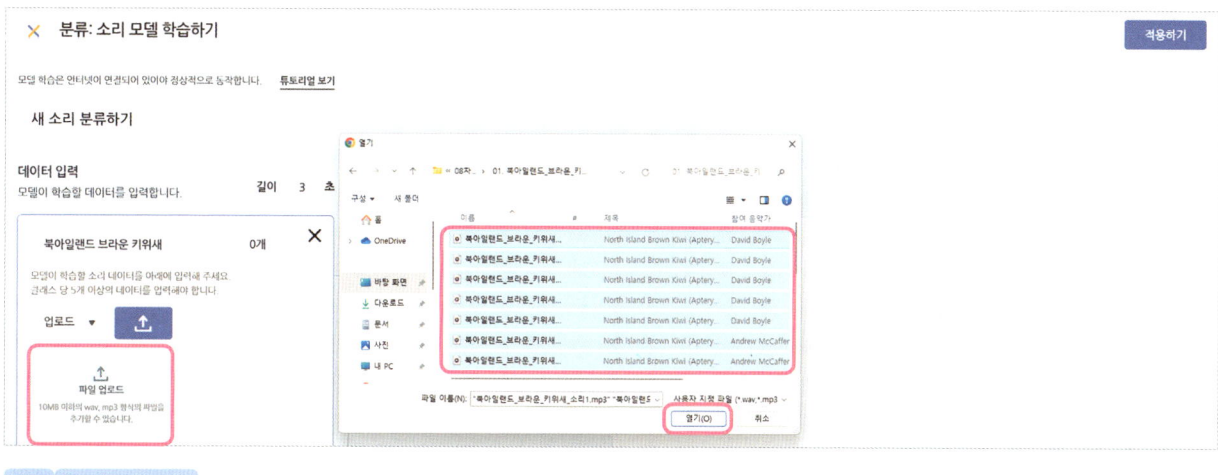

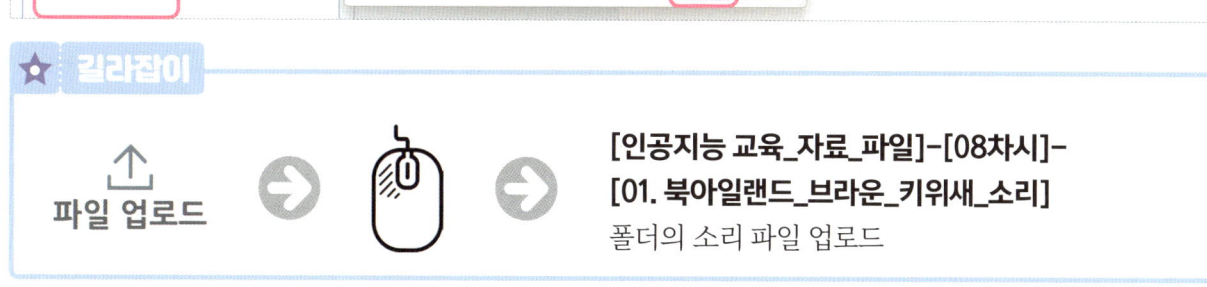

[인공지능 교육_자료_파일]-[08차시]-
[01. 북아일랜드_브라운_키위새_소리]
폴더의 소리 파일 업로드

5 [모델 학습하기] 버튼을 클릭하여 새의 소리를 학습시킵니다.

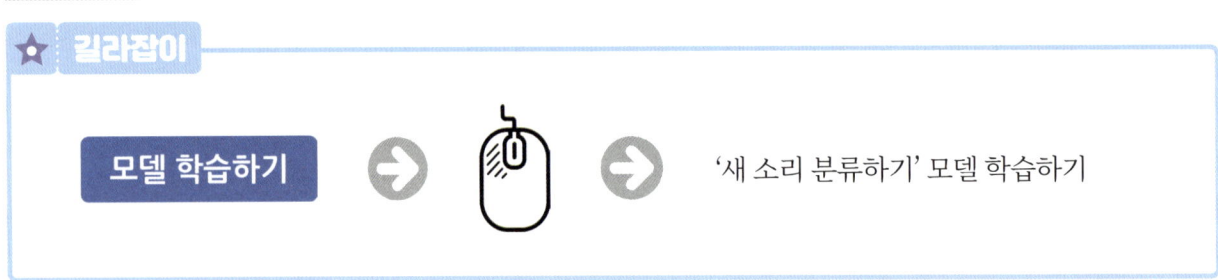

6 '업로드' 버튼을 클릭하면 파일을 불러올 수 있는 창이 열립니다. [인공지능 교육_자료_파일]-[08차시]-[03. 테스트_소리_파일] 폴더로 이동하여 소리 파일을 한 개 선택하고 [열기] 버튼을 클릭한 후, [▶] 버튼을 클릭하여 결과를 확인합니다. 화면 오른쪽 위 끝에 있는 [적용하기] 버튼을 클릭합니다.

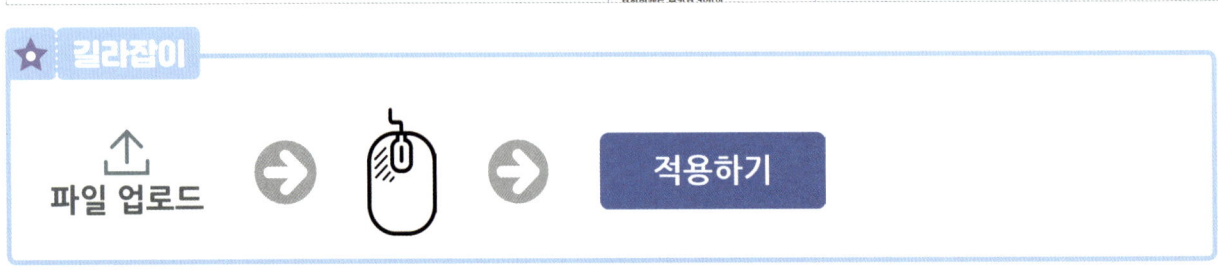

Step 3 소리 분류하기

업로드한 두 새의 소리 파일을 학습한 모델로 분류합니다.

7 '배경' 오브젝트를 클릭한 후, [시작] 카테고리에서 [시작하기 버튼을 클릭했을 때] 블록을 가져옵니다.

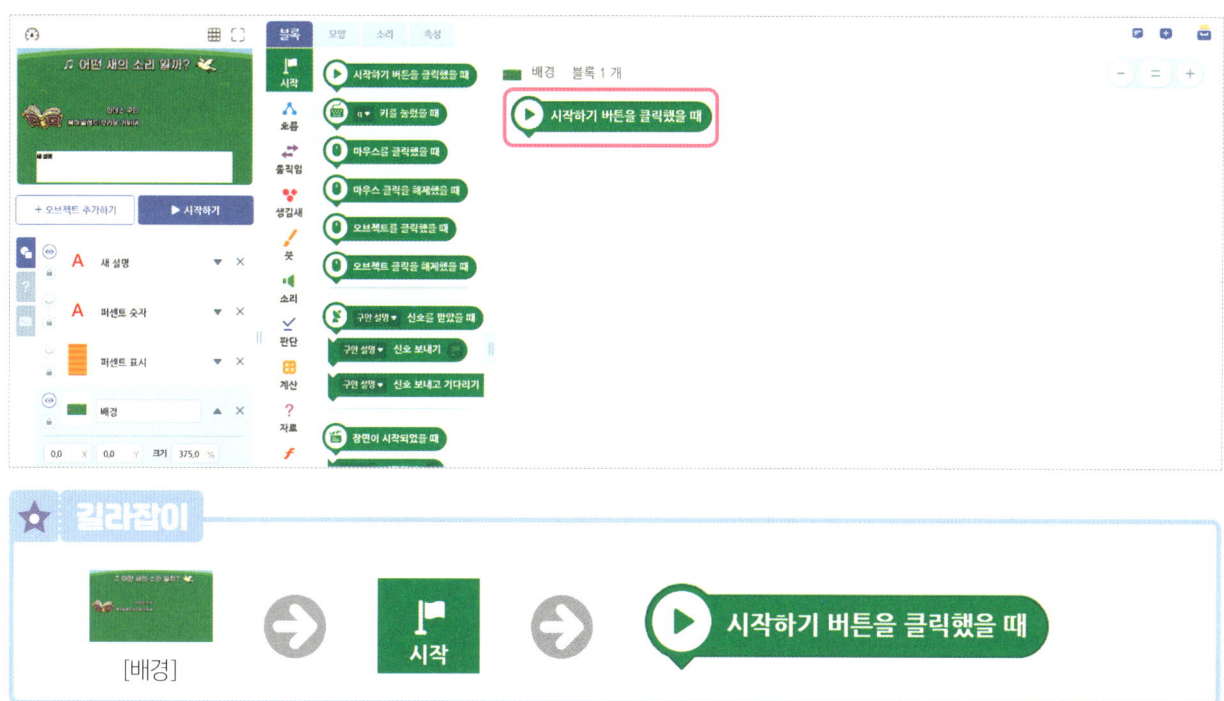

8 [인공지능] 카테고리에서 [학습한 모델로 분류하기] 블록을 가져옵니다.

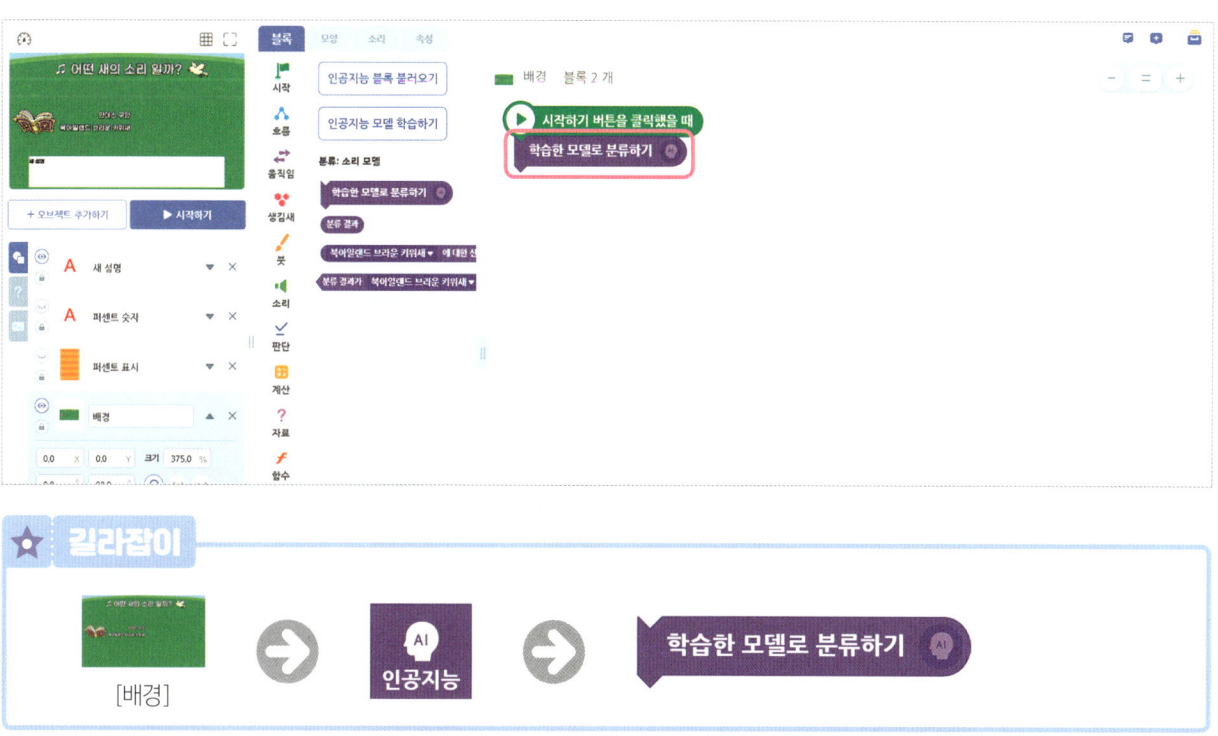

Step 4   신뢰도 계산하기

미리 만들어진 '구안', '키위새' 변수에 학습한 '다양한 새 소리' 모델의 신뢰도 값을 소수점 둘째 자리까지 저장합니다.

9 [자료] 카테고리에서 [구안를 10 (으)로 정하기] 블록 2개를 가져와 [구안를 10 (으)로 정하기], [키위새를 10 (으)로 정하기]로 수정합니다.

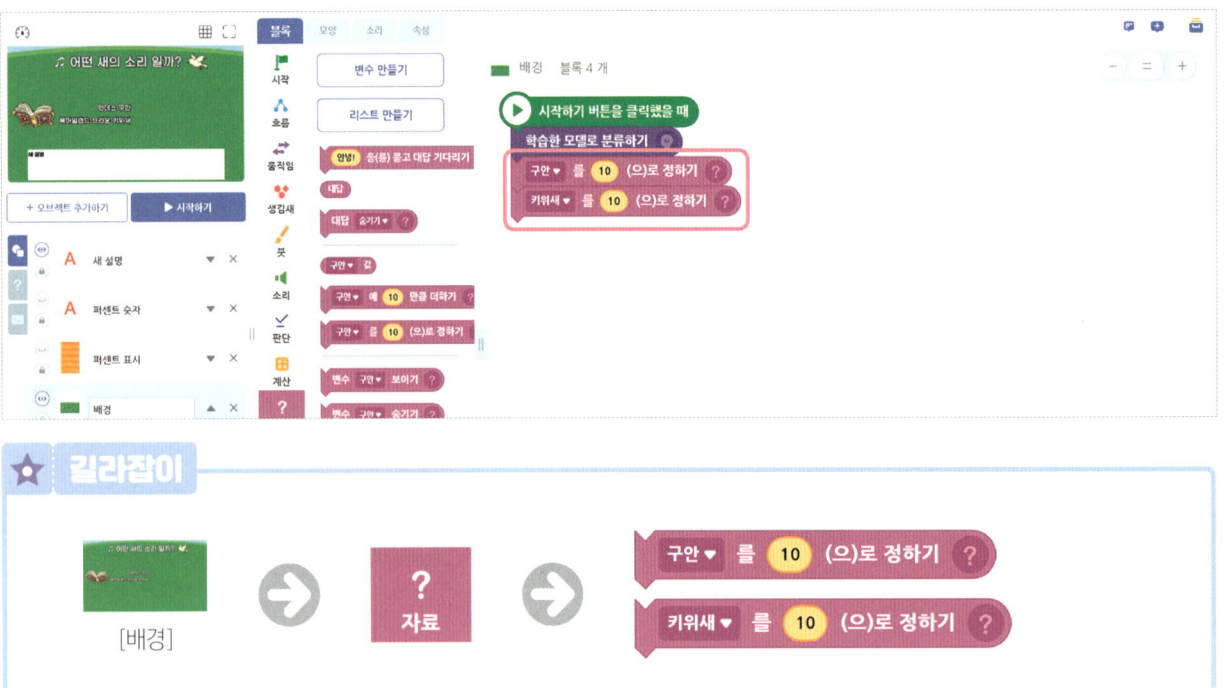

10 [계산] 카테고리에서 (10 × 10) 블록 2개와 (안녕 엔트리! 의 2 번째 글자부터 5 번째 글자까지의 글자) 블록 2개를 가져옵니다. (10 × 10) 블록을 (10 × 100)으로 수정하고 (안녕 엔트리! 의 2 번째 글자부터 5 번째 글자까지의 글자) 블록은 (안녕 엔트리! 의 1 번째 글자부터 5 번째 글자까지의 글자)로 수정합니다.

11 [인공지능] 카테고리에서 (북아일랜드 브라운 키위새에 대한 신뢰도) 블록 2개를 가져와 (10 × 100) 블록의 '10'에 넣어준 후, (북아일랜드 브라운 키위새에 대한 신뢰도), (안데스 구안에 대한 신뢰도)로 수정합니다.

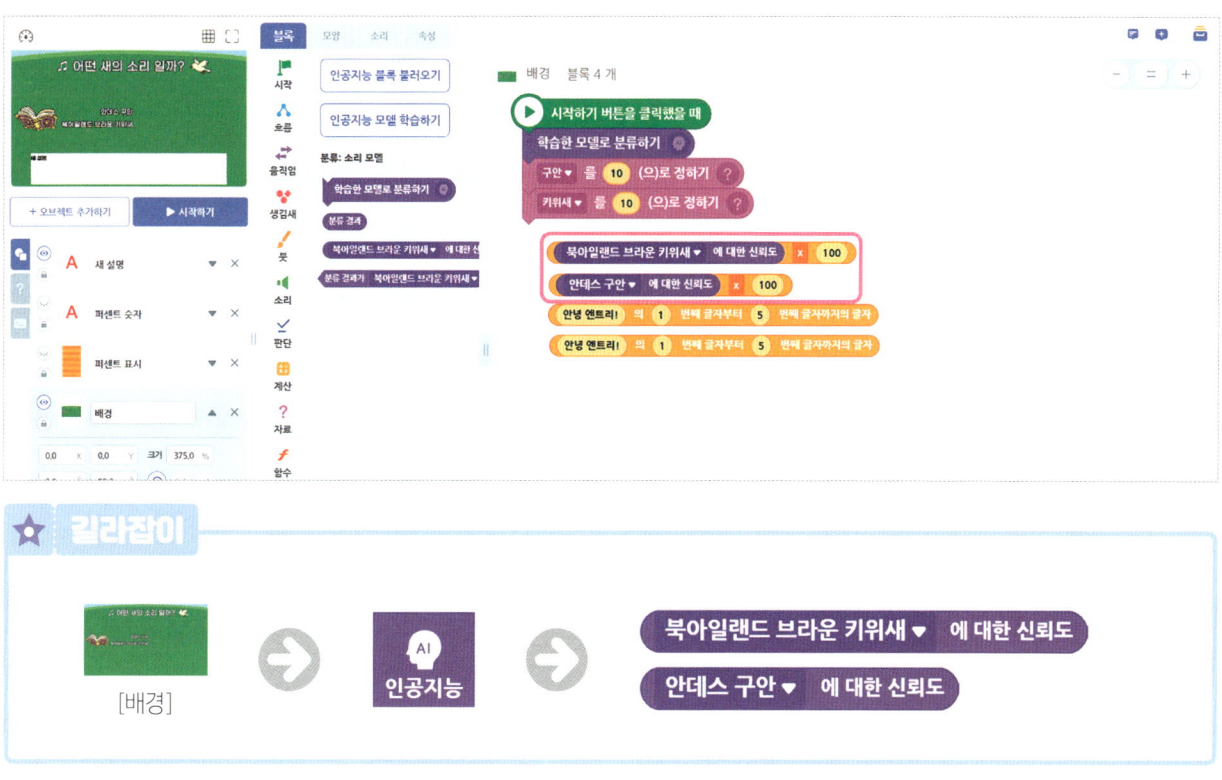

12 (안녕 엔트리! 의 1 번째 글자부터 5 번째 글자까지의 글자) 블록의 '안녕 엔트리!'에 ((북아일랜드 브라운 키위새에 대한 신뢰도) × 100), ((안데스 구안에 대한 신뢰도) × 100)을 넣어줍니다.

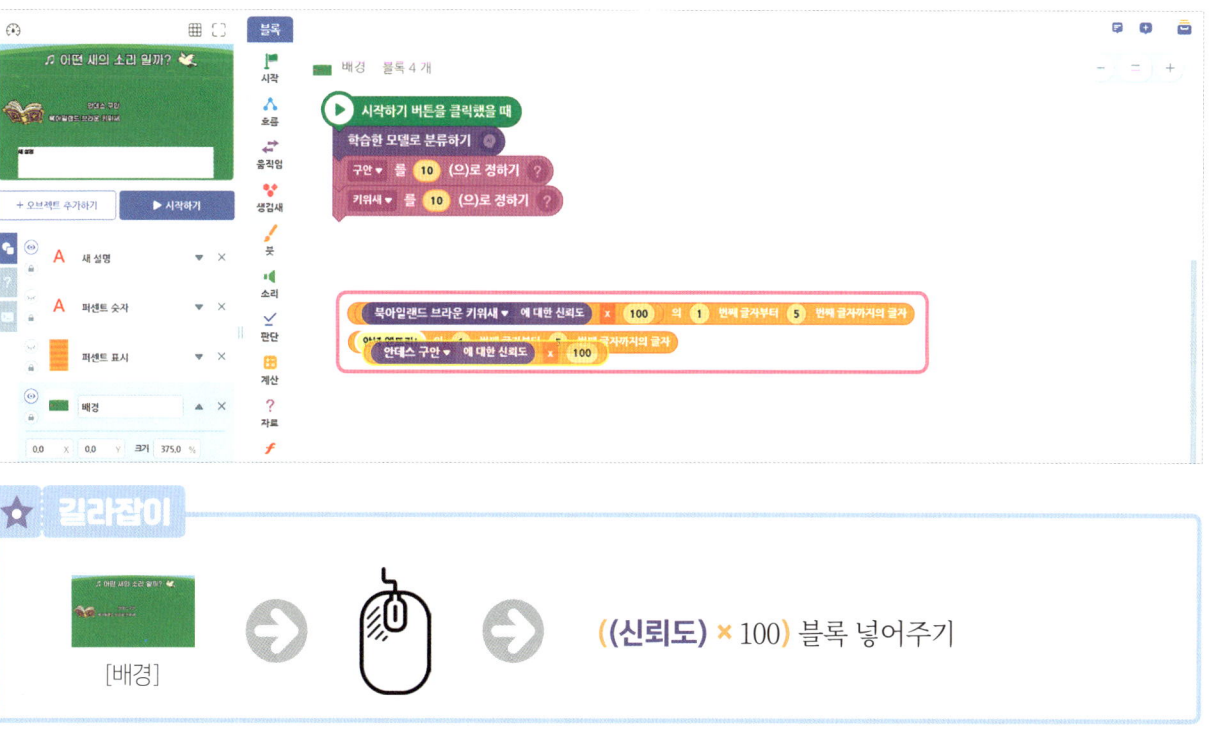

13 [구안를 10 (으)로 정하기], [키위새를 10 (으)로 정하기] 블록의 '10'에 (번째 글자까지의 글자) 블록을 넣어줍니다.

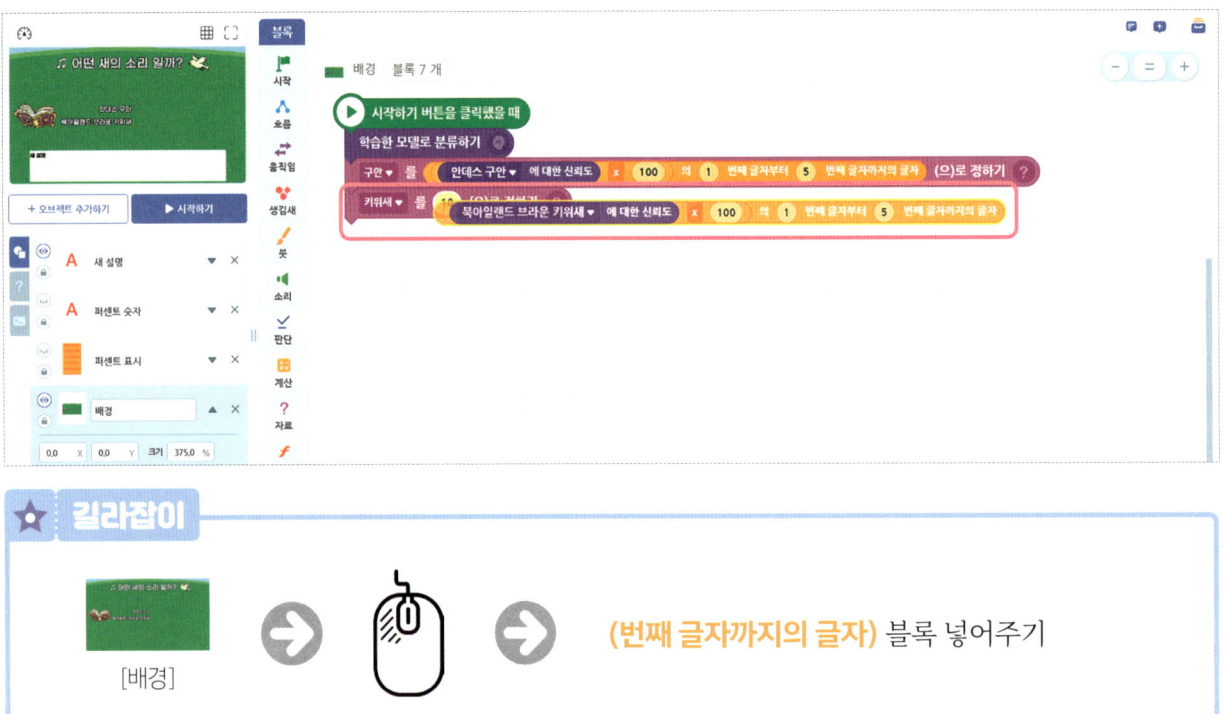

(번째 글자까지의 글자) 블록 넣어주기

Step 5 분류 결과 확인하기

미리 만들어진 '퍼센트 표시', '구안 설명', '키위새 설명' 신호를 이용하여 업로드한 소리 파일이 두 새 중에 어떤 새에 속하는지 새의 이미지와 설명을 표시합니다.

14 [흐름] 카테고리에서 [만일 <참> (이)라면 - 아니면] 블록을 가져옵니다.

15 [인공지능] 카테고리에서 <분류 결과가 북아일랜드 브라운 키위새인가?> 블록을 가져와 [만일 <참> (이)라면] 블록의 <참>에 넣어줍니다.

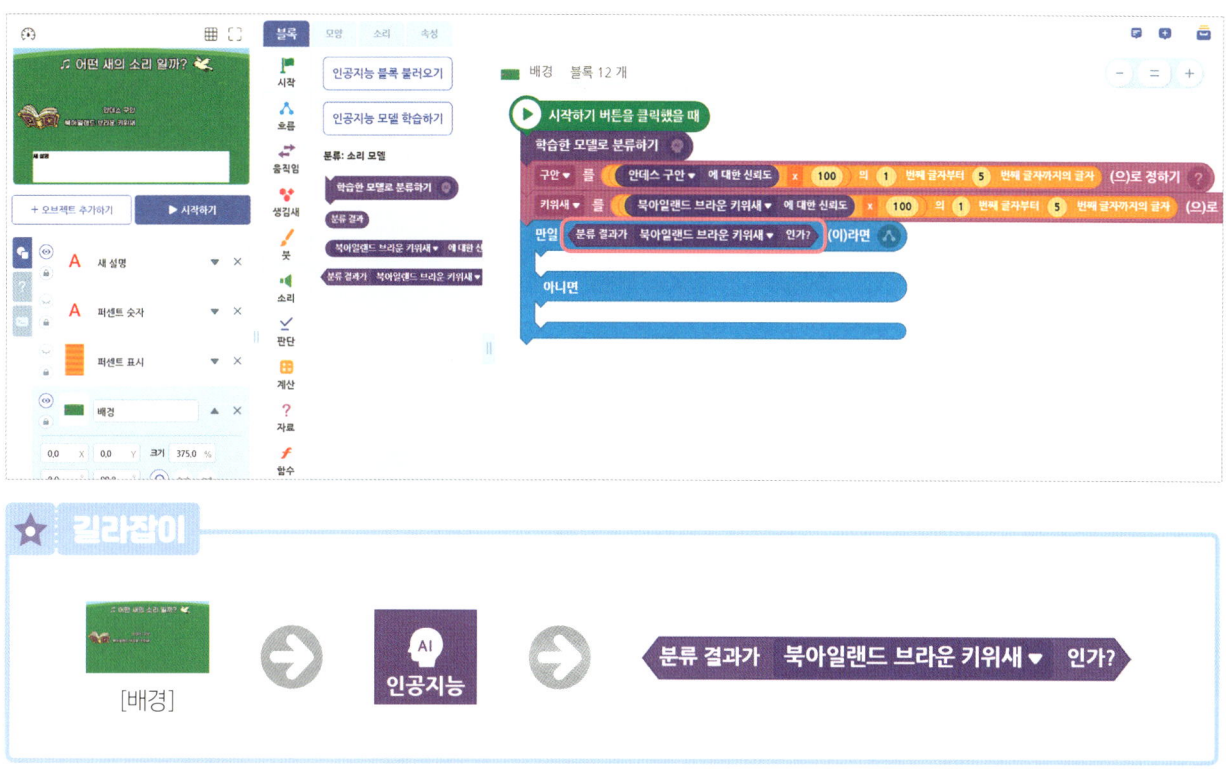

16 [생김새] 카테고리에서 [책 배경 모양으로 바꾸기] 블록 2개를 가져와 [만일], [아니면]에 각각 넣어준 후, [북아일랜드 브라운 키위새 모양으로 바꾸기], [안데스 구안 모양으로 바꾸기]로 수정합니다.

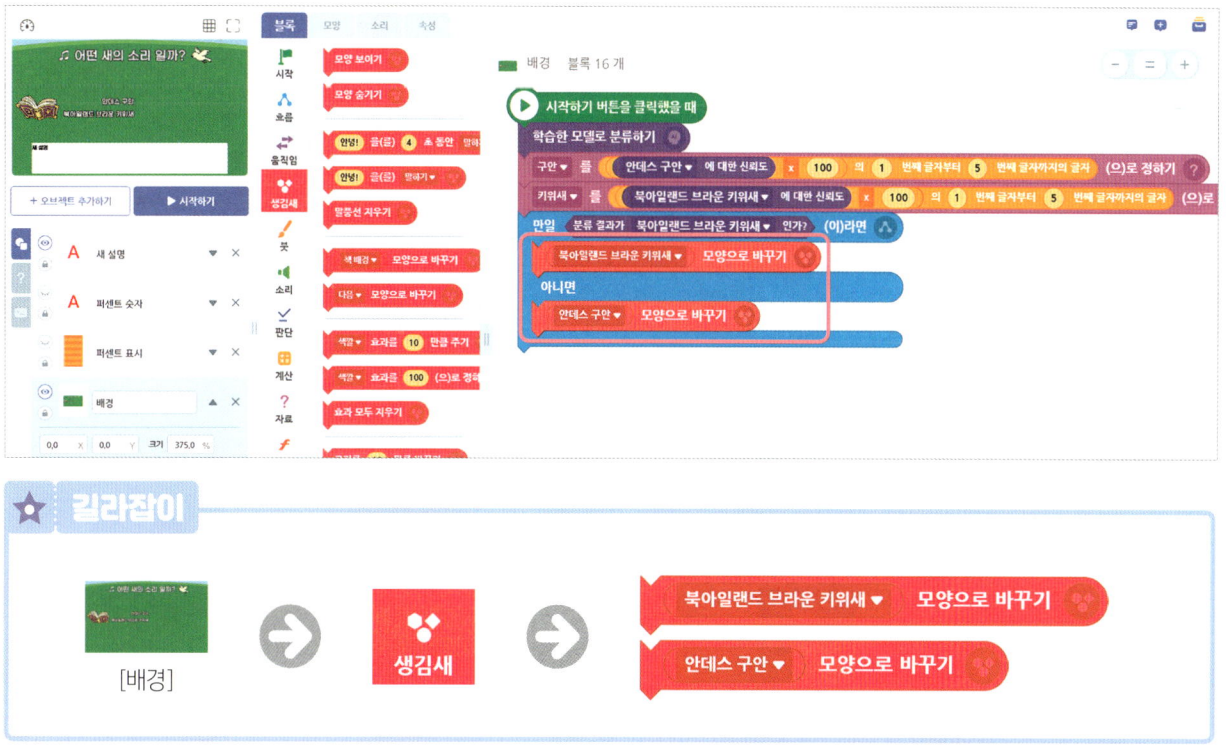

17 [시작] 카테고리에서 [구안 설명 신호 보내기] 블록 3개를 가져와 [만일], [아니면], 그리고 [아니면] 밖에 붙여준 후, [키위새 설명 신호 보내기], [구안 설명 신호 보내기], [퍼센트 표시 신호 보내기]로 수정합니다.

18 '퍼센트 표시' 오브젝트를 클릭한 후, [시작] 카테고리에서 [구안 설명 신호를 받았을 때] 블록을 가져와 [퍼센트 표시 신호를 받았을 때]로 수정합니다.

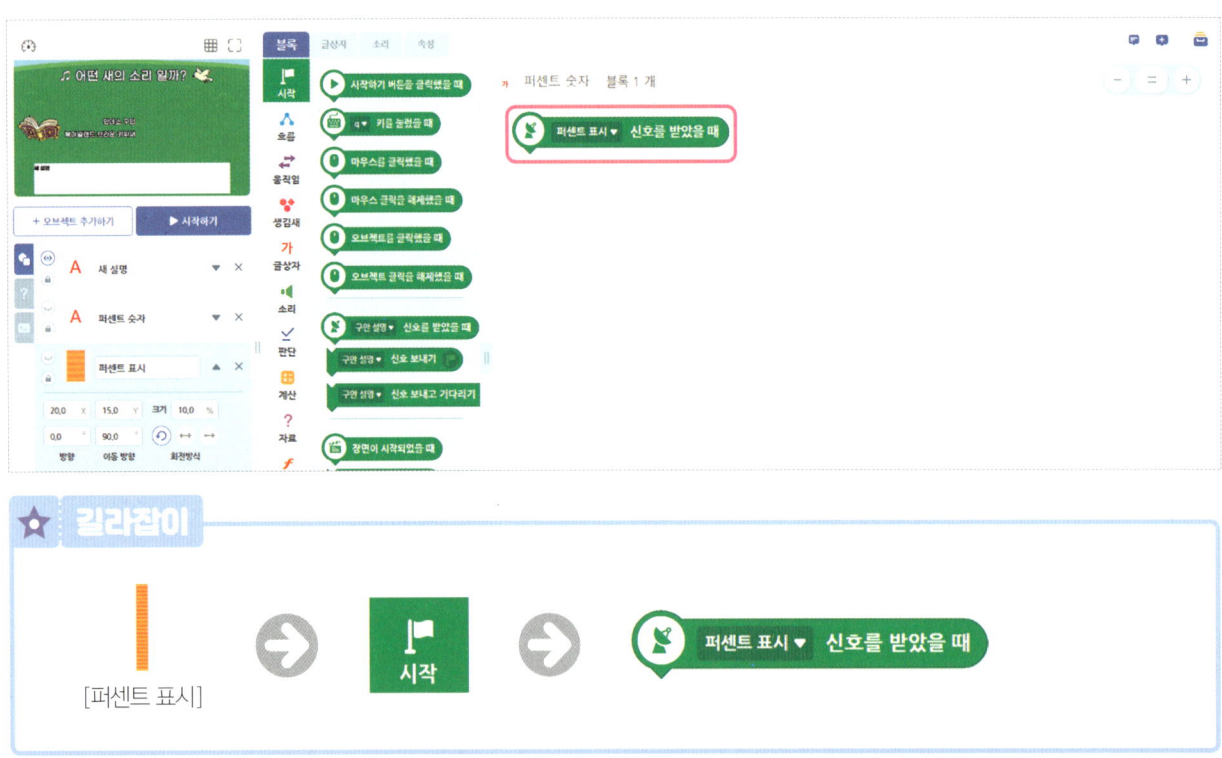

19 [움직임] 카테고리에서 [x: 0 y: 0 위치로 이동하기] 블록을 가져와 [x: 20 y: 15 위치로 이동하기]로 수정합니다.

20 [흐름] 카테고리에서 [10 번 반복하기] 블록을 가져옵니다.

21 [자료] 카테고리에서 **(구안 값)** 블록을 가져와 **[10 번 반복하기]** 블록의 '10'에 넣어줍니다.

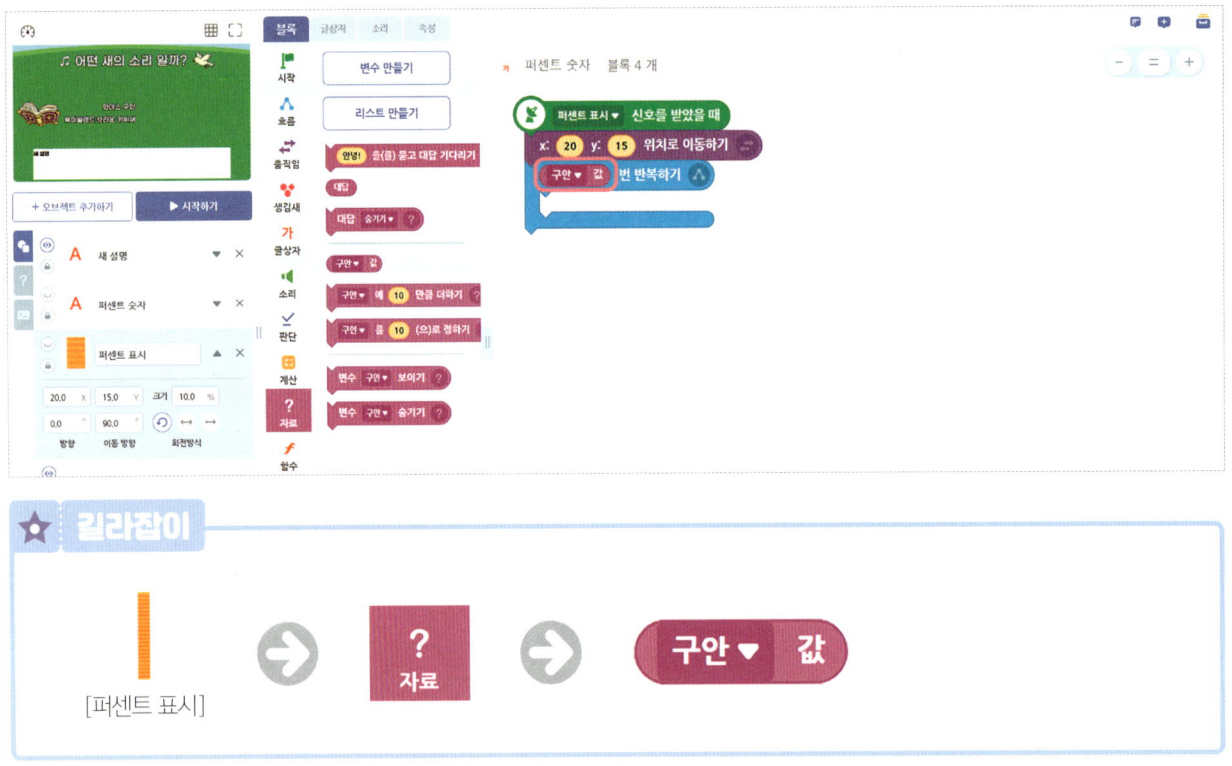

22 [흐름] 카테고리에서 [자신의 복제본 만들기] 블록을 가져옵니다.

23 [움직임] 카테고리에서 [이동 방향으로 10 만큼 움직이기] 블록을 가져와 [이동 방향으로 1 만큼 움직이기]로 수정합니다.

24 [x: 20 y: 15 위치로 이동하기] 블록 위에서 마우스 오른쪽과 [코드 복사 & 붙여넣기] 메뉴를 차례대로 클릭한 후, [반복하기] 아래에 붙여넣고 [x: 20 y: -15 위치로 이동하기], [(키위새 값)번 반복하기] 로 수정합니다.

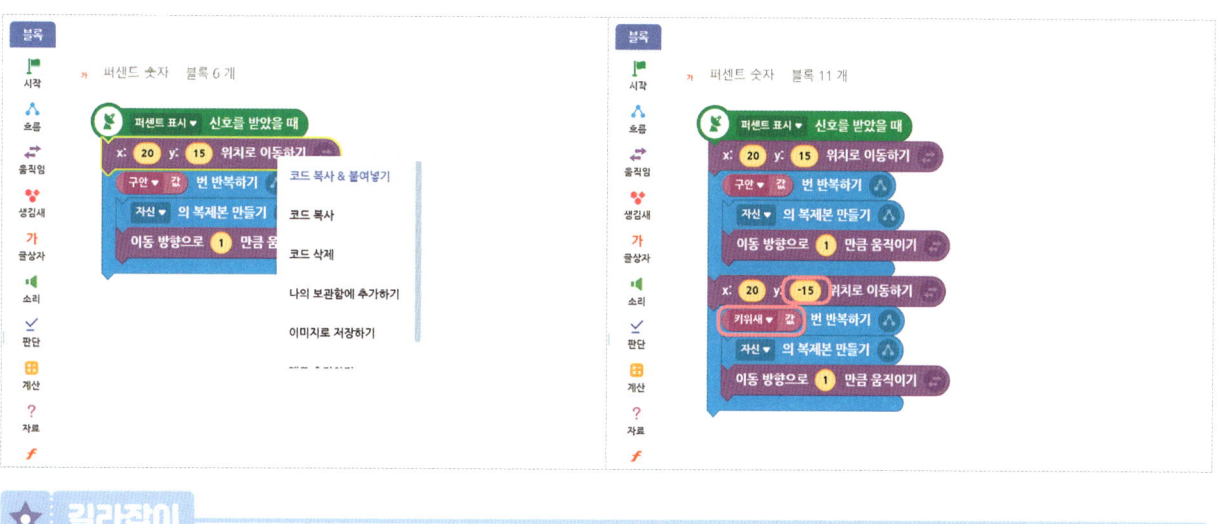

25 [흐름] 카테고리에서 [복제본이 처음 생성되었을 때] 블록을 가져옵니다.

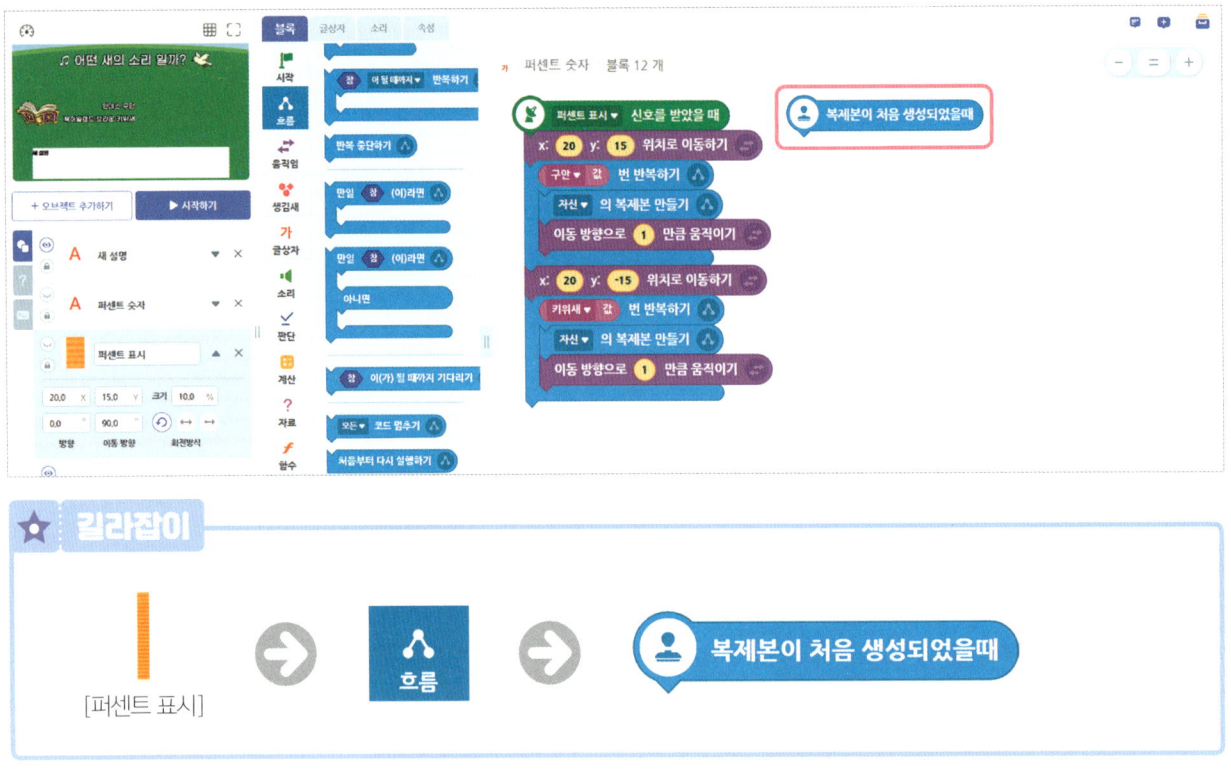

26 [생김새] 카테고리에서 [모양 보이기] 블록을 가져옵니다.

정리하기

전체 코드 보기

[새 설명]

[퍼센트 표시]

[배경]

Chapter 08 | 인공지능으로 새 소리 분류 프로그램 만들기

발전시키기

새 소리 분류하기 프로젝트의 개선점을 찾고, 새로운 기능을 추가하여 더 나은 프로그램으로 확장해보세요.

기능	새의 소리를 듣고 새의 소리에 대한 신뢰도를 화면에 표시한다.
화면 디자인	
코드 추가	**프로젝트 만들기 힌트** 1. '퍼센트 숫자' 오브젝트를 클릭합니다. 2. '퍼센트 표시 신호를 받았을 때' 새의 신뢰도가 표시되도록 코드를 추가합니다. • 코드 설명 : 퍼센트 표시 신호를 받았을 때 모양이 보입니다. 신뢰도 값을 저장한 **(구안 값)**과 **(키위새 값)**을 **[글상자]** 카테고리에 **[(이)라고 글쓰기]** 블록을 이용하여 화면에 표시해줍니다. 단, 하나의 글상자 오브젝트로 두 개의 신뢰도 값을 표시하므로 복제하기 블록을 활용해야 합니다. 힌트 코드 A [퍼센트 숫자]

PART 3

인공지능 모델 학습하기 다양한 알고리즘

지도 학습	분류	숫자(kNN), 숫자(SVM), 숫자(로지스틱 회귀), 숫자(결정트리)
	예측	숫자(선형 회귀)
비지도 학습	군집	숫자(k-평균)

PART 3 머신러닝 유형 -지도 학습 / 학습할 모델 -분류: 숫자(kNN)

Chapter 09 인공지능으로 체육복 사이즈 추천 프로그램 만들기

맞춤복 추천! 나에게 딱 맞는 체육복 사이즈 추천 받기

인공지능 알아보기

이해하기 kNN 알고리즘은 주위에 있는 것들을 어떻게 구분할까?

Part 3에서는 '머신러닝'의 다양한 알고리즘 동작 방식에 대해 이해하고, 알고리즘에 필요한 데이터셋에 대해 알아보겠습니다.

가까운 이웃을 찾아주는 kNN 알고리즘

kNN 알고리즘은 'k-Nearest Neighbors'의 약자로, 우리말로 하면 'k-개의 가장 가까운 이웃'이라는 뜻입니다. 이 알고리즘은 사물이나 사람의 특징들을 분석해서 가장 비슷한 특징을 가진 그룹에 분류해 주는 역할을 합니다. 이를 통해, 새로운 데이터가 어느 그룹에 속하는지 예측할 수 있습니다. kNN 알고리즘을 사용할 때 'k'는 이웃의 숫자를 나타내며 숫자의 값에 따라 다른 데이터 값을 얻을 수 있습니다.

예를 들어, 아래 이미지에서 별에 속한 동물이 강아지인지 고양이인지 분류하는 문제가 있다고 가정해 봅시다. 먼저, 새로운 데이터 포인트(별)와 기존 데이터 포인트(강아지와 고양이들) 사이의 **거리를 측정**해야 합니다. 계산된 거리를 바탕으로, 새로운 데이터 포인트와 **가장 가까운 k개의 이웃**을 찾습니다. 만약 k=3이고 가장 가까운 세 이웃이 각각 고양이, 강아지, 강아지라면, 새로운 데이터 포인트인 별은 강아지로 분류됩니다.

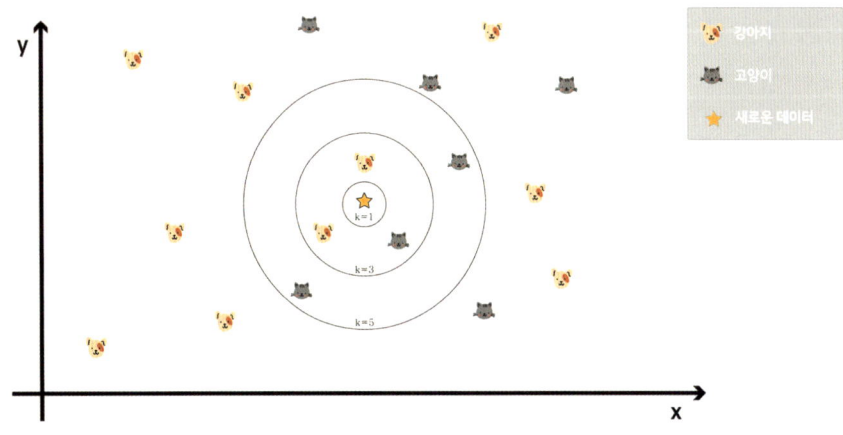

살펴보기 　나에게 맞는 크기의 옷 찾기

옷을 입어보지 못하고 구매해야 하는 경우 어떤 사이즈의 옷을 사야 할까요? kNN 알고리즘을 통해 이 문제를 해결할 수 있습니다. 여기에서 필요한 것은 키와 몸무게에 따른 옷 사이즈 데이터입니다. 키와 몸무게 데이터를 이용하면 다음과 같은 그래프를 얻을 수 있습니다.

키(cm)	몸무게(kg)	사이즈
142.1	35.7	XS
182.5	77.4	XL
149.6	54.5	S
141	37.7	XS
164.1	55.6	M
174.1	62.7	M
…	…	…
179.2	81.4	XL

옷 사이즈 데이터

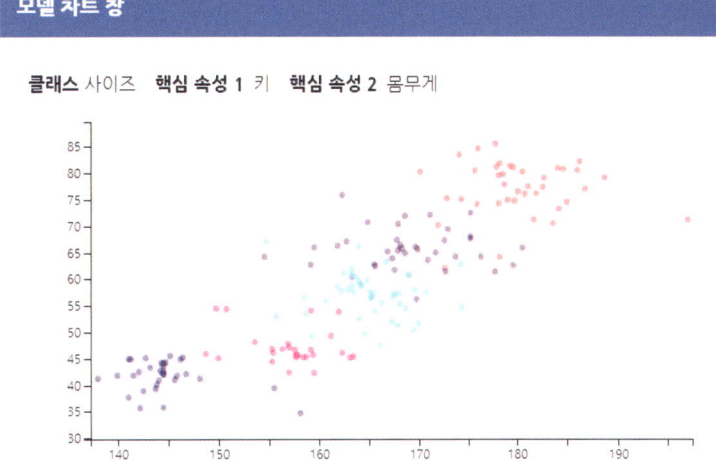

데이터값을 그래프로 나타내기

그다음 기준값인 '나'의 키와 몸무게를 정합니다(키 160cm, 몸무게 60kg). 이 값을 기준으로 k개의 이웃을 찾습니다. 이때 필요한 것은 '나'와 이웃들 간의 거리입니다. 다양한 거릿값을 계산하는 공식을 이용해 가장 가까운 k개의 이웃을 찾고 이웃이 속한 속성(사이즈)이 가장 많은 속성으로 분류됩니다. 기준값 키 160cm, 몸무게 60kg의 k=5에서 가장 많은 사이즈는 M입니다.

사이즈	기준값과의 거리
XS	30.2
XL	28.4
S	11.8
XS	29.3
M	6.0
M	14.4
…	…
XL	28.8

기준값과의 거리 계산

가까운 순서	사이즈	기준값과의 거리
1	M	2.3
2	M	2.7
3	L	2.8
4	M	3.2
5	L	3.2
6	M	3.3
7	M	3.5
8	M	3.6

기준값과 가까운 순서대로 정렬

** 기준점과의 거리 : 유클리드 거리 공식은 두 점 사이의 거리를 계산하는 방법입니다. kNN에서는 이를 사용해 가장 가까운 이웃을 찾을 수 있습니다.

kNN 알고리즘은 이미지 처리 영상에서 글자 및 얼굴 인식, 영화나 음악, 상품 추천에 대한 개인별 선호 예측, 의료, 유전자 데이터 패턴 인식 등 다양한 분야에서 응용되고 있습니다.

인공지능 프로젝트 일지

	20XX년 XX월 XX일 X요일 
상황	드디어 가을 체육대회가 다가왔다. 이번 체육대회에서는 반마다 옷을 맞춰 입기로 했다. 선생님이 나를 부르시더니 친구들의 옷 사이즈를 조사해서 갖다 달라고 하셨다. 하지만 생소한 옷의 크기 표현과 25명이나 되는 반 친구들의 사이즈를 일일이 확인할 생각을 하니 머리가 멍해졌다. 
발견된 문제점	옷은 제조사마다 사이즈가 조금씩 다른데 입어볼 수 없어서 사이즈 선택에 어려움이 있다.
해결 방법	k-최근접 이웃(kNN) 알고리즘을 이용해 옷 사이즈 추천 프로그램을 만든다. 이 프로그램은 사용자로부터 신체 정보(키와 몸무게)를 입력받아 옷 사이즈를 신속하게 찾을 수 있다.

프로젝트 설계하기

목표	신체 정보(키, 몸무게)를 이용하여 옷 사이즈를 빠르게 찾을 수 있는 프로그램을 만들자.
기능	1. kNN 모델 창을 확인한다. 2. 사용자로부터 이름, 몸무게, 키 결과를 입력한다. 3. 학생 명단에 입력한 사용자 정보를 추가한다. 4. 입력한 값을 바탕으로 사이즈를 분류한다.
화면 디자인	
순서도	AI 로봇 클릭하기 → 사용자 정보 입력하기 → 분류 결과 정하기 → 학생 명단 추가하기

프로젝트 만들기

학습목표

- 인공지능 모델 학습하기의 'kNN 알고리즘'을 이용하여 데이터를 분류할 수 있다.
- kNN 알고리즘에 맞는 데이터를 이용하여 데이터를 학습시킬 수 있다.
- kNN 알고리즘을 이용하여 옷 사이즈를 추천하는 작품을 만들 수 있다.

· 예제 작품 주소 : http://naver.me/FlYUykef
· 완성 작품 주소 : http://naver.me/F0wCKBZU
· 실습 파일 : [교육_자료_파일] - [09차시]

실습 영상

준비하기

| 활용 인공지능 |  분류: 숫자(kNN) | 준비물 |  [컴퓨터] |  [데이터] |

프로젝트 미리보기

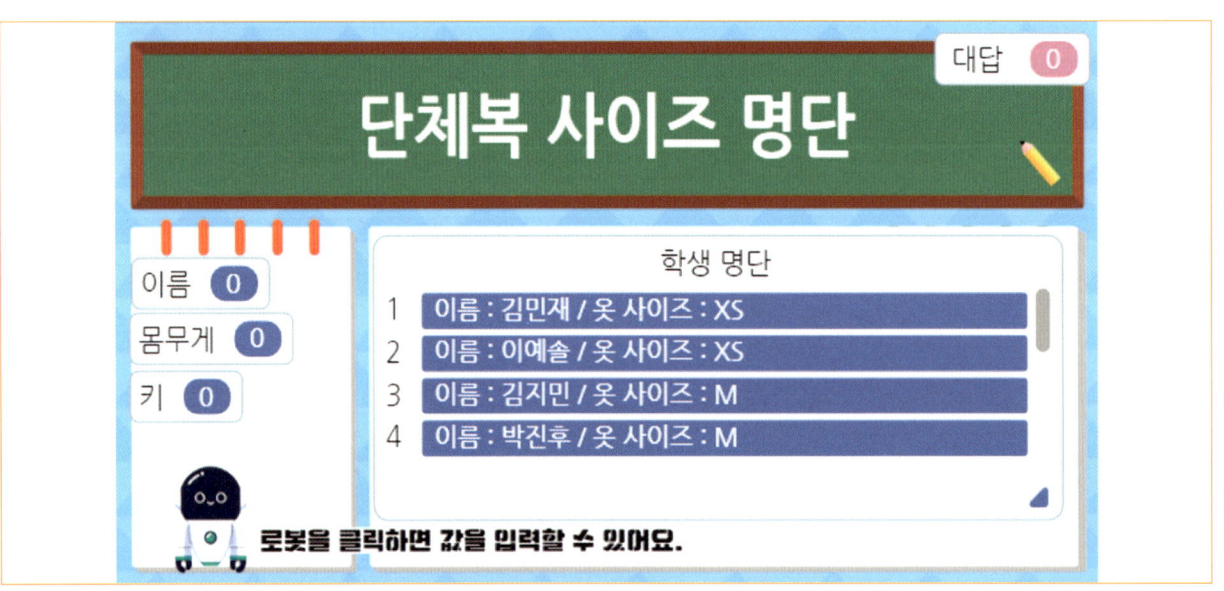

엔트리의 인공지능 　분류: 숫자(kNN)

이번 프로젝트에서는 엔트리에서 제공하는 다음 인공지능을 이용하여 작품을 만듭니다.

❋ 기능 알아보기

모델이 학습할 숫자를 테이블로 업로드하거나 직접 작성해 데이터로 입력하고, 입력한 데이터를 가장 가까운 이웃(k개)을 기준으로 각각의 클래스로 분류하는 모델을 학습합니다.

* 분류: 숫자 모델을 학습하려면 먼저 데이터로 삼을 테이블을 추가해야 합니다. 학습하기 전에 데이터 분석 카테고리에서 [테이블 불러오기]를 통해, 기본 테이블, 파일 업로드, 새로 만들기의 방법으로 테이블을 추가해야 합니다.

❋ 블록 알아보기

블록	기능
모델 보이기 ▼	모델의 상태를 표시하는 창을 실행화면에 보이게 하거나 숨깁니다.
모델 차트 창 열기 ▼	입력한 데이터와 학습한 모델의 군집을 2차원 좌표평면에 나타낸 차트 창을 열거나 닫습니다.
키 10 몸무게 10 의 분류 결과	입력한 데이터를 모델에서 분류한 값입니다. 값은 모델의 클래스 이름(텍스트)으로 표현됩니다.

❋ 오브젝트 살펴보기

이름	나의 공책	단체복 사이즈 명단	AI 로봇	메시지
x	0	0	-194	-170
y	0	85	-100	-110
크기	375%	140%	55%	110%

🔶 프로젝트 만들기

Step 1 데이터 업로드하기

상의 사이즈의 정보를 담고 있는 엑셀 파일을 불러옵니다. (파일 이름: 티셔츠_사이즈_예시_데이터.xlsx)

1 [데이터 분석] 카테고리에서 [테이블 불러오기] 버튼을 클릭합니다.

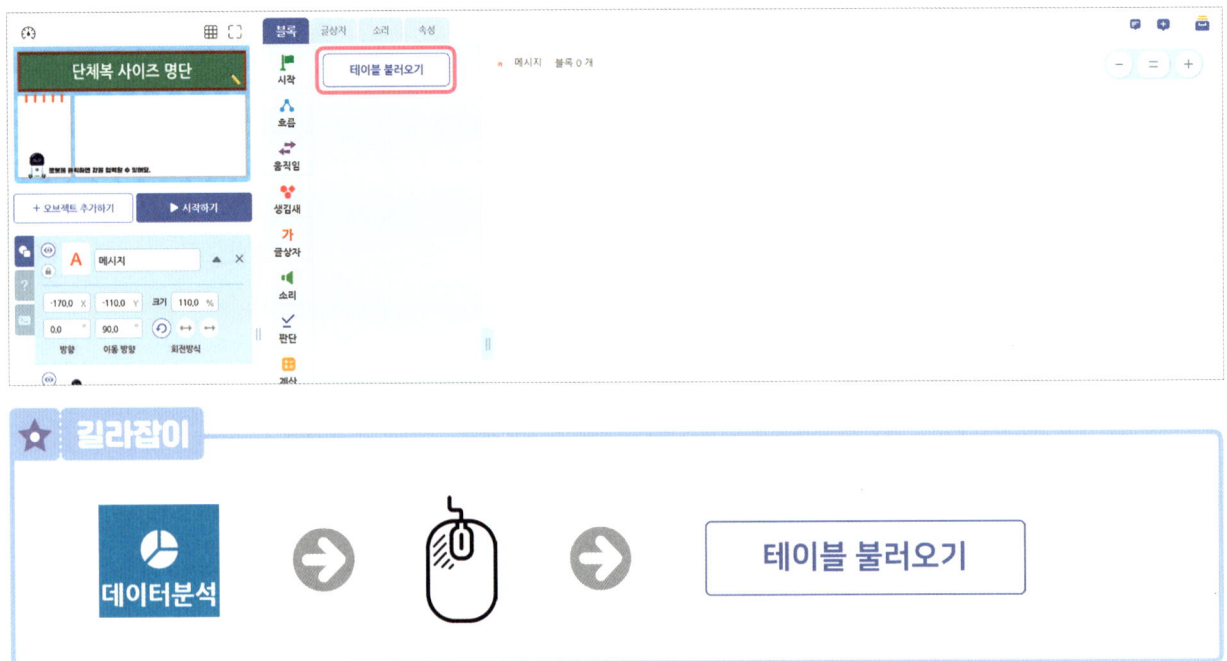

2 [테이블 추가하기] 버튼을 클릭한 후, [파일 올리기]-[파일 선택] 버튼을 클릭합니다.

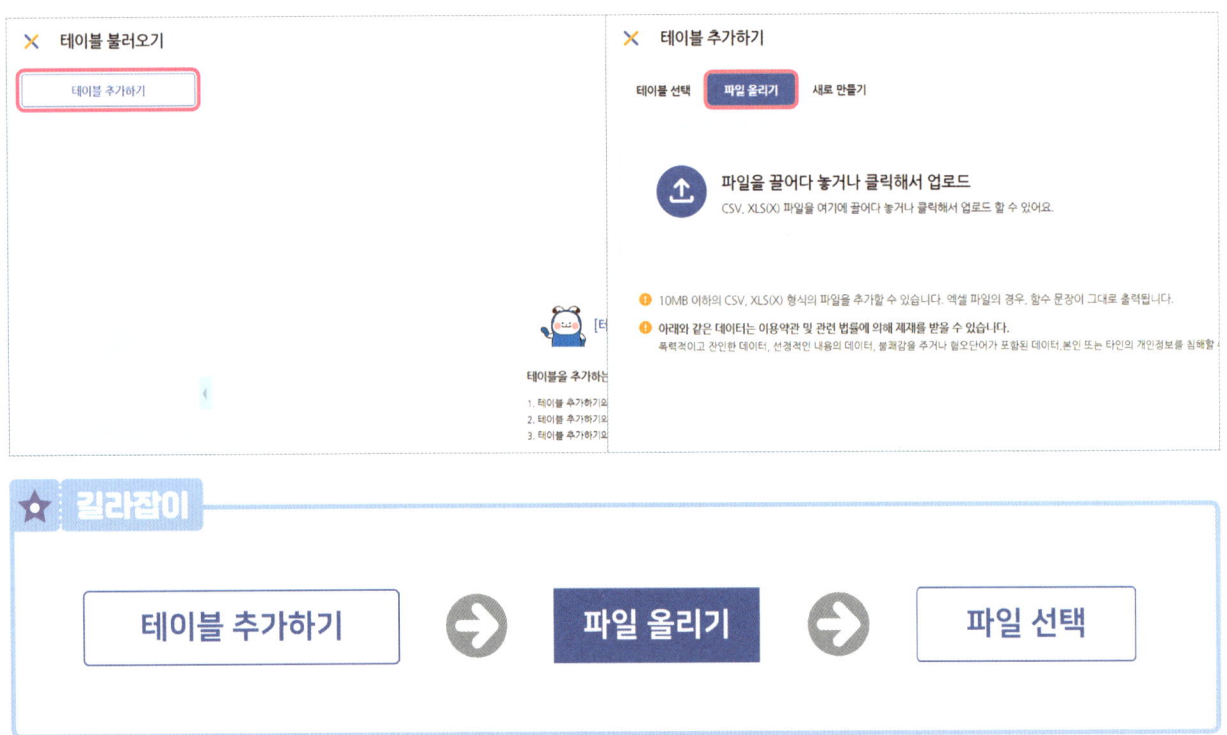

3 [인공지능 교육_자료_파일]-[09차시]-[티셔츠_사이즈_예시_데이터.xlsx] 파일을 선택하고 [열기] 버튼을 클릭한 후, 화면 오른쪽 위의 [추가하기] 버튼을 클릭합니다.

4 추가된 데이터를 확인한 후, 화면 오른쪽 위의 [적용하기] 버튼을 클릭합니다.

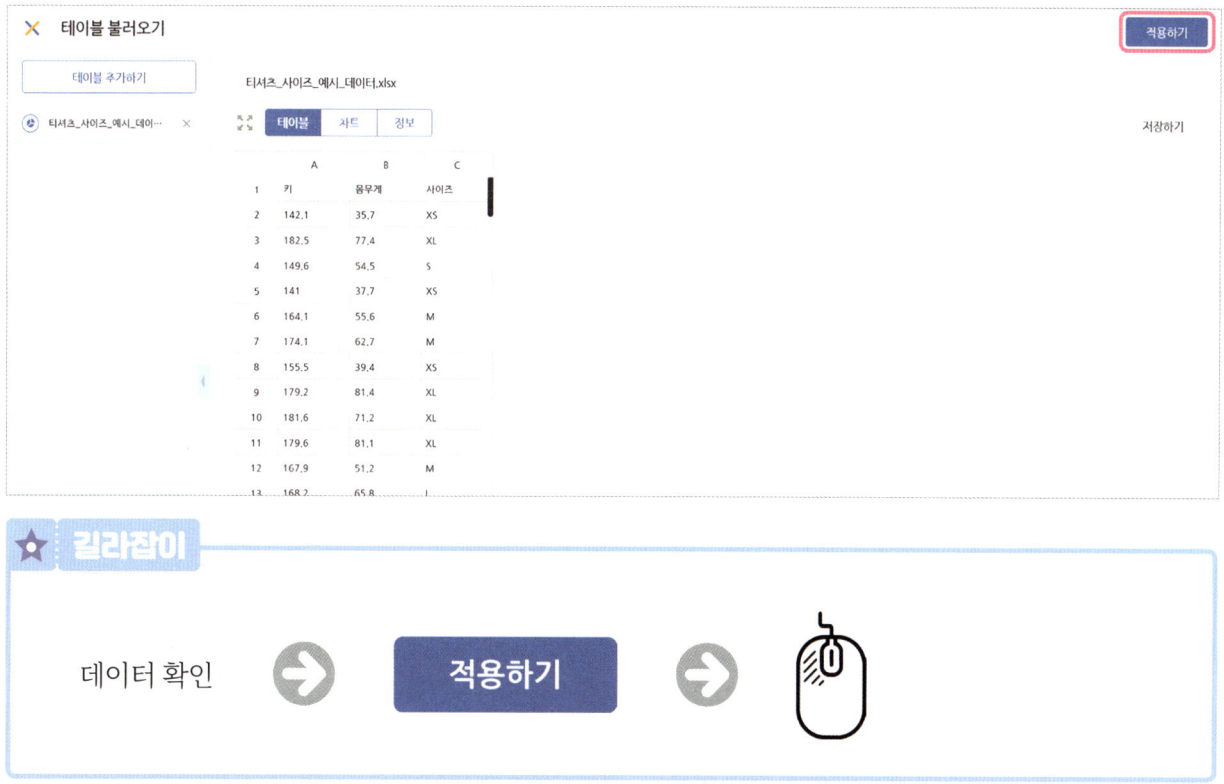

Step 2 인공지능 선택하기

'분류: 숫자 (kNN)' 인공지능 모델 학습하기를 선택합니다.

5 [인공지능] 카테고리에서 [인공지능 모델 학습하기] 버튼을 클릭합니다.

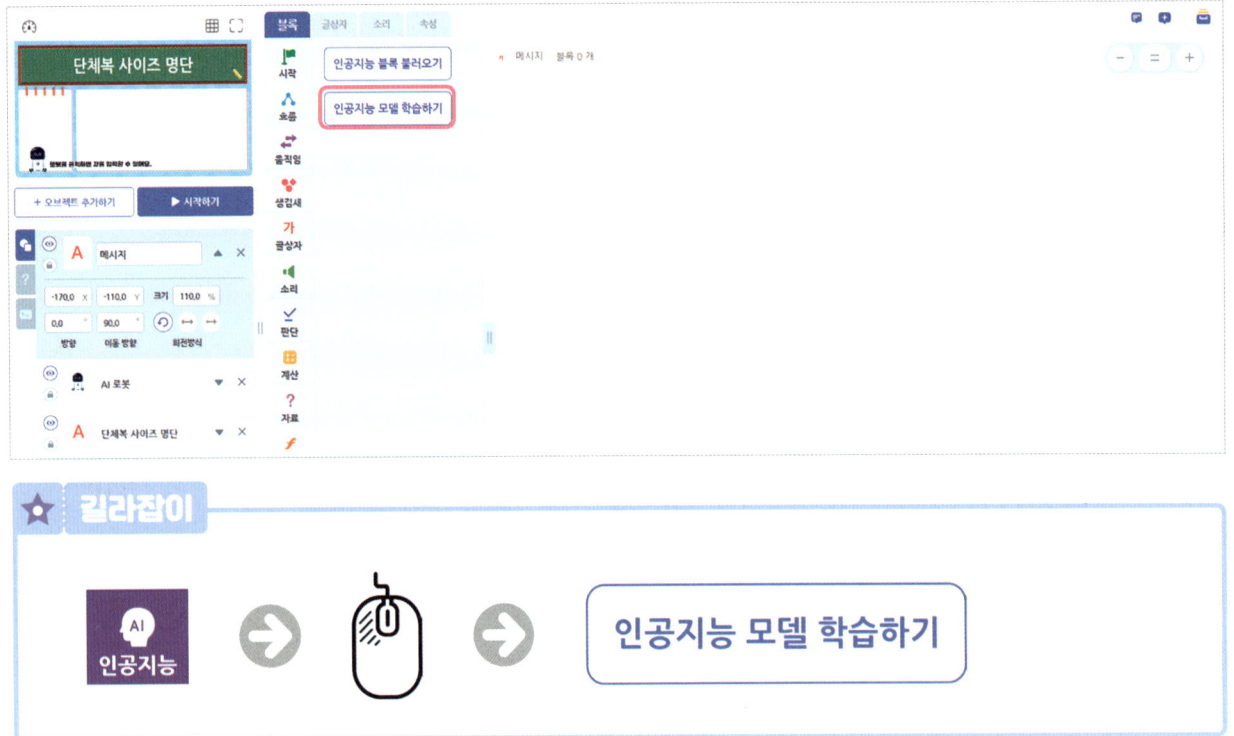

6 학습할 모델 중 [분류: 숫자 (kNN)]을 클릭한 후, 화면 오른쪽 위의 [학습하기] 버튼을 클릭합니다.

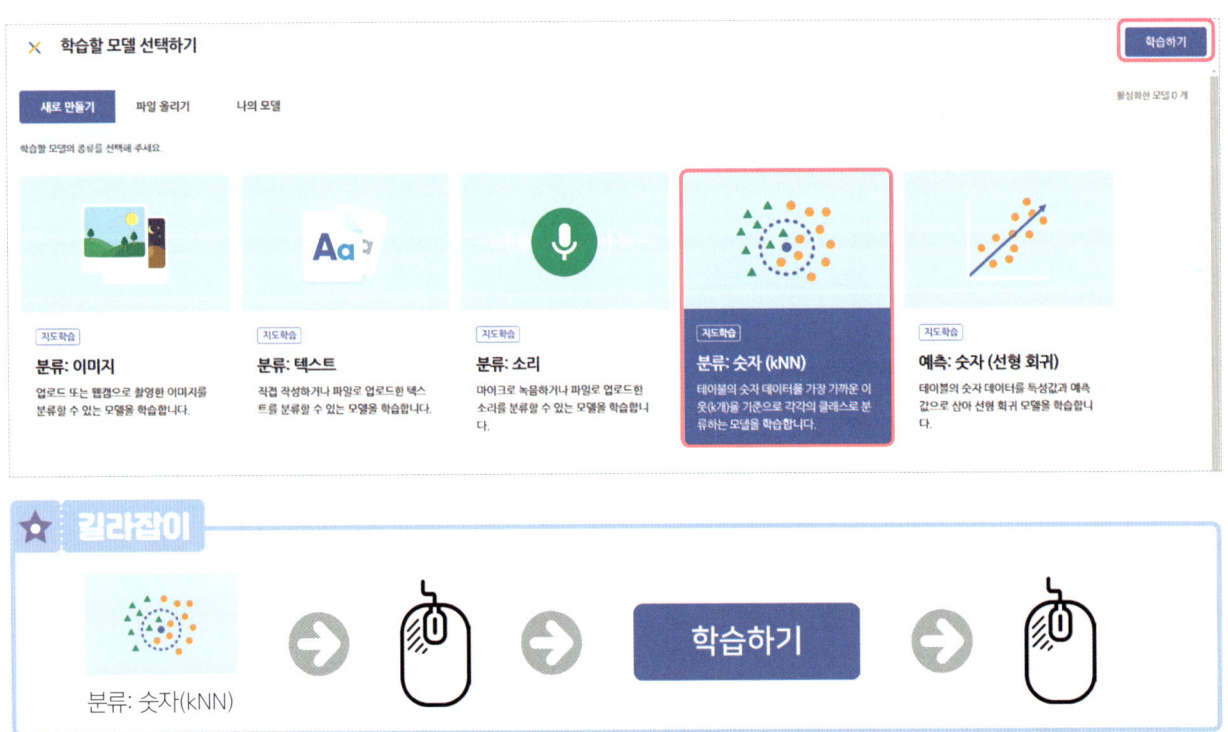

Step 3   분류: 숫자 (kNN) 모델 학습하기

상의 사이즈 데이터를 토대로 '분류: 숫자 (kNN)' 모델을 학습시킵니다.

7 모델의 이름을 '티셔츠 사이즈 분류'로 입력한 후, 테이블을 선택합니다. 핵심 속성에서 '키', '몸무게'를 선택하고 클래스 속성은 '사이즈'를 선택합니다. 학습 조건의 이웃 개수를 '5'로 입력한 후, [모델 학습하기] 버튼을 클릭합니다.

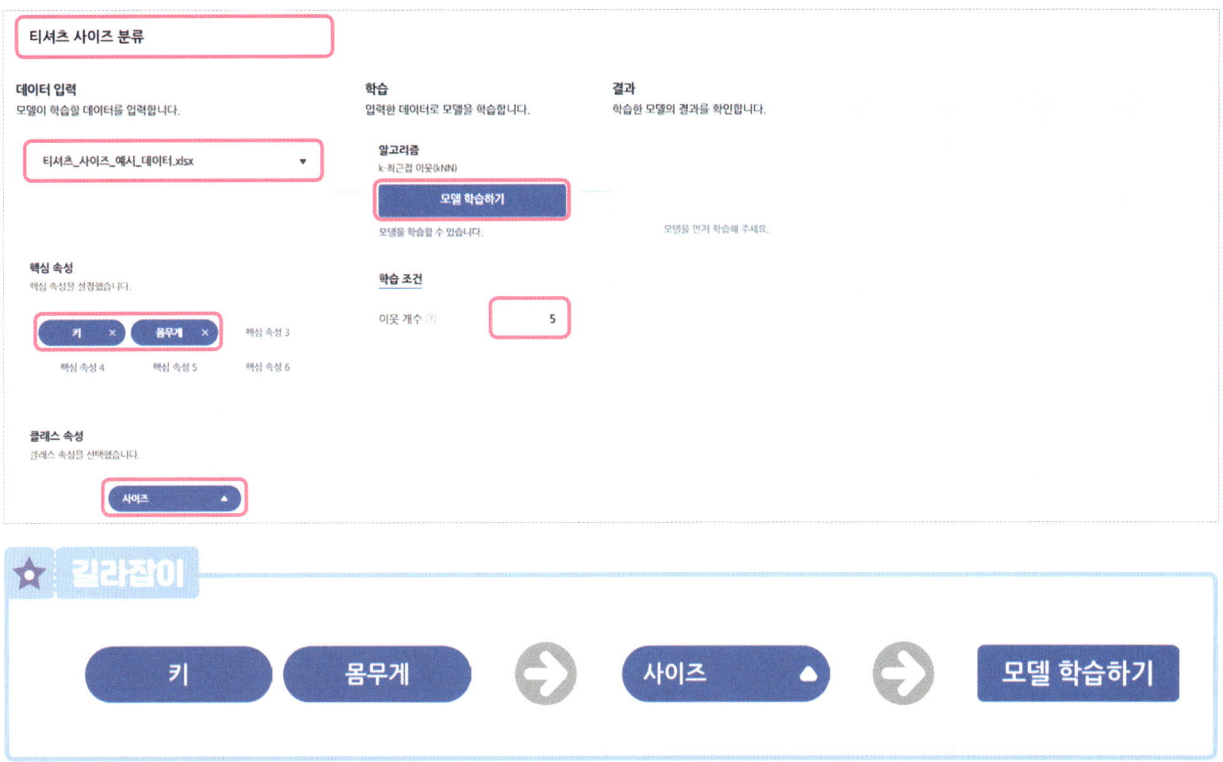

8 결과에서 키와 몸무게를 입력하여 분류한 클래스를 확인한 후, 화면 오른쪽 끝의 [적용하기] 버튼을 클릭합니다.

Step 4 변수와 리스트 추가하기

학생 정보를 저장할 '이름', '몸무게', '키', '분류 결과' 변수와 '학생 명단' 공유 리스트를 추가합니다.
공유 리스트로 추가하면 데이터가 서버에 저장되어 프로그램이 종료되어도 값을 확인할 수 있습니다.

9 [속성] 탭에서 [변수]-[변수 추가하기] 버튼을 클릭하고 변수 이름에 '키', '몸무게', '이름', '분류 결과'를 입력한 후, [변수 추가] 버튼을 클릭합니다.

10 [속성] 탭에서 [리스트]-[리스트 추가하기] 버튼을 클릭하여 리스트 이름에 '학생 명단'으로 입력합니다. '공유 리스트로 사용(서버에 저장)'을 클릭한 후, [리스트 추가] 버튼을 클릭합니다. 실행화면의 리스트 크기를 적절하게 조정합니다.

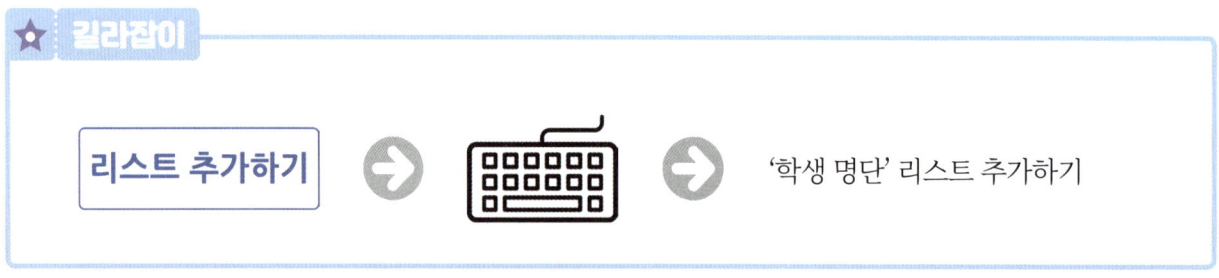

Step 5 학생 정보 저장하기

학생의 정보를 입력받아 각 변수에 저장합니다. 저장된 값을 토대로 학생 명단을 작성합니다.

11 'AI 로봇' 오브젝트를 클릭한 후, [시작] 카테고리에서 [오브젝트를 클릭했을 때] 블록을 가져옵니다.

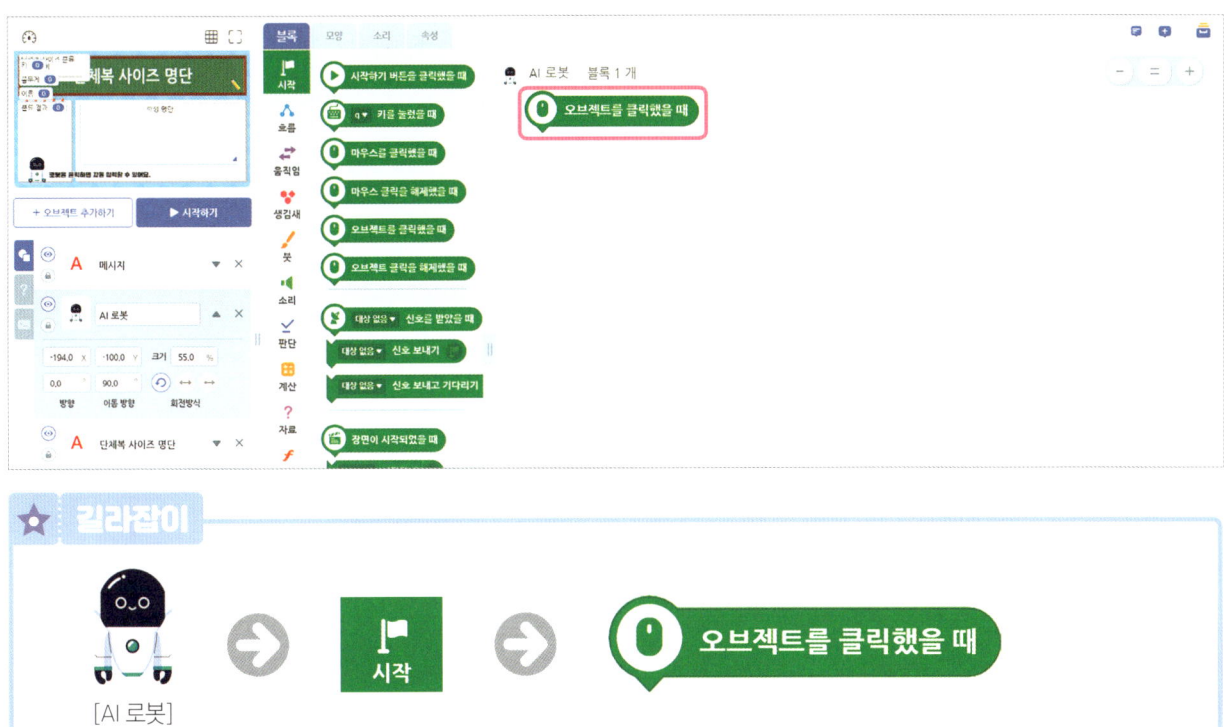

12 [자료] 카테고리에서 [안녕! 을(를) 묻고 대답 기다리기] 블록을 가져와 [이름을 입력해줘. 을(를) 묻고 대답 기다리기]로 수정합니다.

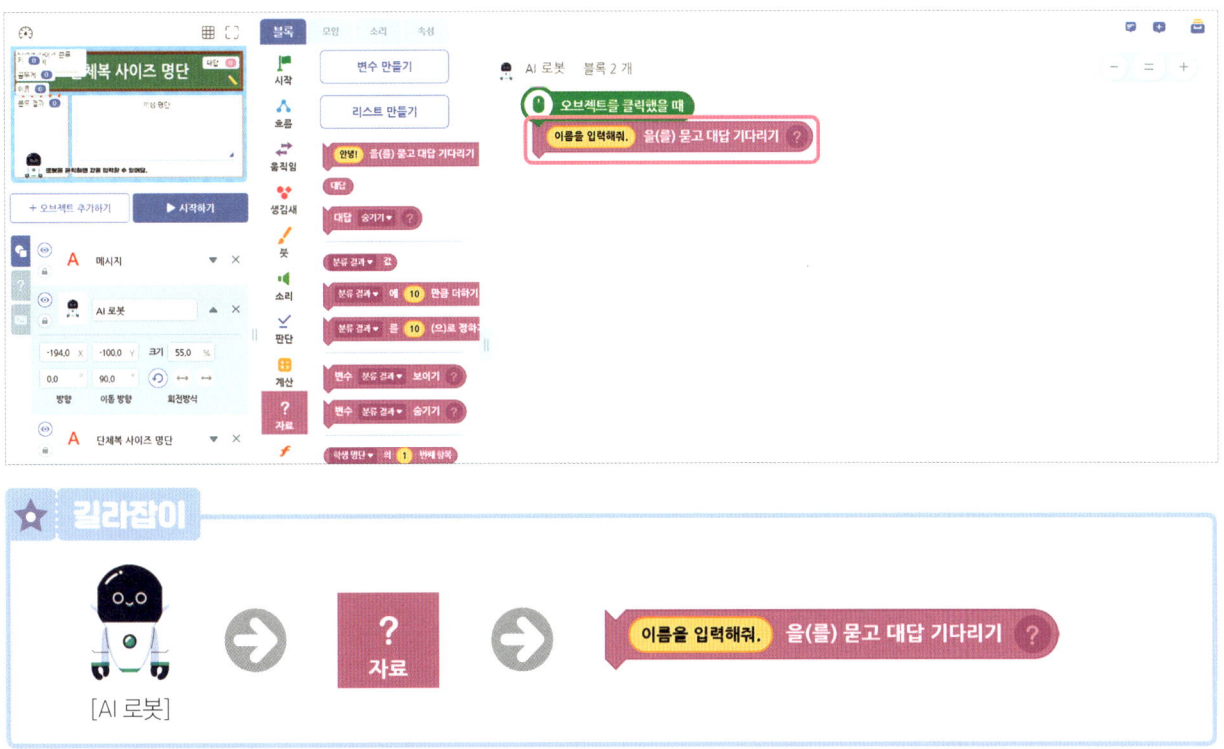

13 [자료] 카테고리에서 [분류 결과를 10 (으)로 정하기] 블록을 가져와 [이름를 10 (으)로 정하기]로 수정합니다.

14 [자료] 카테고리에서 (대답) 블록을 가져와 [이름를 10 (으)로 정하기] 블록의 '10'에 넣어줍니다.

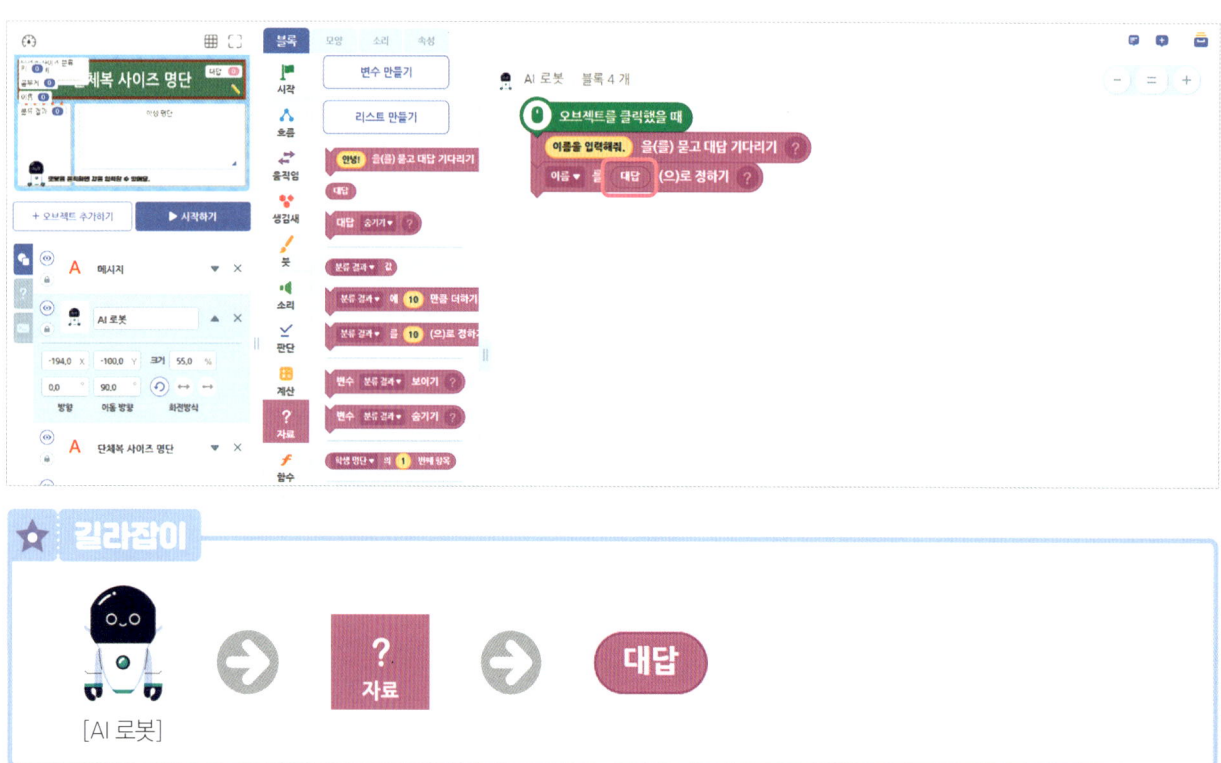

15 [이름을 입력해줘. 을(를) 묻고 대답 기다리기] 블록 위에서 마우스 오른쪽을 클릭하고 [코드 복사 & 붙여넣기] 메뉴를 2번 클릭합니다.

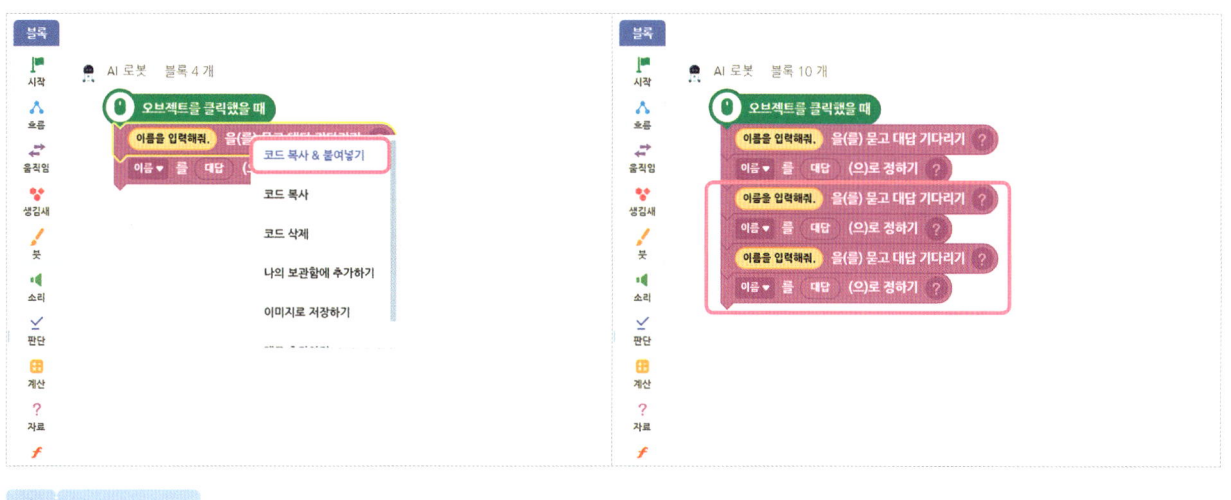

16 [묻고 대답 기다리기]와 [정하기] 블록의 이름, 키, 몸무게를 다음과 같이 수정합니다.

17 [자료] 카테고리에서 [분류 결과를 10 (으)로 정하기] 블록을 가져옵니다.

18 [인공지능] 카테고리에서 (키 10 몸무게 10 의 분류 결과) 블록을 가져와 [분류 결과를 10 (으)로 정하기] 블록의 '10'에 넣어줍니다.

19 [자료] 카테고리에서 (분류 결과 값) 블록 2개를 가져와 (키 10 몸무게 10 의 분류 결과) 블록의 '10'에 각각 넣어준 후, (키 값), (몸무게 값)으로 수정합니다.

20 [자료] 카테고리에서 [10 항목을 학생 명단에 추가하기] 블록을 가져옵니다.

21 [계산] 카테고리에서 (안녕! 과(와) 엔트리 을(를) 합친 값) 블록 3개를 가져와 다음과 같이 블록을 합쳐 줍니다.

22 (안녕! 과(와) 엔트리 을(를) 합친 값) 블록의 첫 번째와 세 번째를 다음과 같이 수정합니다.
 - (첫 번째 - 이름 :) (세 번째 - /옷 사이즈 :)

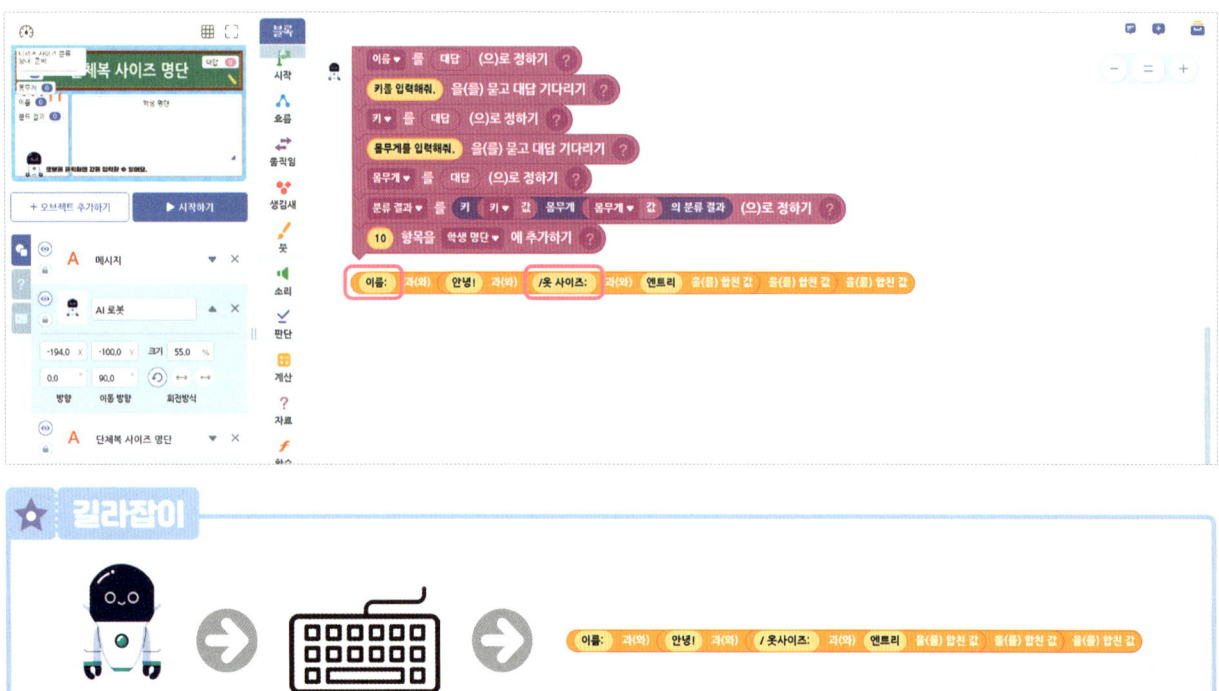

23 [자료] 카테고리에서 (분류 결과 값) 블록 2개를 가져와 (안녕! 과(와) 엔트리 을(를) 합친 값) 블록의 두 번째와 네 번째에 넣어준 후, (이름 값), (분류 결과 값)으로 수정합니다.

24 (합친 값) 블록을 [10 항목을 학생 명단에 추가하기] 블록의 '10'에 넣어줍니다.

Step 6 모델 차트 창 열기

상의 사이즈 데이터의 그래프를 확인할 수 있는 모델 차트 창을 보여줍니다.

25 [시작] 카테고리에서 [시작하기 버튼을 클릭했을 때] 블록을 가져옵니다.

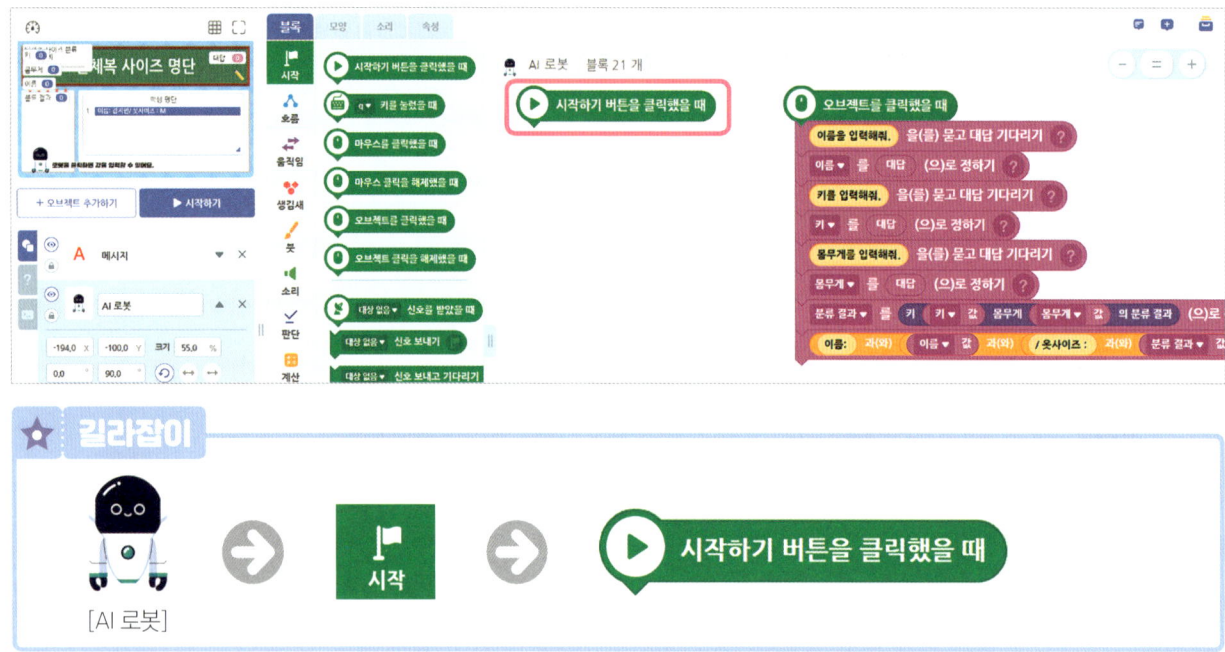

26 [인공지능] 카테고리에서 [모델 보이기], [모델 차트 창 열기] 블록을 가져와 [모델 숨기기], [모델 차트 창 열기]로 수정합니다.

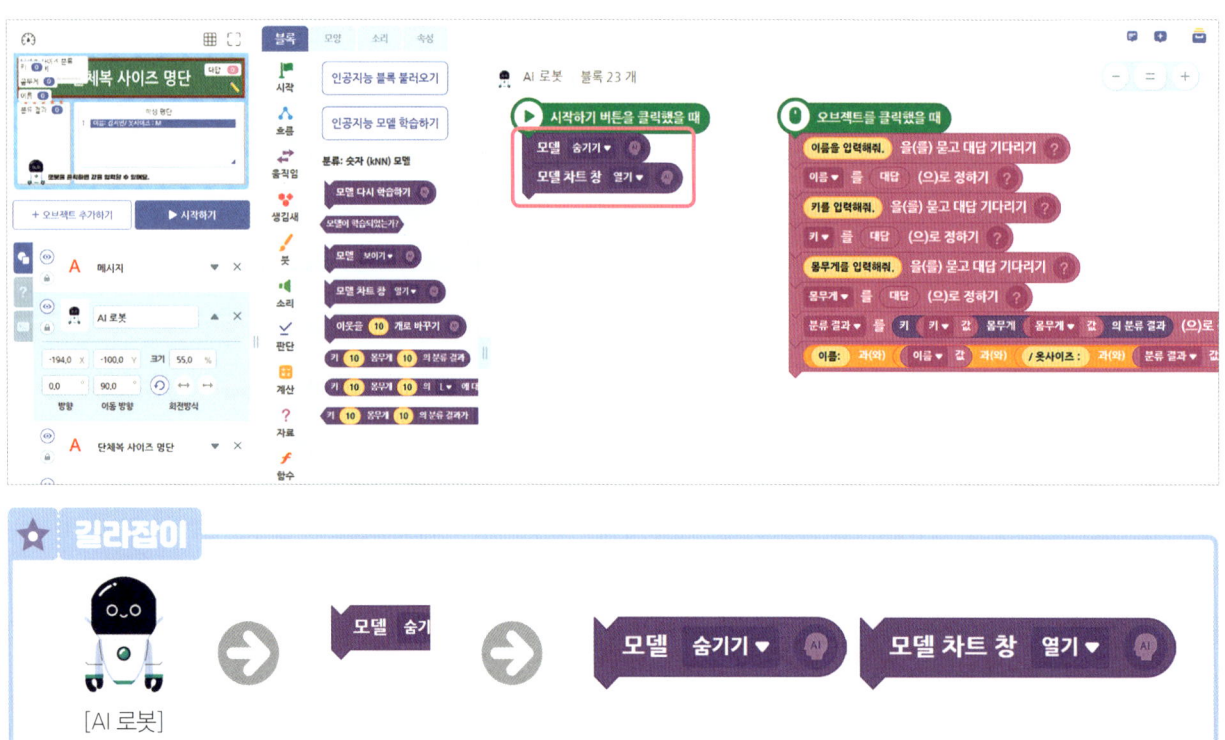

정리하기

전체 코드 보기

발전시키기

체육복 사이즈 분류하기 프로젝트의 개선점을 찾고, 새로운 기능을 추가하여 더 나은 프로그램으로 확장해 보세요.

기능	분류된 체육복 크기별로 개수가 몇 개인지 화면에 보여준다.
화면 디자인	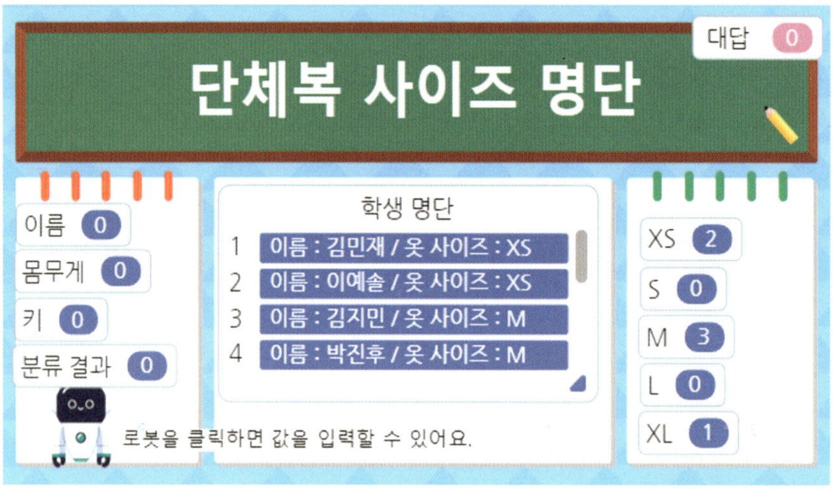
변수와 리스트 추가하기	프로젝트 만들기 힌트 1. '나의 공책' 오브젝트를 클릭하여 [모양] 탭에서 '나의 공책_1' 모양을 선택합니다. 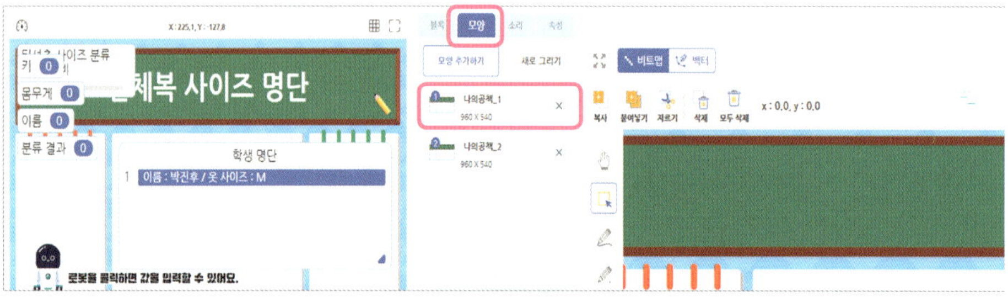 2. [속성] 탭 [변수]에서 XS, S, M, L, XL 변수를 '공유 변수로 사용(서버에 저장)' 옵션으로 추가한 후, 실행화면에 변수와 리스트를 보기 좋게 정리합니다. 

3. 분류 결과값에 따라 XS, S, M, L, XL 값을 1씩 증가시켜 주는 코드를 추가합니다.

- 코드 설명 : 'AI 로봇' 오브젝트가 학생 명단 리스트에 학생 정보를 넣어 준 후에 분류 결과 값을 비교합니다. 분류 결과를 비교하여 만약 분류 결과가 'XS'라면 XS 변수를 1 증가시켜 줍니다. 같은 방법으로 S, M, L, XL 변수의 값도 증가시킵니다.

코드 추가

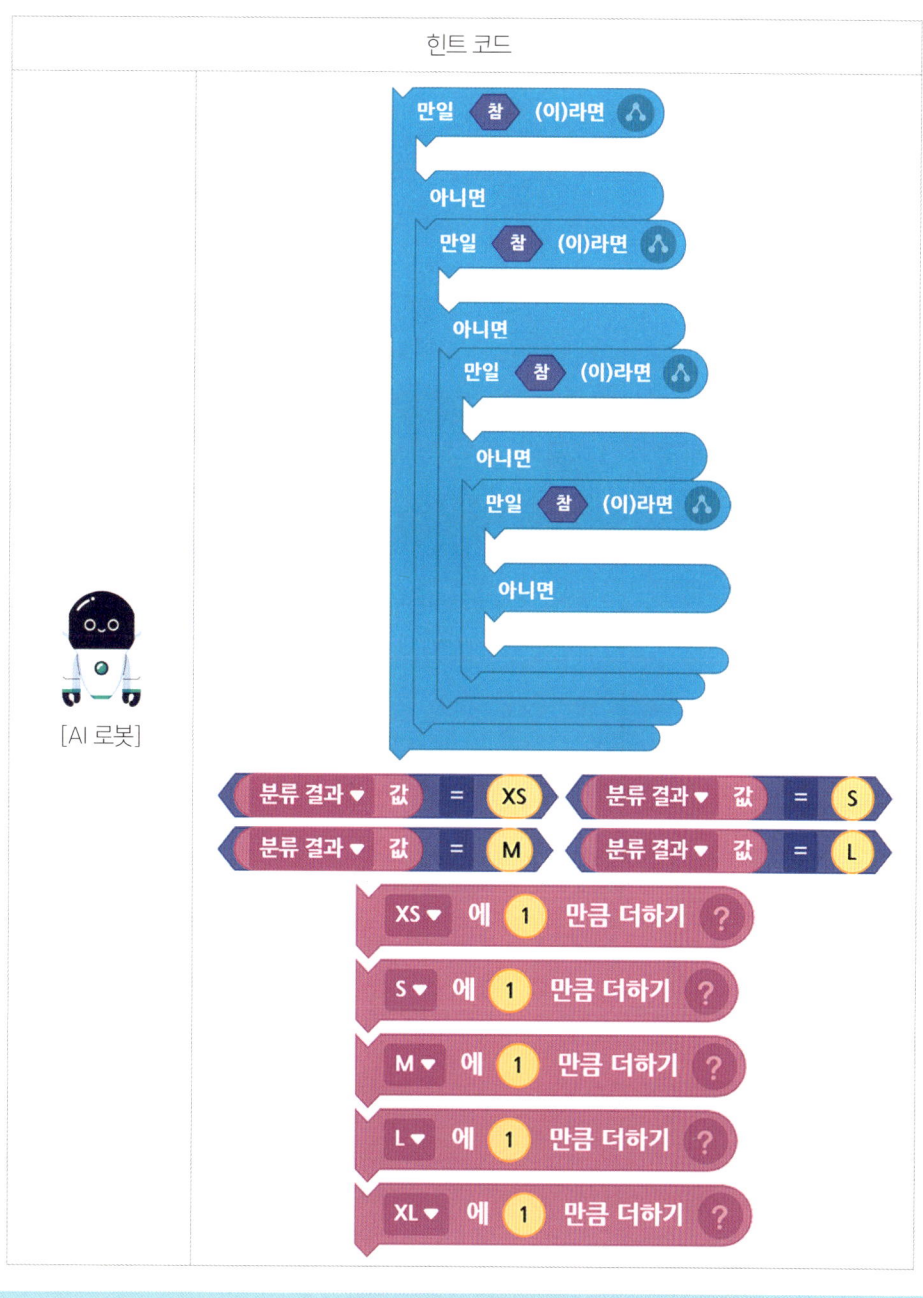

[AI 로봇]

PART 3 머신러닝 유형 -지도 학습 / 학습할 모델 -예측: 숫자(선형 회귀)

Chapter 10 인공지능으로 미래의 라면 가격 예측하기
미래 상점가! 라면이 미래에 얼마나 할까? 가격 예측 대작전

인공지능 알아보기

이해하기 선형 회귀 알고리즘을 사용해서 어떻게 미래를 예측할까?

새로운 데이터를 예측하는 선형 회귀 알고리즘
선형 회귀 알고리즘이란 데이터 사이의 관계를 나타내는 직선을 찾아내는 알고리즘이며, 이를 통해 새로운 데이터를 예측할 수 있습니다. 가까운 미래의 날씨를 예측하거나 건강 정보를 이용하여 질병에 걸릴 위험 등을 예측할 수 있습니다.

온도가 올라갈 때 아이스크림 판매량도 늘어나는 경향이 있습니다. 수학적으로 이 관계를 표현한다면, 온도(x)가 변함에 따라 아이스크림 판매량(y)도 변한다고 볼 수 있습니다. 여기서 온도와 같이 다른 변수의 값을 변화시키는 변수 x를 '독립변수'라고 하며, 온도에 따라 값이 변하는 아이스크림 판매량 y를 '종속변수'라고 합니다. 선형 회귀는 이런 독립변수 x와 종속변수 y 사이의 선형 관계를 나타냅니다.

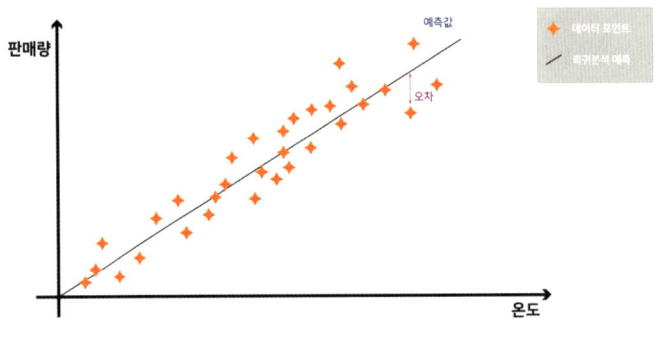

온도와 아이스크림 판매량에 대한 선형 회귀 그래프

선형 회귀 알고리즘의 단계
1. 선형 회귀 알고리즘을 위해 필요한 자료를 수집하는데 이 데이터는 독립변수와 종속변수로 구성되어야 합니다.
2. 데이터 사이의 관계를 직선으로 표현합니다. 이 직선은 과거의 데이터를 바탕으로 어떻게 변화되었을지를 가장 잘 설명해주는 선을 찾는 것입니다.
3. 이 선을 이용하여 미래에 일어날 일을 예측할 수 있습니다.

살펴보기 라면 가격에 영향을 주는 요인들

미래 식품의 가격이 얼마나 변동될지 궁금하다면 선형 회귀 알고리즘을 통해 가격을 예측할 수 있습니다. 여기에서 필요한 것은 독립변수와 종속변수로 잘 구성된 데이터입니다.

독립변수(Independent Variables) 는 예측을 수행하는 데 사용하는 입력 데이터입니다. 아래 데이터에서는 '년도', '전년 대비 가격상승(원)', '가격 상승률(%)'이 독립변수가 될 수 있습니다. 이 변수들이 상품 가격에 영향을 미칠 수 있는 요인들입니다.

종속변수(Dependent Variables) 는 예측하고자 하는 대상입니다. 여기서는 '가격(원)'이 종속변수가 됩니다. 종속변수는 독립변수의 변화에 따라 변하는 값이며, 이 경우에는 상품의 가격이 됩니다.

년도	가격(원)	전년 대비 가격상승(원)	가격 상승률(%)
2001	480	0	0.0
2002	520	40	8.3
2003	550	30	5.8
2004	600	50	9.1
2005	650	50	8.3
2006	650	0	0.0
2007	650	0	0.0
…	…	…	…
2019	830	0	0.0

시간에 따른 가격의 변화

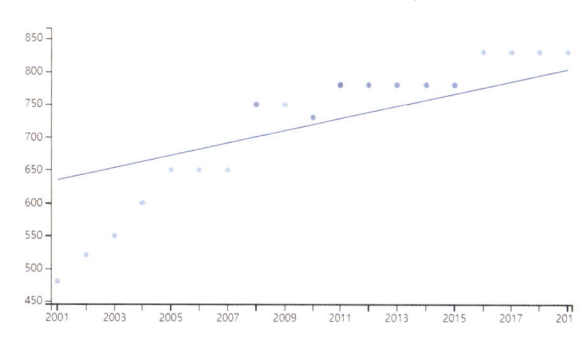

핵심 속성 1: 년도   예측 속성 가격(원)   회귀식 Y = +9.36X$_1$ -18094.66

데이터값을 선형 회귀 그래프로 나타내기

선형 회귀 알고리즘은 이 데이터를 사용해서 연도에 따른 상품의 가격 변화를 가장 잘 나타내는 선을 그립니다. 이 선은 '연도가 지날수록 시장의 물가가 올라간다.'라는 관계를 보여줍니다. 이 선을 사용해서 미래의 물가 변동에 따라 식품의 가격이 얼마나 올라가는지를 예측할 수 있습니다.

선형 회귀 알고리즘을 사용해서 식품의 가격뿐 아니라 가까운 미래의 날씨나 주택 가격을 예측할 수도 있습니다. 이처럼 선형 회귀 알고리즘은 다양한 분야에서 사용되고 있습니다.

인공지능 프로젝트 일지

	20XX년 XX월 XX일 X요일 
상황	엄마와 식료품을 사러 마트에 갔다. 집에 라면이 필요하다고 얘기했던 것 같아서 엄마에게 라면을 내밀었는데 엄마가 라면 가격을 보더니 한숨을 쉬었다. 엄마 어릴 적 라면 가격보다 10배나 올랐다고 한다. 이러다간 10년 후에 라면 가격이 3,000원이 되지 않을까 염려하는 엄마를 바라봤다. 그런데, 어떻게 3,000원이라는 셈법이 나온 건지 궁금했다. 
발견된 문제점	미래의 라면값을 계산하는 방법이 있는지 궁금했다.
해결 방법	선형 회귀 알고리즘을 이용해 라면 가격을 예측하는 프로그램을 만든다. 이 프로그램은 과거의 라면값 데이터를 바탕으로 미래의 라면 가격을 예측하여 미래의 년도를 입력하면 라면 가격을 예측하고 결과를 보여준다.

프로젝트 설계하기

목표	미래의 라면 가격을 예측하는 프로그램을 만들자.
기능	1. 선형 회귀 모델 창을 확인한다. 2. 가격이 궁금한 미래의 년도를 입력한다. 3. 입력한 년도의 라면 가격을 보여준다.
화면 디자인	 2050년의 라면 가격은 '1697' 원으로 예측돼 ② 입력된 년도의 상품 가격을 예측해서 알려준다 2050 [입력] ① 년도를 입력한다
순서도	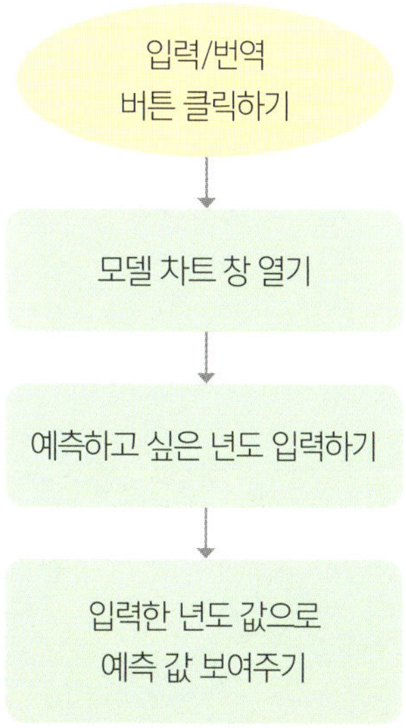 입력/번역 버튼 클릭하기 ↓ 모델 차트 창 열기 ↓ 예측하고 싶은 년도 입력하기 ↓ 입력한 년도 값으로 예측 값 보여주기

| 인공지능 알아보기 | 인공지능 프로젝트 맛보기 | 프로젝트 설계하기 | **프로젝트 만들기** | 정리하기 | 발전시키기 |

프로젝트 만들기

학습목표

- 인공지능 모델 학습하기의 '선형 회귀 알고리즘'을 이용하여 데이터를 예측할 수 있다.
- 선형 회귀 알고리즘에 맞는 데이터를 이용하여 데이터를 학습시킬 수 있다.
- 선형 회귀 알고리즘을 이용하여 라면 가격 예측 작품을 만들 수 있다.

· 예제 작품 주소 : http://naver.me/58FtJtYB
· 완성 작품 주소 : http://naver.me/GmVEpqwS
· 실습 파일 : [교육_자료_파일] – [10차시]

실습 영상

준비하기

| 활용 인공지능 | [예측: 숫자 (선형 회귀)] | 준비물 | [컴퓨터] | [데이터] |

프로젝트 미리보기

**예측값은 프로젝트 미리보기와 다르게 나타날 수 있습니다.

엔트리의 인공지능   예측: 숫자(선형 회귀)

이번 프로젝트에서는 엔트리에서 제공하는 다음 인공지능을 이용하여 작품을 만듭니다.

🌼 기능 알아보기

모델이 학습할 숫자를 테이블로 업로드하거나 직접 작성해 데이터로 입력하고, 입력한 데이터의 몇몇 속성을 바탕으로 하나의 속성을 예측하는 모델을 학습합니다.

* 예측: 숫자 모델을 학습하려면 먼저 데이터로 삼을 테이블을 추가해야 합니다. 학습하기 전에 데이터 분석 카테고리에서 [테이블 불러오기]를 통해 기본 테이블, 파일 업로드, 새로 만들기의 방법으로 테이블을 추가해야 합니다.

🌼 블록 알아보기

블록	기능
모델 보이기 ▼	모델의 상태를 표시하는 창을 실행화면에 보이게 하거나 숨깁니다.
모델 차트 창 열기 ▼	입력한 데이터와 학습한 모델의 군집을 2차원 좌표평면에 나타낸 차트 창을 열거나 닫습니다.
년도 10 의 예측 값	입력한 핵심 속성으로 모델이 예측한 값을 반환합니다.

🌼 오브젝트 살펴보기

	배경 이미지	엔트리봇 이미지	라면 이미지
이름	배경	엔트리봇	라면
x	0	-40	70
y	0	-40	-75
크기	375%	130%	100%

🔵 프로젝트 만들기

Step 1 　 데이터 업로드하기

라면의 가격 정보를 담고 있는 엑셀 파일을 불러옵니다. (파일 이름: 미래_라면_가격_예측.xlsx)

1 [데이터 분석] 카테고리에서 [테이블 불러오기] 버튼을 클릭합니다.

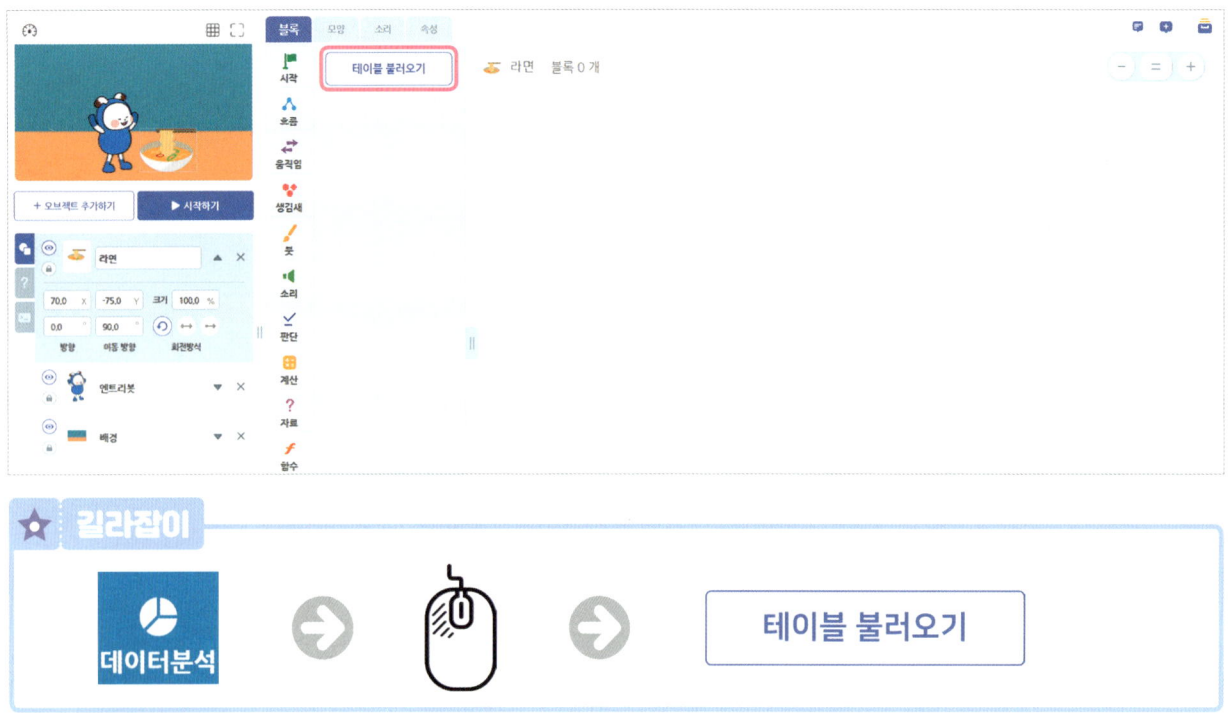

2 [테이블 추가하기] 버튼을 클릭한 후, [파일 올리기]-[파일 선택] 버튼을 클릭합니다.

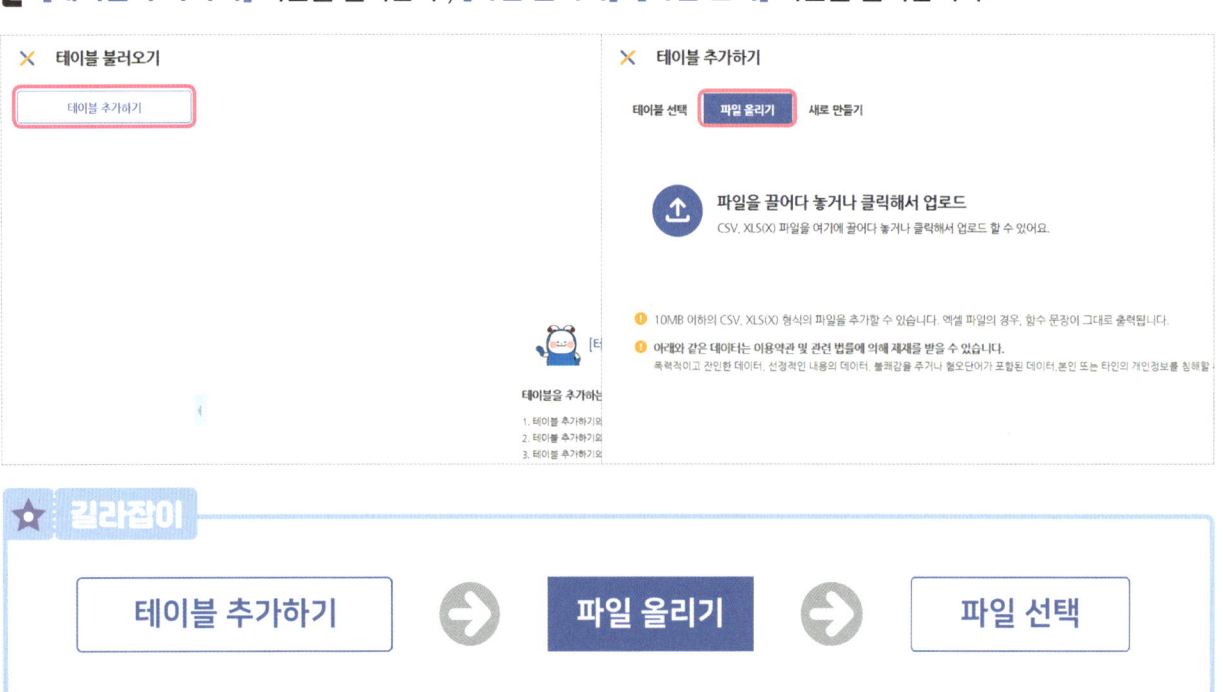

3 [인공지능 교육_자료_파일]-[10차시]-[미래_라면_가격_예측.xlsx] 파일을 선택하고 [열기] 버튼을 클릭한 후, 화면 오른쪽 위의 [추가하기] 버튼을 클릭합니다.

4 추가된 데이터를 확인한 후, 화면 오른쪽 위의 [적용하기] 버튼을 클릭합니다.

Step 2 인공지능 선택하기

'예측: 숫자 (선형 회귀)' 인공지능 모델 학습하기를 선택합니다.

5 [인공지능] 카테고리에서 [인공지능 모델 학습하기] 버튼을 클릭합니다.

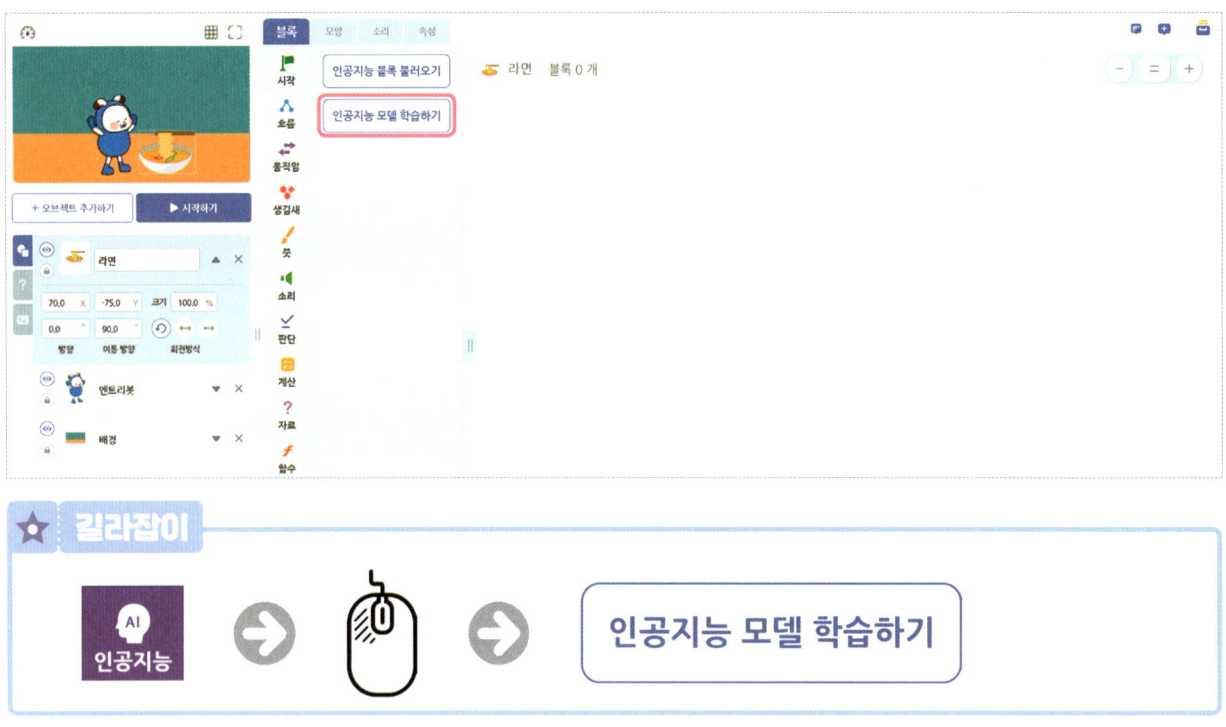

6 학습할 모델 중 [예측: 숫자 (선형 회귀)]를 클릭한 후, 화면 오른쪽 위의 [학습하기] 버튼을 클릭합니다.

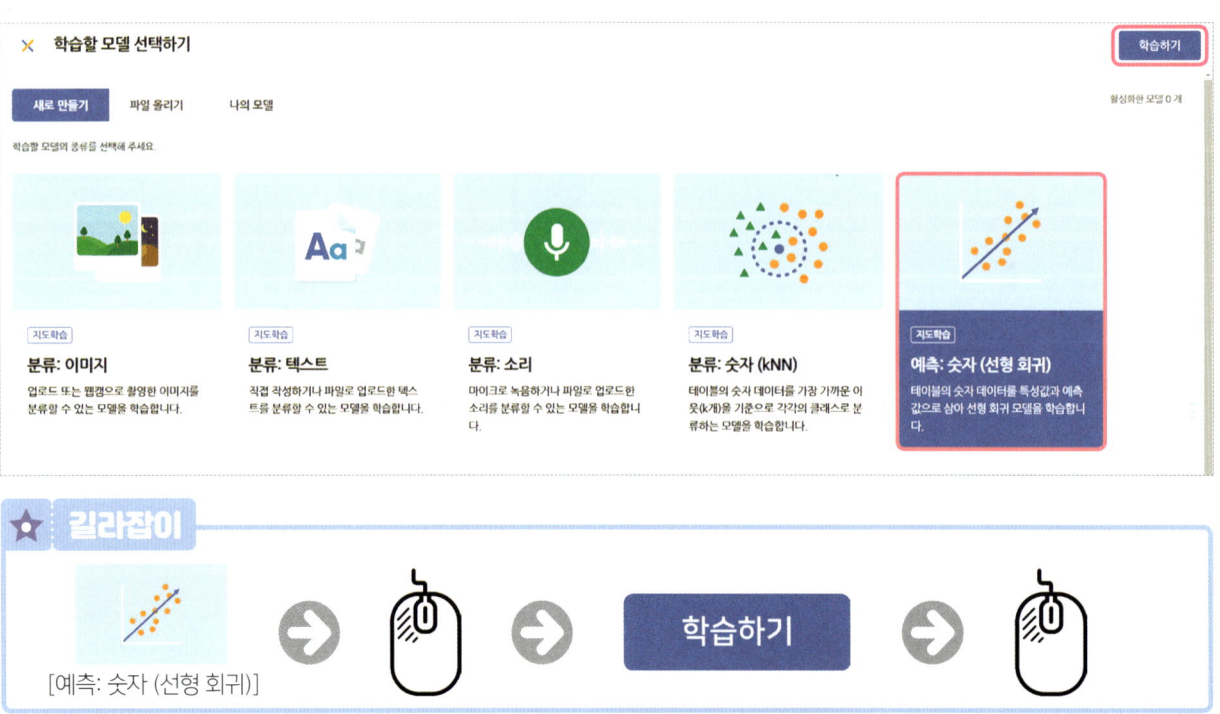

Step 3 예측: 숫자 (선형 회귀) 모델 학습하기

라면 가격 데이터를 토대로 '예측: 숫자 (선형 회귀)' 모델을 학습시킵니다.

7 모델의 이름을 '미래 라면 가격 예측'으로 입력한 후, 테이블을 선택합니다. 핵심 속성은 '년도', 클래스 속성은 '가격(원)'을 선택합니다. 학습 조건의 에포크를 '100'으로 입력한 후, [모델 학습하기] 버튼을 클릭합니다.

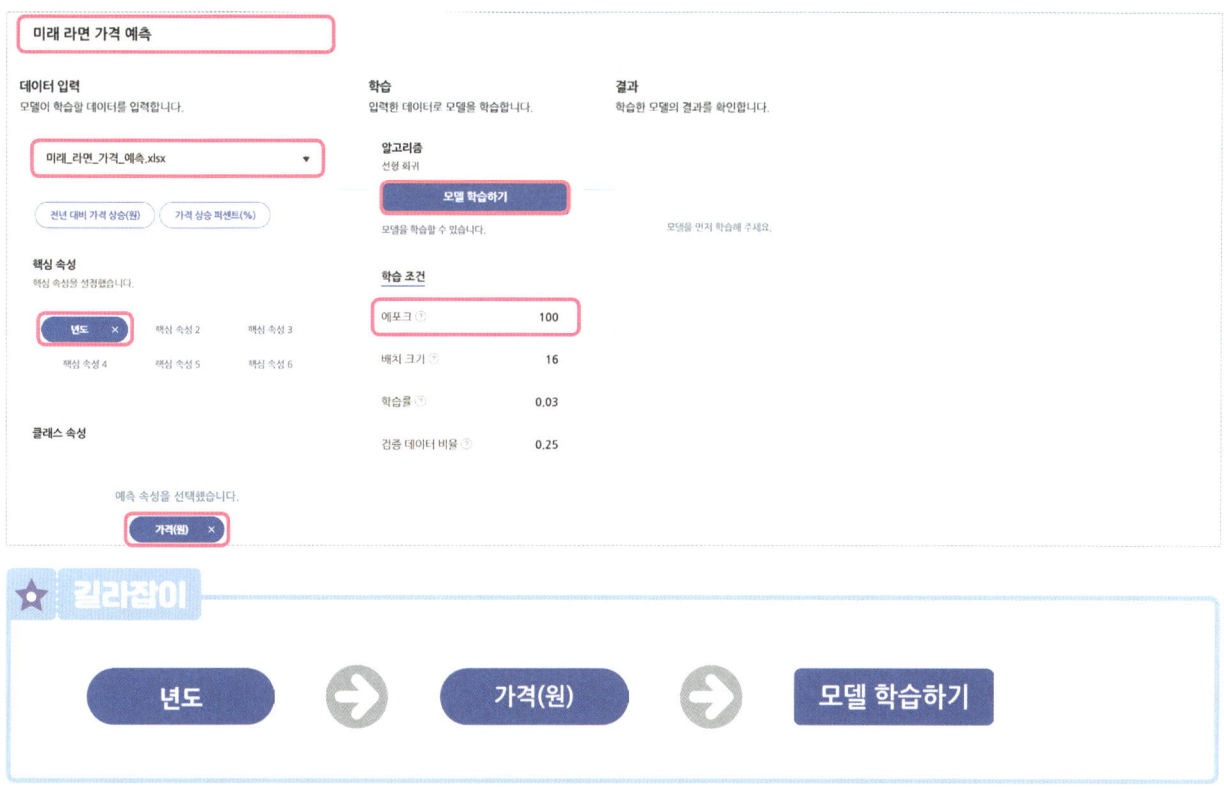

8 학습 상태와 결과를 확인한 후, 화면 오른쪽 위의 [적용하기] 버튼을 클릭합니다.

| Step 4 | 변수 추가하기 |

미래의 예측하고 싶은 년도와 예측 라면 가격 값을 저장할 '년도', '예측 라면 가격' 변수를 추가합니다.

9 [속성] 탭에서 [변수]-[변수 추가하기] 버튼을 클릭하여 변수 이름에 '년도', '예측 라면 가격'을 입력한 후, [변수 추가] 버튼을 클릭합니다.

| Step 5 | 미래 라면 가격 예측하기 |

궁금한 미래의 년도를 입력하여 변수에 저장합니다. 예측값을 실행화면에 보여줍니다.

10 '엔트리봇' 오브젝트를 클릭한 후, [시작] 카테고리에서 [시작하기 버튼을 클릭했을 때] 블록을 가져옵니다.

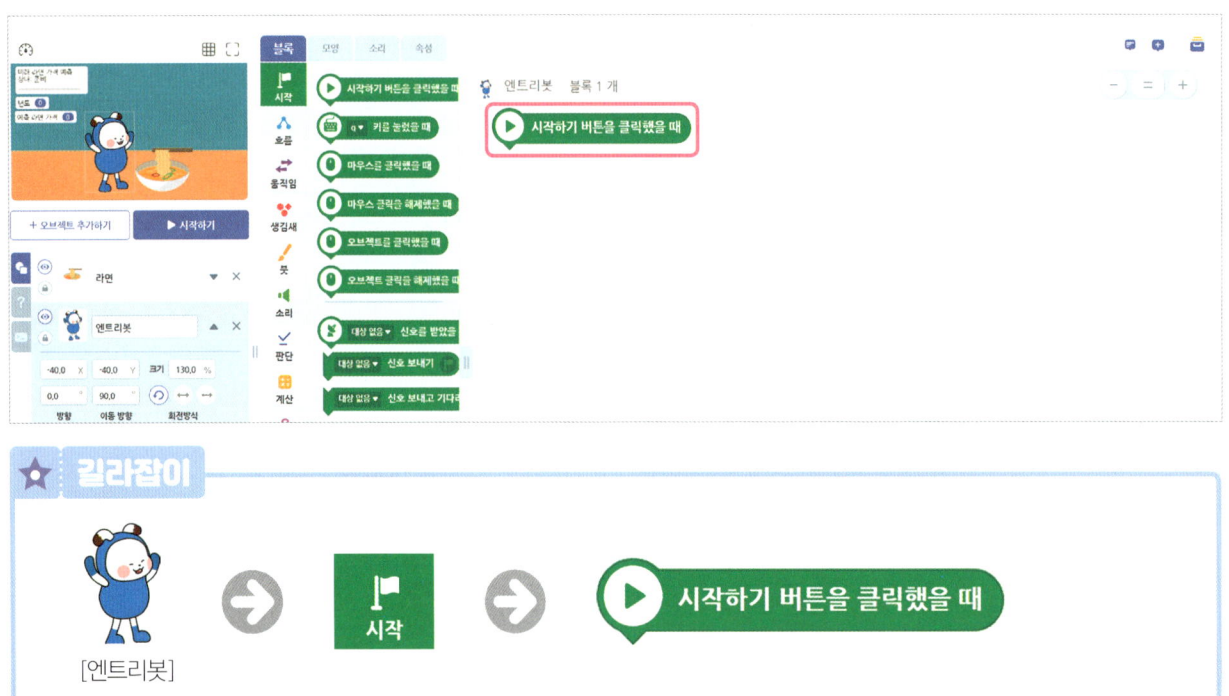

11 [생김새] 카테고리에서 [안녕! 을(를) 4 초 동안 말하기] 블록을 가져와 [미래의 라면 가격을 예측해볼까? 을(를) 4 초 동안 말하기]로 수정합니다.

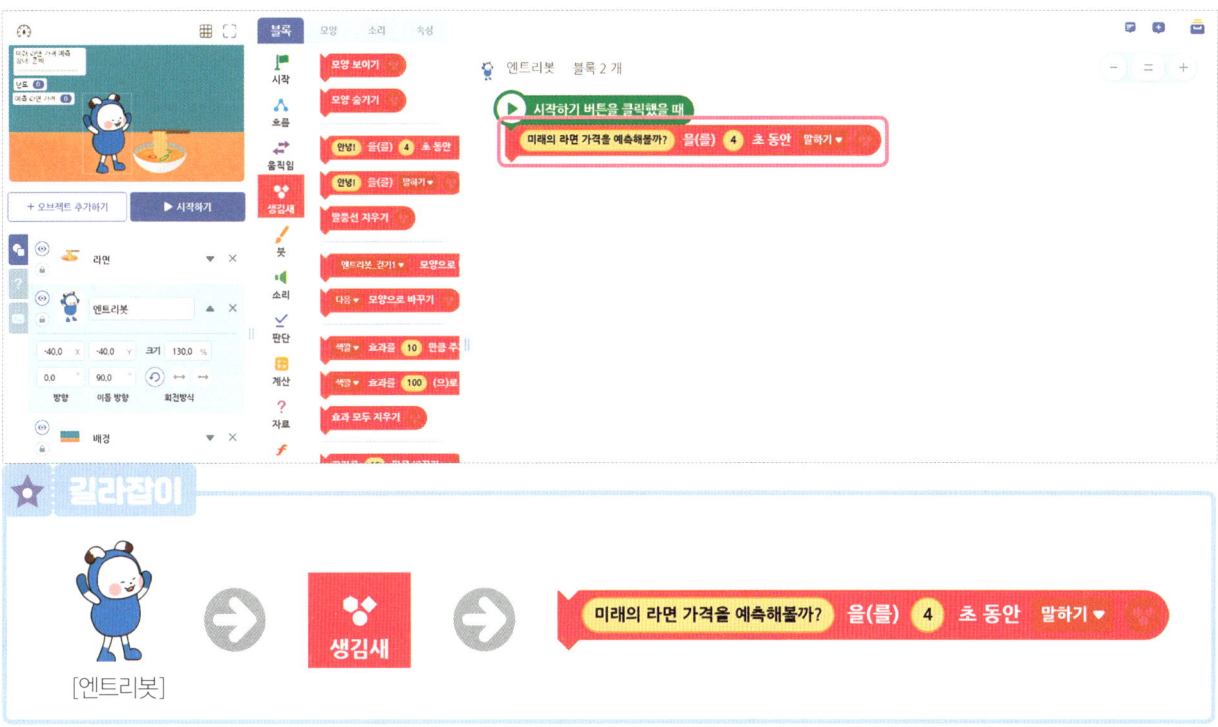

12 [자료] 카테고리에서 [안녕! 을(를) 묻고 대답 기다리기] 블록을 가져와 [몇 년도의 라면 가격이 궁금해? 을(를) 묻고 대답 기다리기]로 수정합니다.

13 [자료] 카테고리에서 [예측 라면 가격를 10 (으)로 정하기] 블록을 가져와 [년도를 10 (으)로 정하기]로 수정합니다.

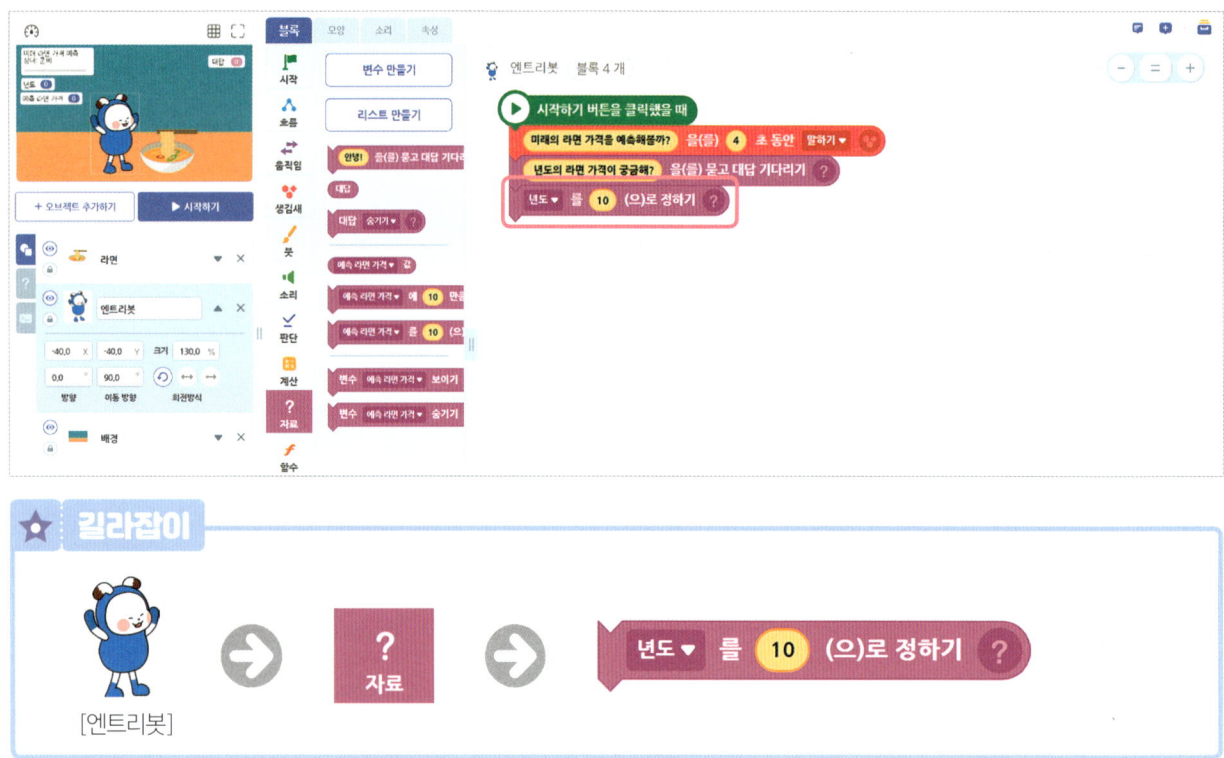

14 [자료] 카테고리에서 (대답) 블록을 가져와 [년도를 10 (으)로 정하기] 블록의 '10'에 넣어줍니다.

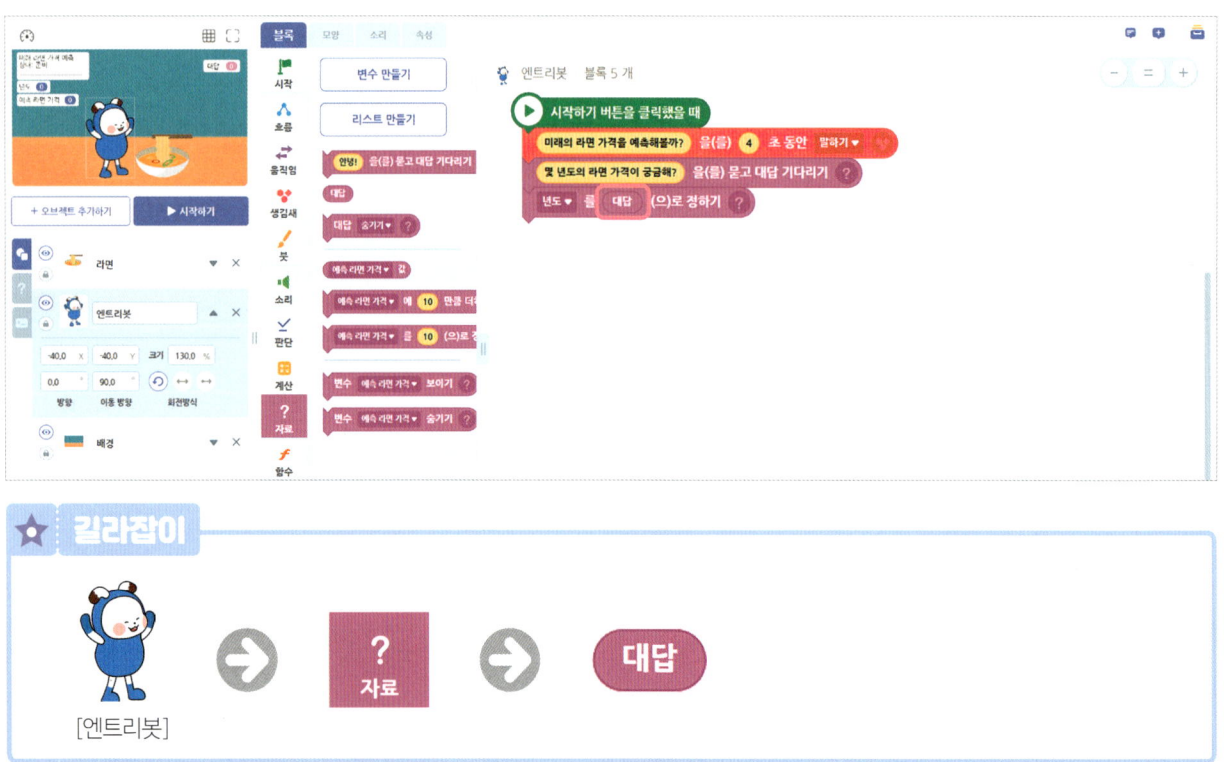

15 [자료] 카테고리에서 [예측 라면 가격을 10 (으)로 정하기] 블록을 가져옵니다.

16 [계산] 카테고리에서 (10 의 제곱) 블록을 가져와 (10 의 소수점 반올림값)으로 수정합니다.

Chapter 10 | 인공지능으로 미래의 라면 가격 예측하기 **243**

17 [인공지능] 카테고리에서 **(년도 10 의 예측값)** 블록을 가져와 **(10 의 소수점 반올림값)** 블록의 '10'에 넣어줍니다.

18 [자료] 카테고리에서 **(예측 라면 가격 값)** 블록을 가져와 **(년도 10 의 예측값)** 블록의 '10'에 넣어준 후, **(년도 값)**으로 수정합니다.

19 [예측 라면 가격을 10 (으)로 정하기] 블록의 '10'에 ((년도 (년도 값) 의 예측값) 의 소수점 반올림값) 블록을 넣어줍니다.

(소수점 반올림값) 블록 넣어주기

20 [생김새] 카테고리에서 [안녕! 을(를) 4 초 동안 말하기] 블록을 가져옵니다.

안녕! 을(를) 4 초 동안 말하기

Chapter 10 | 인공지능으로 미래의 라면 가격 예측하기   **245**

21 [계산] 카테고리에서 (안녕! 과(와) 엔트리 을(를) 합친 값) 블록 3개를 가져와 다음과 같이 블록을 합쳐 줍니다.

22 (안녕! 과(와) 엔트리 을(를) 합친 값) 블록의 두 번째와 네 번째를 다음과 같이 수정합니다.
(두 번째 – 년도의 라면 가격은) (네 번째 – 원으로 예측돼.)

23 [자료] 카테고리에서 (예측 라면 가격 값) 블록 2개를 가져와 (안녕! 과(와) 엔트리 을(를) 합친 값) 블록의 첫 번째와 세 번째에 각각 넣어줍니다. 그리고 첫 번째를 (년도 값)으로 수정합니다.

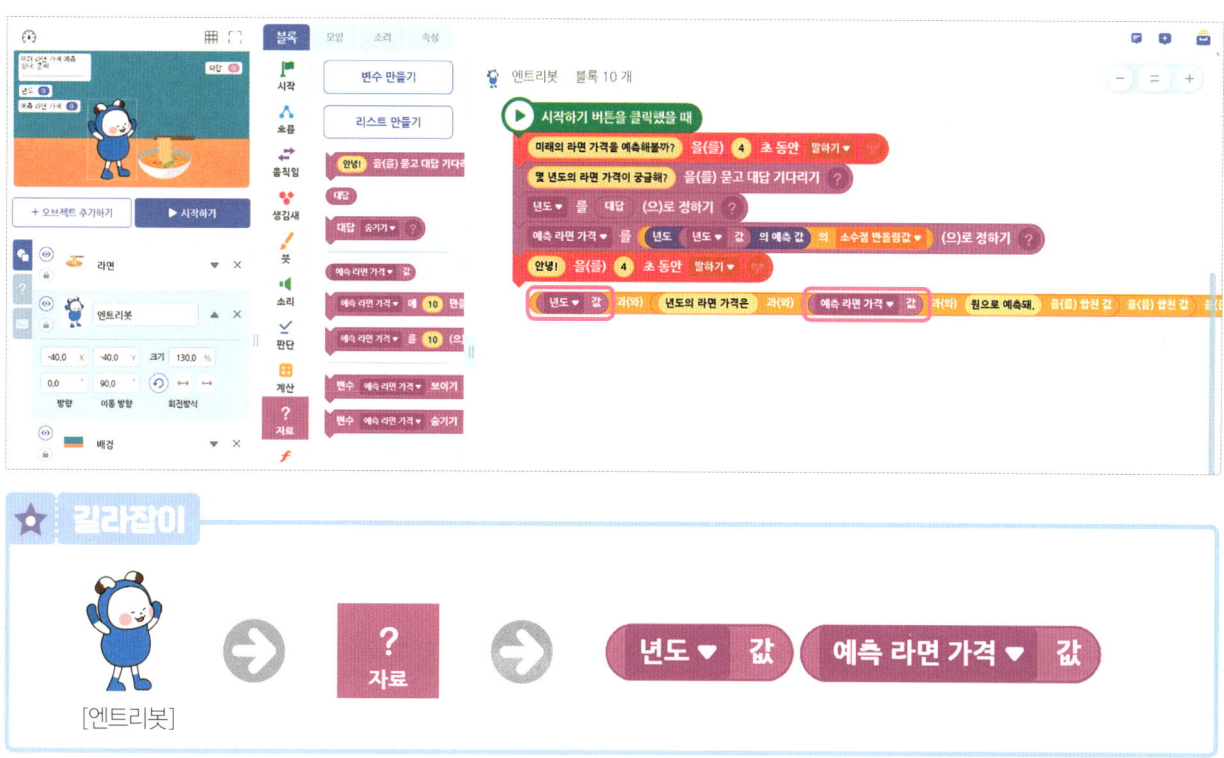

24 (합친 값) 블록을 [안녕! 을(를) 4 초 동안 말하기] 블록의 '안녕!'에 넣어줍니다.

Step 6 모델 차트 창 열기

라면 가격 데이터의 그래프를 확인할 수 있는 모델 차트 창을 보여줍니다.

25 [인공지능] 카테고리에서 [모델 보이기], [모델 차트 창 열기] 블록을 가져와 [시작하기 버튼을 클릭했을 때] 아래에 붙여준 후, [모델 숨기기], [모델 차트 창 열기]로 수정합니다.

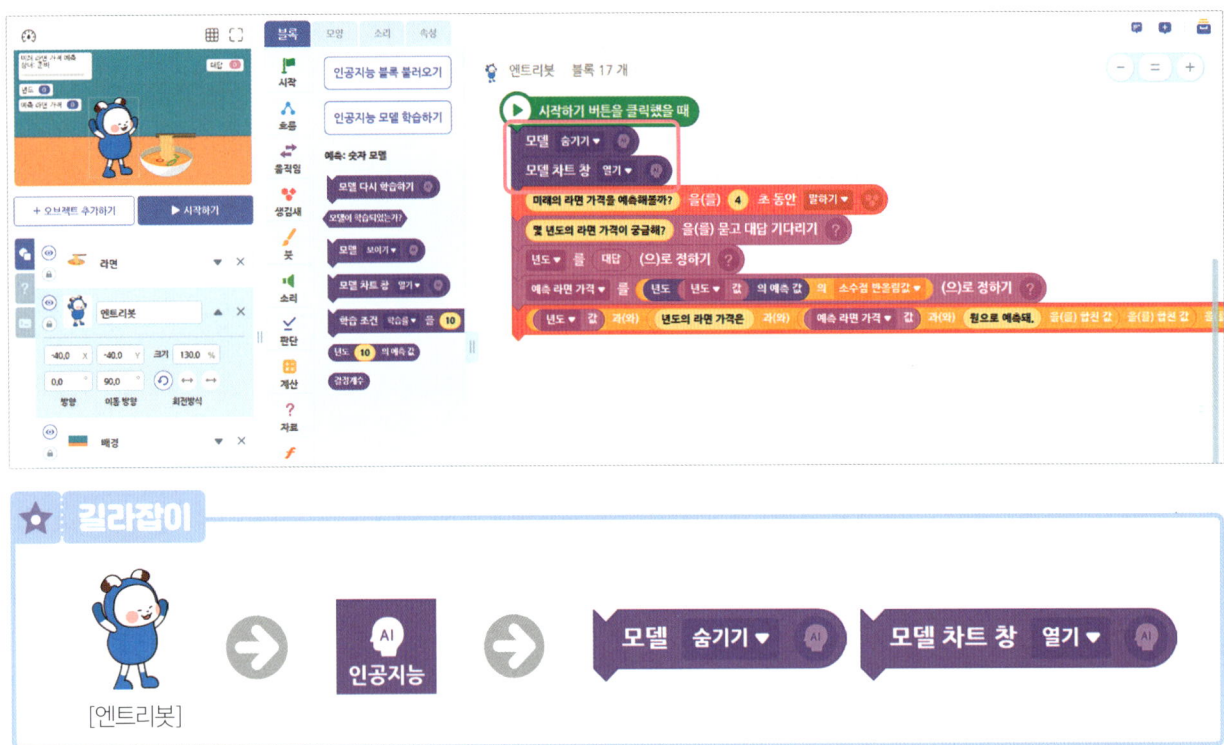

26 [자료] 카테고리에서 [대답 숨기기] 블록을 가져와 [시작하기 버튼을 클릭했을 때] 아래에 붙여줍니다.

정리하기

전체 코드 보기

[엔트리봇]

Chapter 10 | 인공지능으로 미래의 라면 가격 예측하기

발전시키기

라면 가격 예측하기 프로젝트의 개선점을 찾고, 새로운 기능을 추가하여 더 나은 프로그램으로 확장해 보세요.

기능	현재 라면 가격과 예측된 미래의 라면 가격을 비교하여 상승 퍼센트를 계산하고 화면에 보여준다.
화면 디자인	
변수 추가하기	**프로젝트 만들기 힌트** 1. [속성] 탭 [변수]에서 '현재 라면 가격' 변수를 추가한 후, 기본값을 '950'원으로 설정합니다. 2. [속성] 탭 [변수]에서 '예측 퍼센트' 변수를 추가합니다.

	3. 다음 공식을 이용하여 예측 퍼센트를 계산합니다. 　공식 : (((① 예측 라면 가격 - ② 현재 라면 가격) / ③ 예측 라면 가격) × ④ 100)
코드 추가	• 코드 설명 : '엔트리봇' 오브젝트가 미래의 라면 가격을 말한 후 예측 퍼센트를 계산합니다. (엔트리의 사칙 연산 블록을 사용할 때는 끼우는 순서에 우선순위가 있습니다.) 현재 라면의 가격 대비 미래 라면의 상승한 예측 퍼센트를 말하게 합니다. 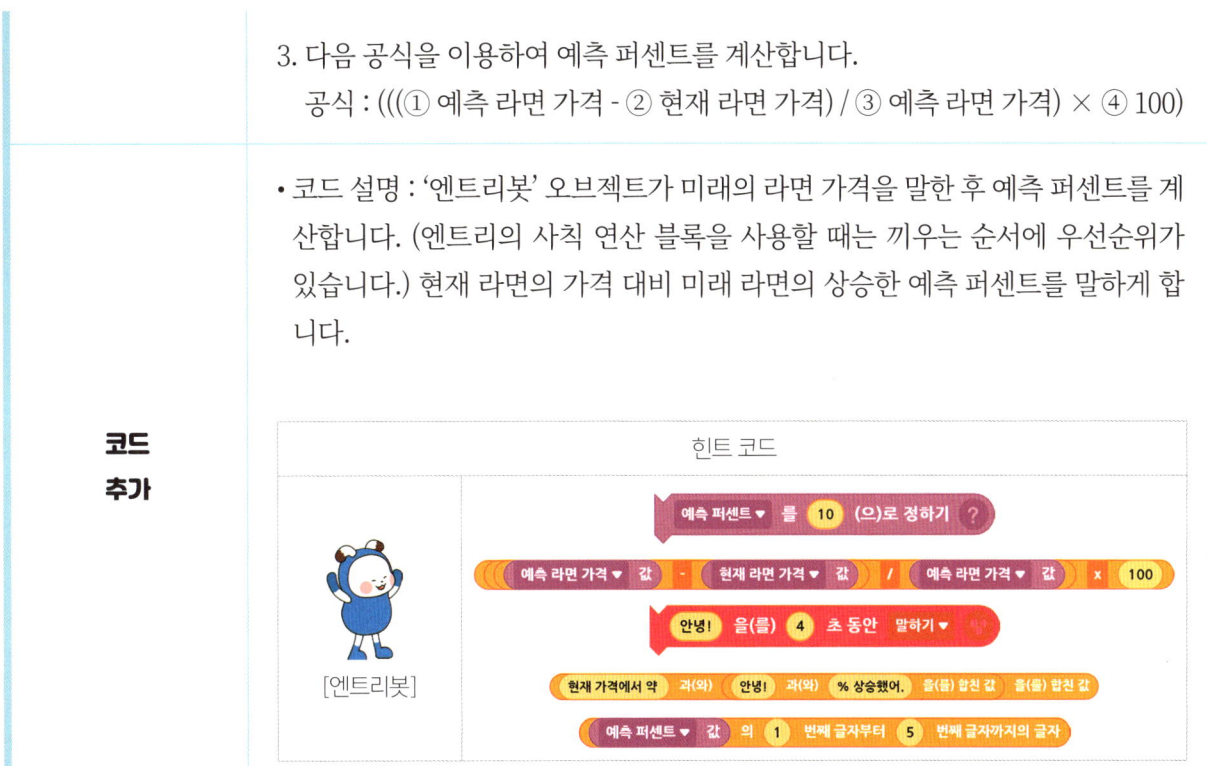

PART 3 　머신러닝 유형 -지도 학습 / 학습할 모델 -분류: 숫자 (SVM)

Chapter 11
인공지능으로 추천 광고 프로그램 만들기
좋아한다면 더욱더! 관심 있는 브랜드의 상품 광고 보여주기

💡 인공지능 알아보기

이해하기 서포트 벡터 머신 알고리즘으로 어떻게 데이터를 두 그룹으로 나눌까?

높은 정확도로 데이터 분류에 뛰어난 서포트 벡터 머신 알고리즘

서포트 벡터 머신(SVM)은 패턴 인식과 자료 분석을 위한 지도 학습 모델입니다. 데이터를 분류하거나 값의 변화에 따른 결과를 분석하는 회귀 분석에 주로 사용됩니다.

예를 들어, 한 상자 안에 파란색 공과 빨간색 공이 섞여 있는 사진에서 SVM은 두 종류의 공을 명확하게 구분하기 위한 선을 그립니다. 이때, 두 그룹의 공 사이에 최대한의 거리를 두도록 선을 그립니다. 이 선은 '결정 경계'라고 부르며, '결정 경계'를 기준으로 두 그룹 사이의 거리인 마진(margin)을 최대화합니다. 마진(margin)이 크면 클수록 두 그룹을 명확하게 구분할 수 있습니다.

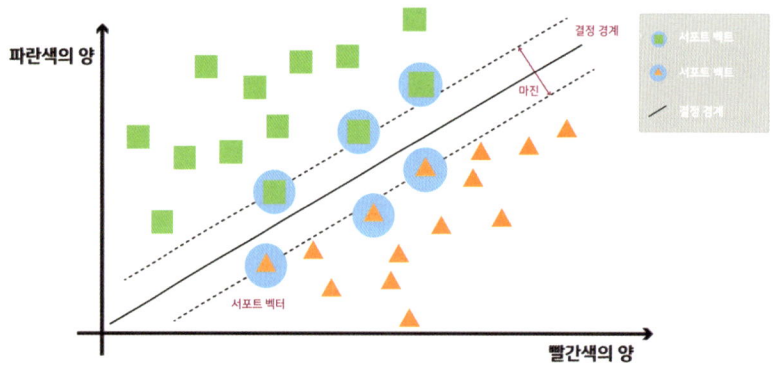

이미지에서 두 가지 색을 구분하는 SVM 그래프

하지만, 모든 사진에 있는 모든 공을 동일하게 고려하지 않습니다. 결정 경계 근처의 특별한 몇 개의 공만이 선의 결정에 큰 영향을 줍니다. 이러한 특별한 공들을 '서포트 벡터'라고 부르며, 이 공들은 결정 경계를 정하는 데 핵심적인 역할을 합니다.

SVM은 두 그룹 간의 거리를 최대화하여 명확하게 구분하는 선을 찾습니다. 이 특징 덕분에 SVM은 다양한 분류 문제에서 높은 정확도로 성능을 발휘하게 됩니다. 그리고 SVM은 단순히 직선으로만 아니라, 복잡한 곡선 형태로도 데이터를 구분할 수 있기 때문에 매우 강력한 분류 알고리즘으로 알려져 있습니다.

살펴보기 제품 구매를 원할까? 원하지 않을까?

A 회사는 자랑스러운 제품을 만들었습니다. 그런데 여기에는 한 가지 고민이 있습니다. A 회사는 그 제품을 모든 사람에게 알리는 것보다 관심 있는 사람들을 대상으로 홍보하는 것이 효과적일 것이라고 판단했습니다. 그래서 A 회사에 관심이 있는 사람에게만 제품을 홍보하기로 합니다.

만약 SVM 알고리즘을 활용하여 상품 추천을 하게 된다면 특정 상품을 좋아할지 그렇지 않을지의 분류의 문제로 볼 수 있습니다. 이제 A 회사는 SVM을 이용해서 누가 제품을 좋아할지를 알아냅니다. 그러기 위해서는 사람들이 어떤 제품을 좋아하는지, 얼마나 많은 제품을 가졌는지와 같은 데이터가 필요합니다.

브랜드 신뢰도(0-1)	컴퓨터에 대한 관심도(1-5)	현재 컴퓨터의 수명(0-6)	갖고 있는 컴퓨터 유형	소유한 A 제품 수	브랜드 친숙도
0	4	3	PC	0	0
1	2	4	PC	1	0
1	5	6	PC	0	0
1	2	6	노트북	4	0
1	4	4	노트북	7	1

** 브랜드 신뢰도(0: 신뢰하지 않는다, 1: 신뢰한다)
** 컴퓨터에 대한 관심도(1: 매우 낮다, 2: 낮다, 3: 보통이다, 4: 높다, 5: 매우 높다)
** 현재 컴퓨터의 수명(0에서 6 사이의 값으로 사용된 년수를 나타냅니다.)
** 소유한 컴퓨터 유형(데스크톱, 노트북, 태블릿 등으로 분류)
** 소유한 A 제품 수(응답자가 현재 A 회사의 제품을 소유하고 있는 수량)
** 브랜드 친숙도(0: 친숙하지 않다, 1: 친숙하다)

SVM은 이 데이터를 잘 살펴보고, 회사에 관심이 있는 사람과 그렇지 않은 사람을 분류합니다. 이렇게 분류된 데이터를 토대로 A 회사는 관심이 있는 사람들에게만 특별한 광고를 보낼 수 있습니다.

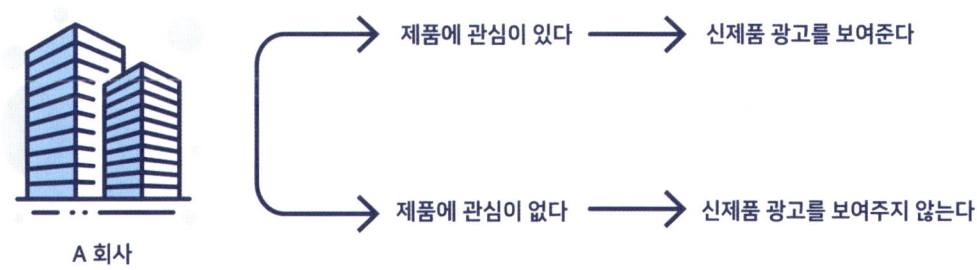

SVM 알고리즘은 위 예시처럼 간단한 분류뿐만 아니라 유전자 상태를 확인하여 질병을 판별하는 것부터 이메일 스팸 분류까지, 다양한 분야에서 활용됩니다.

인공지능 프로젝트 일지

	20XX년 XX월 XX일 X요일	
상황	인터넷에서 자료를 찾고 있는데, 모니터 화면에 광고들이 어지럽게 보여서 집중할 수가 없었다. 혼잣말로 사지도 않을 광고를 왜 이렇게 많이 보여줄까 하며 짜증을 냈는데 누나가 내 뒤에 있었나 보다. 좋아하는 광고를 보여주면 네가 살 거냐는 물음에 곰곰이 생각해 봤는데 사지는 않을 것 같다. 그래도 좋아하는 광고라면 짜증을 내지 않고 재밌게는 볼 수 있을 것 같다는 생각이 들었다. 	
발견된 문제점	광고 필터링 알고리즘의 잘못된 데이터 분류로 인해 원하지 않는 광고를 계속 봐야 하고, 이로 인해 시간 낭비를 하는 것 같아 불쾌감을 느낀다.	
해결 방법	서포트 벡터 머신(SVM) 알고리즘을 이용해 개인의 온라인 활동 데이터를 바탕으로 사용자의 성향과 관심사에 맞는 광고를 추천하는 프로그램을 만든다. 이 프로그램을 통해 본인의 관심사에 맞는 광고만 받아볼 수 있다.	

프로젝트 설계하기

목표	개인의 성향을 분석하여 관심이 있는 사람에게만 광고가 보이는 프로그램을 만들자.
기능	1. A 회사의 제품에 대한 사용자 정보를 입력한다. 2. A 회사 제품에 관심이 있다고 판단할 때는 신제품 광고를 보여준다.
화면 디자인	(손그림: ① A회사에 대한 다양한 질문을 한다 — "A회사를 좋게 생각해? 맞다:1 아니다:0", ② 질문의 답을 입력한다, 입력 / 신제품 출시 — A사의 바나나폰! ③ 관심있는 경우에만 위의 화면이 보인다)
순서도	시작하기 버튼 클릭하기 → 사용자 정보 입력하기 → 분류 결과 = '구매한다' → (아니오) 인사말 보여주기 / (예) 광고 보여주기

| 인공지능 알아보기 | 인공지능 프로젝트 일지 | 프로젝트 설계하기 | **프로젝트 만들기** | 정리하기 | 발전시키기 |

 프로젝트 만들기

🔘 학습목표

- 인공지능 모델 학습하기의 'SVM 알고리즘'을 이용하여 데이터를 분류할 수 있다.
- SVM 알고리즘에 맞는 데이터를 이용하여 데이터를 학습시킬 수 있다.
- SVM 알고리즘을 이용하여 작품을 만들 수 있다.

· 예제 작품 주소 : http://naver.me/xQNuTwpU
· 완성 작품 주소 : http://naver.me/FIY7alld
· 실습 파일 : [교육_자료_파일] – [11차시]

실습 영상

🔘 준비하기

활용 인공지능	 [분류: 숫자 (SVM)]	준비물	 [컴퓨터]	 [데이터]

🔘 프로젝트 미리보기

엔트리의 인공지능　분류: 숫자 (SVM)

이번 프로젝트에서는 엔트리에서 제공하는 다음 인공지능을 이용하여 작품을 만듭니다.

🌸 기능 알아보기

모델이 학습할 숫자를 테이블로 업로드하거나 직접 작성해 데이터로 입력하고, 입력한 데이터를 두 가지의 그룹으로 나누는 선을 그려 분류하는 모델을 학습합니다.

* 분류 및 예측 : 숫자 모델을 학습하려면 먼저 데이터로 삼을 테이블을 추가해야 합니다. 학습하기 전에 데이터 분석 카테고리에서 [테이블 불러오기]를 통해 기본 테이블, 파일 업로드, 새로 만들기의 방법으로 테이블을 추가해야 합니다.

🌸 블록 알아보기

블록	기능
모델 보이기▼	모델의 상태를 표시하는 창을 실행화면에 보이게 하거나 숨깁니다.
브랜드 신뢰도(0-1) 10 컴퓨터에 대한 관심도(1-5) 10 현재 컴퓨터의 수명(0-6) 10 소유한 A제품 수 10 브랜드 친숙도 10 의 분류 결과가 구매한다▼ 인가?	입력한 데이터의 인식 결과가 선택한 클래스일 때 '참'으로 판단합니다.

🌸 오브젝트 살펴보기

이름	배경	엔트리봇	제품 추천 AI
x	0	0	0
y	0	-65	100
크기	375%	150%	200%

프로젝트 만들기

Step 1   데이터 업로드하기

제품 설문 조사 정보를 담고 있는 엑셀 파일을 불러옵니다. (파일 이름: 제품_설문조사.xlsx)

1 [데이터 분석] 카테고리에서 [테이블 불러오기] 버튼을 클릭합니다.

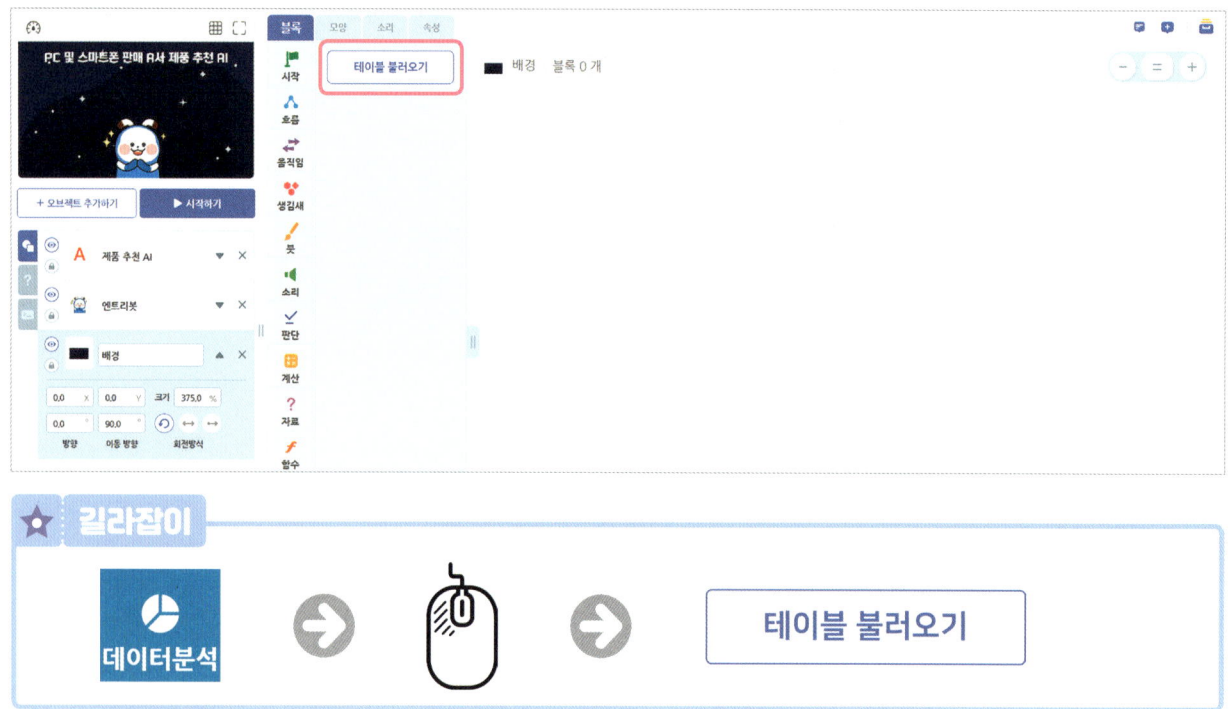

2 [테이블 추가하기] 버튼을 클릭한 후, [파일 올리기]-[파일 선택] 버튼을 클릭합니다.

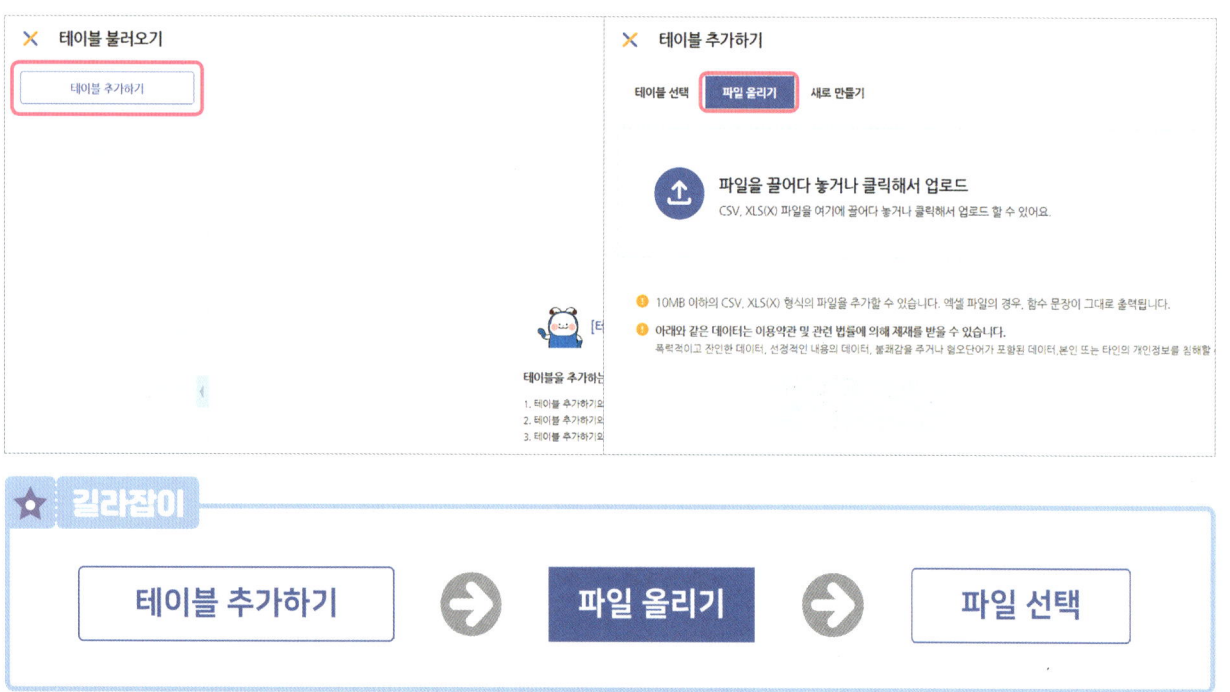

3 [인공지능 교육_자료_파일]-[11차시]-[제품_설문조사.xlsx] 파일을 선택하고 [열기] 버튼을 클릭한 후, 화면 오른쪽 위의 [추가하기] 버튼을 클릭합니다.

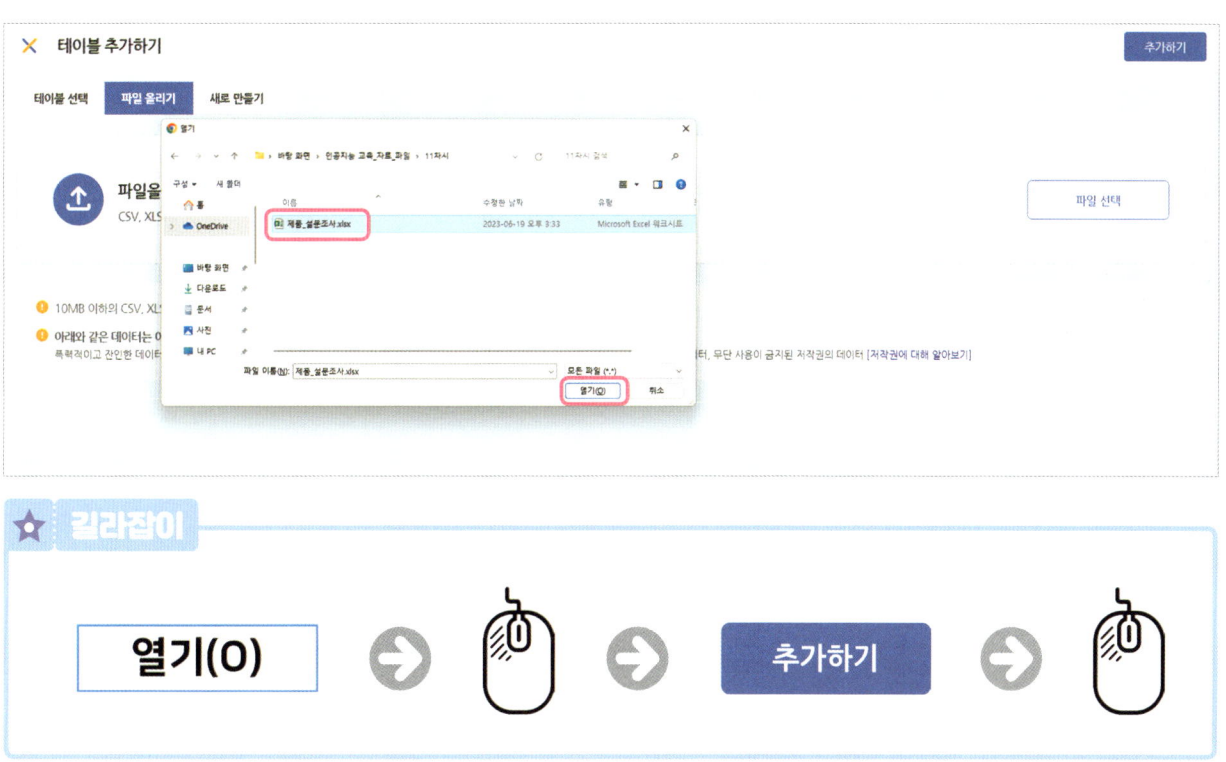

4 추가된 데이터를 확인한 후, 화면 오른쪽 위의 [적용하기] 버튼을 클릭합니다.

Step 2   인공지능 선택하기

'분류: 숫자 (SVM)' 인공지능 모델 학습하기를 선택합니다.

5 [인공지능] 카테고리에서 [인공지능 모델 학습하기] 버튼을 클릭합니다.

6 학습할 모델 중 [분류: 숫자 (SVM)]를 클릭한 후, 화면 오른쪽 위의 [학습하기] 버튼을 클릭합니다.

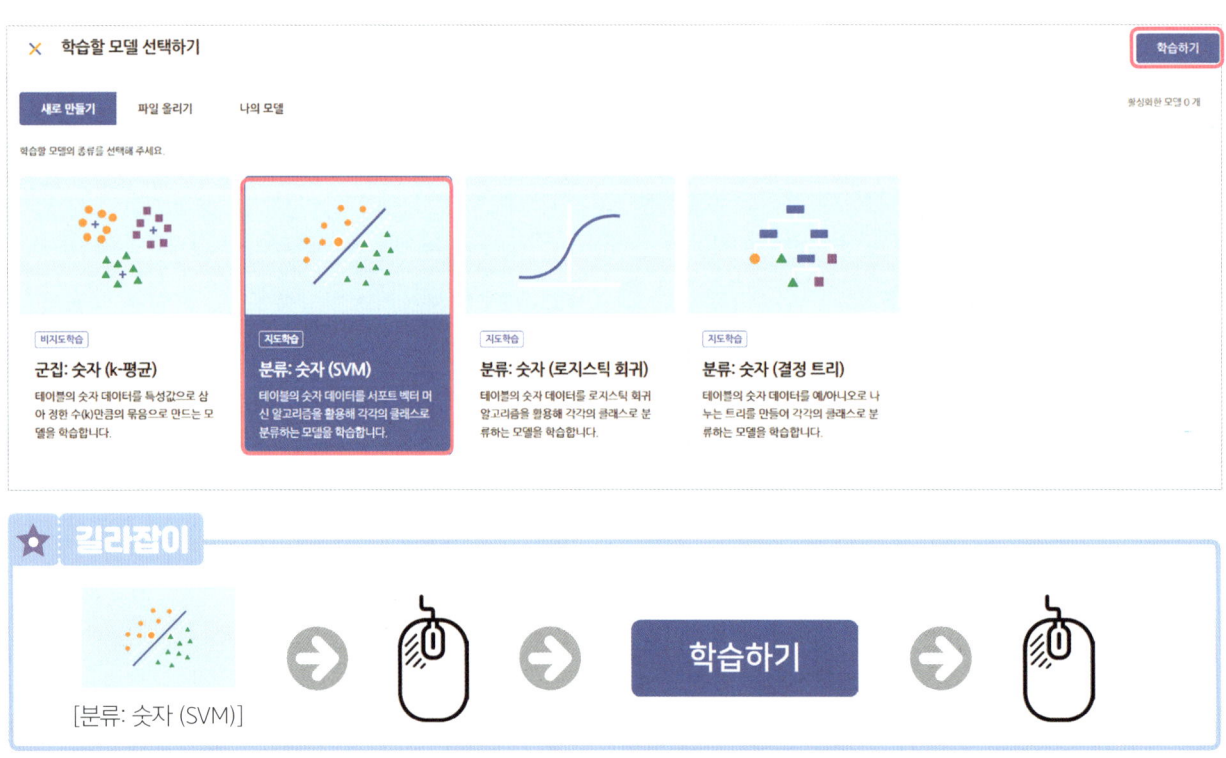

Step 3 분류: 숫자 (SVM) 모델 학습하기

제품 설문조사 데이터를 토대로 '분류: 숫자 (SVM)' 모델을 학습시킵니다.

7 모델의 이름을 '제품 설문조사'로 입력한 후, 테이블을 선택합니다. 핵심 속성에 '브랜드 신뢰도(0-1)', '컴퓨터에 대한 관심도(1-5)', '현재 컴퓨터의 수명(0-6)', '소유한 A제품 수', '브랜드 친숙도'를 선택하고 클래스 속성에서 '구매 의사'를 선택한 후, [모델 학습하기] 버튼을 클릭합니다.

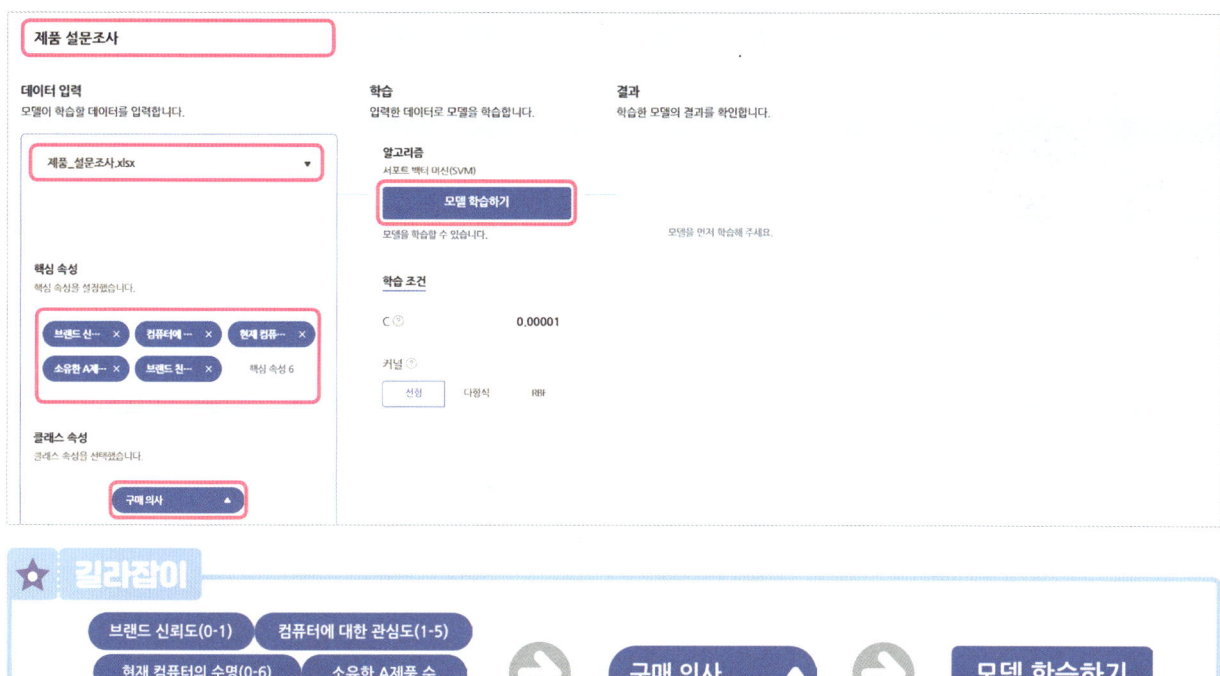

8 학습 상태와 결과를 확인한 후, 화면 오른쪽의 [적용하기] 버튼을 클릭합니다.

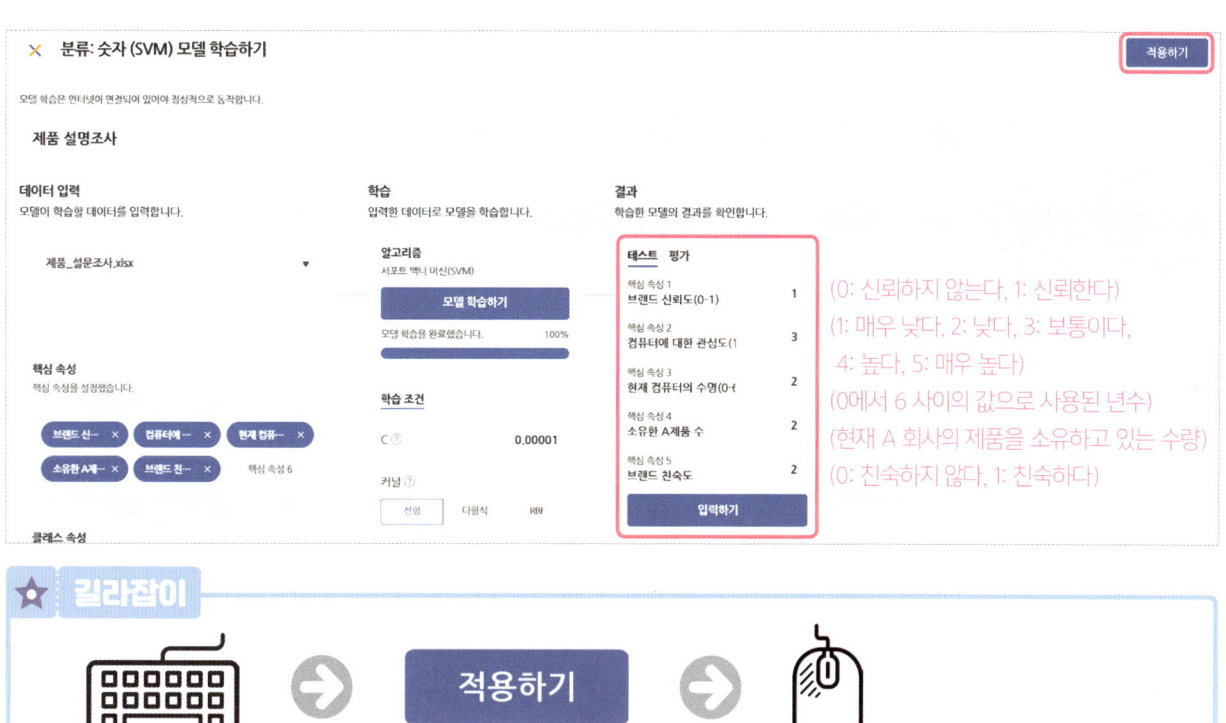

Step 4 변수 추가하기

제품 설문조사에 필요한 '신뢰도', '관심도', '수명', '제품 수', '친숙도' 변수를 추가하고 숨겨줍니다.

9 [속성] 탭에서 [변수]-[변수 추가하기] 버튼을 클릭하여 변수 이름에 '신뢰도', '관심도', '수명', '제품 수', '친숙도'를 입력한 후, [변수 추가] 버튼을 클릭합니다. 추가된 변수들의 이름 앞에 있는 눈 모양을 클릭하여 실행화면에 보이지 않도록 합니다.

Step 5 구매 의사 확인하기

제품에 대한 관심도와 선호도를 조사한 후 분류 결과를 확인합니다.

10 '엔트리봇' 오브젝트를 클릭한 후, [시작] 카테고리에서 [시작하기 버튼을 클릭했을 때] 블록을 가져옵니다.

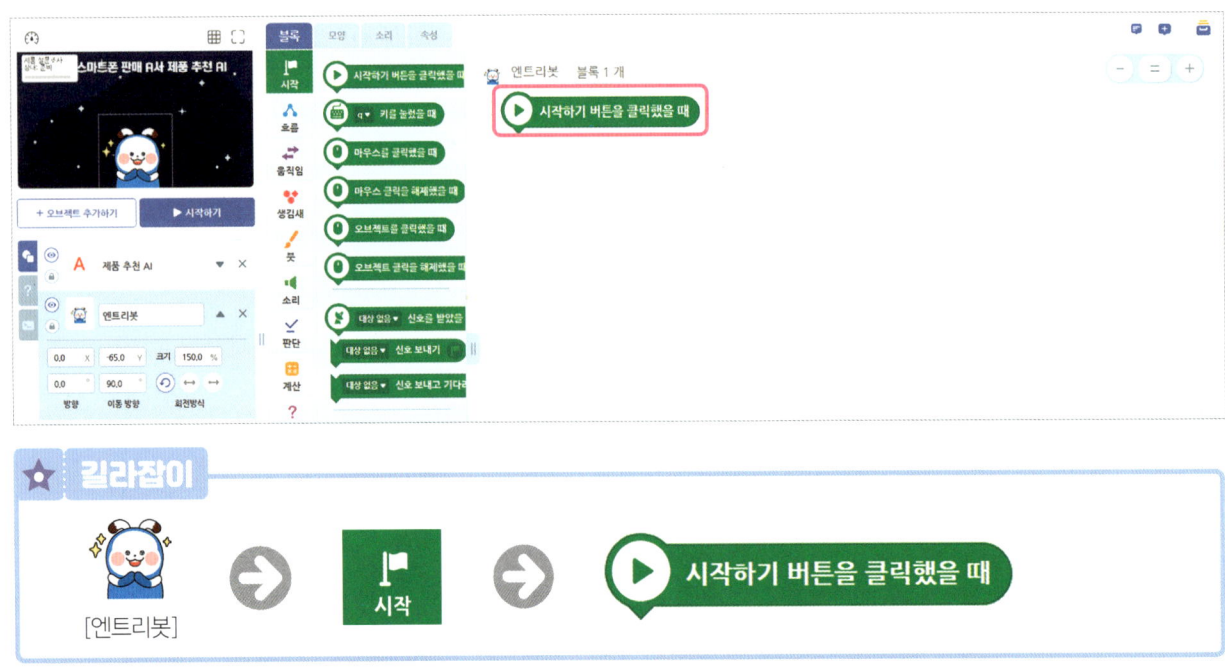

11 [생김새] 카테고리에서 [안녕! 을(를) 4 초 동안 말하기] 블록을 가져와 [제품에 관심 있는 고객에게만 광고를 보여줍니다. 을(를) 4 초 동안 말하기]로 수정합니다.

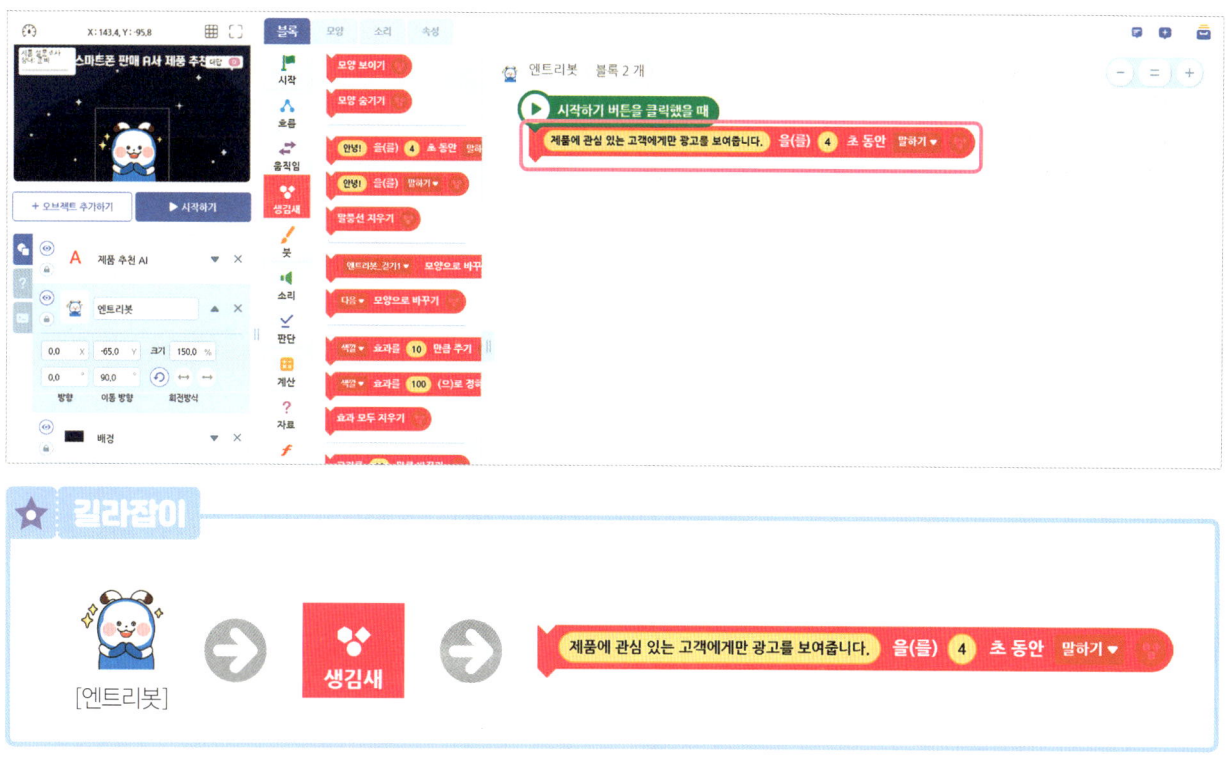

12 [자료] 카테고리에서 [안녕! 을(를) 묻고 대답 기다리기] 블록을 가져와 [A회사 제품을 신뢰하나요? (0:No, 1:Yes) 을(를) 묻고 대답 기다리기]로 수정합니다.

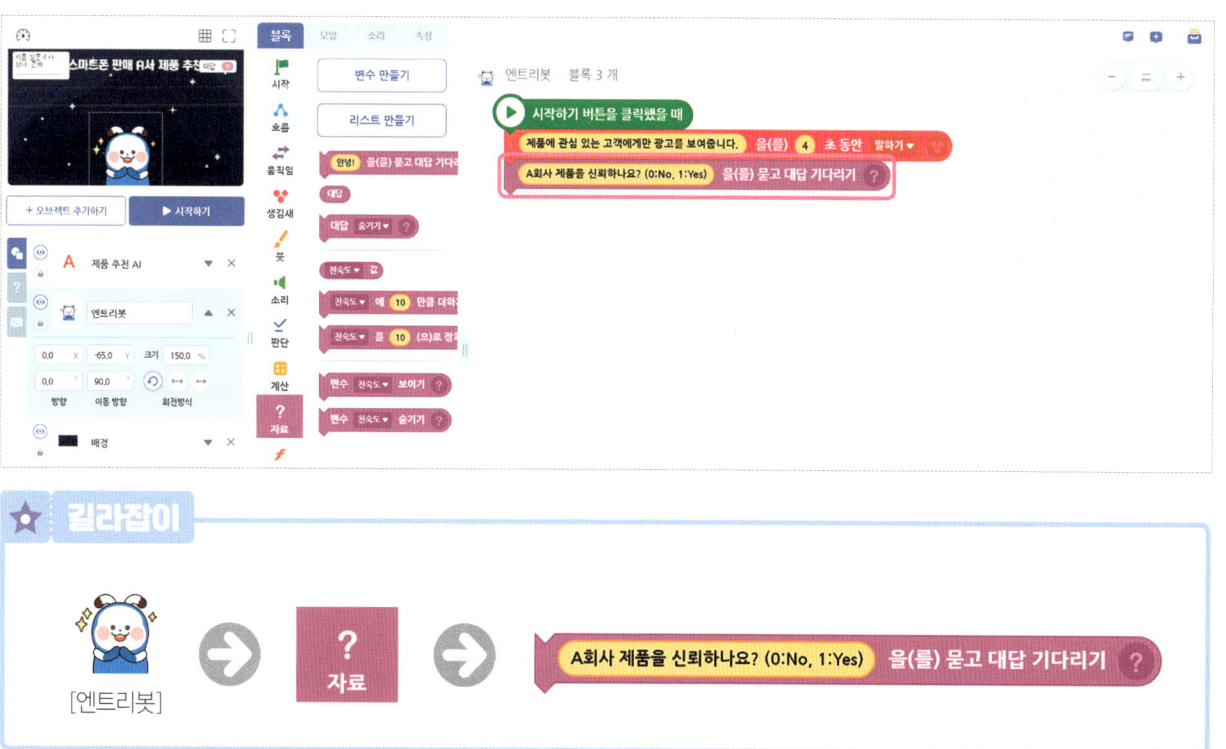

Chapter 11 | 인공지능으로 추천 광고 프로그램 만들기

13 [자료] 카테고리에서 [친숙도를 10 (으)로 정하기] 블록을 가져와 [신뢰도를 10 (으)로 정하기]로 수정합니다.

14 [자료] 카테고리에서 (대답) 블록을 가져와 [신뢰도를 10 (으)로 정하기] 블록의 '10'에 넣어줍니다.

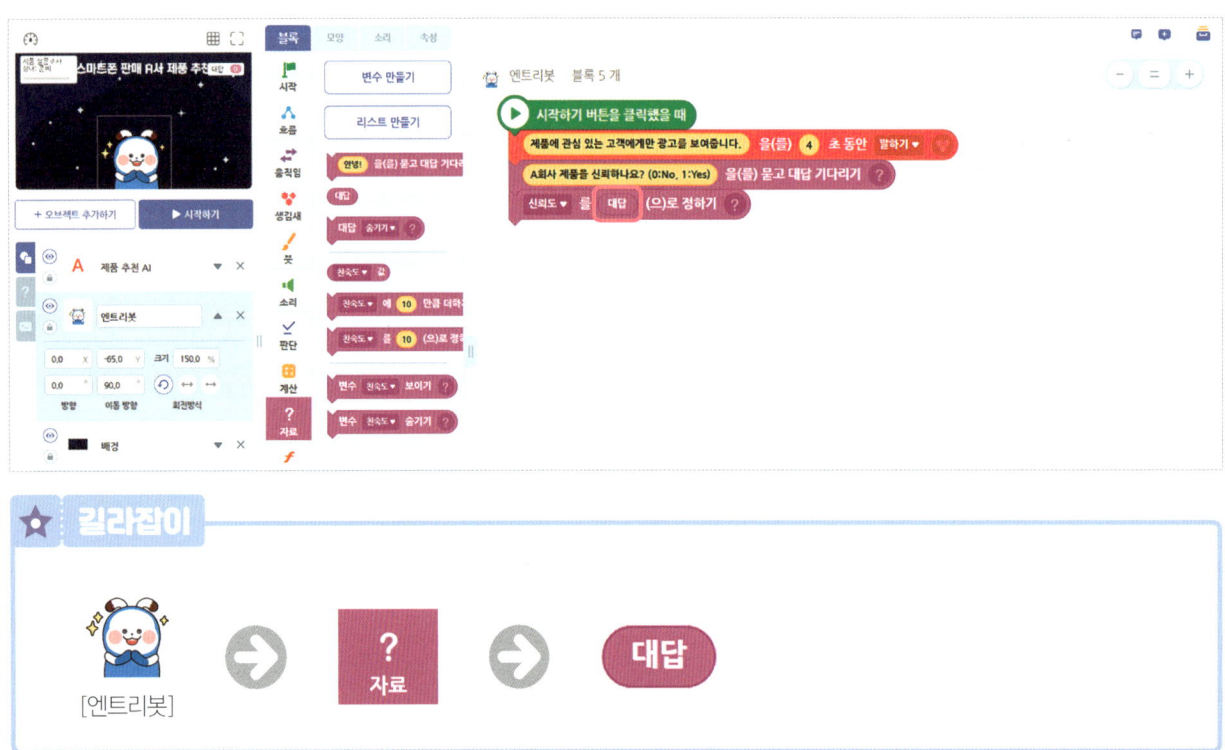

15 [A회사 제품을 신뢰하나요? (0:No, 1:Yes) 을(를) 묻고 대답 기다리기] 블록 위에서 마우스 오른쪽과 [코드 복사 & 붙여넣기] 메뉴를 4번 클릭합니다.

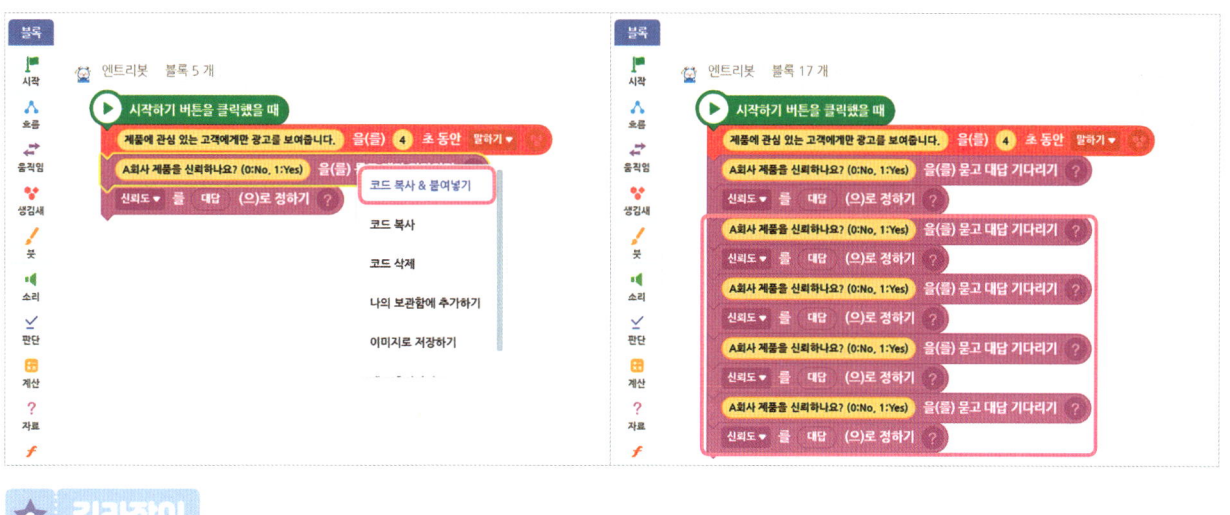

16 다음과 같이 [묻고 대답 기다리기], [정하기]를 수정합니다.

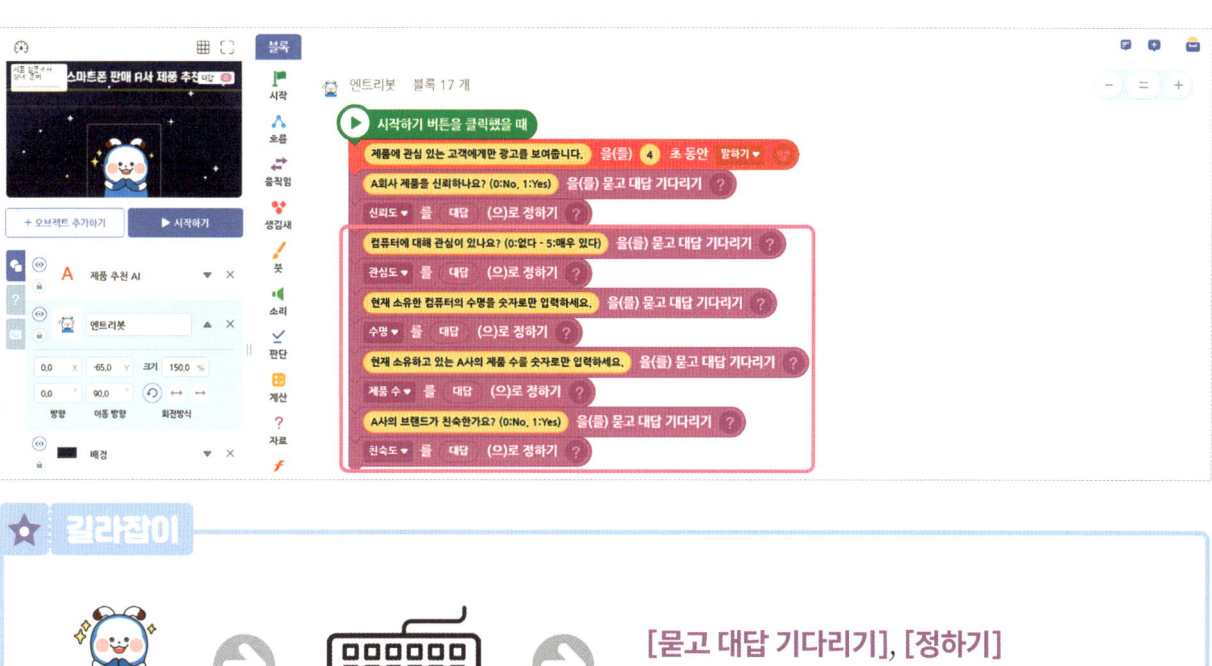

17 [흐름] 카테고리에서 [만일 <참> (이)라면 – 아니면] 블록을 가져옵니다.

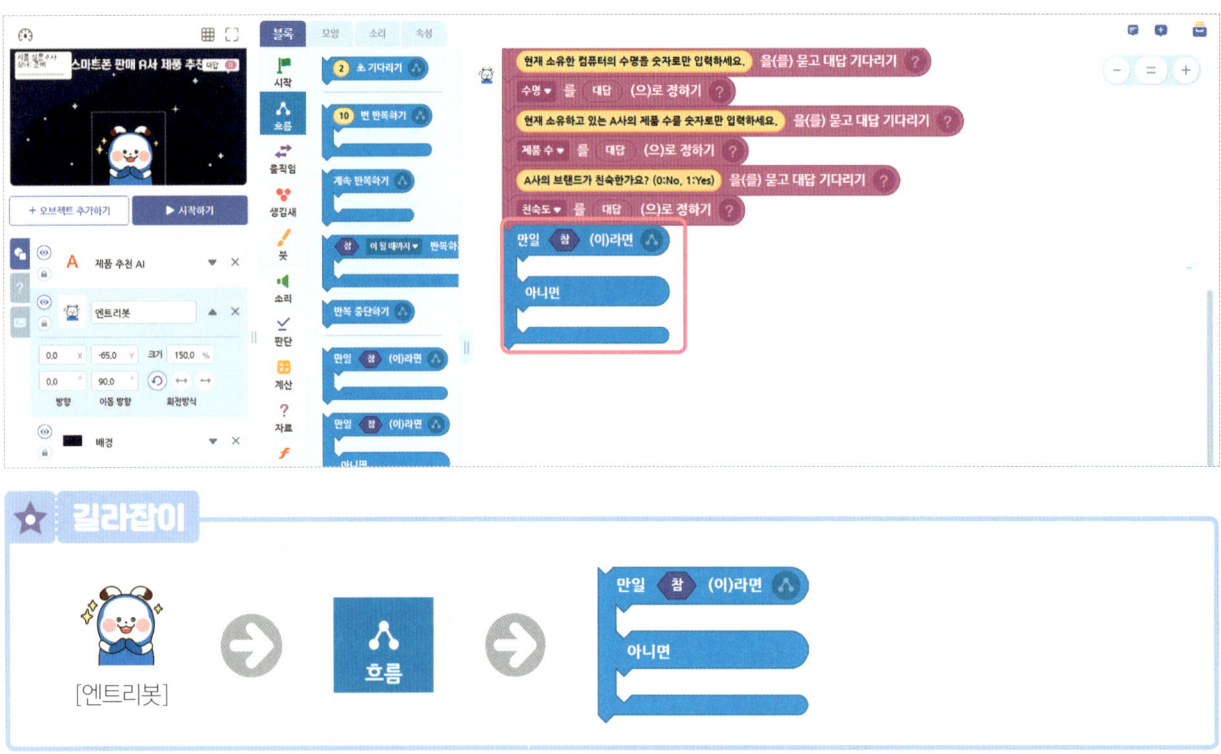

18 [인공지능] 카테고리에서 <브랜드 신뢰도(0-1) 10 컴퓨터에 대한 관심도(1-5) 10 현재 컴퓨터의 수명(0-6) 10 소유한 A제품 수 10 브랜드 친숙도 10 의 분류 결과가 구매한다 인가?> 블록을 가져옵니다.

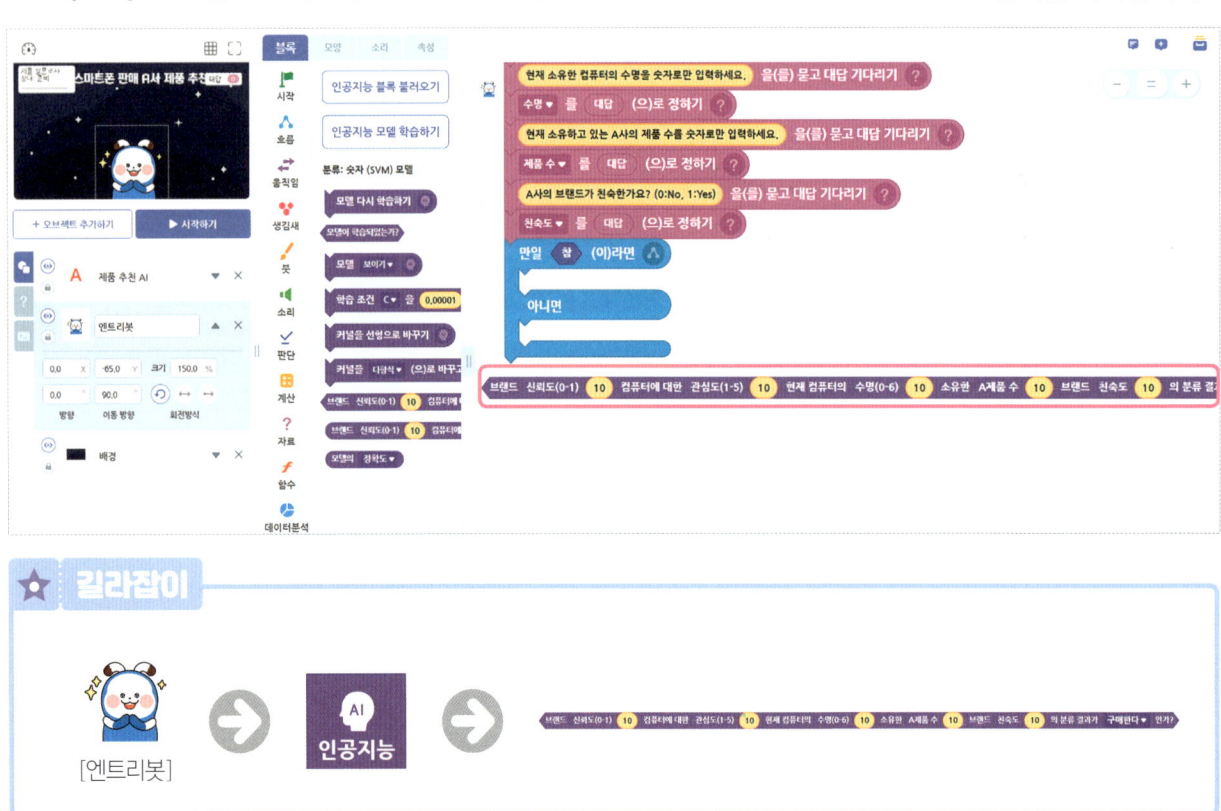

19 [자료] 카테고리에서 (친숙도) 블록 5개를 가져와 <분류 결과가 구매한다 인가?> 블록의 '10'에 넣어준 후, (신뢰도), (관심도), (수명), (제품 수), (친숙도) 순서로 수정합니다.

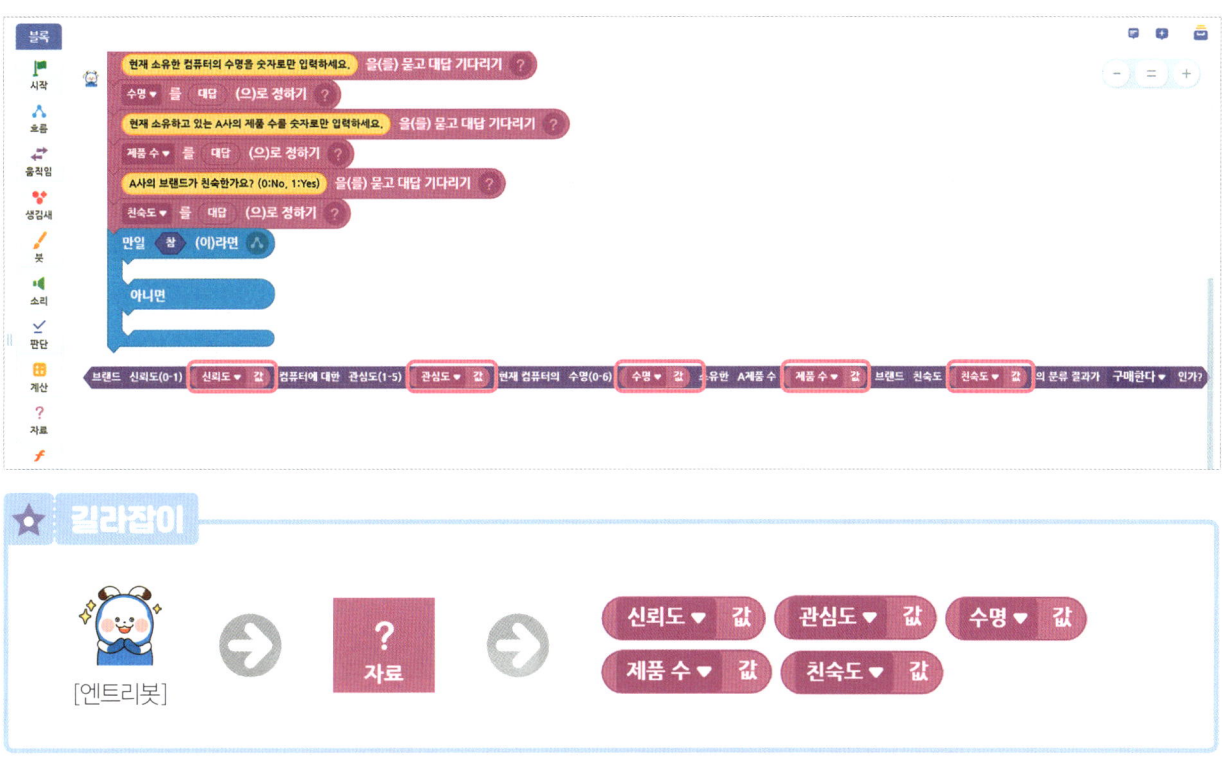

20 <분류 결과가 구매한다 인가?> 블록을 [만일 <참> (이)라면] 블록의 <참>에 넣어줍니다.

21 [흐름] 카테고리에서 [2 초 기다리기] 블록을 가져와 [만일 <참> (이)라면] 블록 안에 넣어준 후, [1 초 기다리기]로 수정합니다.

22 [시작] 카테고리에서 [설문 조사 시작하기] 블록을 가져와 [1 초 기다리기] 블록 아래에 붙여준 후, [광고 시작하기]로 수정합니다.

23 [생김새] 카테고리에서 [안녕! 을(를) 4 초 동안 말하기] 블록을 가져와 [아니면] 블록 안에 넣어준 후, [제품을 알리기 위해 더 열심히 노력하겠습니다. 을(를) 4 초 동안 말하기]로 수정합니다.

Step 6   모델 숨기기

실행화면에 모델이 보이지 않도록 숨겨줍니다.

24 [인공지능] 카테고리에서 [모델 보이기] 블록을 가져와 [시작하기 버튼을 클릭했을 때] 아래에 붙여준 후, [모델 숨기기]로 수정합니다.

Chapter 11 | 인공지능으로 추천 광고 프로그램 만들기   269

정리하기

전체 코드 보기

[엔트리봇]

인공지능 알아보기	인공지능 프로젝트 알기	프로젝트 설계하기	프로젝트 만들기	정리하기	**발전시키기**

 발전시키기

추천 광고 프로젝트의 개선점을 찾고, 새로운 기능을 추가하여 더 나은 프로그램으로 확장해 보세요.

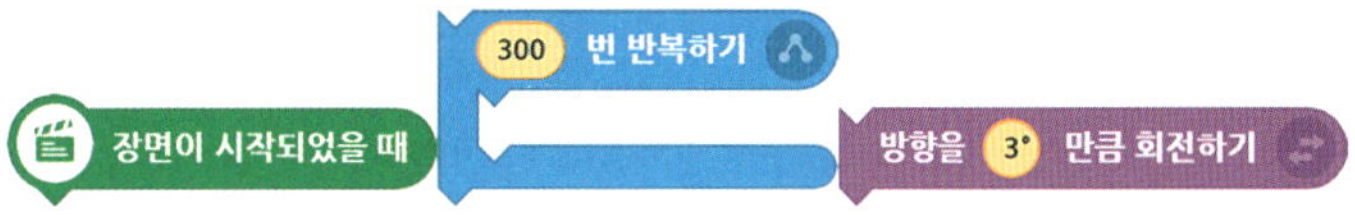

기능	신제품 광고에서 다양한 효과를 연출한다.
화면 디자인	 **신제품 출시 임박** **A사의 신제품 nana 시리즈 사전 예약**
코드 추가	**프로젝트 만들기 힌트** 1. [광고] 장면으로 이동하여 오브젝트를 확인합니다. 2. 장면을 연결하기 위해서는 **[시작하기 버튼을 클릭했을 때]**가 아닌 **[장면이 시작되었을 때]** 블록을 사용합니다. • 코드 설명 : '빛나는 효과' 오브젝트가 일정 간격으로 회전하게 합니다. '바나나_스마트폰' 오브젝트가 색과 위치가 변하면서 5개가 복제됩니다. 힌트 코드 [빛나는 효과] : 장면이 시작되었을 때 / 300 번 반복하기 / 방향을 3° 만큼 회전하기 [바나나_스마트폰] : 장면이 시작되었을 때 / 대답 숨기기 / 5 번 반복하기 / 자신 의 복제본 만들기 / 색깔 효과를 5 만큼 주기 / 이동 방향으로 40 만큼 움직이기 / y 좌표를 -5 만큼 바꾸기

| 인공지능 알아보기 | 인공지능 프로젝트 일지 | 프로젝트 설계하기 | 프로젝트 만들기 | 정리하기 | 발전시키기 |

PART 3 　머신러닝 유형 -지도 학습 / 학습할 모델 -분류: 숫자 (로지스틱 회귀)

Chapter 12 인공지능으로 타이타닉호 생사 확인 프로그램 만들기

타이타닉호 생존 대탐험! 누가 살아남았는지 함께 알아내기

 인공지능 알아보기

이해하기 　로지스틱 회귀 알고리즘으로 어떻게 이메일이 스팸인지 아닌지를 판별할까?

이해하기 쉽게 이진 분류 문제를 해결하는 로지스틱 회귀 알고리즘

인공지능의 회귀 알고리즘에는 선형 회귀와 로지스틱 회귀가 있습니다.
선형회귀는 연속적인 값을 예측합니다. 예를 들면 집의 가격이나 학생의 시험 점수를 예측하는 것과 같은 경우에 사용됩니다. **로지스틱 회귀**는 두 가지 카테고리 사이를 구분하는 이진 분류에 많이 사용됩니다. 이메일이 스팸인지 아닌지, 어떤 사람이 내일 비가 올 때 우산을 가져갈지 안 가져갈지 등을 예측하는 데 사용 할 수 있습니다.

로지스틱 회귀를 이해하는 데 도움이 되는 간단한 예를 들어보겠습니다. 우리가 받는 이메일에는 중요한 메일과 스팸 메일이 섞여 있습니다. 그래서 이메일이 스팸인지 아닌지를 알아내기 위해 이메일 제목이나 본문에 어떤 단어들이 얼마나 자주 나오는지를 살펴봅니다. 로지스틱 회귀는 이 정보(이메일 내 단어 사용 빈도)를 사용해서 이메일이 스팸일지(예) 아닐지(아니오)를 예측합니다. 로지스틱 회귀는 이메일 내 단어 사용 빈도와 '스팸이다'과 '스팸이 아니다' 사이의 관계를 수학적으로 모델링합니다. 이때, 로지스틱 회귀는 0과 1 사이의 값을 가지는 S자 형태의 곡선(로지스틱 곡선)을 사용합니다.

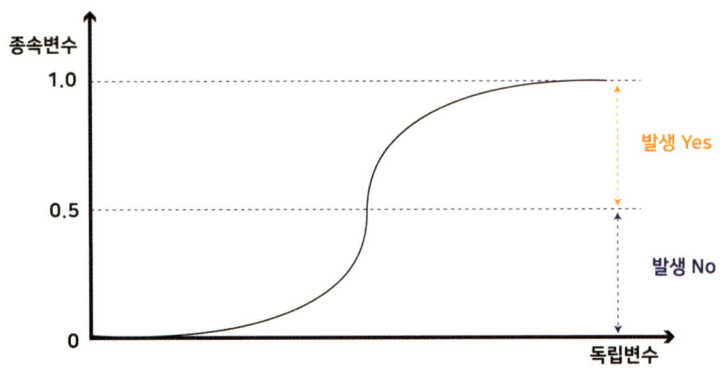

로지스틱 회귀 그래프

0.5 이상이면 '스팸이다'라고 분류하고, 0.5 보다 작은 경우 '스팸이 아니다'라고 분류합니다. 예를 들어, 이메일 제목에 '긴급 – 계정이 위험에 노출되었습니다!'와 같은 문구가 포함된 경우, 로지스틱 회귀는 이를 0.8에 가까운 값으로 계산할 수 있고, 이는 '스팸이다'로 분류될 가능성이 큽니다.

살펴보기 나는 타이타닉호에서 살아남았을까?

역사적으로 생사가 오가는 다양한 사건들이 있었습니다. 이러한 상황에서 어떤 사람은 사망하고 어떤 사람은 구조되었습니다. 이런 주목할 만한 역사적 사건을 주제로, 사람들이 어떤 확률로 살아남았는지 '로지스틱 회귀'를 통해 예측할 수 있습니다. 로지스틱 회귀는 결과가 0과 1 사이의 확률로 나타납니다. 이 확률을 통해 예측하고자 하는 사건이 발생할지를 판단합니다.

타이타닉호를 예로 들어볼까요? 탑승객들의 정보, 예를 들면, 나이, 성별, 객실 등급, 함께 탑승한 가족 수 등을 가지고 생존 확률을 예측해 봅니다. 로지스틱 회귀는 이런 정보를 입력으로 받아서 생존할 확률을 계산해 줍니다. 만약 이 확률이 0.5 이상이면 생존으로, 그렇지 않으면 사망으로 분류할 수 있습니다.

로지스틱 회귀를 학습시키기 위해서는 타이타닉호 사고 당시의 실제 데이터가 필요합니다. 이 데이터를 통해 알고리즘은 탑승객들의 특성과 그들의 생존 여부 사이의 관계를 학습합니다. 학습이 끝나면, 새로운 탑승객 데이터를 입력해 주었을 때, 그 사람이 생존했을지 아니면 사망했을지를 예측할 수 있게 됩니다.

생존 여부	객실 등급	성별	나이	동승한 형제 또는 배우자 수	동승한 부모 또는 자녀 수
0	3	0	34.5	0	0
1	3	1	47	1	0
0	2	0	62	0	0

타이타닉호 사고 당시의 실제 데이터

** 생존 여부(0: 살지 못했다, 1: 살아남았다), 객실 등급(1: 1등급, 2: 2등급, 3: 3등급), 성별(0: 남성, 1:여성)

로지스틱 회귀 알고리즘을 사용하면 옛날에 있었던 큰 사건들을 마치 시간 여행을 한 것처럼 다시 살펴볼 수 있습니다. 과거에 무슨 일이 일어났는지 알아내고, 미래에 비슷한 일이 생기면 어떻게 대처할지 생각해 볼 수 있습니다. 다양한 인공지능 알고리즘은 우리가 살아가는 세상을 더 잘 이해하는 데 도움이 됩니다.

인공지능 프로젝트 일지

	20XX년 XX월 XX일 X요일	
상황	오래 전에 타이타닉이라는 커다란 여객선에서 많은 사람이 목숨을 잃었다는 것을 알게 되었다. 11층이나 되는 아주 커다란 배에서 1,514명이 사망했고, 겨우 710명이 살아남았다고 한다. 만약 우리 가족이 저 당시에 타이타닉호를 타고 있었다면 구조될 수 있었을지 문득 궁금해졌다. 	
발견된 문제점	타이타닉호 사고 당시의 데이터(예: 나이, 성별, 객실 등급)를 활용하여 나의 생존 확률을 예측하고 싶으나, 어떻게 구현할지 방법을 모른다.	
해결 방법	로지스틱 회귀 알고리즘을 이용해 타이타닉호 사고 당시의 데이터(예: 나이, 성별, 객실 등급)를 바탕으로 생존 확률을 예측하는 프로그램을 만든다. 이 프로그램은 사용자로부터 나이, 성별, 객실 등급 등의 정보를 받아, 해당 정보를 통해 생존 확률을 계산하고 결과를 보여준다.	

프로젝트 설계하기

목표	타이타닉호 생존 예측 확률 프로그램을 만들자.
기능	1. 타이타닉호를 승선할 당시의 정보를 입력한다. 　(객실 등급, 성별, 나이, 동승한 형제 또는 배우자 수, 동승한 부모 또는 자녀 수) 2. 입력한 값을 실제 타이타닉호의 데이터와 비교한다. 3. 살아 남을 확률과 살지 못했을 확률을 화면에 보여준다.
화면 디자인	(화면 디자인 스케치)
순서도	시작하기 버튼 클릭하기 → 사용자 정보 입력하기 → 생존 여부 신호 보내기 → 생존 여부 결과 값 확인하기

| 인공지능 알아보기 | 인공지능 프로젝트 일지 | 프로젝트 설계하기 | **프로젝트 만들기** | 정리하기 | 발전시키기 |

 **프로젝트 만들기**

◉ 학습목표

- 인공지능 모델 학습하기의 '로지스틱 회귀 알고리즘'을 이용하여 데이터를 분류할 수 있다.
- 로지스틱 회귀 알고리즘에 맞는 데이터를 이용하여 데이터를 학습시킬 수 있다.
- 로지스틱 회귀 알고리즘을 이용하여 타이타닉 생사 확인 작품을 만들 수 있다.

· 예제 작품 주소 : http://naver.me/5T3qk2Am
· 완성 작품 주소 : http://naver.me/xNIMEEzb
· 실습 파일 : [교육_자료_파일] – [12차시]

실습 영상

◉ 준비하기

활용 인공지능	 [분류: 숫자 (로지스틱 회귀)]	준비물	 [컴퓨터] [데이터]

◉ 프로젝트 미리보기

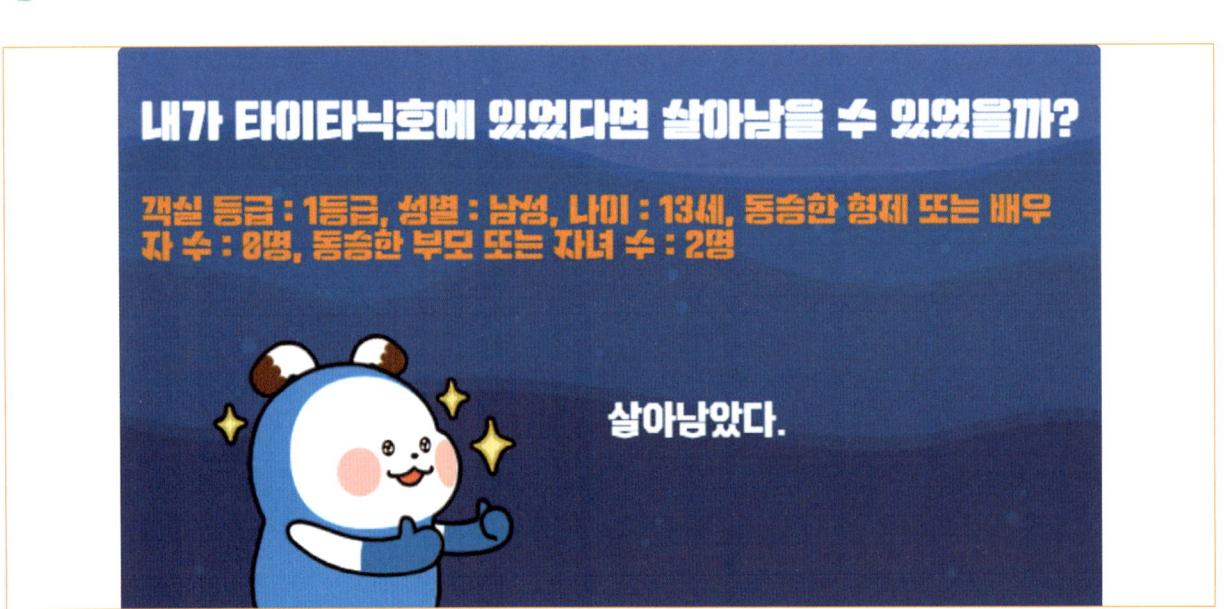

Part 3 | 인공지능 모델 학습하기_다양한 알고리즘

엔트리의 인공지능 — 분류: 숫자 (로지스틱 회귀)

이번 프로젝트에서는 엔트리에서 제공하는 다음 인공지능을 이용하여 작품을 만듭니다.

🌟 기능 알아보기

모델이 학습할 숫자를 테이블로 업로드하거나 직접 작성해 데이터로 입력하고, 입력한 데이터를 두 가지 상황의 확률로 계산하여 데이터를 분류 또는 예측하는 모델을 학습합니다.

* 분류: 숫자 모델을 학습하려면 먼저 데이터로 삼을 테이블을 추가해야 합니다. 학습하기 전에 데이터 분석 카테고리에서 [테이블 불러오기]를 통해 기본 테이블, 파일 업로드, 새로 만들기의 방법으로 테이블을 추가해야 합니다.

🌟 블록 알아보기

블록	기능
모델 보이기 ▼	모델의 상태를 표시하는 창을 실행화면에 보이게 하거나 숨깁니다.
객실 등급 10 성별 10 나이 10 동승한 형제 또는 배우자 수 10 동승한 부모 또는 자녀 수 10 의 0 ▼ 에 대한 확률	입력한 데이터의 선택한 클래스에 대한 확률값입니다. 값은 숫자로 표현됩니다.
객실 등급 10 성별 10 나이 10 동승한 형제 또는 배우자 수 10 동승한 부모 또는 자녀 수 10 의 분류 결과	입력한 데이터를 모델에서 분류한 값입니다. 값은 클래스 이름(텍스트)으로 표현됩니다.

🌟 오브젝트 살펴보기

이름	배경	엔트리봇	의문	확률	입력 내용
x	0	-120	0	0	0
y	0	-70	100	-45	35
크기	375%	145%	230%	45%	265%

** 해당 프로젝트는 변수와 신호가 미리 만들어져 있습니다. 또한 타이타닉호 승객 정보도 업로드 되어 있으니 먼저 확인해 보세요.

프로젝트 만들기

Step 1 데이터 확인하기

타이타닉호 승객 정보 데이터를 확인합니다. (테이블을 확인할 수 없는 경우는 실습 파일 [인공지능 교육_자료_파일]-[12차시]-[타이타닉_데이터_세트.xlsx]를 통해 업로드 할 수 있습니다.)

1 [데이터 분석] 카테고리에서 [테이블 불러오기] 버튼을 클릭합니다.

2 미리 추가된 타이타닉 승객 정보를 확인한 후, [적용하기] 버튼을 클릭합니다.

Step 2 변수와 신호 확인하기

미리 만들어진 변수와 신호를 확인합니다. 변수의 경우 슬라이드를 체크하여 최솟값과 최댓값 안에 있는 값을 입력받도록 설정한 것을 확인합니다.

3 [속성] 버튼을 클릭한 후, 미리 만들어진 변수와 신호를 확인합니다. 슬라이드 체크가 되어 있는 변수는 '객실 등급', '성별', '나이'입니다.

Step 3 인공지능 선택하기

'분류: 숫자 (로지스틱 회귀)' 인공지능 모델 학습하기를 선택합니다.

4 [인공지능] 카테고리에서 [인공지능 모델 학습하기] 버튼을 클릭합니다.

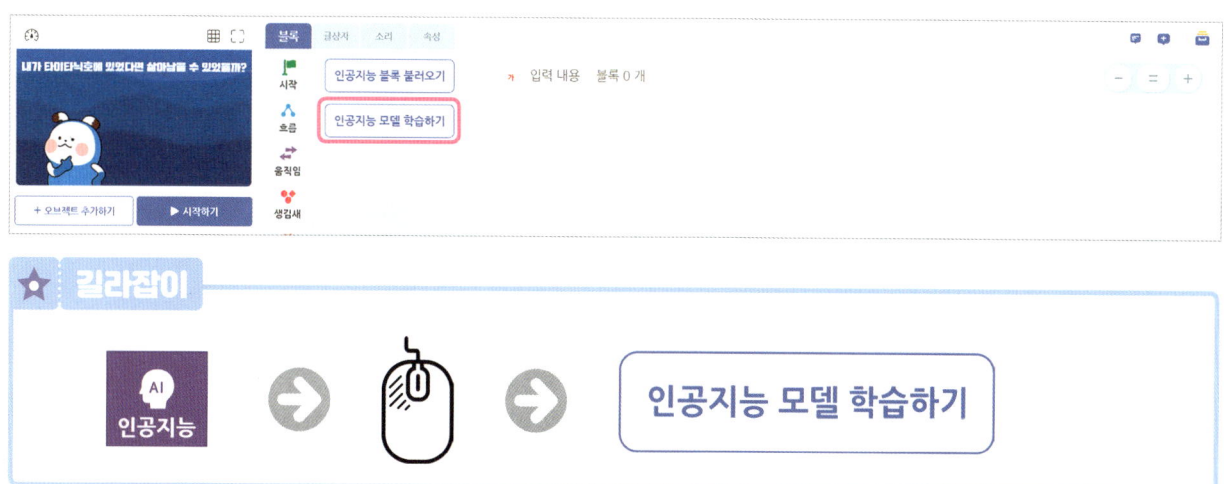

5 학습할 모델 중 [**분류: 숫자 (로지스틱 회귀)**]를 클릭한 후, 화면 오른쪽 위의 [**학습하기**] 버튼을 클릭합니다.

Step 4   분류: 숫자 (로지스틱 회귀) 모델 학습하기

타이타닉호 승객 데이터를 토대로 '분류: 숫자 (로지스틱 회귀)' 모델을 학습시킵니다.

6 모델의 이름을 '타이타닉호 생존 여부'로 입력한 후, 테이블을 선택합니다. 핵심 속성에서 '객실 등급', '성별', '나이', '동승한 형제 또는 배우자 수', '동승한 부모 또는 자녀 수'를 선택하고 클래스 속성에서 '생존 여부'를 선택한 후, [**모델 학습하기**] 버튼을 클릭합니다.

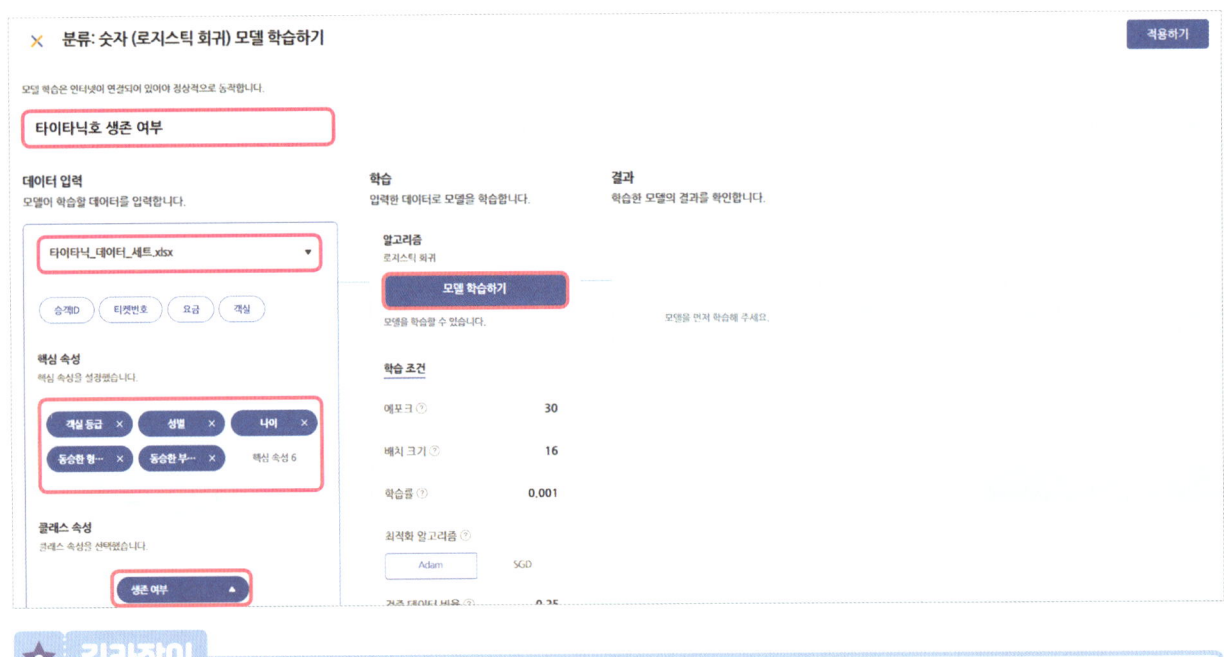

7 학습 상태와 결과를 확인한 후, 화면 오른쪽 위의 [적용하기] 버튼을 클릭합니다.

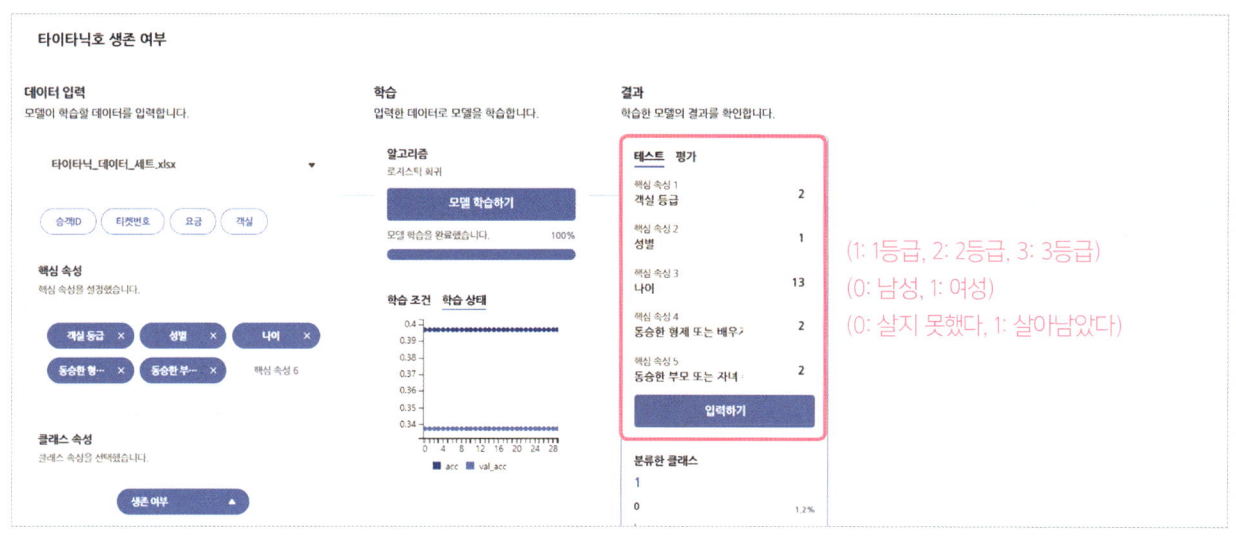

Step 5 질문하고 답변받기

타이타닉호의 생존 여부를 확인하기 위해 질문을 하고 답변을 입력받습니다.

8 '엔트리봇' 오브젝트를 클릭한 후, [시작] 카테고리에서 [시작하기 버튼을 클릭했을 때] 블록을 가져옵니다.

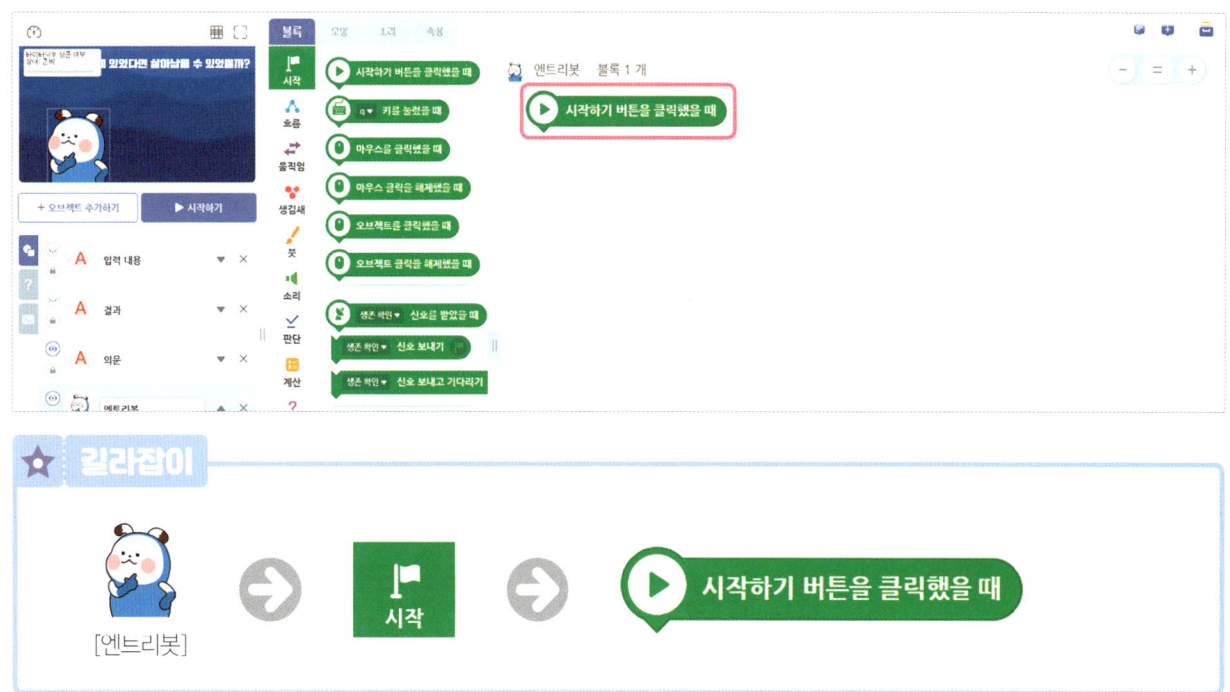

9 [자료] 카테고리에서 [안녕! 을(를) 묻고 대답 기다리기] 블록을 가져와 [질문 1. 객실 등급을 입력하세요 (1~3) 을(를) 묻고 대답 기다리기]로 수정합니다.

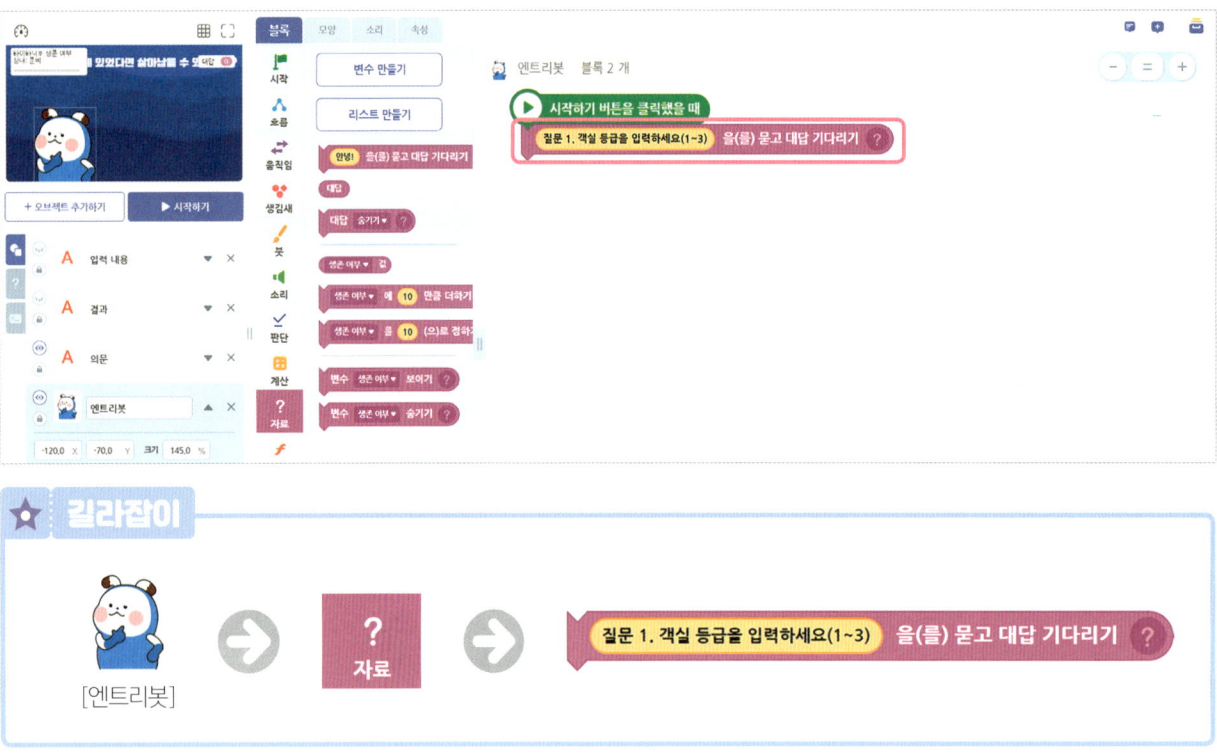

10 [자료] 카테고리에서 [생존 여부를 10 (으)로 정하기] 블록을 가져와 [객실 등급를 10 (으)로 정하기]로 수정합니다.

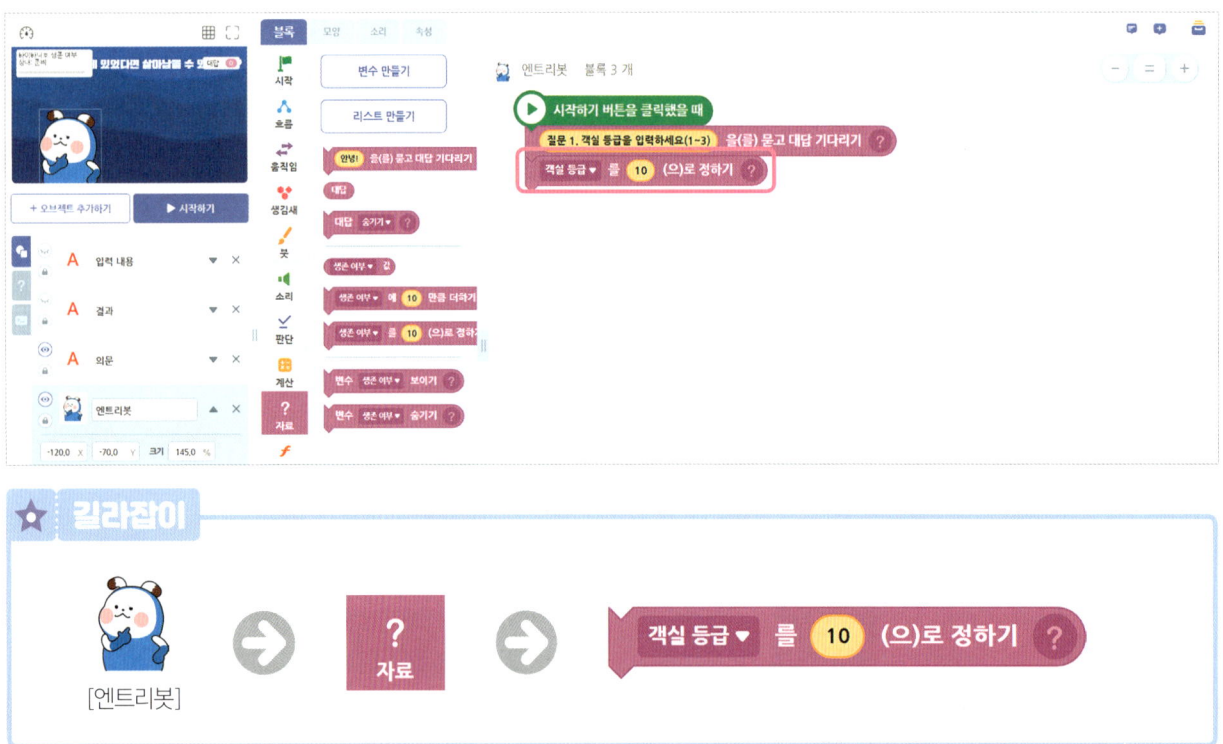

11 [자료] 카테고리에서 (대답) 블록을 가져와 [객실 등급를 10 (으)로 정하기] 블록의 '10'에 넣어줍니다.

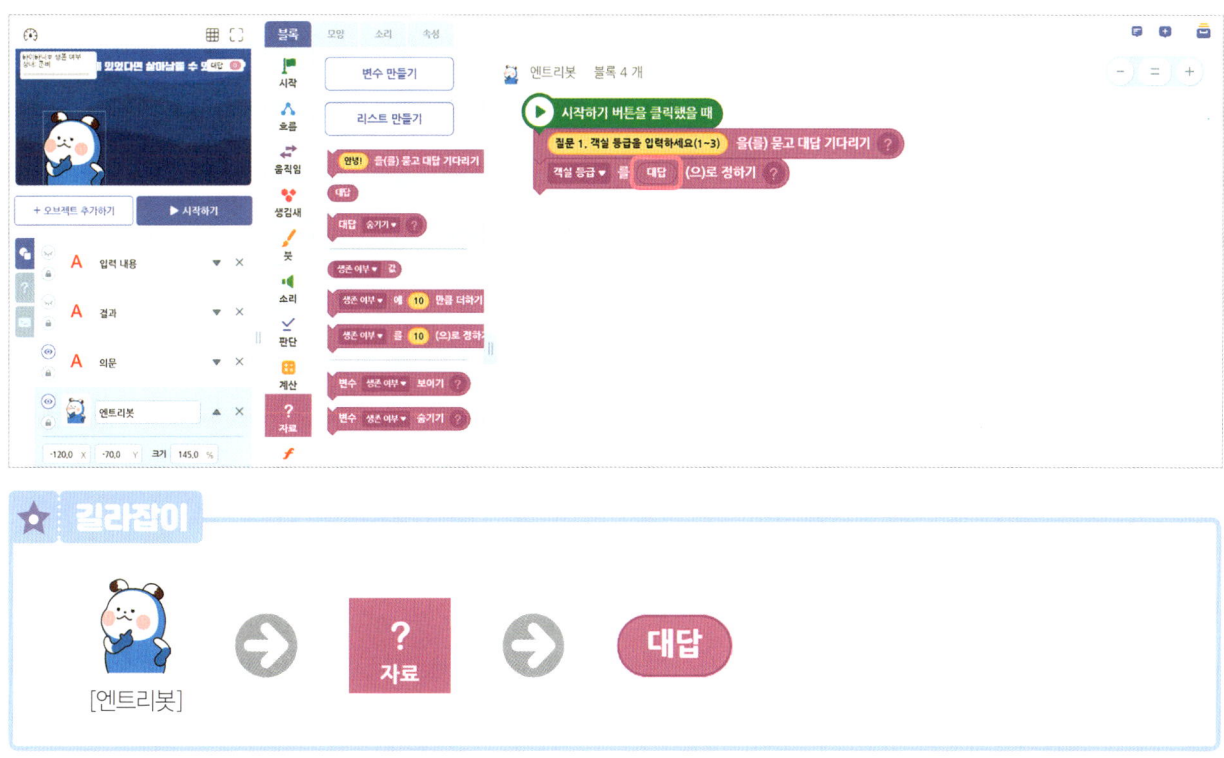

12 [질문 1. 객실 등급을 입력하세요(1~3) 을(를) 묻고 대답 기다리기] 블록 위에서 마우스 오른쪽과 [코드 복사 & 붙여넣기] 메뉴를 차례대로 4번 클릭합니다.

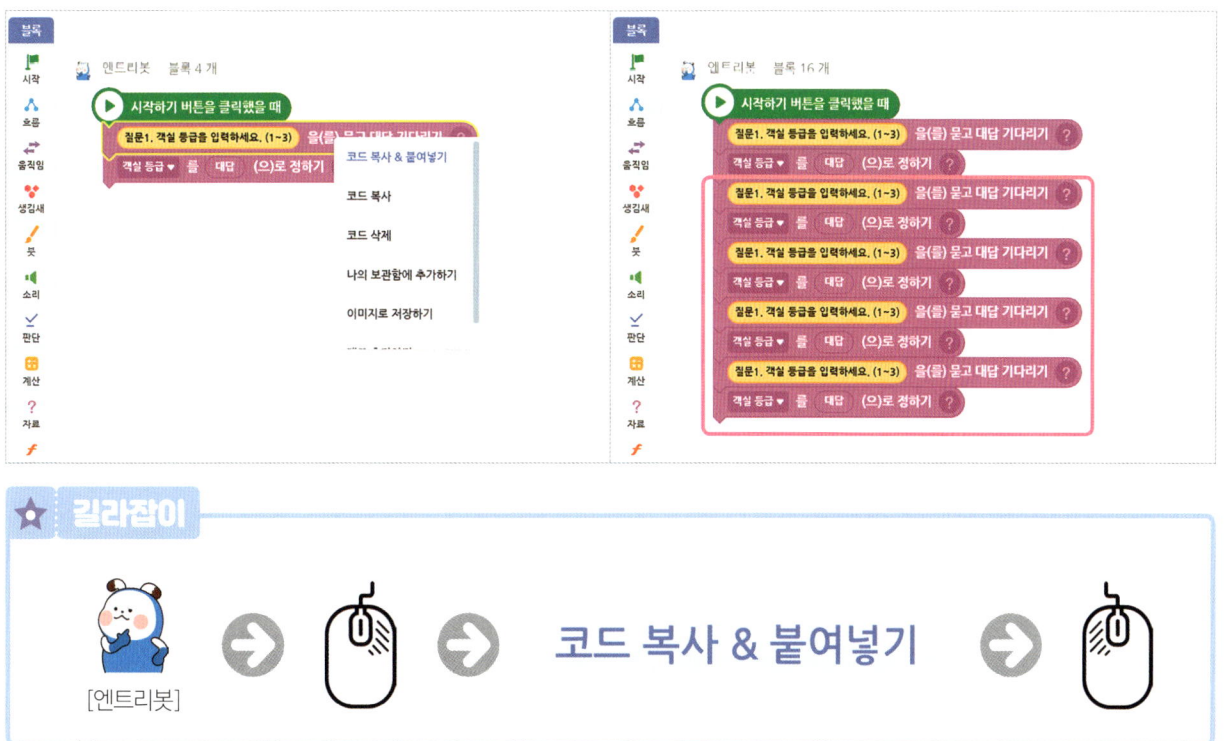

13 다음과 같이 [묻고 대답 기다리기], [정하기] 블록을 수정합니다.

14 [자료] 카테고리에서 [생존 여부를 10 (으)로 정하기] 블록을 가져옵니다.

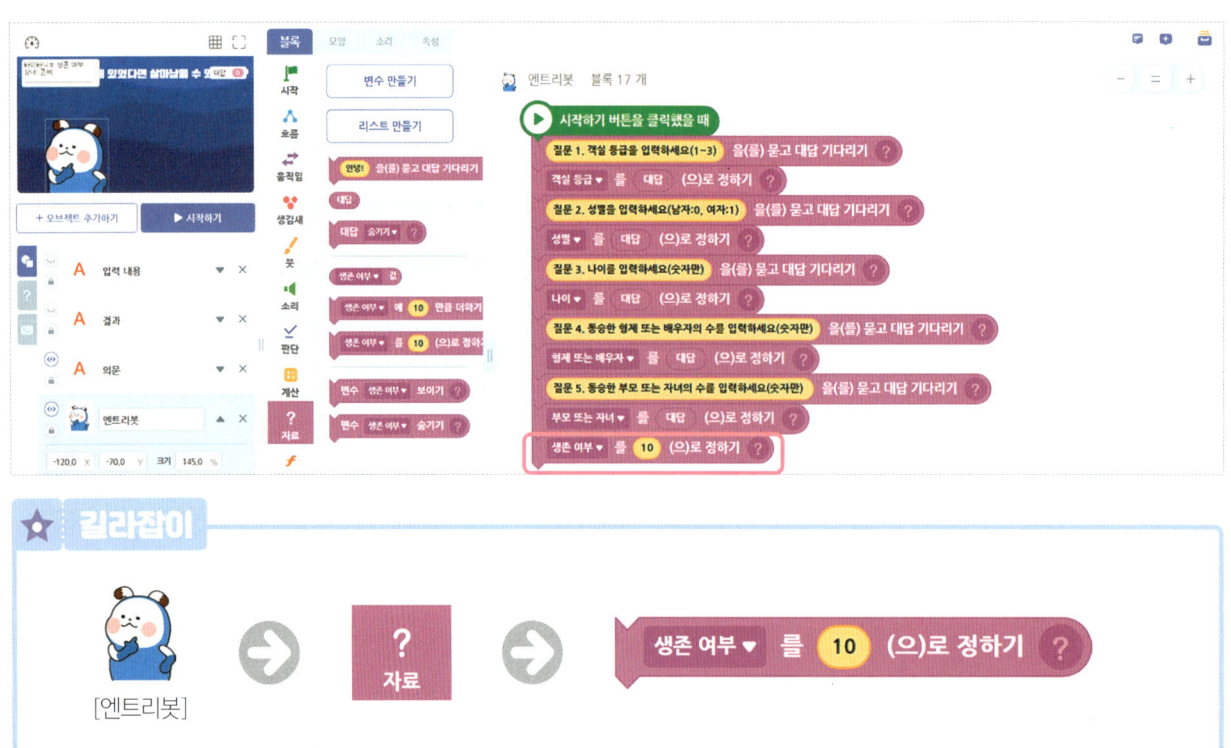

15 [인공지능] 카테고리에서 (객실 등급 10 성별 10 나이 10 동승한 형제 또는 배우자 수 10 동승한 부모 또는 자녀 수 10 의 분류 결과) 블록을 가져옵니다.

16 [자료] 카테고리에서 (생존 여부) 블록 5개를 가져와 (분류 결과) 블록의 '10'에 넣어준 후, (객실 등급), (성별), (나이), (형제 또는 배우자), (부모 또는 자녀) 순서로 수정합니다.

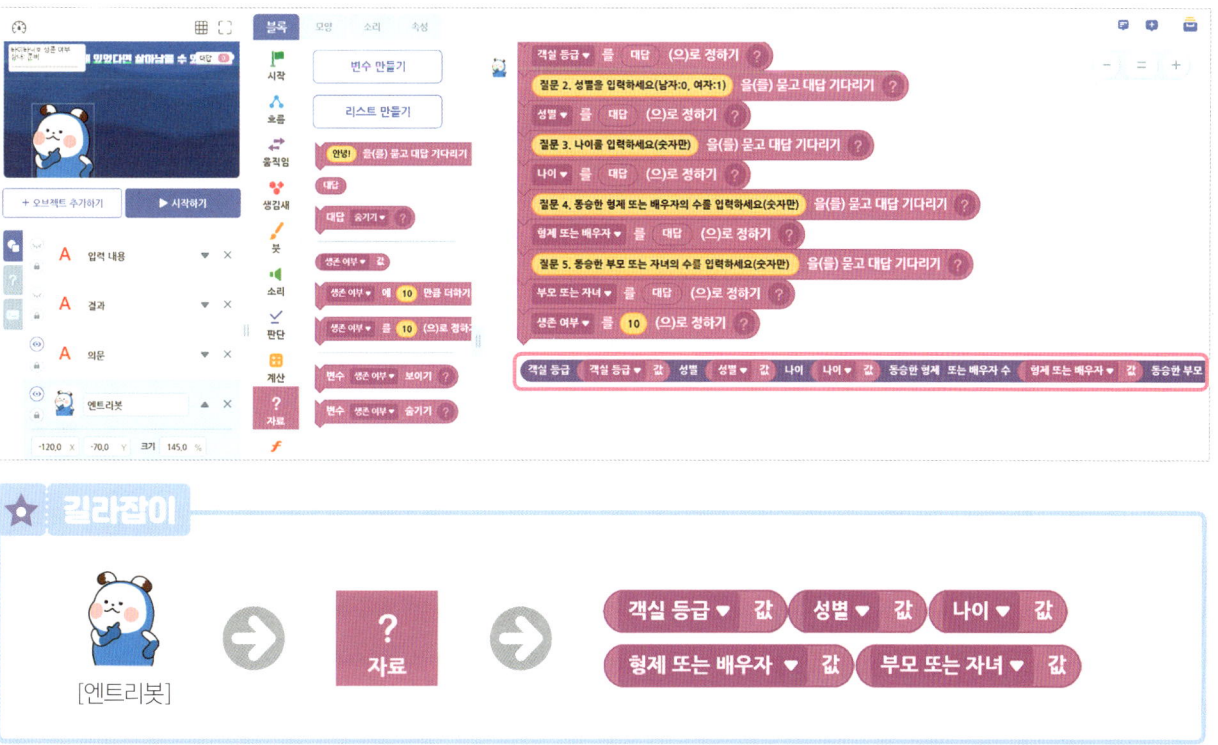

Chapter 12 | 인공지능으로 타이타닉호 생사 확인 프로그램 만들기

17 (분류 결과) 블록을 [생존 여부를 10 (으)로 정하기] 블록의 '10'에 넣어줍니다.

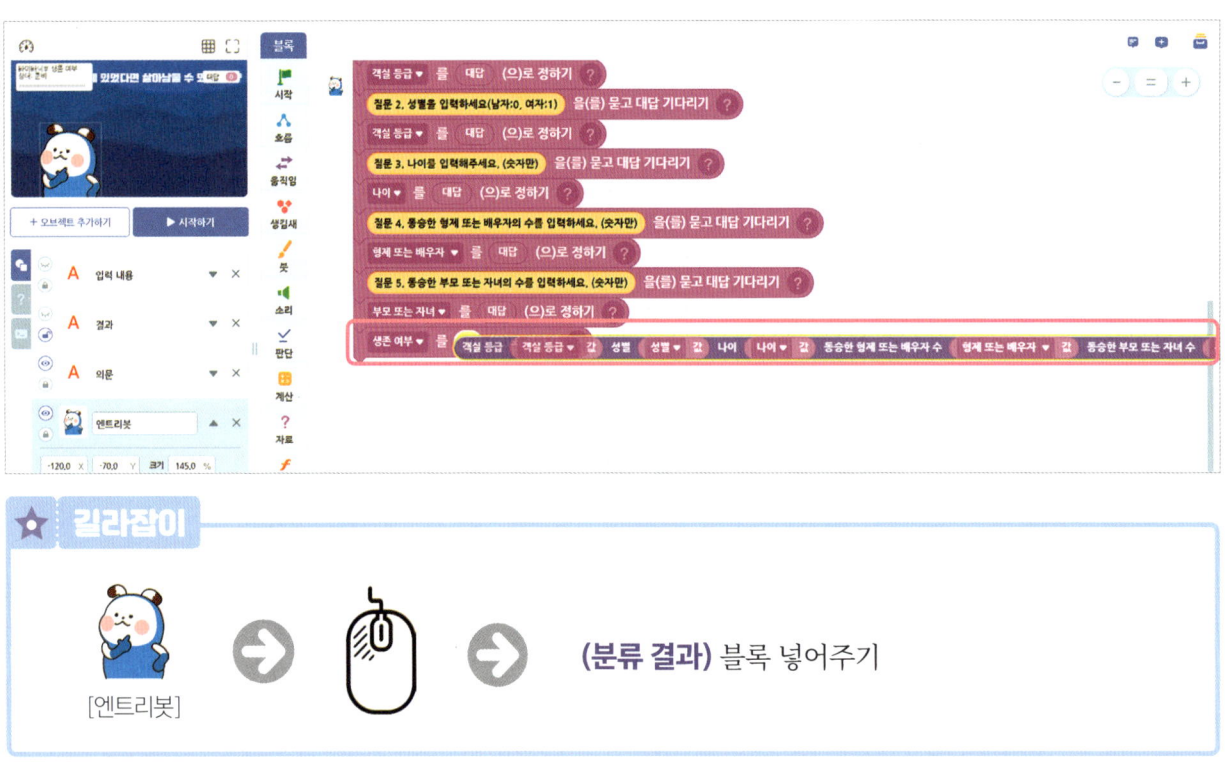

18 [시작] 카테고리에서 [생존 확인 신호 보내기] 블록을 가져옵니다.

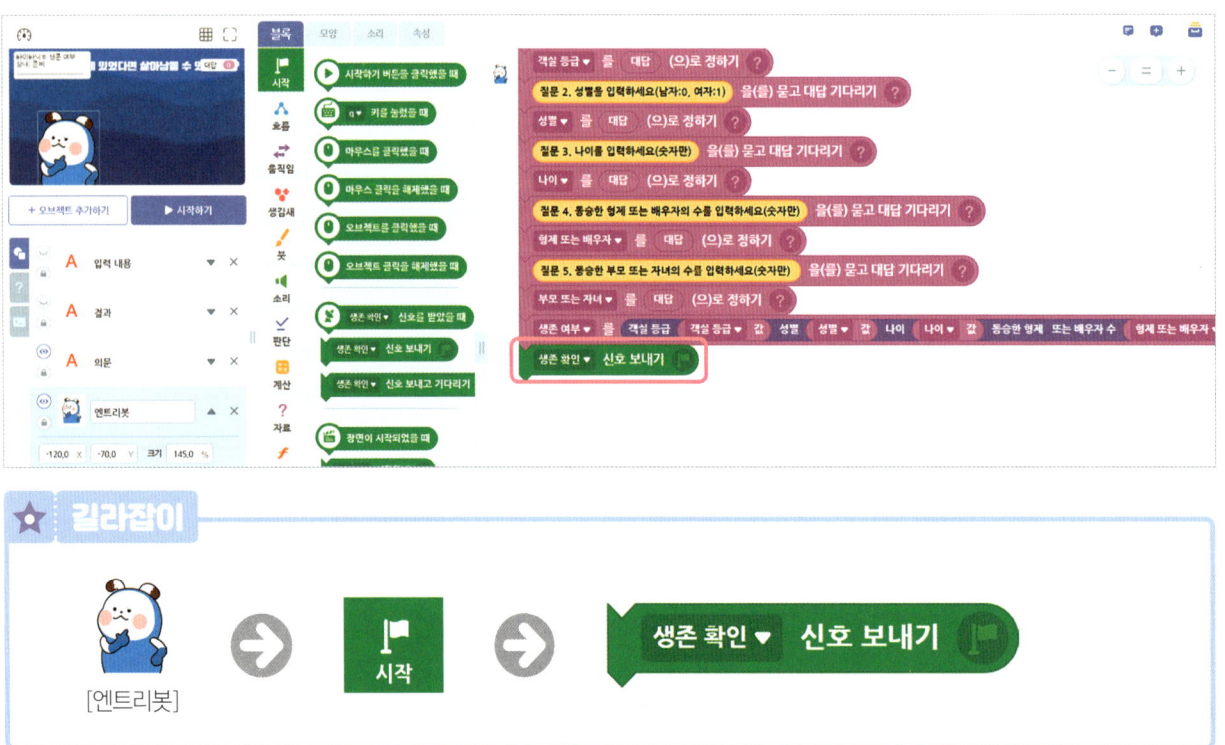

Step 6 생존 확인하기

생존 여부를 확인하고 결과에 따라 '엔트리봇' 오브젝트의 표정 변화와 '결과' 오브젝트를 이용하여 결과를 나타냅니다.

19 [시작] 카테고리에서 [생존 확인 신호를 받았을 때] 블록을 가져옵니다.

20 [흐름] 카테고리에서 [만일 <참> (이)라면 – 아니면] 블록을 가져옵니다.

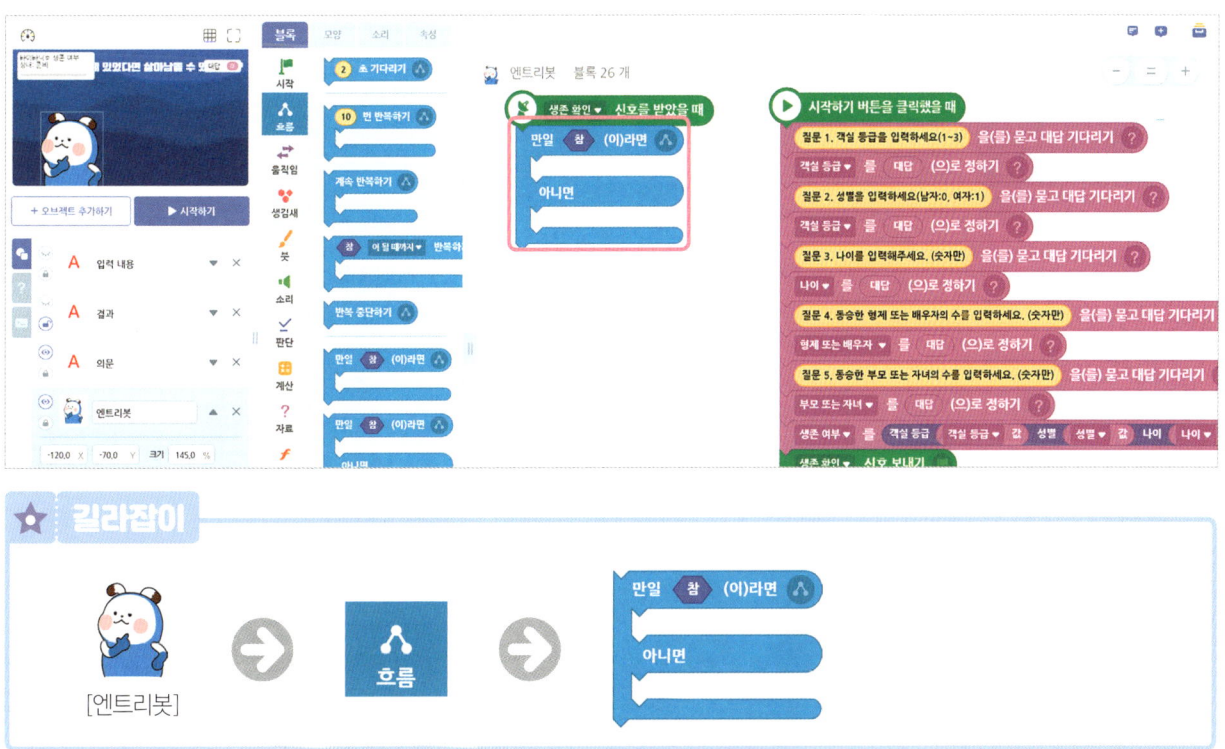

21 [판단] 카테고리에서 <10 = 10> 블록을 가져와 [만일 <참> (이)라면] 블록의 <참> 에 넣어준 후, <10 = 1>로 수정합니다.

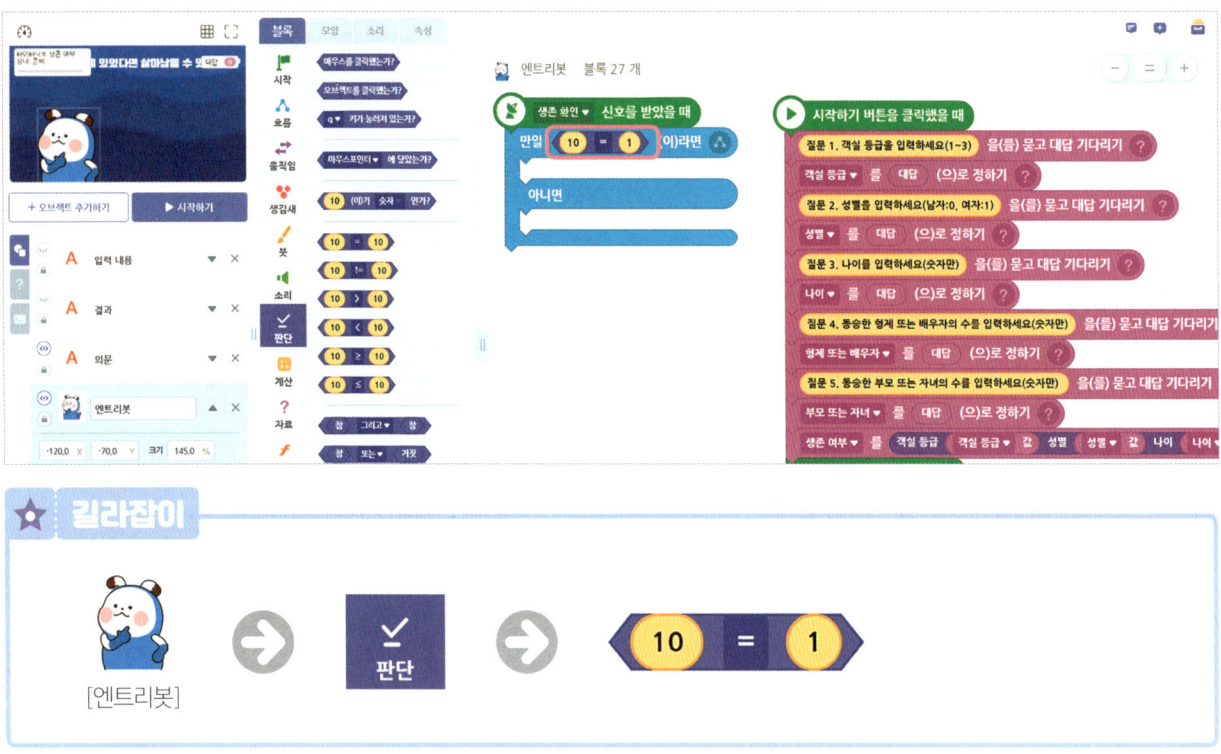

22 [자료] 카테고리에서 (생존 여부) 블록을 가져와 <10 = 1> 블록의 '10'에 넣어줍니다.

23 [생김새] 카테고리에서 [질문 모양으로 바꾸기] 블록 2개를 가져와 [만일], [아니면]에 각각 넣어준 후, [살았다 모양으로 바꾸기], [살지 못했다 모양으로 바꾸기]로 수정합니다.

24 '결과' 오브젝트를 클릭한 후, [시작] 카테고리에서 [생존 확인 신호를 받았을 때] 블록을 가져옵니다.

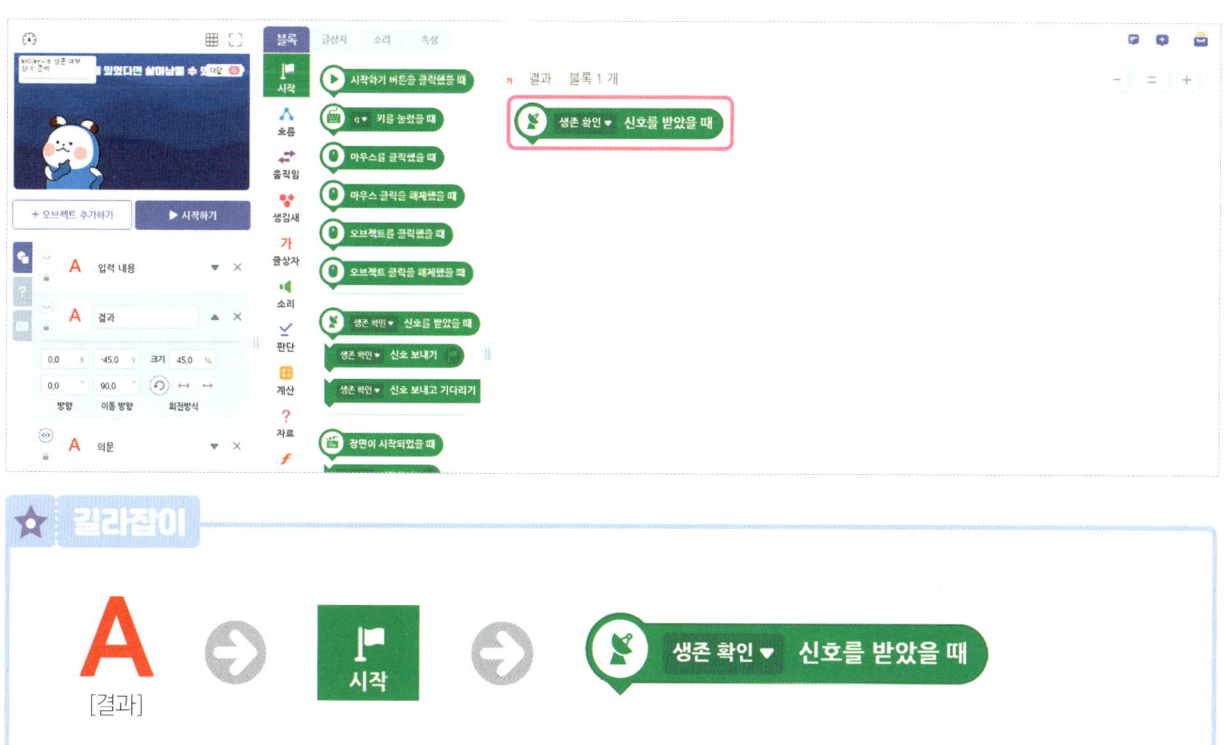

Chapter 12 | 인공지능으로 타이타닉호 생사 확인 프로그램 만들기

25 [생김새] 카테고리에서 [모양 보이기] 블록을 가져옵니다.

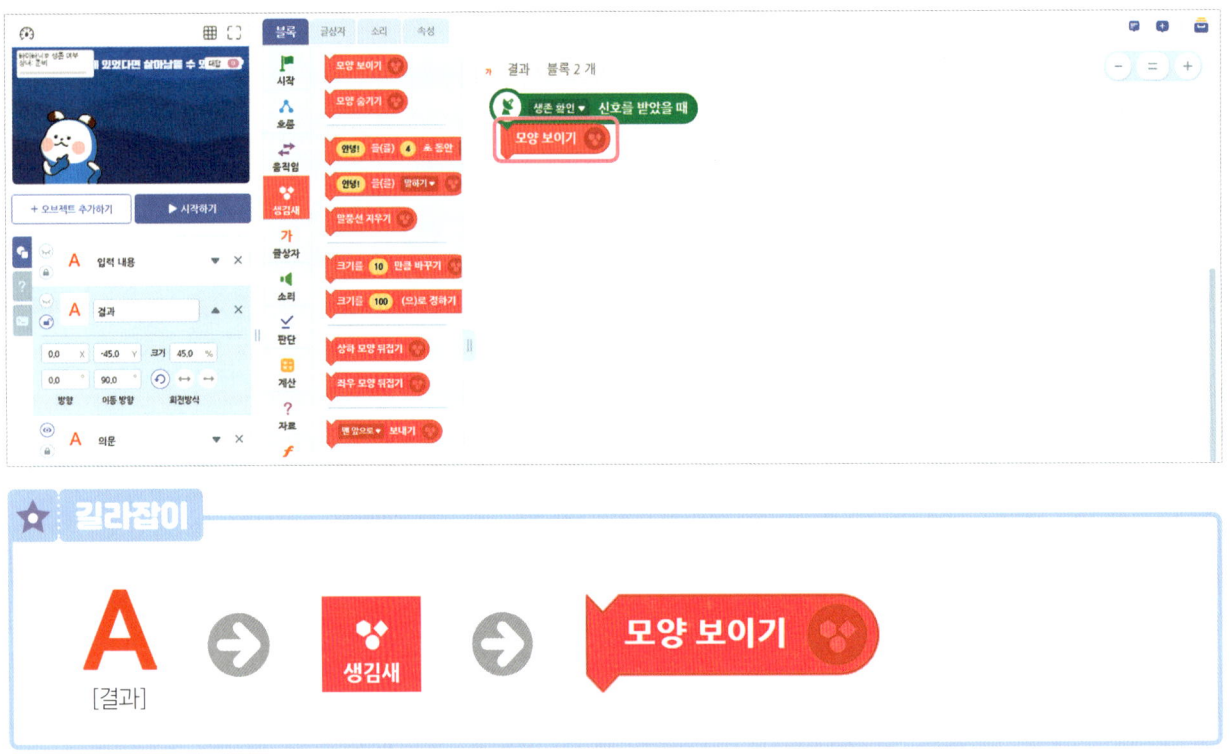

26 [흐름] 카테고리에서 [만일 <참> (이)라면 – 아니면] 블록을 가져옵니다.

27 [판단] 카테고리에서 <10 = 10> 블록을 가져와 [만일 <참> (이)라면] 블록의 <참>에 넣어준 후, <10 = 1>로 수정합니다.

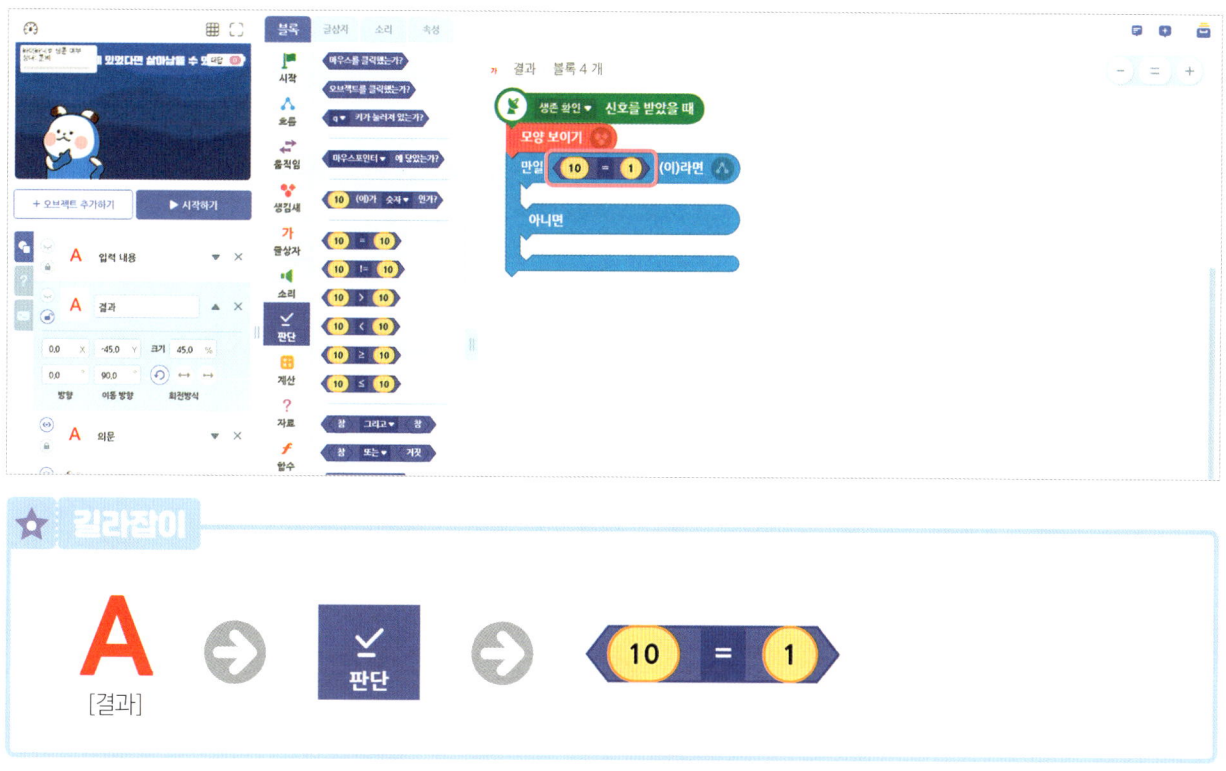

28 [자료] 카테고리에서 (생존 여부) 블록을 가져와 <10 = 1> 블록의 '10'에 넣어줍니다.

29 [글상자] 카테고리에서 [엔트리 (이)라고 글쓰기] 블록 2개를 가져와 [만일], [아니면]에 각각 넣어준 후, [살아남았다. (이)라고 글쓰기], [살아남지 못했다. (이)라고 글쓰기]로 수정합니다.

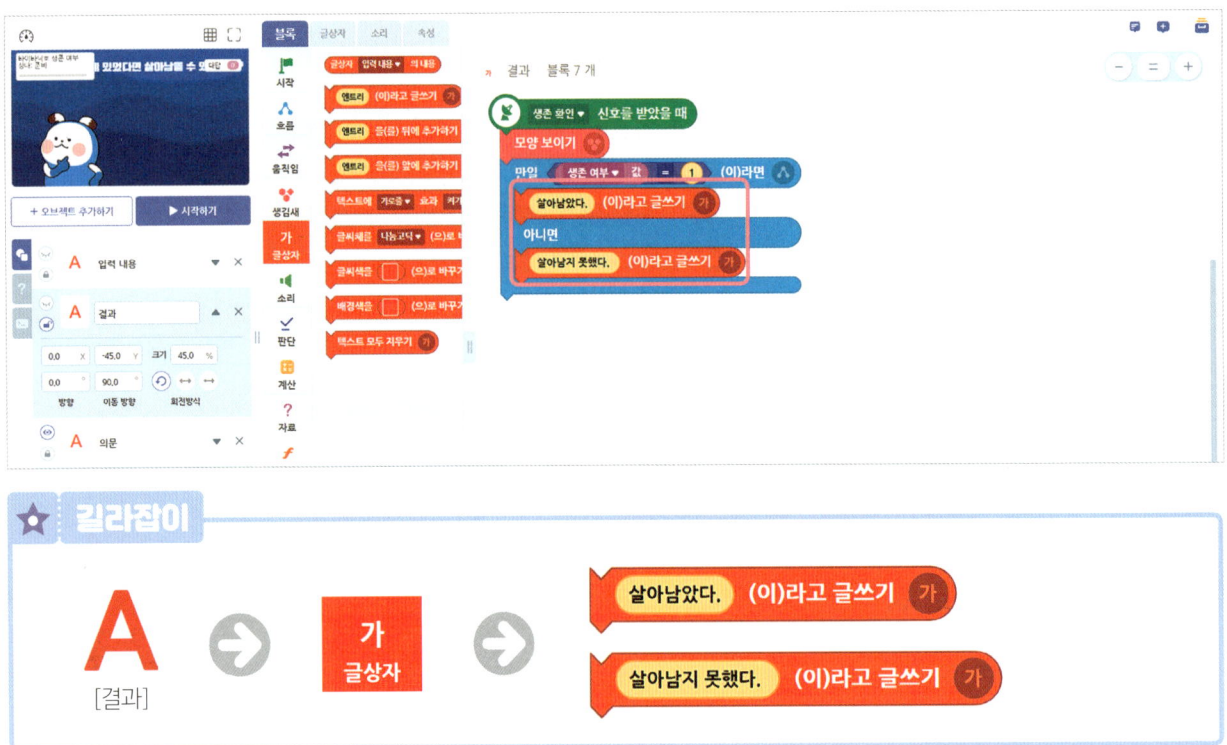

Step 7 입력 결과 확인하기

사용자가 지금까지 입력한 결과를 한눈에 확인할 수 있게 화면에 표시합니다.

30 '입력 내용' 오브젝트를 클릭한 후, [시작] 카테고리에서 [생존 확인 신호를 받았을 때] 블록을 가져옵니다.

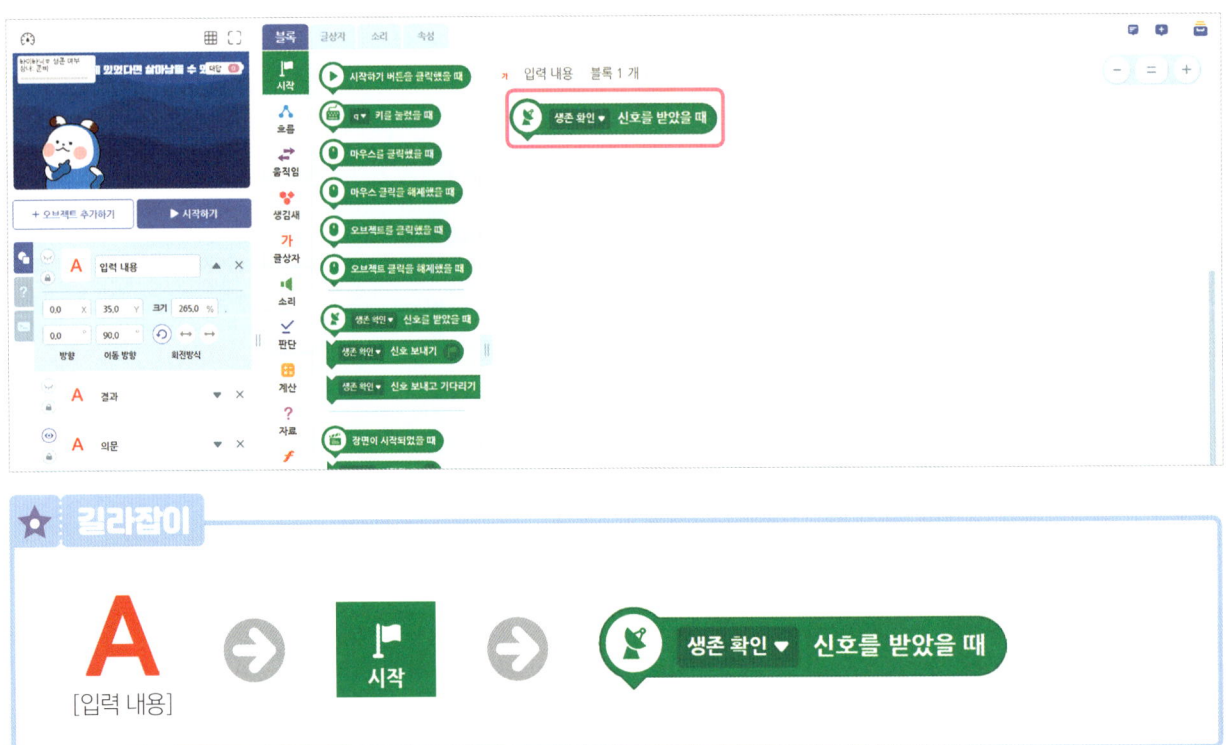

31 [생김새] 카테고리에서 [모양 보이기] 블록을 가져옵니다.

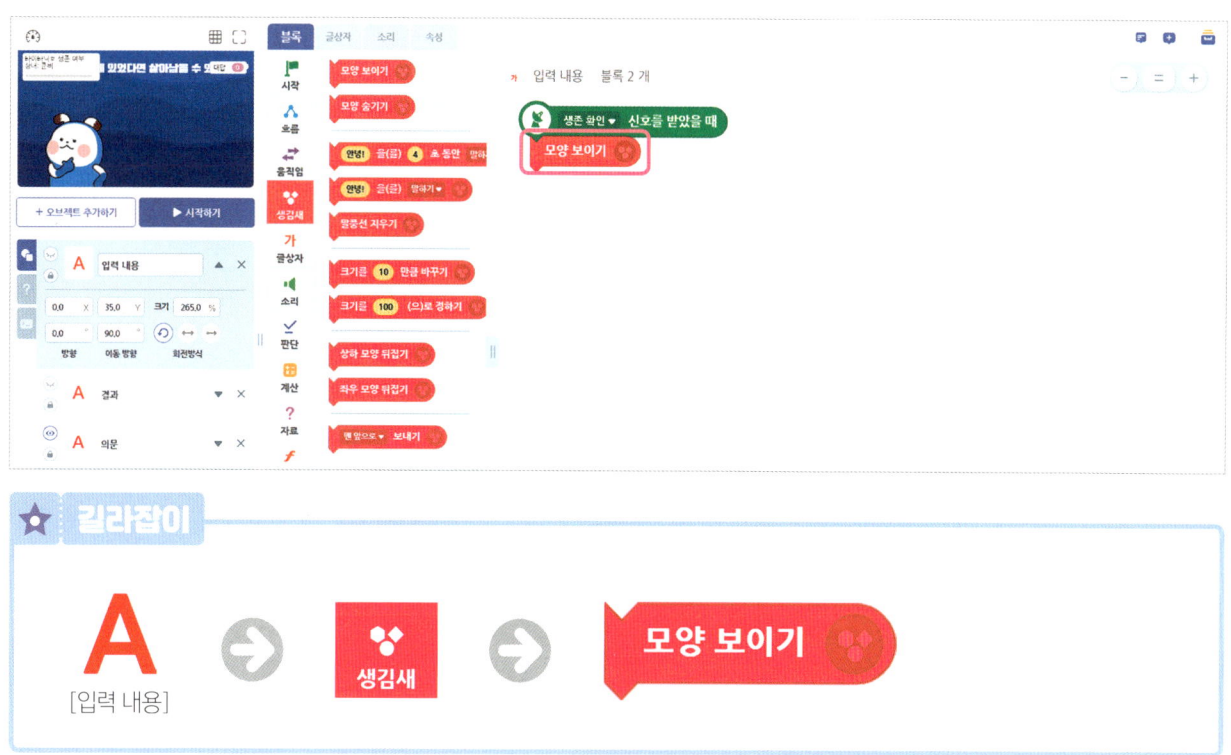

32 [함수] 카테고리에서 [입력 결과 보여주기 #객실 등급 10 #성별 10 #나이 10 #형제 또는 배우자 10 #부모 또는 자녀 10] 블록을 가져옵니다.

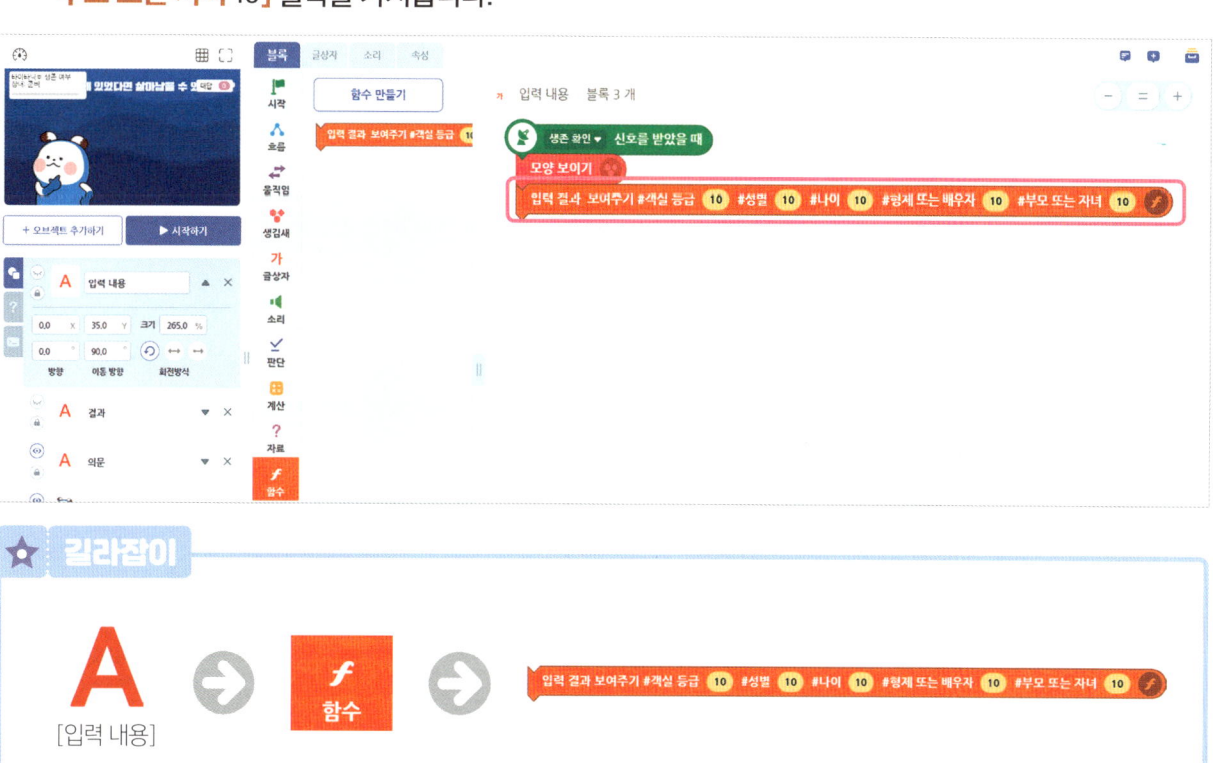

** 함수란 사용자가 특정 기능을 할 수 있도록 직접 블록을 만드는 것을 말합니다.
** 필요한 경우 직접 블록을 조합하여 새로운 형태 블록인 함수를 만들 수 있습니다.

33 [자료] 카테고리에서 (생존 여부) 블록 5개를 가져와 [입력 결과 보여주기] 블록의 '10'에 넣어준 후, (객실 등급), (성별), (나이), (형제 또는 배우자), (부모 또는 자녀) 순서로 수정합니다.

Step 8   모델 숨기기

실행화면에 모델이 보이지 않도록 숨겨줍니다.

34 '엔트리봇' 오브젝트를 클릭한 후, [인공지능] 카테고리에서 [모델 보이기] 블록을 가져와 [시작하기 버튼을 클릭했을 때] 아래에 붙여준 다음 [모델 숨기기]로 수정합니다.

35 [자료] 카테고리에서 [대답 숨기기] 블록을 가져와 [모델 숨기기] 아래에 붙여줍니다.

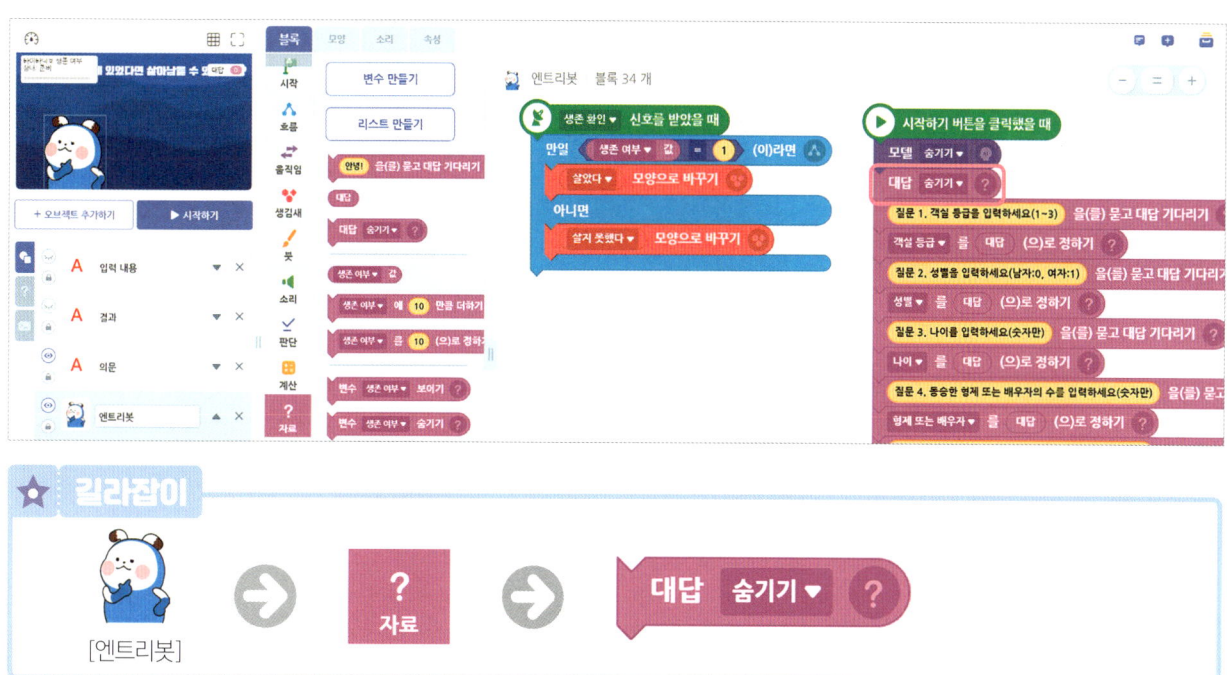

정리하기

전체 코드 보기

[입력 내용]

[결과]

[엔트리봇]

발전시키기

타이타닉호 생존 확인하기 프로젝트의 개선점을 찾고, 새로운 기능을 추가하여 더 나은 프로그램으로 확장해 보세요.

기능	살아남았을 확률과 살아남지 못했을 확률을 화면에 보여준다.
화면 디자인	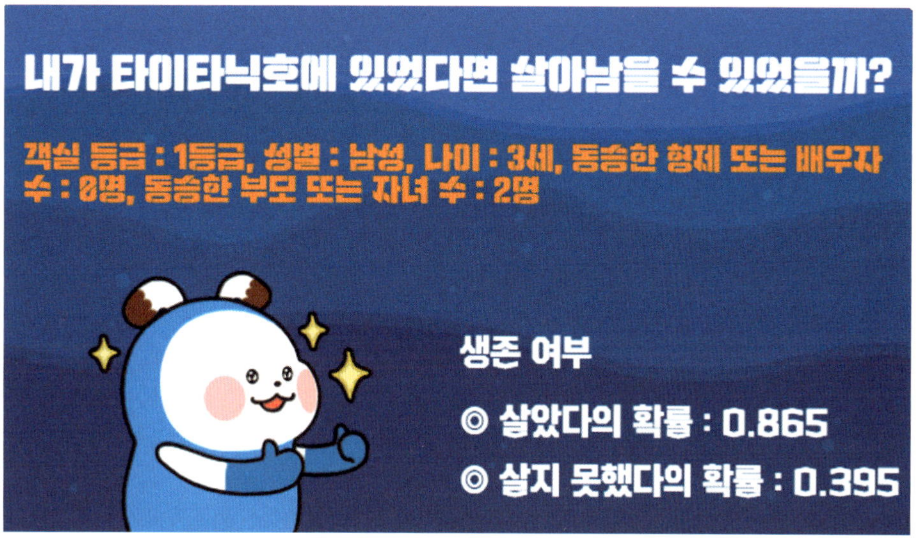 내가 타이타닉호에 있었다면 살아남을 수 있었을까? 객실 등급 : 1등급, 성별 : 남성, 나이 : 3세, 동승한 형제 또는 배우자 수 : 0명, 동승한 부모 또는 자녀 수 : 2명 생존 여부 ◎ 살았다의 확률 : 0.865 ◎ 살지 못했다의 확률 : 0.395
코드 추가하기	**프로젝트 만들기 힌트** 1. '결과' 오브젝트의 코드를 확인한 후 삭제합니다. 2. '생존 확인 신호를 받았을 때' 생존 확률이 표시되도록 코드를 추가합니다. • 코드 설명 : 생존 확인 신호를 받았을 때 모양이 보입니다. (객실 등급 ~ 의 1에 대한 확률) 블록을 이용하여 살아남았을 때와 그렇지 못했을 때 확률을 보여줍니다. 단, 하나의 글상자 오브젝트로 두 개의 확률값을 표시하므로 복제하기 블록을 활용해야 합니다. **A** [결과] — 힌트 코드 

PART 3 머신러닝 유형 -지도 학습 / 학습할 모델 -분류: 결정 트리

Chapter 13
인공지능으로 붓꽃 종류 알아보는 프로그램 만들기
꽃의 비밀 정원 탐방! 다양한 붓꽃의 종류 알아내기

💡 인공지능 알아보기

[이해하기] 결정 트리 알고리즘으로 어떻게 데이터 패턴을 탐색할까?

질문들의 나무 구조를 통해 보여주는 결정 트리 알고리즘

결정 트리(Decision Tree) 알고리즘은 이름에서도 알 수 있듯이, 나무 모양처럼 생긴 구조를 가진 머신러닝입니다. 이 알고리즘은 여러 질문으로 이뤄진 나무를 만들어 데이터를 분류하는 방법입니다.

이해하기 쉬운 예로, 날씨를 기준으로 친구들이 공원에 나올지 결정하는 문제를 생각해 보겠습니다. 먼저, 결정 트리는 '오늘 비가 오나요?'라는 질문으로 시작합니다. 만약 비가 온다면, 대부분 친구들은 공원에 나오지 않을 겁니다. 이 경우, 트리는 '예(Yes)'로 결정하고 끝납니다. 만약 비가 오지 않는다면, 다음 질문은 '오늘 기온이 20도 이상인가요?'가 될 수 있습니다. 만약 기온이 20도 이상이라면, 트리는 '예(Yes)'로 결정합니다.

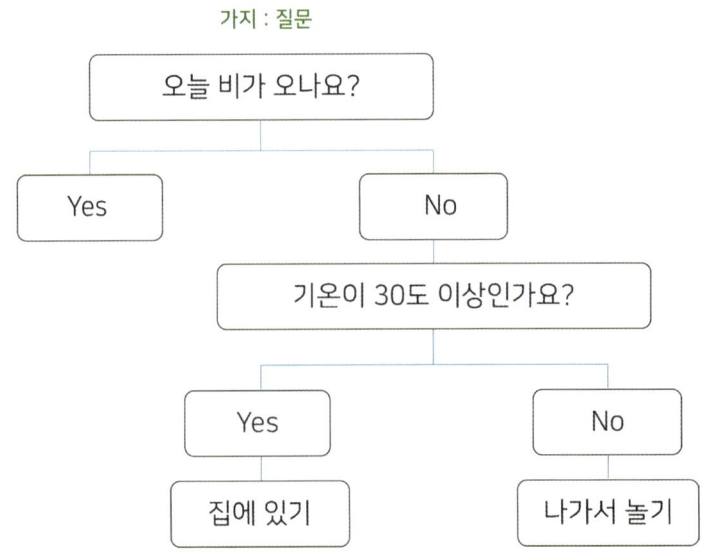

이렇게 결정 트리는 일련의 질문을 통해 데이터를 분류하거나 예측합니다. 트리의 '가지'는 질문이고, '잎'은 결정(예/아니요 또는 분류 결과)입니다.

살펴보기 꽃의 종류를 분류하는 트리 구조

결정 트리의 장점 중 하나는 눈으로 확인하기 쉽다는 것입니다. 나무 구조를 그림으로 표현하면 이해하기가 쉽습니다.

예를 들어 꽃의 종류를 정리한 데이터셋의 경우, 결정 트리 알고리즘이 꽃잎의 길이가 특정 값보다 긴지 짧은지, 꽃잎의 너비가 어떤 범위에 속하는지 등을 질문하며 데이터를 분석합니다. 이런 질문들은 나무의 가지처럼 서로 연결되어 있고, 결과적으로 꽃의 품종을 결정할 수 있습니다.

번호	꽃받침 길이		꽃잎		품종
	길이	너비	길이	너비	
1	4.8	3	1.4	0.3	setosa
2	4.9	3	1.4	0.2	setosa
3	4.9	3.1	1.5	0.1	setosa
4	4.9	3.1	1.5	0.2	setosa
5	4.9	3.6	1.4	0.1	setosa
6	4.9	2.4	3.3	1	versicolor
7	4.9	2.5	4.5	1.7	virginica
8	5	3.6	1.4	0.2	setosa

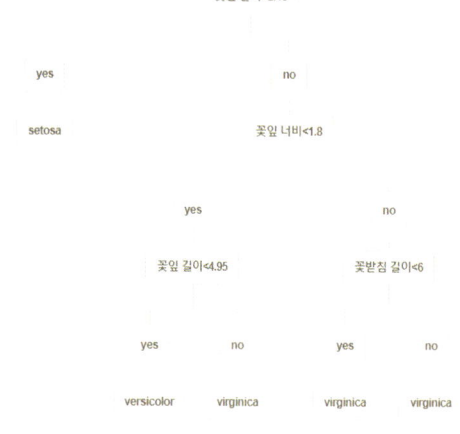

꽃의 데이터　　　　　　　　　　　　　　　　꽃의 결정 트리

결정 트리 알고리즘은 꽃의 품종 분류뿐만 아니라 다양한 분야에서 사용됩니다.

예를 들어, 의료 분야에서 환자의 증상과 진료 기록을 바탕으로 질병을 진단하는 데 사용됩니다. 의사들은 결정 트리를 통해 특정 증상이 나타났을 때 가능한 질병들을 좁혀나가고, 추가적인 진단을 통해 환자에게 최적의 치료 방법을 제공할 수 있습니다.

인공지능 프로젝트 일지

20XX년 XX월 XX일 X요일	
상황	엄마가 할머니 정원에서 기른 붓꽃으로 꽃다발을 만들겠다고 하셨다. 나한테 사진을 한 장 주시면서 Versicolor 라는 종류의 붓꽃을 10송이만 따달라고 하셨는데, 정원에는 Setosa, Versicolor, Virginica 세 종류의 붓꽃이 있다. 내 눈엔 다 똑같아 보여서 붓꽃 종류를 구별하는 게 어려웠다. 괜히 잘못 따면 안 될 것 같아서 할머니께 도움을 요청했다. 할머니는 꽃잎의 크기를 보면 구분할 수 있을 거라며 이야기를 해주셨다. 
발견된 문제점	꽃의 종류를 모르는 상태에서 붓꽃을 따야 하는데, 붓꽃의 종류를 구분할 방법을 찾아야 한다.
해결 방법	결정 트리 알고리즘을 이용해 붓꽃의 종류를 분류하는 프로그램을 만든다. 이 프로그램은 꽃의 특징을 입력하여 붓꽃의 종류를 예측하고 결과를 사용자에게 보여준다.

프로젝트 설계하기

목표	여러 종류의 붓꽃을 분류하는 프로그램을 만들자.
기능	1. 마우스를 이용하여 붓꽃의 꽃받침 길이와 너비, 꽃잎 길이와 너비 값을 조절한다. 2. 각 값에 해당하는 붓꽃을 화면에 보여준다.
화면 디자인	(화면 스케치: 꽃받침 길이, 꽃받침 너비, 꽃잎 길이, 꽃잎 너비 슬라이더와 아이리스 세토사 이미지. ① 마우스로 꽃 크기 조정, ② 꽃의 크기에 맞는 붓꽃 이미지 보이기)
순서도	시작하기 버튼 클릭하기 → 계속 반복 → 분류 결과 = 'Setosa' 예: Setosa 모양 바꾸기 / 아니요 → 분류 결과 = 'Versicolor' 예: Versicolor 모양 바꾸기 / 아니요 → Virginica 모양 바꾸기

프로젝트 만들기

🔘 학습목표

- 인공지능 모델 학습하기의 '결정 트리 알고리즘'을 이용하여 데이터를 분류할 수 있다.
- 결정 트리 알고리즘에 맞는 데이터를 이용하여 데이터를 학습시킬 수 있다.
- 결정 트리 알고리즘을 이용하여 붓꽃 분류 작품을 만들 수 있다.

· 예제 작품 주소 : http://naver.me/5pEVQOec
· 완성 작품 주소 : http://naver.me/x5IXtNnS
· 실습 파일 : 없음

실습 영상

🔘 준비하기

활용 인공지능	[분류: 숫자 (결정 트리)]	준비물	[컴퓨터]	[데이터]

🔘 프로젝트 미리보기

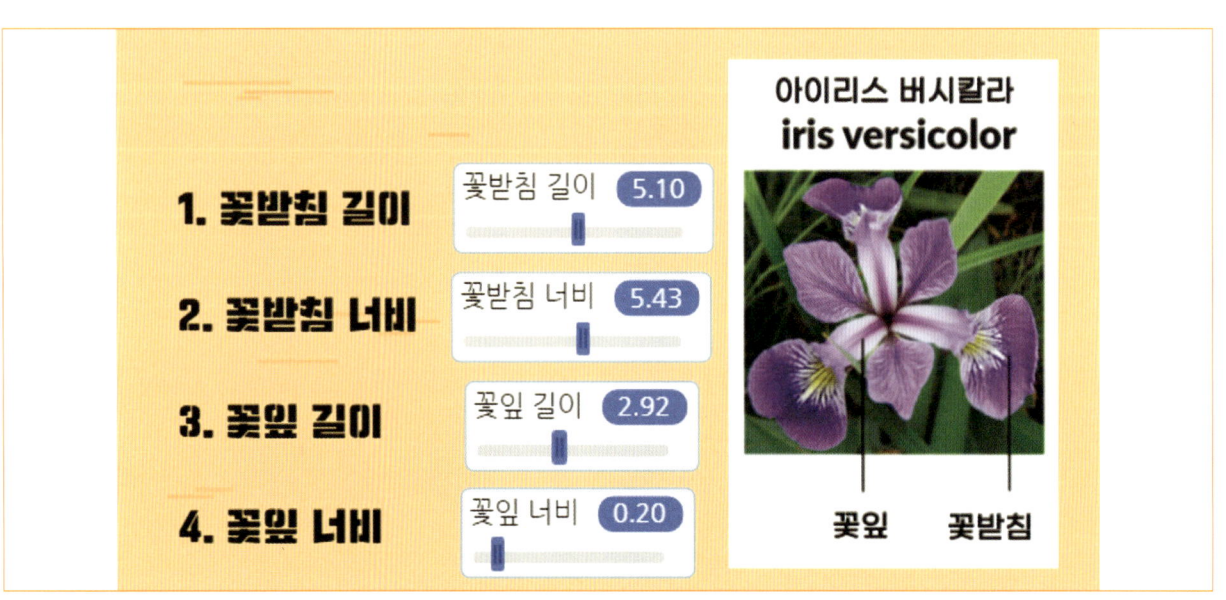

엔트리의 인공지능   분류: 숫자 (결정 트리)

이번 프로젝트에서는 엔트리에서 제공하는 다음 인공지능을 이용하여 작품을 만듭니다.

🌼 기능 알아보기

지도학습
분류: 숫자 (결정 트리)
테이블의 숫자 데이터를 예/아니오로 나누는 트리를 만들어 각각의 클래스로 분류하는 모델을 학습합니다.

모델이 학습할 숫자를 테이블로 업로드하거나 직접 작성해 데이터로 입력하고, 입력한 데이터를 나무 모양처럼 생긴 구조를 그려주며 데이터를 분류하는 모델을 학습합니다.

* 분류: 숫자 모델을 학습하려면 먼저 데이터로 삼을 테이블을 추가해야 합니다. 학습하기 전에 데이터 분석 카테고리에서 [테이블 불러오기]를 통해 기본 테이블, 파일 업로드, 새로 만들기의 방법으로 테이블을 추가해야 합니다.

🌼 블록 알아보기

블록	기능
모델 보이기 ▼	모델의 상태를 표시하는 창을 실행화면에 보이게 하거나 숨깁니다.
꽃받침 길이 10 꽃받침 너비 10 꽃잎 길이 10 꽃잎 너비 10 의 분류 결과	입력한 데이터를 모델에서 분류한 값입니다. 값은 클래스 이름(텍스트)으로 표현됩니다.

🌼 오브젝트 살펴보기

이름	붓꽃 배경	꽃받침 길이	꽃받침 너비	꽃잎 길이	꽃잎 너비
x	-20	-210	-210	-210	-210
y	-20	50	0	-50	-100
크기	450%	70%	68.8%	60%	60%

🔶 프로젝트 만들기

Step 1   테이블 불러오기

붓꽃의 정보를 담고 있는 테이블을 추가합니다.

1 [데이터 분석] 카테고리에서 [테이블 불러오기] 버튼을 클릭합니다.

2 [테이블 추가하기] 버튼을 클릭한 후, [테이블 선택]-[붓꽃 예시 데이터]-[추가하기]를 클릭합니다.

304   Part 3 | 인공지능 모델 학습하기_다양한 알고리즘

3 추가된 데이터를 확인한 후, 화면 오른쪽 위의 [적용하기] 버튼을 클릭합니다.

Step 2 인공지능 선택하기

'분류: 숫자 (결정 트리)' 인공지능 모델 학습하기를 선택합니다.

4 [인공지능] 카테고리에서 [인공지능 모델 학습하기] 버튼을 클릭합니다.

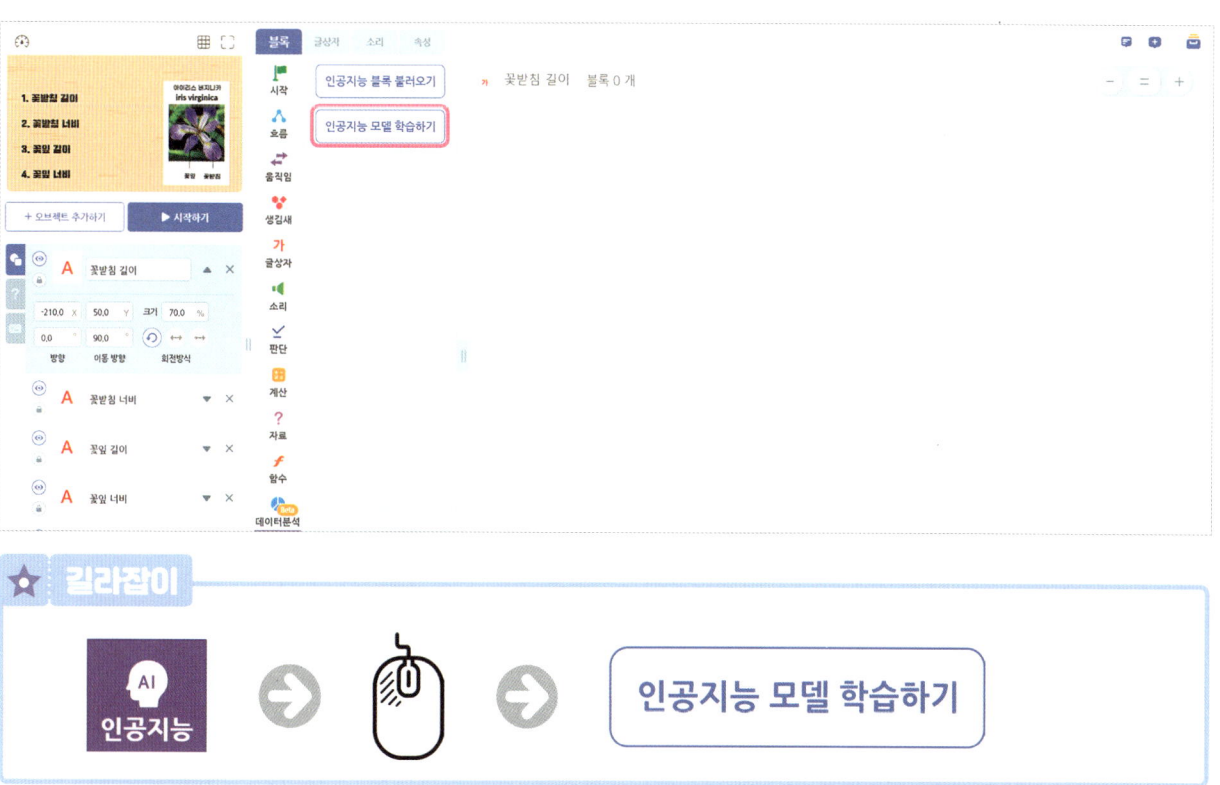

Chapter 13 | 인공지능으로 붓꽃 종류 알아보는 프로그램 만들기

5 학습할 모델 중 [**분류: 숫자 (결정 트리)**]를 클릭한 후, 화면 오른쪽 위의 [**학습하기**] 버튼을 클릭합니다.

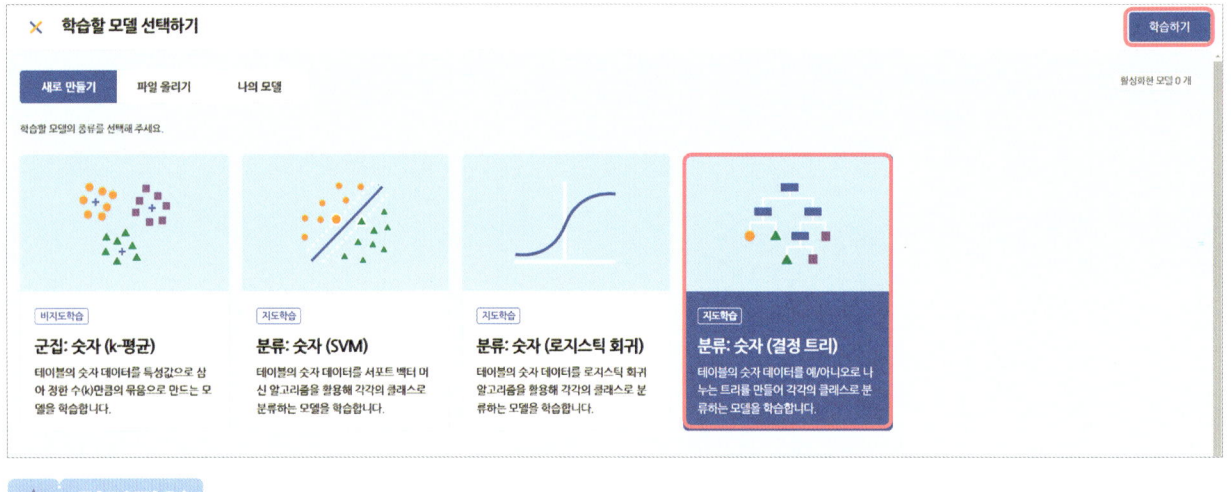

Step 3 분류: 숫자 (결정 트리) 모델 학습하기

붓꽃 예시 데이터를 토대로 '분류: 숫자 (결정 트리)' 모델을 학습시킵니다.

6 모델의 이름을 '붓꽃 분류하기'로 입력한 후, 테이블을 선택합니다. 핵심 속성은 '꽃받침 길이', '꽃받침 너비', '꽃잎 길이', '꽃잎 너비'를 선택하고 클래스 속성은 '품종'을 선택한 후, [**모델 학습하기**] 버튼을 클릭합니다.

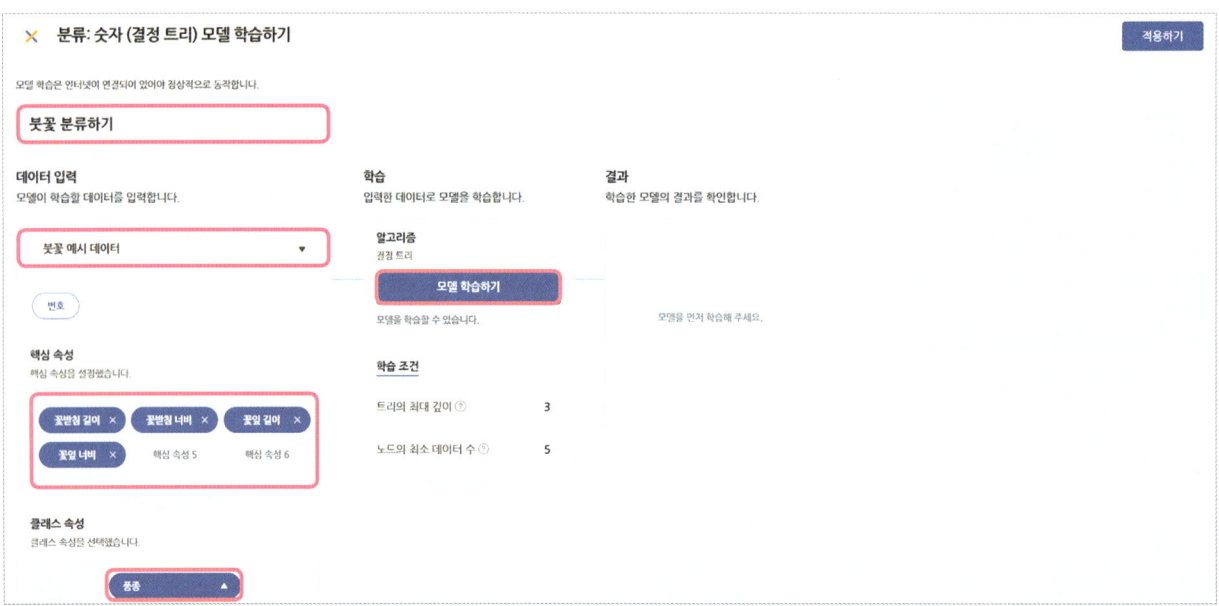

7 학습 상태와 결과를 확인하고 [트리 보기] 버튼을 클릭하면 결정 트리를 확인할 수 있습니다. 결정 트리를 확인한 후, 화면 오른쪽 위의 [적용하기] 버튼을 클릭합니다.

Step 4 변수 추가하기

붓꽃 확인에 '꽃받침 길이', '꽃받침 너비', '꽃잎 길이', '꽃잎 너비', '붓꽃 결과' 변수를 추가하고 슬라이드 속성과 기본값을 설정합니다.

8 [속성] 탭에서 [변수]-[변수 추가하기] 버튼을 클릭하여 변수 이름에 '꽃받침 길이', '꽃받침 너비', '꽃잎 길이', '꽃잎 너비', '붓꽃 결과'를 입력한 후, [변수 추가] 버튼을 클릭합니다. '붓꽃 결과' 변수는 눈을 클릭하여 실행화면에 보이지 않도록 합니다.

9 '꽃받침 길이', '꽃받침 너비', '꽃잎 길이', '꽃잎 너비' 변수는 슬라이드를 체크하고 최솟값과 최댓값을 각각 입력합니다.

– 꽃받침 길이 : 0~10.0 / 기본값 : 0.2, 꽃받침 너비 : 0~5.0 / 기본값 : 0.5, 꽃잎 길이 : 0~10.0 / 기본값 : 3.5, 꽃잎 너비 : 0~10.0 / 기본값 : 5.1

10 실행화면에 '꽃받침 길이', '꽃받침 너비', '꽃잎 길이', '꽃잎 너비' 변수를 보기 좋게 정리합니다.

Step 5 분류 결과 확인하기

'꽃받침 길이', '꽃받침 너비', '꽃잎 길이', '꽃잎 너비', '붓꽃 결과'에 따라 달라지는 붓꽃의 분류 결과를 확인합니다.

11 '붓꽃 배경' 오브젝트를 클릭한 후, [시작] 카테고리에서 [시작하기 버튼을 클릭했을 때] 블록을 가져옵니다.

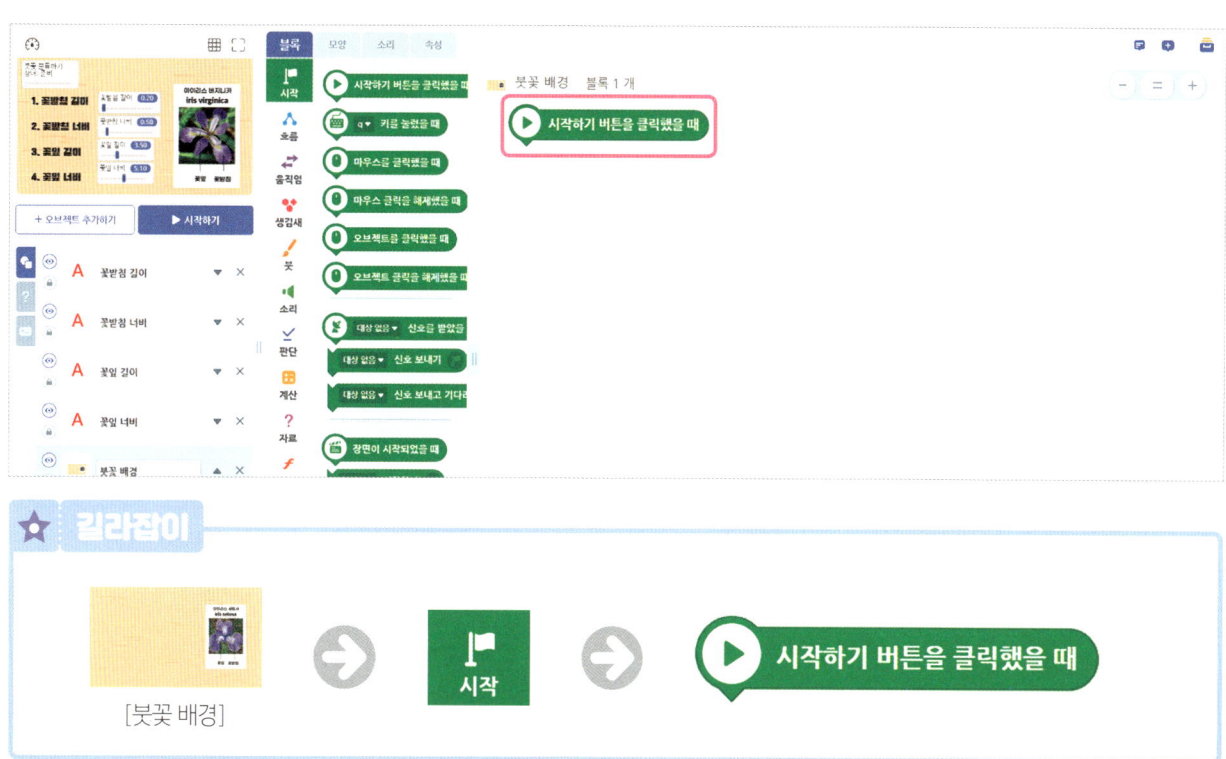

12 [흐름] 카테고리에서 [계속 반복하기] 블록을 가져옵니다.

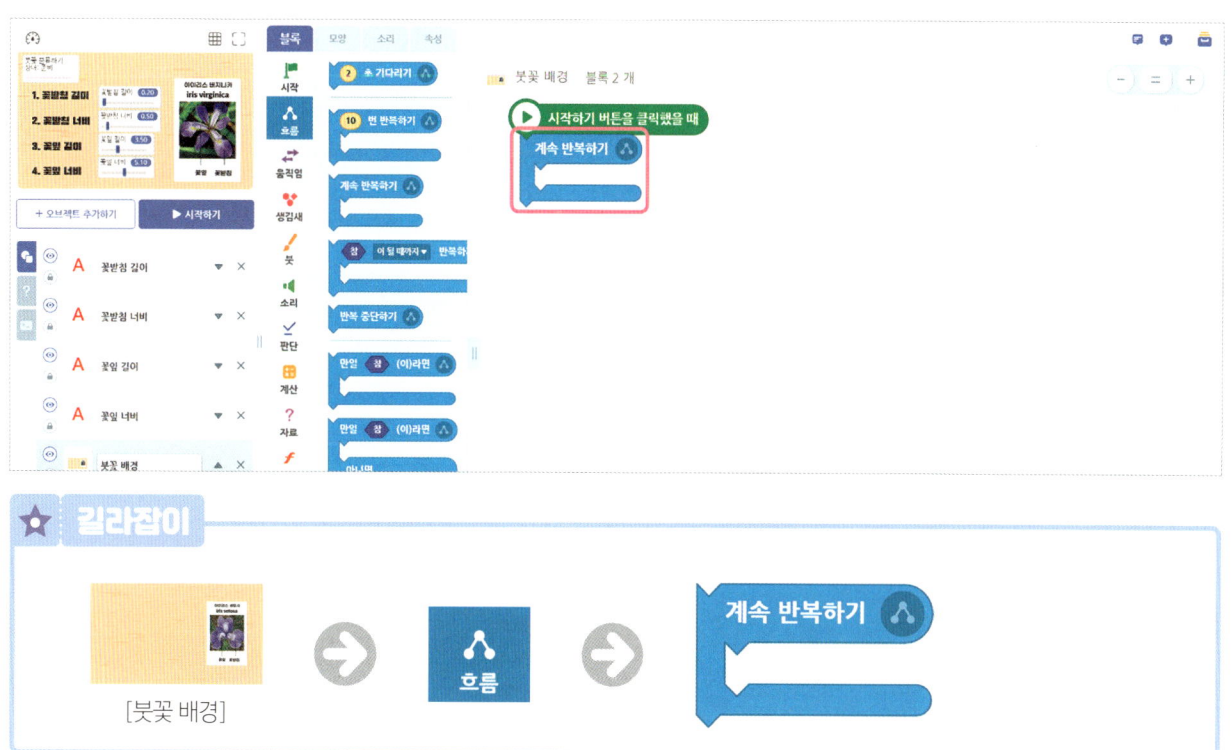

Chapter 13 | 인공지능으로 붓꽃 종류 알아보는 프로그램 만들기

13 [자료] 카테고리에서 [붓꽃 결과를 10 (으)로 정하기] 블록을 가져옵니다.

14 [인공지능] 카테고리에서 (꽃받침 길이 10 꽃받침 너비 10 꽃잎 길이 10 꽃잎 너비 10 의 분류 결과) 블록을 가져와 [붓꽃 결과를 10 (으)로 정하기] 블록의 '10'에 넣어줍니다.

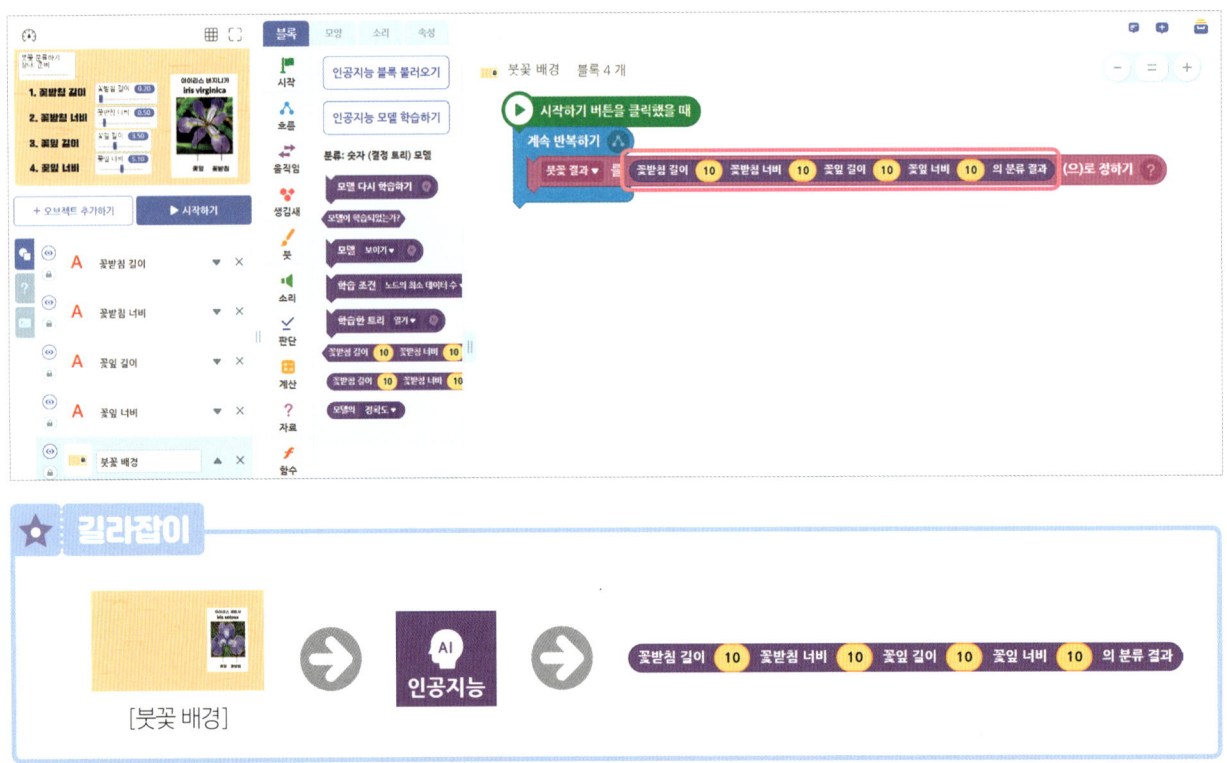

15 [자료] 카테고리에서 (붓꽃 결과) 블록 4개를 가져와 (분류 결과) 블록 '10'에 넣어준 후, (꽃받침 길이), (꽃받침 너비), (꽃잎 길이), (꽃잎 너비) 순서로 수정합니다.

16 [흐름] 카테고리에서 [만일 <참> (이)라면 - 아니면] 블록 2개를 가져와 다음과 같이 넣어줍니다.

Chapter 13 | 인공지능으로 붓꽃 종류 알아보는 프로그램 만들기

17 [판단] 카테고리에서 <10 = 10> 블록 2개를 가져와 [만일 <참> (이)라면] 블록의 <참>에 넣어준 후, <10 = setosa>, <10 = versicolor>로 수정합니다.

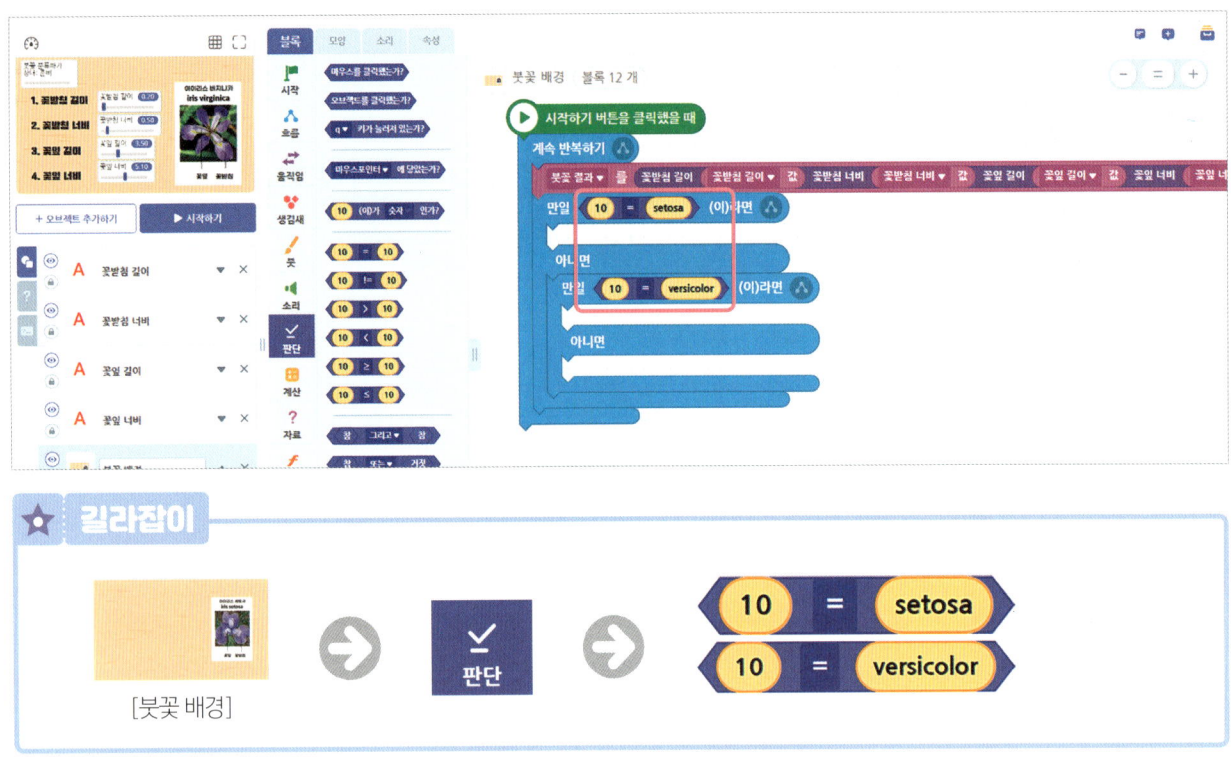

18 [자료] 카테고리에서 (붓꽃 결과) 블록 2개를 가져와 <10 = setosa>, <10 = versicolor> 블록의 '10'에 넣어줍니다.

19 [생김새] 카테고리에서 [setosa 모양으로 바꾸기] 블록 3개를 가져와 [만일], [아니면]에 각각 넣어준 후, [setosa 모양으로 바꾸기], [versicolor 모양으로 바꾸기], [virginica 모양으로 바꾸기]로 수정합니다.

Step 6 모델 숨기기

실행화면에 모델이 보이지 않도록 숨겨주고, 학습한 트리를 화면에 보여줍니다.

20 [인공지능] 카테고리에서 [모델 보이기], [학습한 트리 열기] 블록을 가져와 [시작하기 버튼을 클릭했을 때] 아래에 붙여준 후, [모델 보이기]를 [모델 숨기기]로 수정합니다.

정리하기

전체 코드 보기

[붓꽃 배경]

| 인공지능 알아보기 | 인공지능 프로젝트 일지 | 프로젝트 설계하기 | 프로젝트 만들기 | 정리하기 | **발전시키기** |

발전시키기

붓꽃 분류하기 알아보기 프로젝트의 개선점을 찾고, 새로운 기능을 추가하여 더 나은 프로그램으로 확장해 보세요.

기능	어떤 종류의 붓꽃을 소개하는지 큰 제목을 화면에 보여준다.
화면 디자인	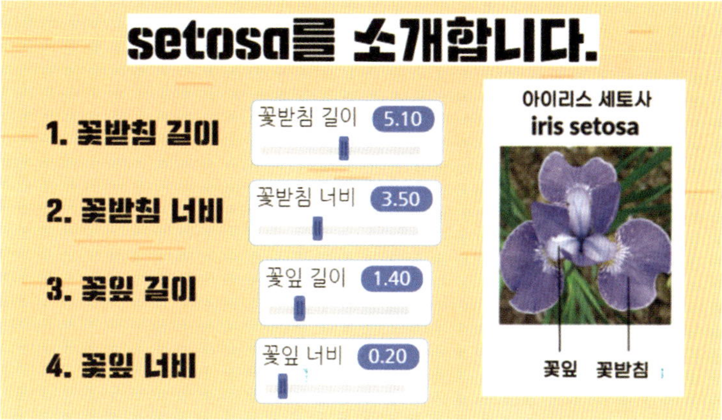 **setosa를 소개합니다.** 1. 꽃받침 길이 꽃받침 길이 5.10 2. 꽃받침 너비 꽃받침 너비 3.50 3. 꽃잎 길이 꽃잎 길이 1.40 4. 꽃잎 너비 꽃잎 너비 0.20 아이리스 세토사 iris setosa 꽃잎 꽃받침
코드 추가	프로젝트 만들기 힌트 1. **[오브젝트 추가하기]-[글상자]**를 클릭한 후, 화면 오른쪽의 **[추가하기]** 버튼을 클릭합니다. 2. '글상자' 오브젝트의 y 값을 0에서 110으로 수정합니다. 3. 추가한 '글상자' 오브젝트를 클릭한 후, **[글상자]** 탭에서 원하는 서체와 색상을 선택합니다.  4. **(분류 결과)**를 이용하여 제목을 보여주는 코드를 추가합니다. • 코드 설명 : 프로그램이 실행되는 동안 계속 글상자의 값을 화면에 표시해줍니다. 이때 **(분류 결과)** 블록을 활용해야 합니다. 힌트 코드  A [글상자] 시작하기 버튼을 클릭했을 때 / 계속 반복하기 / 안녕! 과(와) 를 소개합니다. 을(를) 합친 값 / 엔트리 (이)라고 글쓰기 / 꽃받침 길이 꽃받침 길이▼ 값 꽃받침 너비 꽃받침 너비▼ 값 꽃잎 길이 꽃잎 길이▼ 값 꽃잎 너비 꽃잎 너비▼ 값 의 분류 결과

PART 3 머신러닝 유형 -비지도 학습 / 학습할 모델 -분류: 숫자 (k-평균)

Chapter 14 인공지능으로 취미 그룹 프로그램 만들기

비슷하면 모이자! 비슷한 취미를 가진 친구들과 군집 형성하기

 인공지능 알아보기

이해하기 k-평균 알고리즘으로 어떻게 비슷한 것들을 함께 묶어서 집단을 만들까?

정답이 없는 데이터에서 스스로 규칙을 찾아내는 비지도 학습

비지도 학습은 머신러닝의 한 방법으로, 우리가 컴퓨터에 특정 레이블이나 정답을 알려주지 않고, 데이터 안에서 스스로 패턴을 찾도록 하는 방법입니다. 마치 어린아이가 색에 대해 배우지 않고도 여러 물건의 색을 구별하는 것처럼, 컴퓨터도 어떤 것에 대해 직접 가르쳐 주지 않아도 규칙을 찾아낼 수 있습니다.

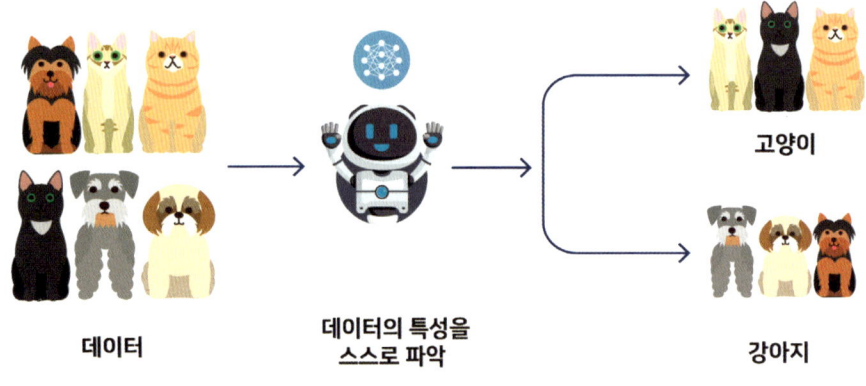

비지도 학습 과정

k개의 그룹으로 묶는 k-평균 알고리즘

k-평균 알고리즘은 비지도 학습의 한 종류로, 데이터를 여러 그룹으로 나누는 데 사용됩니다. 이때 'k'는 나눌 그룹의 개수를 의미합니다. 쇼핑몰을 예로 들어보겠습니다. A 쇼핑몰에서는 판매 중인 옷들을 손님에게 더 잘 보여주고 싶습니다. 하지만 옷의 종류가 너무 많아서 모든 옷을 한눈에 보여주기가 어렵습니다. 그래서 비슷한 스타일과 색상의 옷끼리 묶어서 진열하기로 했습니다.

k-평균 알고리즘을 사용하기 전에, 먼저 얼마나 많은 그룹으로 옷을 나눌지를 결정해야 합니다. 예를 들어, 캐주얼한 옷, 정장 그리고 운동복 이렇게 세 가지 스타일로 나누고 싶다고 가정합시다. 알고리즘을 시작할 때, 무작위로 세 벌의 옷을 골라서 각 그룹의 대표로 정합니다. 그리고 나머지 옷들은 각각 가장 비슷한 스타일과 색

상을 가진 대표 옷에 묶어줍니다.

하지만 처음에 고른 대표 옷이 그룹을 잘 대표하지 않을 수도 있습니다. 그래서 각 그룹에 속한 옷들을 모아서 대략 중간 정도의 스타일과 색상을 가진 새로운 대표 옷을 고르게 됩니다. 새로운 대표 옷을 고른 후, 옷들을 다시 대표 옷에 묶어보는데, 이 과정은 대표 옷이 더 이상 바뀌지 않을 때까지 반복됩니다.

이렇게 k-평균 알고리즘을 사용하면, 고객들이 원하는 스타일의 옷을 더 쉽고 빠르게 찾을 수 있도록 도와줄 수 있습니다.

살펴보기 좋아하는 것에 따라 그룹 나누기

어떠한 모임에 흥미를 갖고 참여하기 위해서는 관심사가 높은 모임에 참여해야 합니다. 이때, k-평균 알고리즘을 통해 관심사 그룹을 만들 수 있습니다. 관심사 항목을 만들고 이에 따른 데이터를 조사합니다. 만약 해당 항목에 관심이 있는 경우는 1, 관심이 없는 경우는 0으로 데이터를 구성합니다. 군집에 개수를 정하고 학습을 시키면 각 군집에 대한 중심점 값을 얻을 수 있습니다.

학생 이름	나이	악기	그림	운동	음악	게임	동물
김지수	12	1	0	1	1	0	1
이민준	14	0	1	1	0	1	0
박서연	13	1	1	0	1	1	1
최현우	12	0	0	1	1	0	0
정수빈	15	1	1	0	1	1	1

관심사 데이터

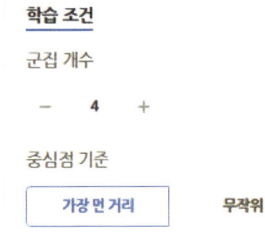

군집 개수 정하기

** 0 : 취미가 아니다. 1 : 취미이다.

이렇게 비슷한 관심사의 그룹을 알게 되면 이를 통해 새로운 취미를 찾거나 공통의 관심사를 바탕으로 친구들과 더 가까워질 수 있습니다. 다양한 이벤트를 계획하거나 음악회, 게임 대회, 그림 그리기 등의 모임을 할 수 있고, 친구의 생일이나 특별한 날에 비슷한 취미를 고려한 선물을 고를 수도 있습니다. 이렇게 k-평균 알고리즘은 데이터를 비슷한 특성끼리 그룹화하는 데 유용하게 사용됩니다.

인공지능 프로젝트 일지

20XX년 XX월 XX일 X요일	
상황	4반과 5반의 총 60명 학생이 4개의 그룹을 만들어, 원하는 활동을 한 후에 소감문을 작성하는 합반 수행평가를 한다고 한다. 선생님께서 알아서 그룹을 만들라고 하셨다. 단! 단짝끼리 그룹을 만들면 안 된다고 말씀하셨다. 그때 갑자기 4반 반장이 눈을 반짝이더니 좋아하는 취미를 조사하고 취미가 비슷한 사람끼리 활동하자고 했다. 나는 운동도 좋아하고 동물도 좋아하는데 나와 취미가 같은 친구는 누가 있을까? 
발견된 문제점	서로 친하지 않은 친구들을 4개의 그룹으로 나누어야 하는데, 서로에 대한 정보를 알지 못하는 상태에서 어떻게 그룹을 나눠야 할지 모른다.
해결 방법	k-평균 알고리즘을 이용해 관심사 기반 그룹 분류 프로그램을 만든다. 설문조사를 통해 학생들로부터 각자의 관심사를 수집하고 수집된 데이터를 k-평균 알고리즘에 적용하여 4개의 그룹으로 분류한다. 이 프로그램은 분류된 결과를 바탕으로 학생들을 그룹으로 묶어준다.

프로젝트 설계하기

목표	관심사 정보를 통해 그룹을 만드는 프로그램을 만들자.
기능	1. 사용자에게 관심사에 관해 묻는다. (악기, 그림, 운동, 음악, 게임, 동물) 2. 화면에 60명의 학생이 속한 4개의 그룹을 보여준다. 3. 관심사를 입력한 사용자가 4개의 그룹 중에 자신이 속하는 그룹을 화면에 표시해 준다.
화면 디자인	② 화면에 60명 친구의 그룹 보여주기 2그룹　　　　1그룹 3그룹　　　　4그룹 / 나는 4그룹 음악을 좋아하면 1을 입력: 1　　입력 ① 관심사 묻기　　③ 내가 입력한 정보를 토대로 그룹 배치해 주기
순서도	시작하기 버튼 클릭하기 ↓ 사용자 정보 입력하기 ↓ 그룹 보여주기 신호 보내기 ↓ 분류 결과 = 군집1 — 아니요 → 분류 결과 = 군집2 — 아니요 → 군집4 영역으로 이동하기 ↓ 예　　　　　　　　　↓ 예 군집1 영역으로 이동하기　군집2 영역으로 이동하기

프로젝트 만들기

🔘 학습목표

- 인공지능 모델 학습하기의 'k-평균 알고리즘'을 이용하여 데이터를 분류할 수 있다.
- k-평균 알고리즘에 맞는 데이터를 이용하여 데이터를 학습시킬 수 있다.
- k-평균 알고리즘을 이용하여 취미 그룹 만들기 작품을 만들 수 있다.

· 예제 작품 주소 : http://naver.me/x8Ebh0Xv
· 완성 작품 주소 : http://naver.me/xw9IzRYJ
· 실습 파일 : [교육_자료_파일] – [14차시]

실습 영상

🔘 준비하기

활용 인공지능	 [군집: 숫자 (k-평균)]	준비물	 [컴퓨터]	 [데이터]

🔘 프로젝트 미리보기

엔트리의 인공지능   군집: 숫자 (k-평균)

이번 프로젝트에서는 엔트리에서 제공하는 다음 인공지능을 이용하여 작품을 만듭니다.

🌼 기능 알아보기

모델이 학습할 숫자를 테이블로 업로드하거나 직접 작성해 데이터로 입력하고, 입력한 데이터를 설정한 개수(k개)의 묶음으로 군집화하는 모델을 학습합니다. 이때, 군집 모델의 특징은 비지도 학습입니다. 비지도 학습은 어떻게 학습해야 하는지(결과)를 알려주지 않아도 모델을 학습할 수 있습니다.

* 분류 모델에서는 '클래스 속성'을, 예측 모델에서는 '예측 속성'을 설정해야 했지만, 군집 모델은 그런 '결과'를 설정하지 않고 '원인'만 설정해도 됩니다.

* 군집: 숫자 모델을 학습하려면 먼저 데이터로 삼을 테이블을 추가해야 합니다. 학습하기 전에 데이터 분석 카테고리에서 [테이블 불러오기]를 통해 기본 테이블 파일 업로드, 새로 만들기의 방법으로 테이블을 추가해야 합니다.

🌼 블록 알아보기

블록	기능
모델 보이기 ▼	모델의 상태를 표시하는 창을 실행화면에 보이게 하거나 숨깁니다.
악기 10 그림 10 운동 10 음악 10 게임 10 동물 10 의 군집	입력한 데이터를 모델에서 분류한 값입니다. 값은 클래스 이름(텍스트)으로 표현됩니다.

🌼 오브젝트 살펴보기

이름	배경	엔트리봇	학생 군집
x	0	0	0
y	0	-70	0
크기	380%	250%	16%

** 해당 프로젝트이 '배경', '학생군집' 오브젝트에는 일부 완성 코드가 작성되어 있습니다.

🔵 프로젝트 만들기

Step 1 데이터 확인하기

학생 정보 데이터를 확인합니다. (테이블을 확인할 수 없는 경우는 실습 파일 [인공지능_교육_자료_파일]-[14차시]-[학생_정보.xlsx]를 통해 업로드 할 수 있습니다.)

1 [데이터 분석] 카테고리에서 [테이블 불러오기] 버튼을 클릭합니다.

2 '학생_데이터' 파일을 불러온 후, [적용하기] 버튼을 클릭합니다.

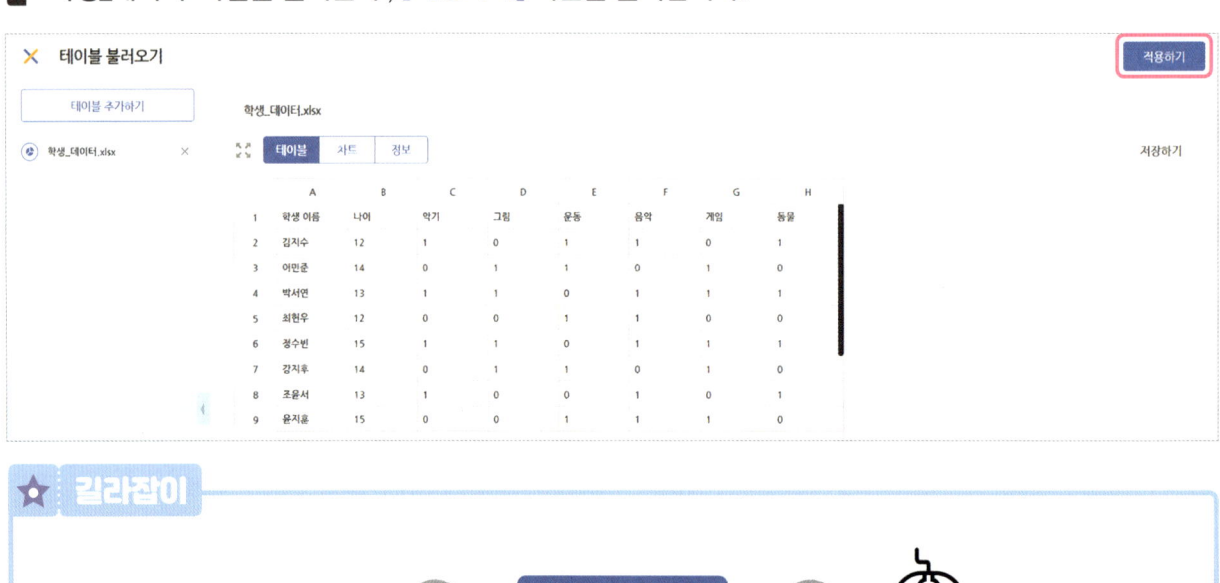

Step 2   변수, 신호, 리스트 확인하기

미리 만들어진 변수, 신호와 리스트를 확인합니다. 변수는 질문과 답변을 받을 때 사용하며, 각 리스트는 60명 학생의 대답 값을 미리 넣어놓았습니다.

3 [속성] 버튼을 클릭한 후, 미리 만들어진 변수, 신호, 리스트를 확인합니다. 각 리스트에는 '학생_데이터' 파일에 포함된 학생의 데이터 값이 저장되어 있습니다.

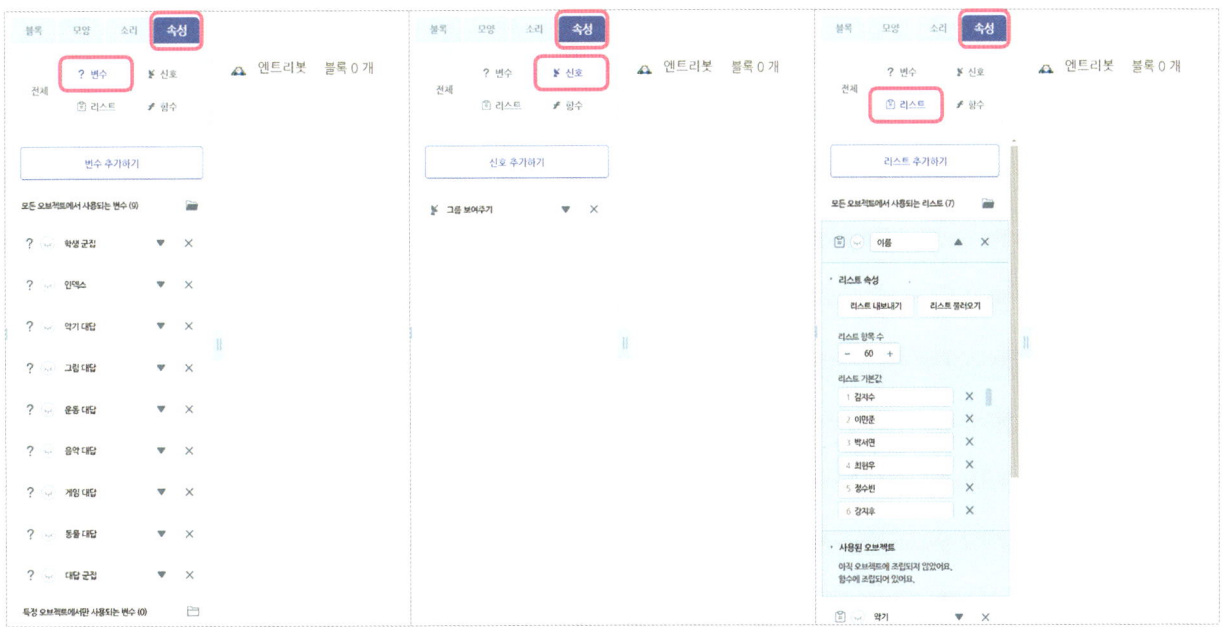

Step 3 인공지능 선택하기

'군집: 숫자 (k-평균)' 인공지능 모델 학습하기를 선택합니다.

4 [인공지능] 카테고리에서 [인공지능 모델 학습하기] 버튼을 클릭합니다.

Step 4 군집: 숫자 (k-평균) 모델 학습하기

학생 데이터를 토대로 '군집: 숫자 (k-평균)' 모델을 학습시킵니다.

5 학습할 모델 중 [군집: 숫자 (k-평균)]을 클릭한 후, 화면 오른쪽 위의 [학습하기] 버튼을 클릭합니다.

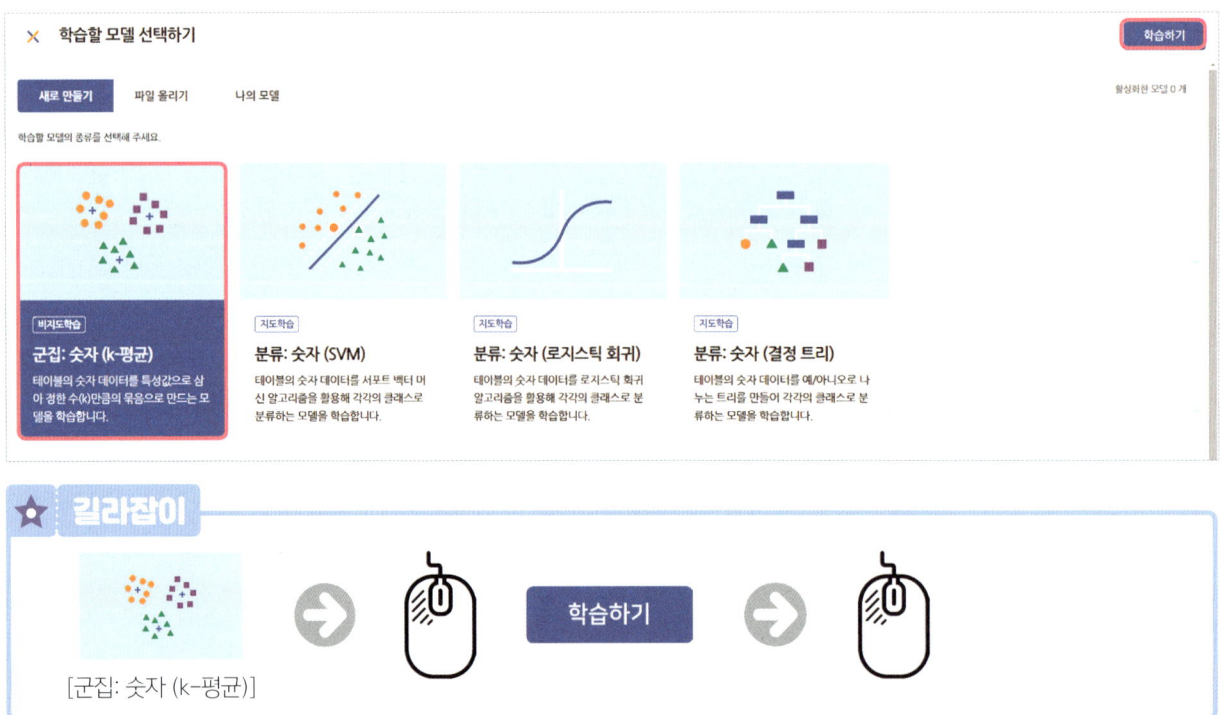

6 모델의 이름을 '학생 취미 그룹'으로 입력한 후, 테이블을 선택합니다. 핵심 속성은 '악기', '그림', '운동', '음악', '게임', '동물'을 선택하고, 군집 개수는 4로 선택한 다음 **[모델 학습하기]** 버튼을 클릭합니다.

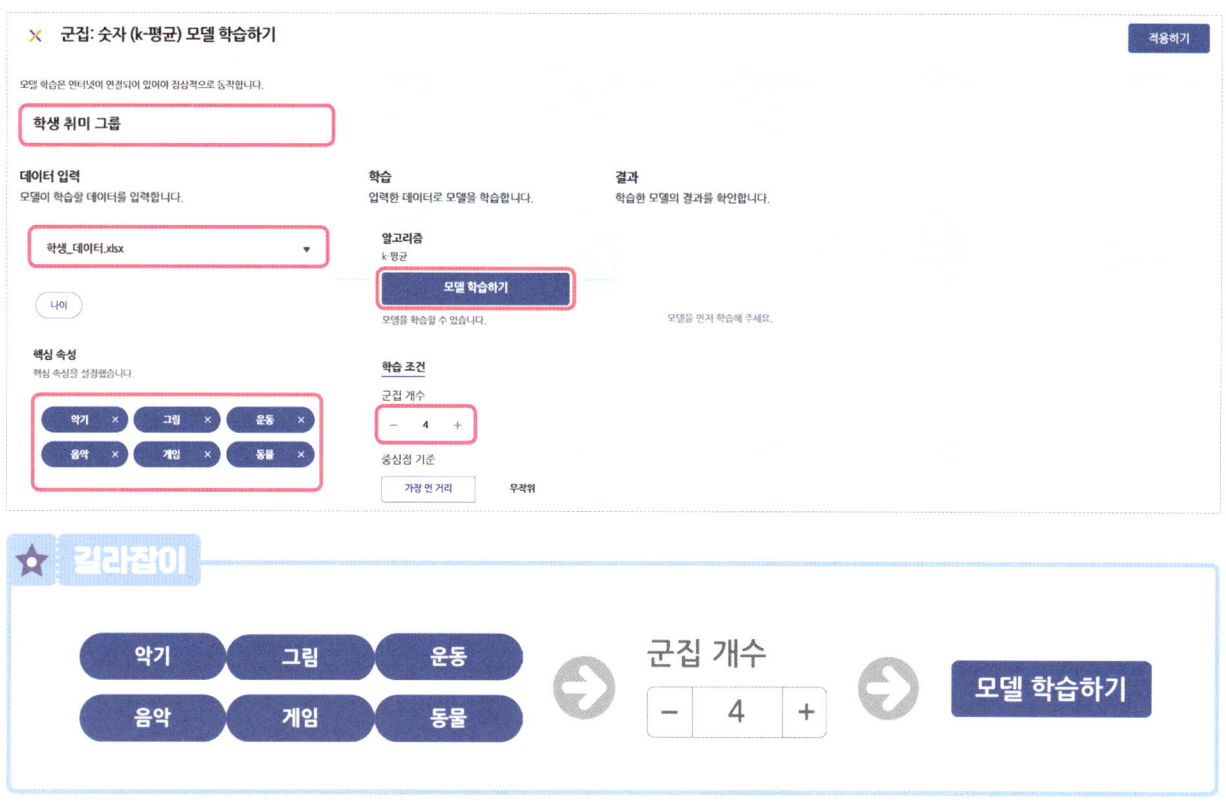

7 학습 상태와 결과를 확인한 후, 화면 오른쪽 위의 **[적용하기]** 버튼을 클릭합니다.

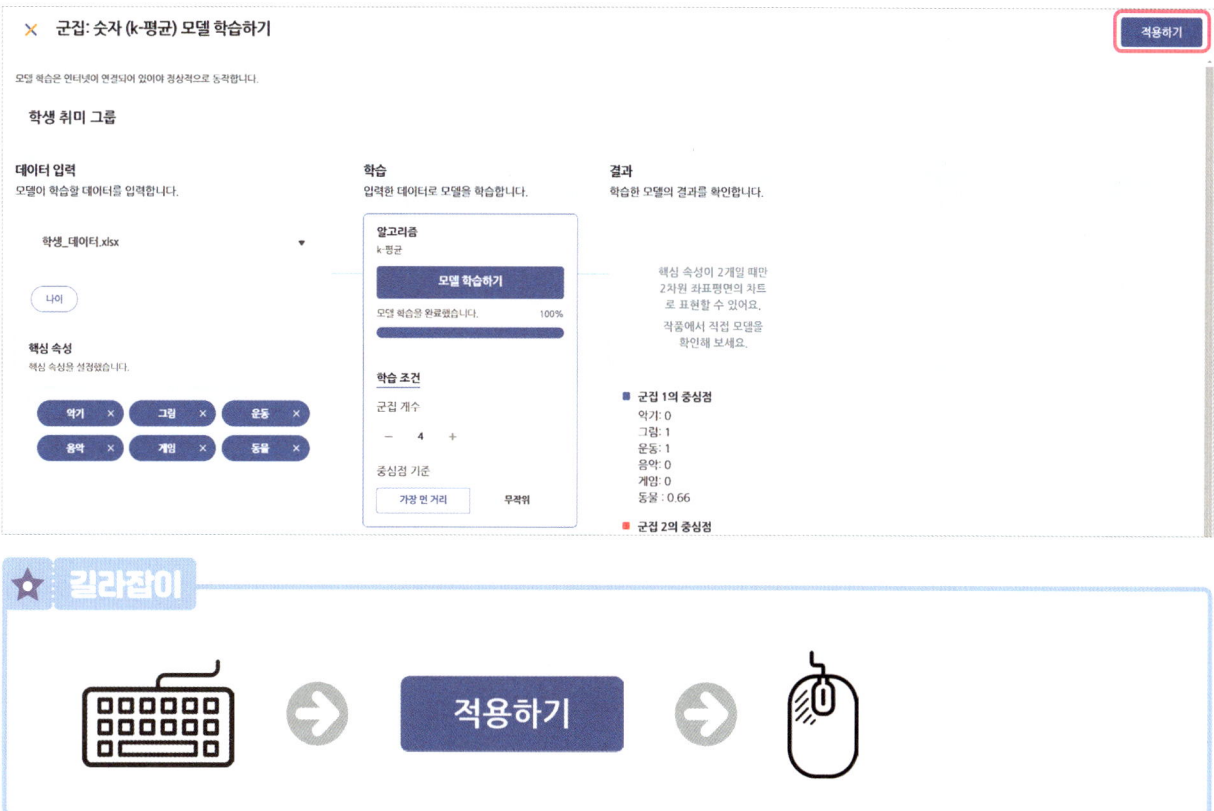

Step 5   질문하고 답변받기

학생의 취미 그룹을 나누기 위해 취미 종류에 대해 질문을 하고 답변을 입력받습니다.

8 '엔트리봇' 오브젝트를 클릭한 후, [시작] 카테고리에서 [시작하기 버튼을 클릭했을 때] 블록을 가져옵니다.

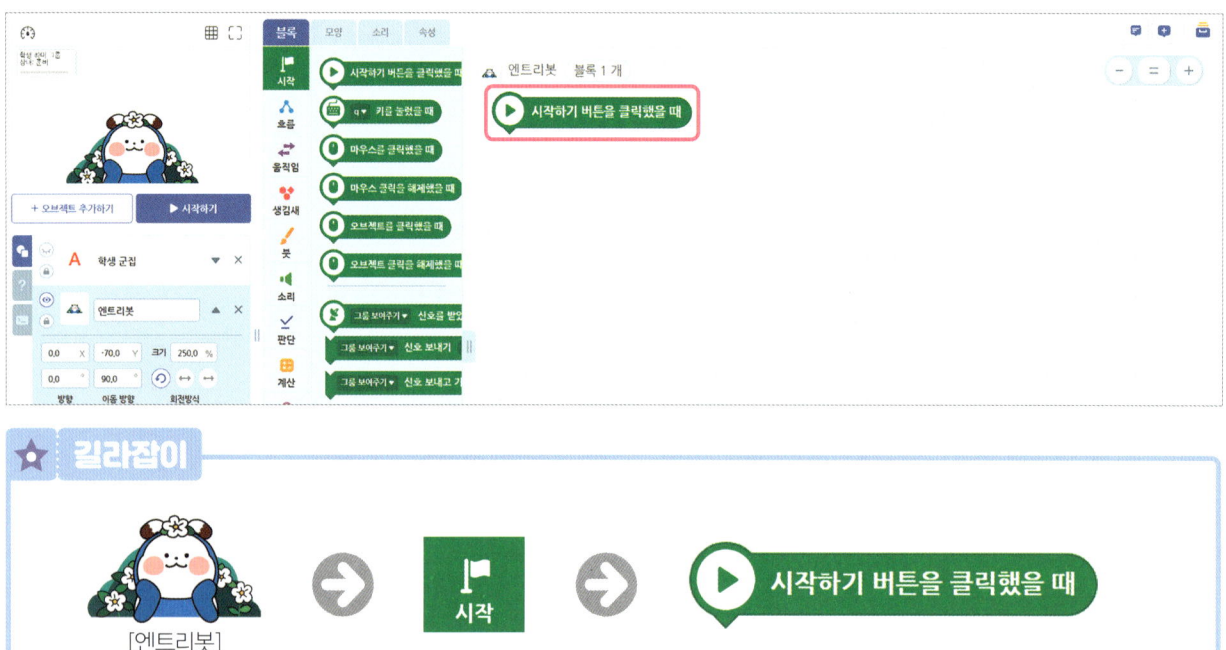

9 [생김새] 카테고리에서 [안녕! 을(를) 4 초 동안 말하기] 블록 3개를 가져와 [60명의 학생 명단이 있어. 을(를) 3 초 동안 말하기], [학생들의 모임을 만들기 위해 좋아하는 취미를 조사했어. 을(를) 3 초 동안 말하기], [너의 취미를 알려주면 너와 비슷한 취미를 가진 학생들과 그룹을 만들어 줄게. 을(를) 3 초 동안 말하기]로 수정합니다.

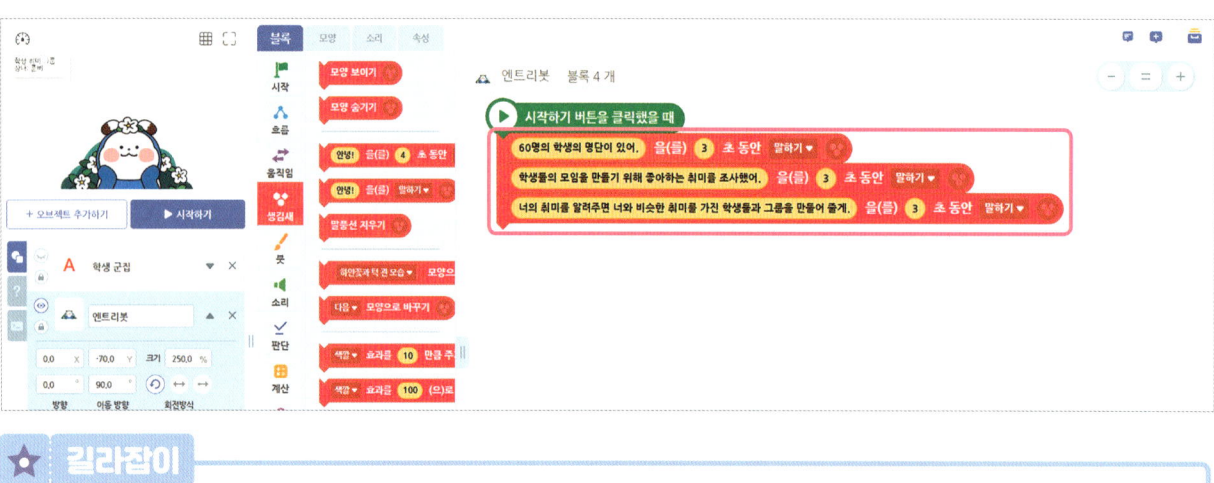

10 [자료] 카테고리에서 [안녕! 을(를) 묻고 대답 기다리기] 블록을 가져와 [악기 연주를 좋아해?(안 좋아한다 : 0, 좋아한다 : 1) 을(를) 묻고 대답 기다리기]로 수정합니다.

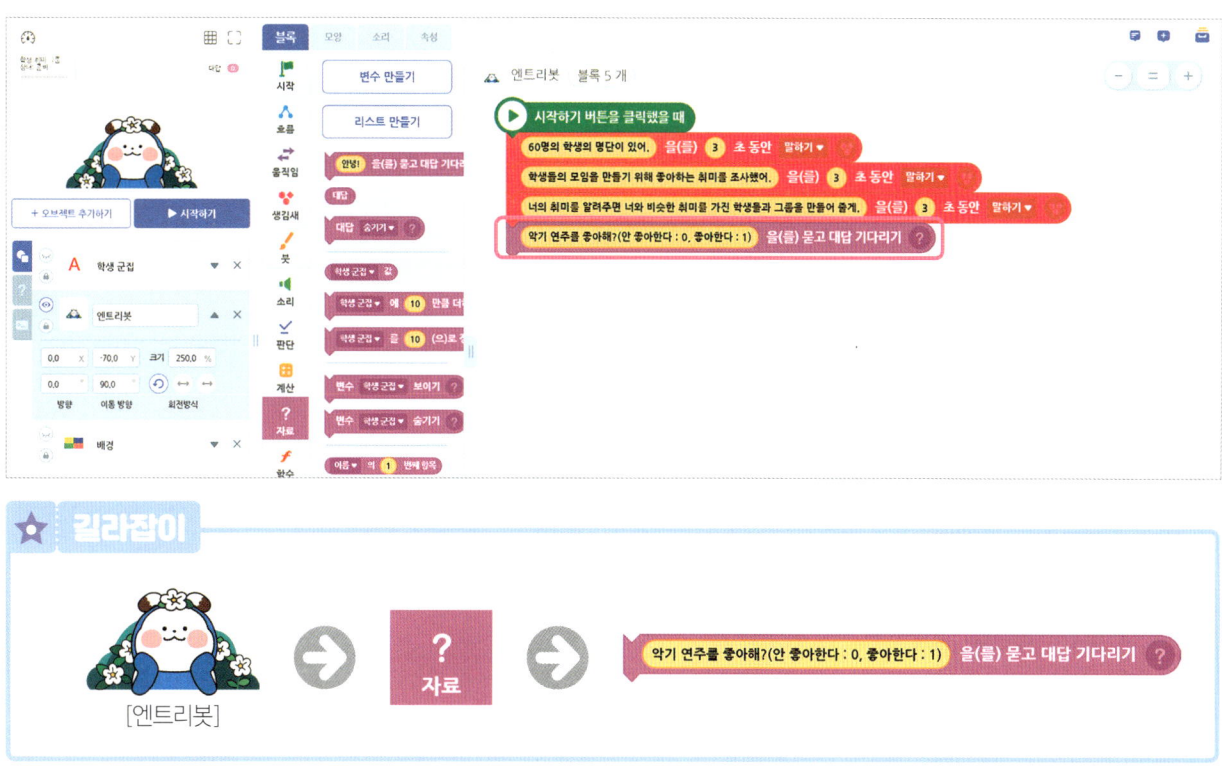

11 [자료] 카테고리에서 [학생 군집를 10 (으)로 정하기] 블록을 가져와 [악기 대답를 10 (으)로 정하기]로 수정합니다.

Chapter 14 | 인공지능으로 취미 그룹 프로그램 만들기

12 [자료] 카테고리에서 (대답) 블록을 가져와 [악기 대답를 10 (으)로 정하기] 블록의 '10'에 넣어줍니다.

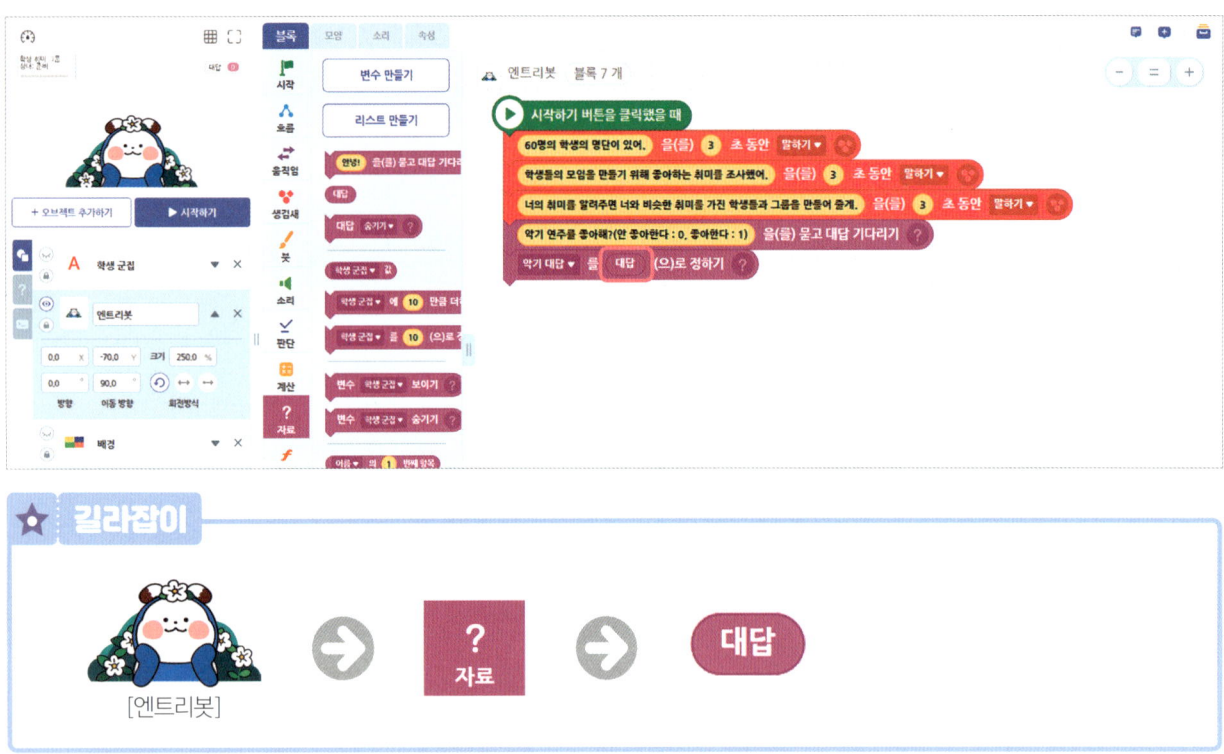

13 [악기 연주를 좋아해?(안 좋아한다 : 0, 좋아한다 : 1) 을(를) 묻고 대답 기다리기] 블록 위에서 마우스 오른쪽 버튼과 [코드 복사 & 붙여넣기] 메뉴를 차례대로 5번 클릭합니다.

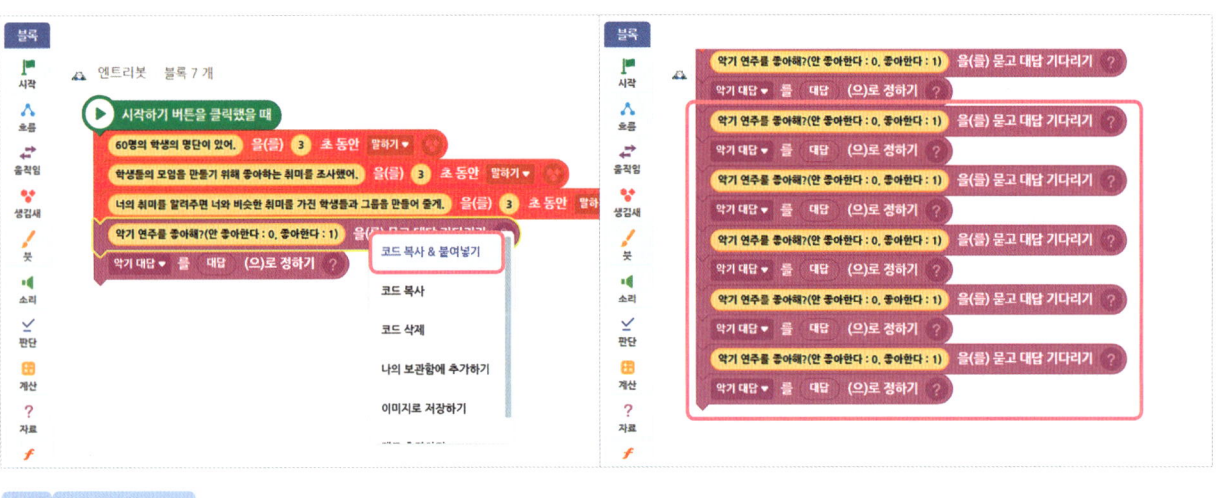

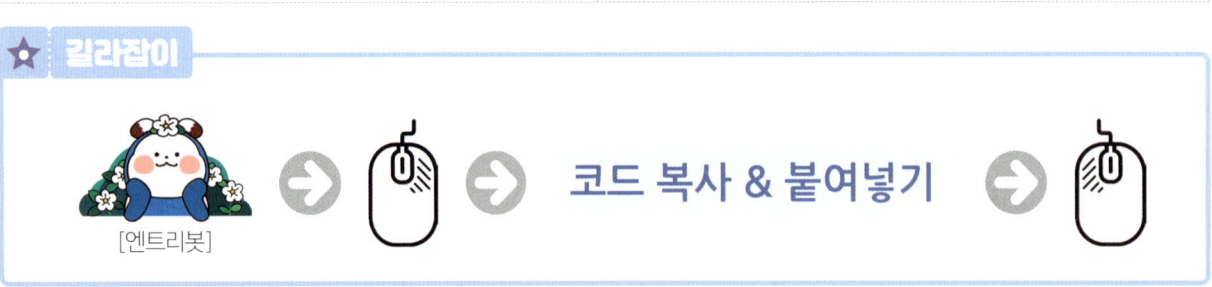

14 다음과 같이 [묻고 대답 기다리기], [정하기]를 수정합니다.

> ⭐ **길라잡이**
>
> [엔트리봇] ➡ ⌨️ ➡ [묻고 대답 기다리기], [정하기] 블록 수정하기

15 [자료] 카테고리에서 [학생 군집를 10 (으)로 정하기] 블록을 가져와 [대답 군집를 10 (으)로 정하기]로 수정합니다.

> ⭐ **길라잡이**
>
> [엔트리봇] ➡ ❓자료 ➡ 대답 군집▼ 를 10 (으)로 정하기

16 [인공지능] 카테고리에서 **(악기 10 그림 10 운동 10 음악 10 게임 10 동물 10 의 군집)** 블록을 가져옵니다.

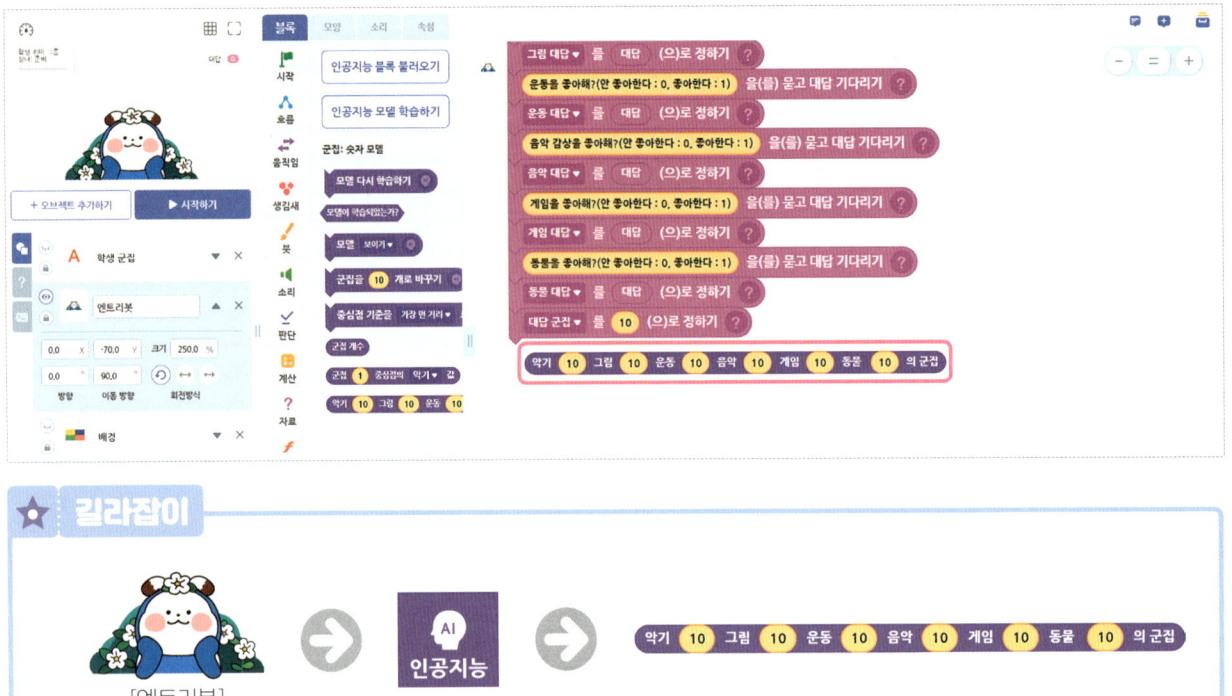

17 [자료] 카테고리에서 **(학생 군집)** 블록 6개를 가져와 **(군집)** 블록의 '10'에 넣어준 후, **(악기 대답)**, **(그림 대답)**, **(운동 대답)**, **(음악 대답)**, **(게임 대답)**, **(동물 대답)** 순서로 수정합니다.

18 (군집) 블록을 [대답 군집를 10 (으)로 정하기] 블록의 '10'에 넣어줍니다.

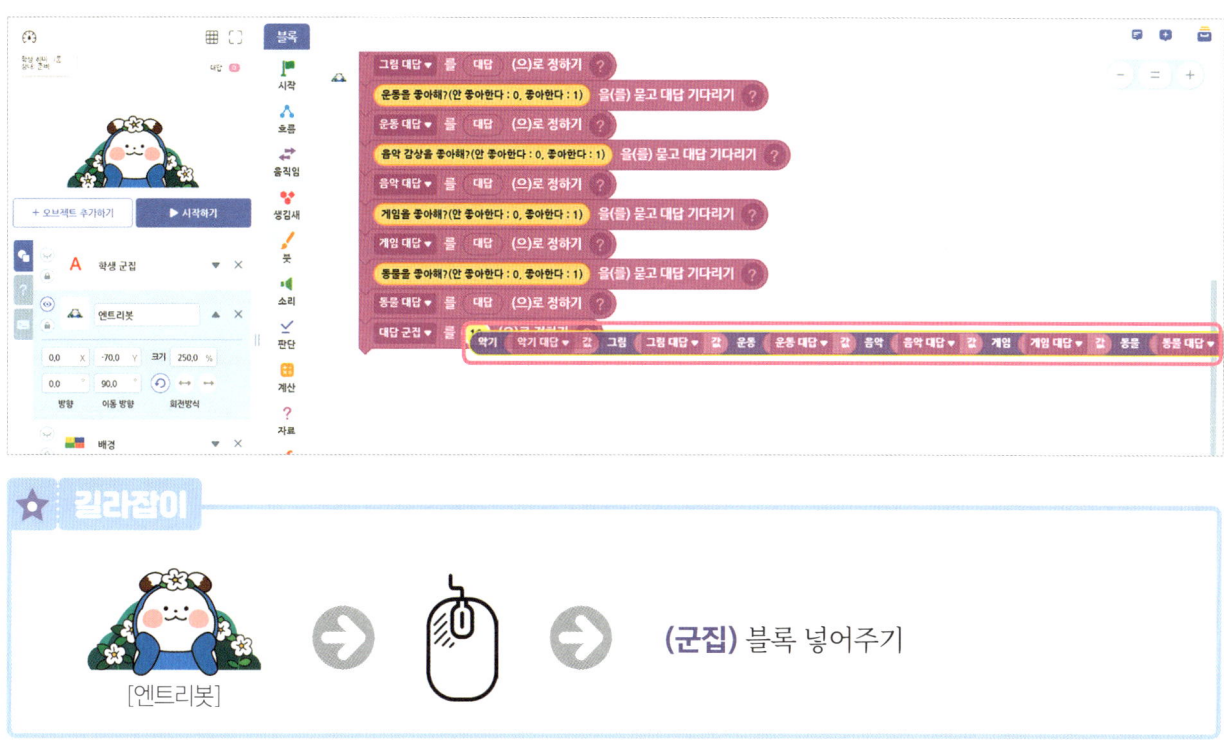

19 [생김새] 카테고리에서 [모양 숨기기] 블록을 가져옵니다.

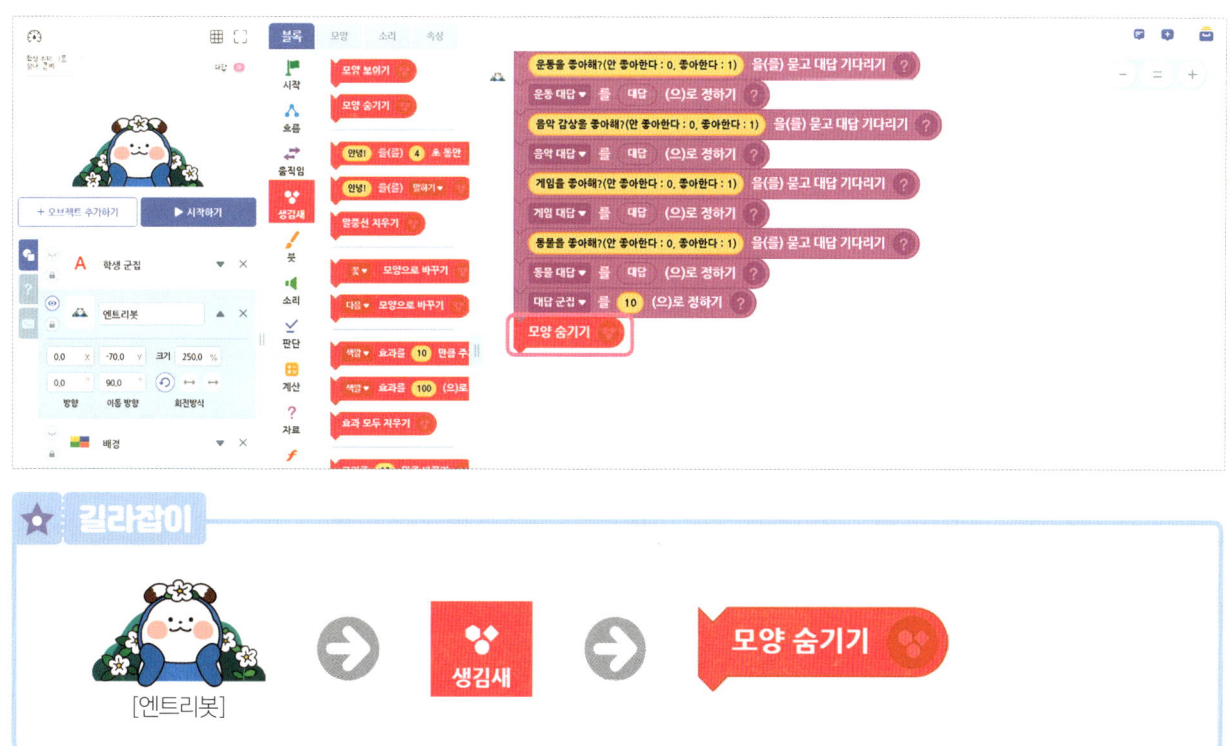

Step 6 학생 군집 확인하기

값을 입력한 학생의 군집을 화면에 보여줍니다. 또한 미리 만들어진 함수를 이용하여 60명 학생의 군집을 화면에 표시합니다.

20 [시작] 카테고리에서 [그룹 보여주기 신호 보내고 기다리기] 블록을 가져옵니다.

21 [흐름] 카테고리에서 [만일 <참> (이)라면 – 아니면] 블록 3개를 가져와 다음과 같이 넣어줍니다.

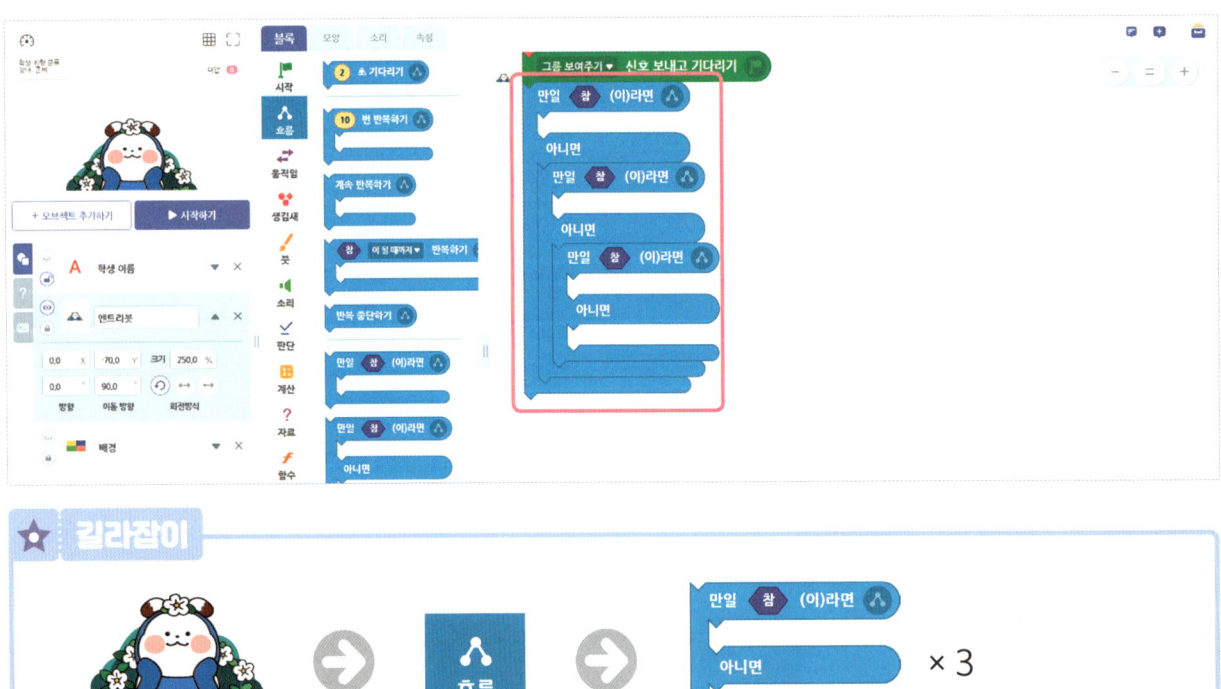

22 [판단] 카테고리에서 <10 = 10> 블록 3개를 가져와 [만일 <참> (이)라면] 블록의 <참>에 넣어준 후, <10 = 1>, <10 = 2>, <10 = 3>으로 수정합니다.

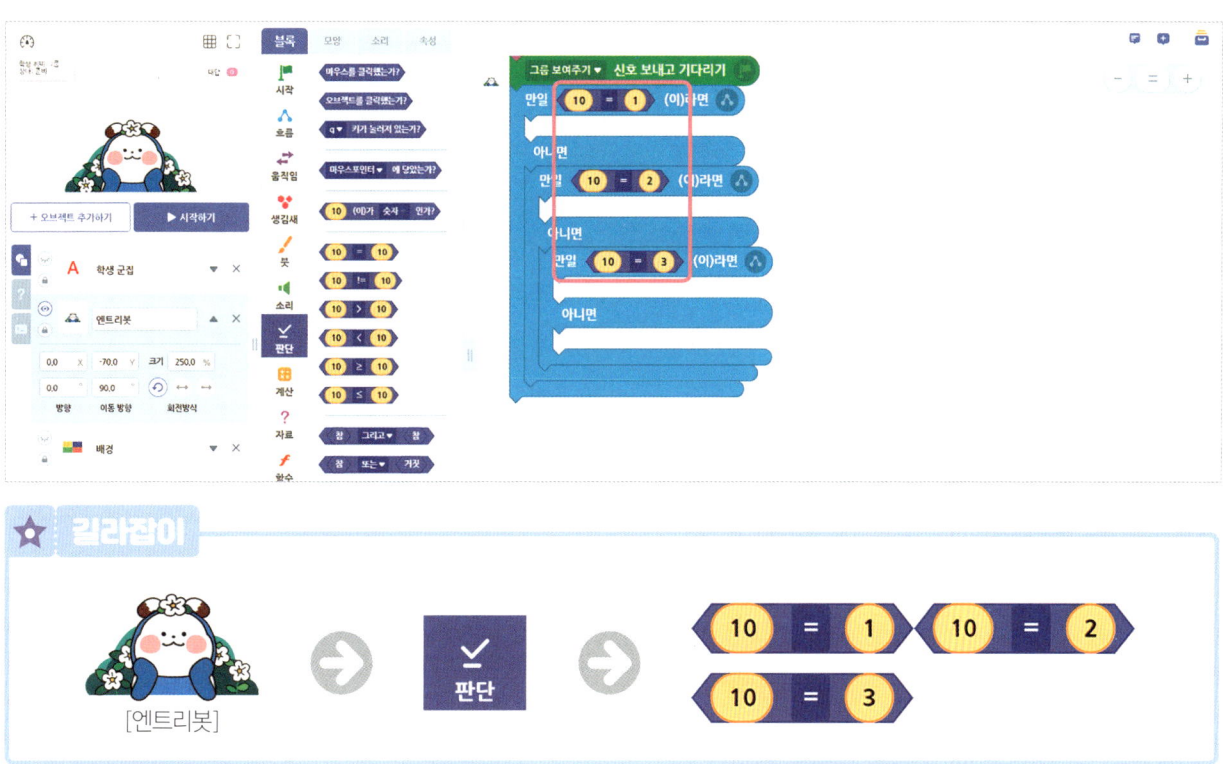

23 [자료] 카테고리에서 (학생 군집) 블록 3개를 가져와 <10 = 1>, <10 = 2>, <10 = 3> 블록의 '10'에 넣어준 후, (학생 군집)을 (대답 군집)으로 수정합니다.

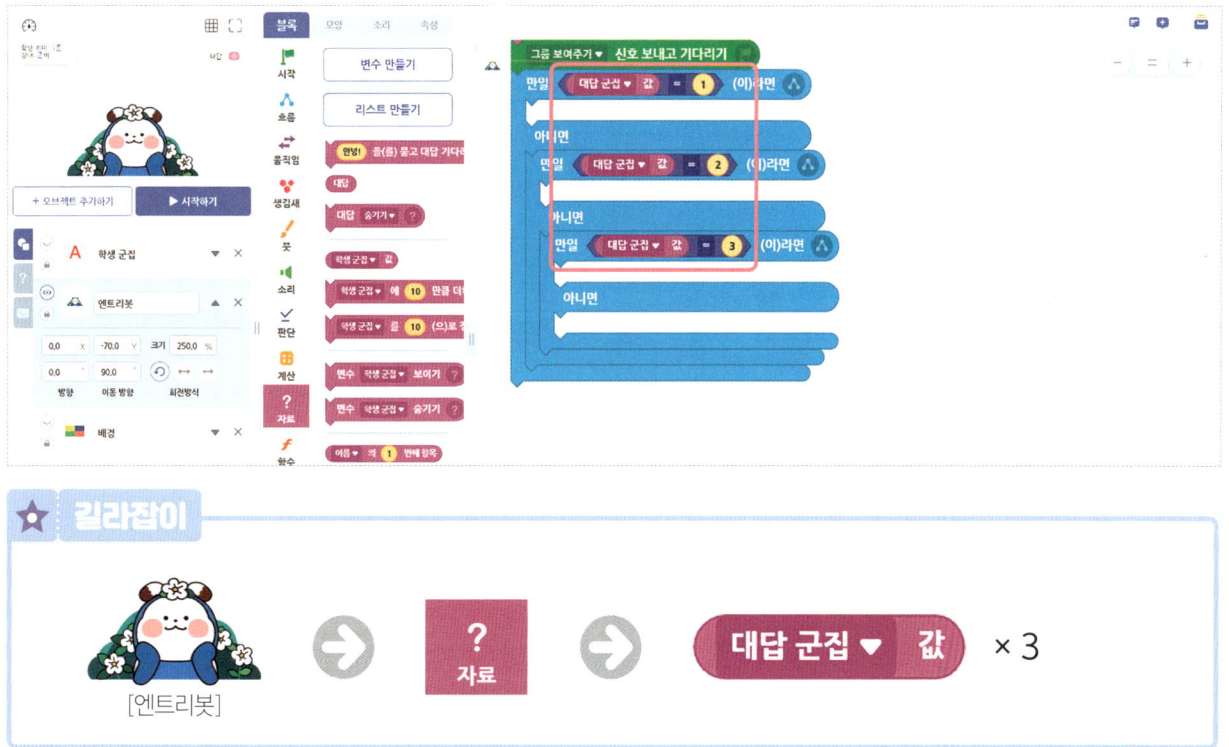

24 [움직임] 카테고리에서 [x: 0 y: 0 위치로 이동하기] 블록 4개를 가져와 [만일], [아니면]에 각각 넣어 줍니다.

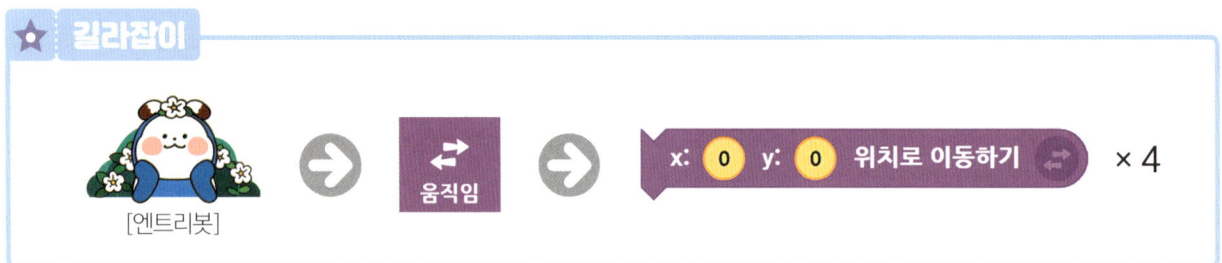

25 [계산] 카테고리에서 (0 부터 10 사이의 무작위 수) 블록 8개를 가져와 [위치로 이동하기] 블록의 '10'에 넣어준 후, 다음과 같이 수정합니다.
- 1번 그룹 영역 : ① (15 부터 210 사이의 무작위 수), ② (10 부터 100 사이의 무작위 수)
- 2번 그룹 영역 : ③ (-15 부터 -210 사이의 무작위 수), ④ (10 부터 100 사이의 무작위 수)
- 3번 그룹 영역 : ⑤ (-15 부터 -210 사이의 무작위 수), ⑥ (-20 부터 -110 사이의 무작위 수)
- 4번 그룹 영역 : ⑦ (15 부터 210 사이의 무작위 수), ⑧ (-20 부터 -110 사이의 무작위 수)

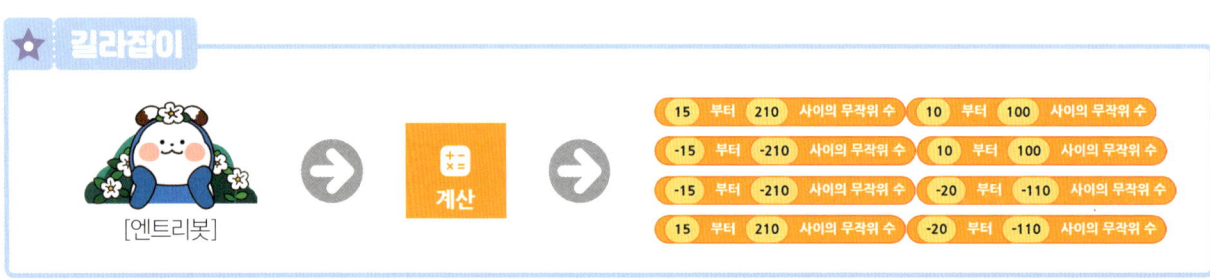

26 [생김새] 카테고리에서 [크기를 100 (으)로 정하기] 블록을 가져와 [크기를 40 (으)로 정하기]로 수정합니다.

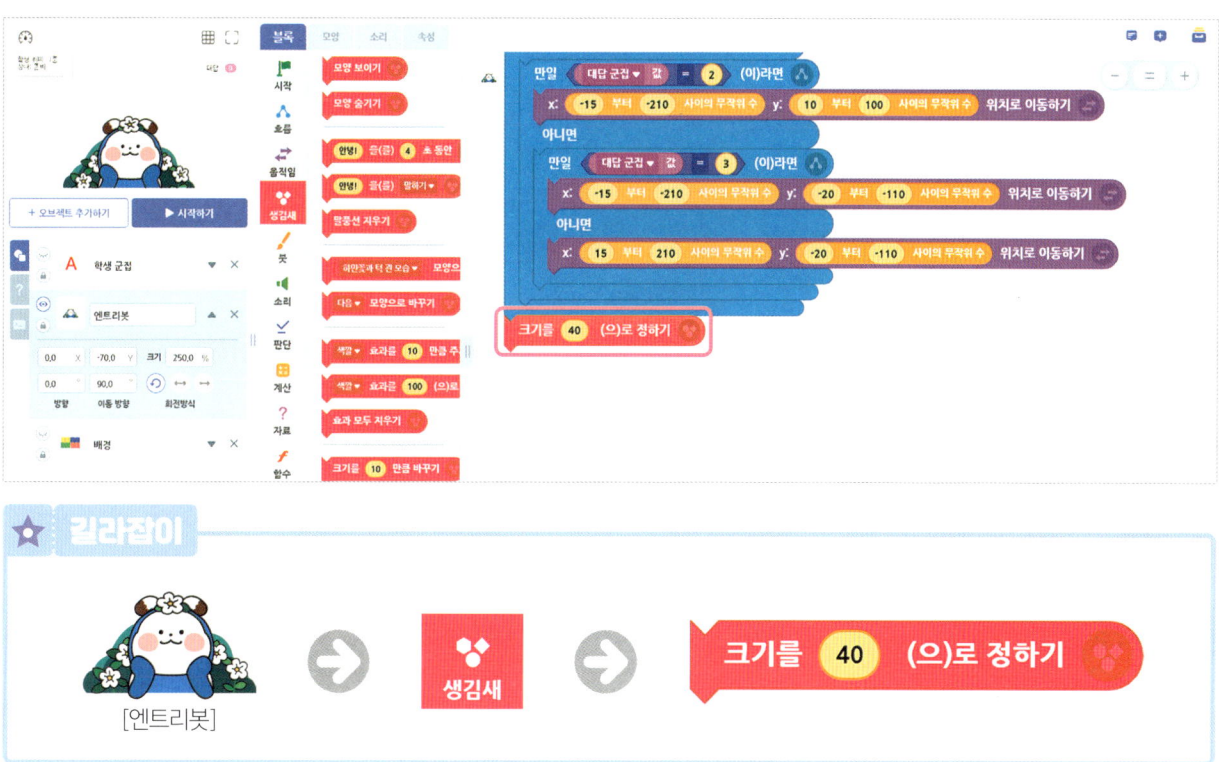

27 [생김새] 카테고리에서 [꽃 모양으로 바꾸기] 블록을 가져와 [축하 모양으로 바꾸기]로 수정합니다.

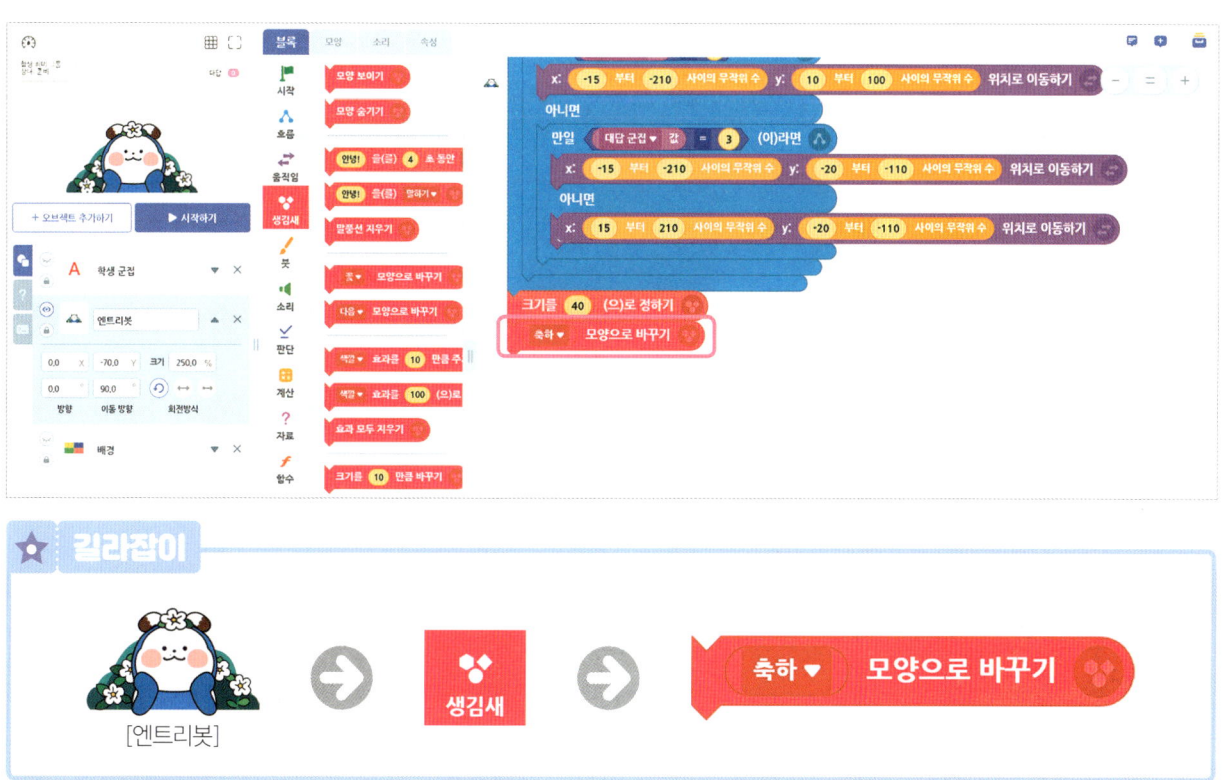

28 [생김새] 카테고리에서 [모양 보이기] 블록을 가져옵니다.

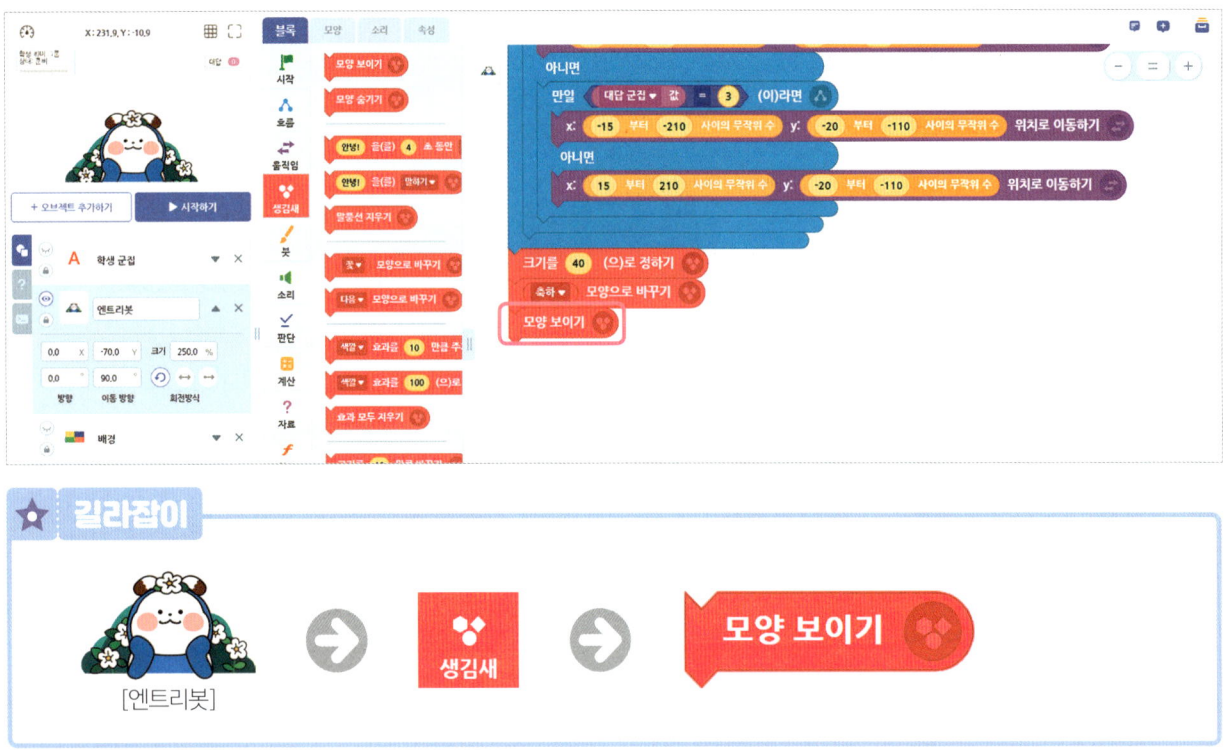

29 [생김새] 카테고리에서 [안녕! 을(를) 4 초 동안 말하기] 블록을 가져옵니다.

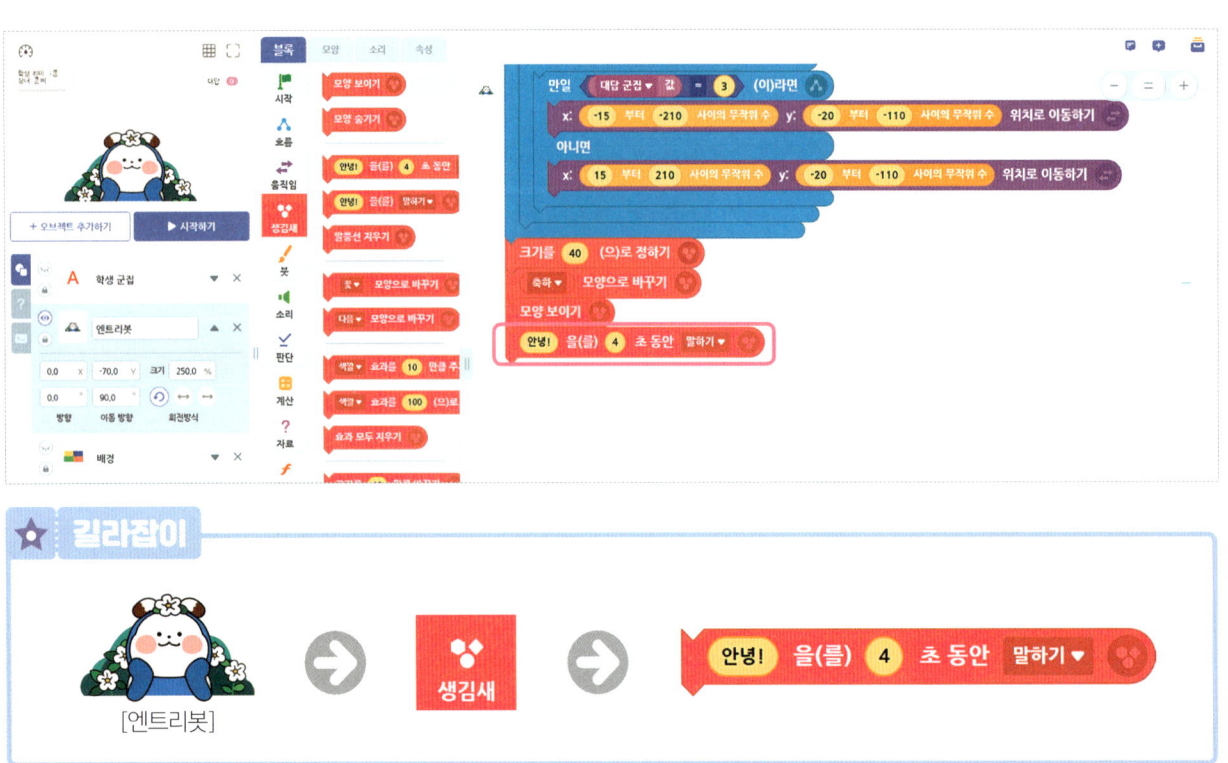

30 [계산] 카테고리에서 (안녕! 과(와) 엔트리 을(를) 합친 값) 블록 2개를 가져와 블록을 합친 후, 다음과 같이 수정합니다.

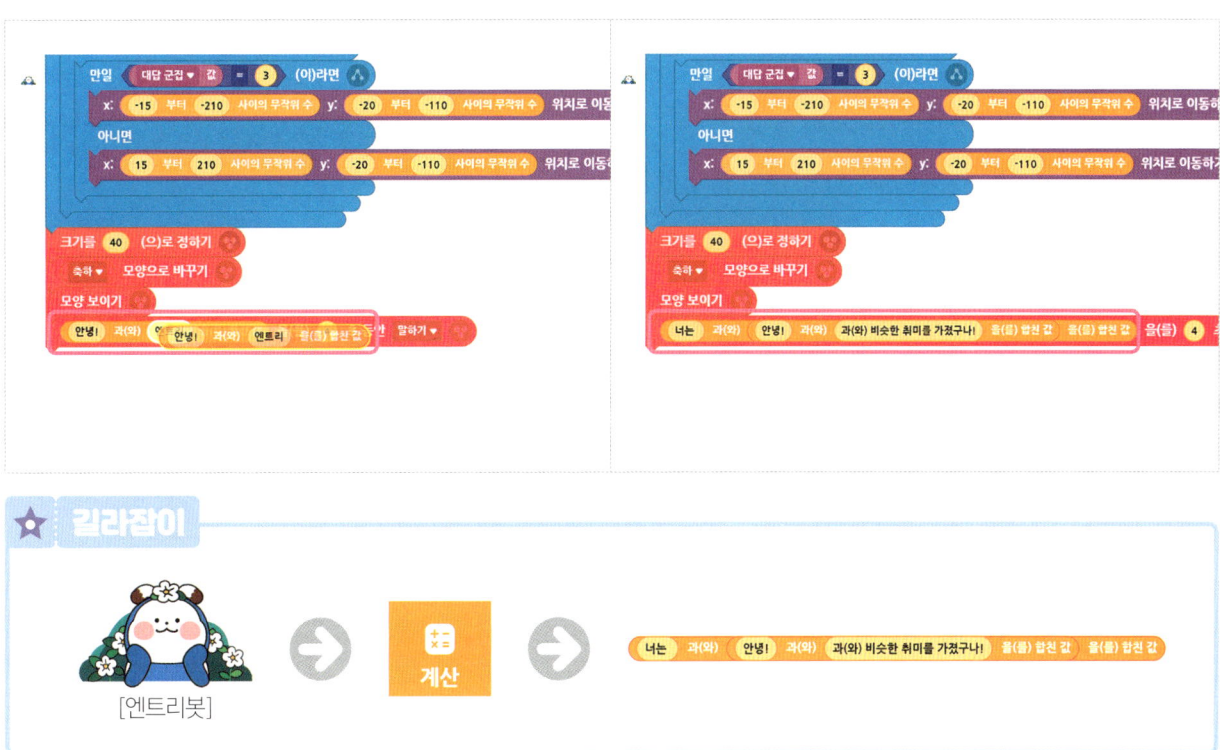

31 [자료] 카테고리에서 (학생 군집) 블록을 가져와 [합친 값] 블록의 '안녕!'에 넣어준 후, (대답 군집)으로 수정합니다.

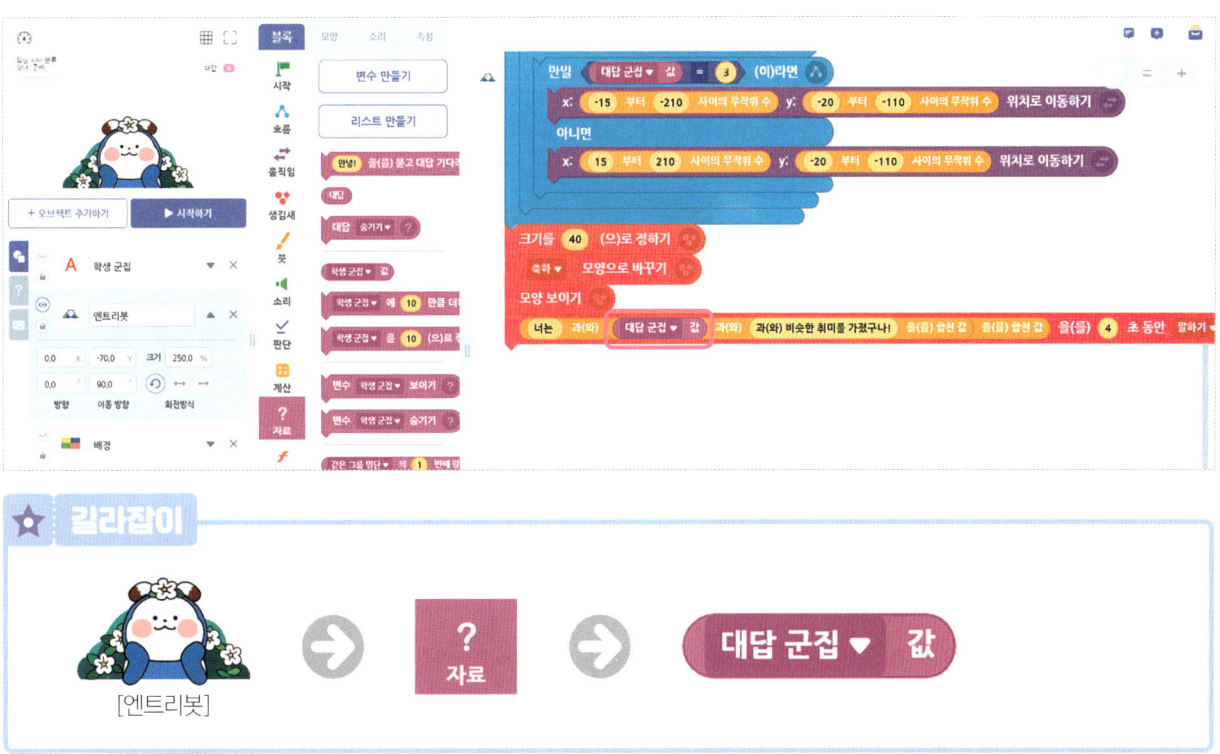

Step 7   모델 숨기기

실행화면에 모델이 보이지 않도록 숨겨줍니다.

32 [인공지능] 카테고리에서 [모델 보이기] 블록을 가져와 [시작하기 버튼을 클릭했을 때] 아래에 붙여준 후, [모델 보이기]를 [모델 숨기기]로 수정합니다.

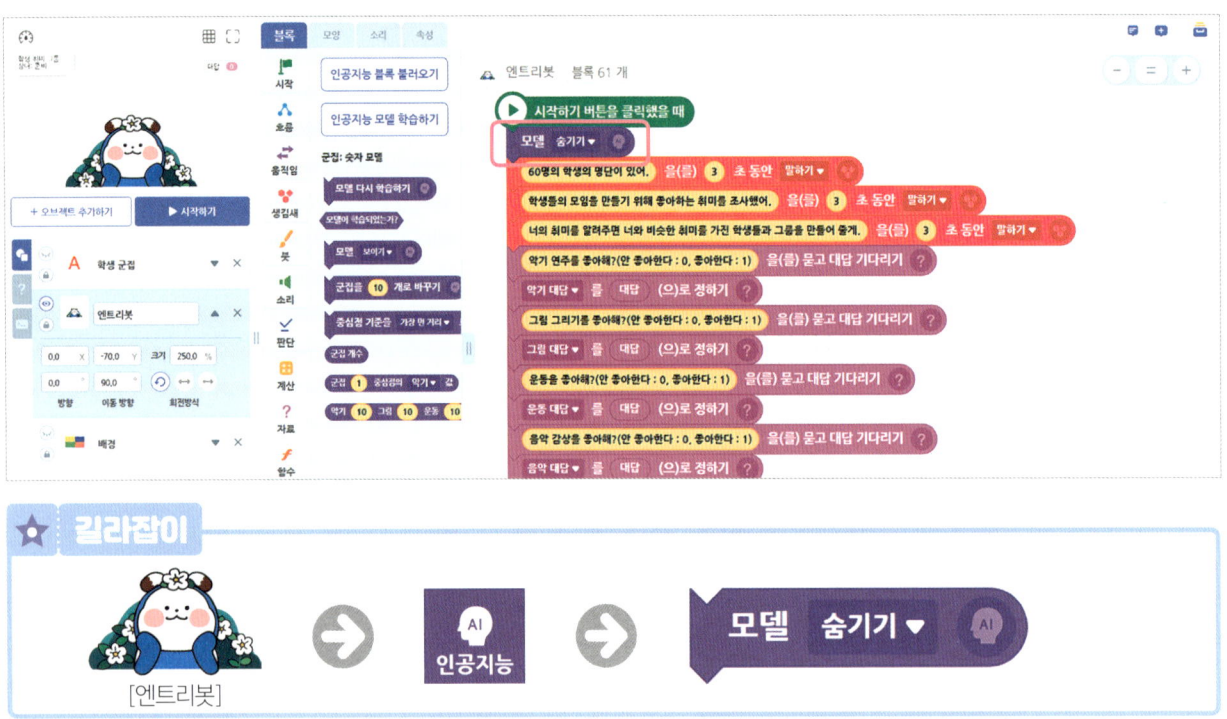

33 [자료] 카테고리에서 [대답 숨기기] 블록을 가져와 [모델 보이기] 아래에 붙여줍니다.

정리하기

전체 코드 보기

발전시키기

취미 그룹 프로젝트의 개선점을 찾고, 새로운 기능을 추가하여 더 나은 프로그램으로 확장해 보세요.

기능	같은 그룹에 속한 학생들의 이름을 화면에 보여준다.	
화면 디자인		
리스트 및 변수 추가하기	**프로젝트 만들기 힌트** 1. [속성]-[리스트]에서 '같은 그룹 명단' 리스트를 추가하고 실행화면에서 숨깁니다. 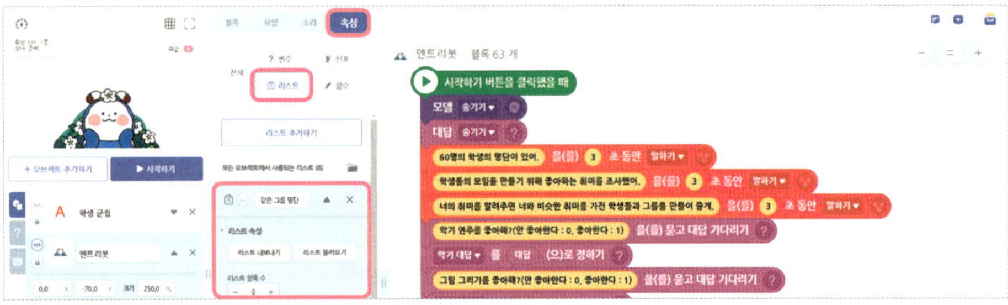 2. 항목의 번호를 저장할 '항목 값' 변수를 추가하고 기본값을 1로 설정합니다. 그 이후 실행화면에서 숨깁니다. 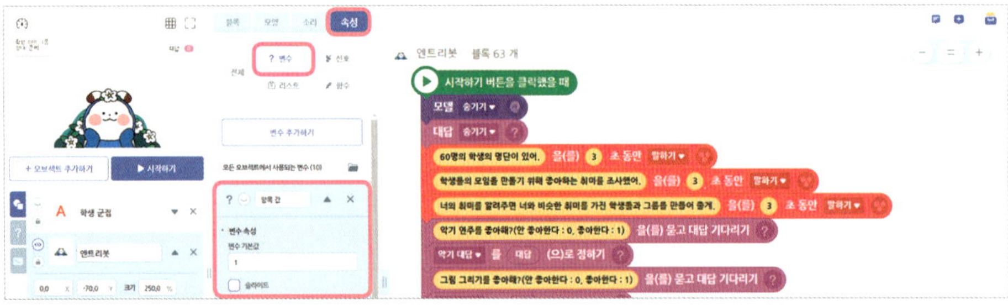 3. '엔트리봇' 오브젝트가 [그룹 보여주기 신호]를 받았을 때 같은 그룹의 학생들이 리스트에 추가되는 코드를 추가합니다.	

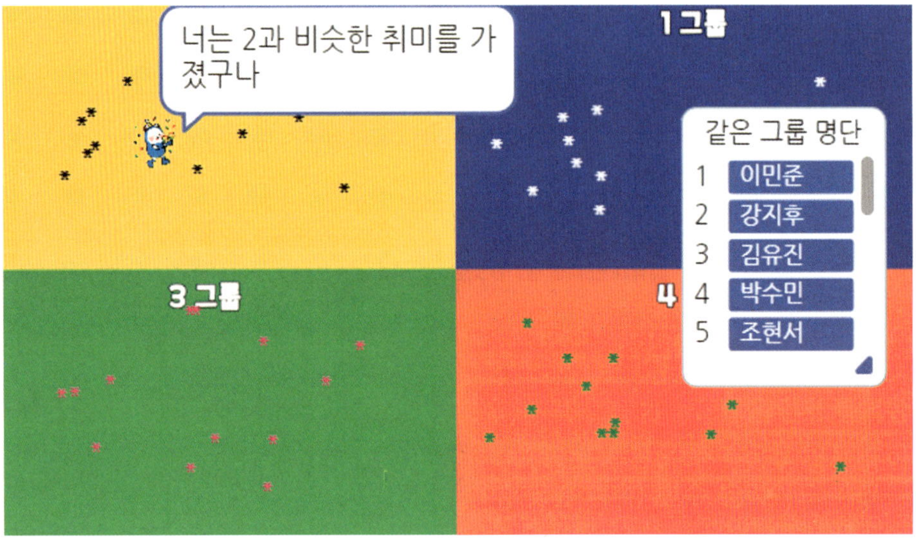

- 코드 설명 : '엔트리봇' 오브젝트가 **[그룹 보여주기 신호]**를 받으면 같은 그룹 명단 리스트가 화면에 보입니다. 60명의 학생 중에 값을 입력한 학생과 같은 그룹을 찾기 위해서는 **(이름 항목 수)**번 만큼 반복하여 비교합니다. 입력한 학생의 군집은 **(대답 군집)** 변수에 저장되어 있습니다.

코드 추가

[엔트리봇]

발전시키기 정답

1차시

한국어 <-> 프랑스어
[번역 언어]

```
오브젝트를 클릭했을 때
  다음▼ 모양으로 바꾸기
  만일  번역 언어▼ 의 모양 번호▼ = 1  (이)라면
    왼쪽 언어▼ 를 한국어 (으)로 정하기
    오른쪽 언어▼ 를 프랑스어 (으)로 정하기
  아니면
    왼쪽 언어▼ 를 프랑스어 (으)로 정하기
    오른쪽 언어▼ 를 한국어 (으)로 정하기
```

2차시

[별1]

```
시작하기 버튼을 클릭했을 때
  모양 숨기기
  10 번 반복하기
    자신▼ 의 복제본 만들기
    1 초 기다리기
```

```
복제본이 처음 생성되었을때
  x: -200 부터 200 사이의 무작위 수  위치로 이동하기
  모양 보이기
  계속 반복하기
    y 좌표를 -1 만큼 바꾸기
    만일  판▼ 에 닿았는가?  (이)라면
      점수▼ 에 1 만큼 더하기
      풍선_터짐▼ 모양으로 바꾸기
      0.2 초 기다리기
      모양 숨기기
      이 복제본 삭제하기
```

A
[점수]

```
시작하기 버튼을 클릭했을 때
  계속 반복하기
    20개 중에  (이)라고 글쓰기
    점수▼ 값  을(를) 뒤에 추가하기
    개의 아이템을 획득했어.  을(를) 뒤에 추가하기
```

3차시

[머리]

- 얼굴 인식▼ 신호를 받았을 때
- 모양 보이기
- 1 부터 20 사이의 무작위 수 모양으로 바꾸기
- 계속 반복하기
  - 1▼ 번째 얼굴의 감정▼ 을(를) 말하기▼
  - y: 1▼ 번째 얼굴의 코▼ 의 y▼ 좌표 + 30 위치로 이동하기

[[묶음] 폭발 효과]

- 얼굴 인식▼ 신호를 받았을 때
- 계속 반복하기
  - y: 1▼ 번째 얼굴의 코▼ 의 y▼ 좌표 + 100 위치로 이동하기
  - 만일 1▼ 번째 얼굴의 감정▼ = 놀람 (이)라면
    - 모양 보이기
    - 폭발 효과_1▼ 모양으로 바꾸기
    - 0.05 초 기다리기
    - 폭발 효과_2▼ 모양으로 바꾸기
    - 0.05 초 기다리기
    - 폭발 효과_3▼ 모양으로 바꾸기
    - 0.05 초 기다리기
    - 폭발 효과_4▼ 모양으로 바꾸기
    - 0.05 초 기다리기
    - 모양 숨기기

4차시

[사람]

[준비물 확인]

5차시

[인공지능 스피커]

6차시

⊙ 7차시

[AI 로봇]

⊙ 8차시

[퍼센트 숫자]

9차시

10차시

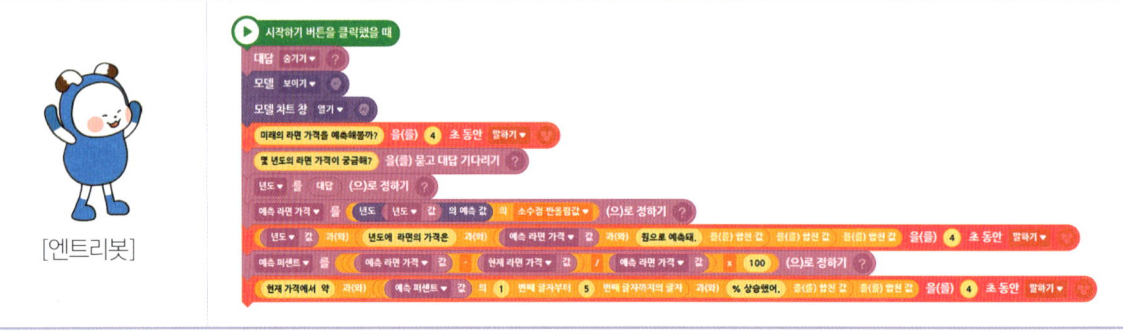

350 정답

11차시

12차시

[결과]

13차시

[글상자]

14차시

[엔트리봇]

MEMO

MEMO

이 책을 검토해 주신 선생님들께 감사드립니다.

강원
배영희 　강원SW미래채움

경기
김승길 　옥정고등학교
김태익 　설봉중학교
김희영 　신풍초등학교 방과후 강사
박세숙 　SW강사
박세영 　경기SW미래채움
박주애 　SW융합코딩강사
오수현 　SW·AI 프리랜서강사
이현정 　효명중학교
임유성 　스터디모드 학원
최지영 　SW강사
한영화 　경기SW미래채움

경남
곽민진 　동원고등학교
남혜영 　프리랜서 강사, 성산초
최은실 　마전초등학교 방과후강사

경북
손은실 　프리랜서
윤선정 　점촌초등학교 방과후코딩교실

대구
정나영 　범물초등학교 방과후강사

부산
권미정 　드림브릿지

서울
곽노성 　삼각산중학교
권지현 　SW·AI 교육강사

김은영 　프리랜서강사
김하은 　광문고등학교
박나영 　에듀포인트
변영민 　광운대학교 정보과학교육원
송정은 　세명컴퓨터고등학교
송지후 　구로중학교
왕한비 　해태수학
이민경 　개인과외
이정혜 　수시이룸교육
이현민 　서울농학교
임민희 　문덕초등학교 방과후강사
장효원 　동덕여자고등학교
하성욱 　오산고등학교

울산
양혜정 　울산진단과학원

인천
김정애 　부원여자중
이경아 　코딩스터디협동조합
이영란 　SW·3D강사
이혜진 　인천SW미래채움

전남
이호진 　문태중학교

전북
조인남 　동신초등학교 방과후강사

충남
민관식 　예산고등학교

충북
김지윤 　개인컴퓨터강사(수곡초 등)

초판 1쇄 인쇄 | 2024년 1월 15일
초판 1쇄 발행 | 2024년 1월 15일

지은이 다산스마트에듀 SW교육센터
감수 광주교육대학교 멀티미디어연구소
펴낸이 김선식

경영총괄 김은영
책임편집 조아리
다산스마트에듀팀장 김재민 | **다산스마트에듀팀** 조아리, 이홍규
저작권팀 한승원, 이슬, 윤제희
마케팅본부장 권장규
미디어홍보본부장 정명찬 | **브랜드관리팀** 오수미, 김은지, 이소영
뉴미디어팀 김민정, 이지은, 홍수경, 서가을, 문윤정, 이예주
재무관리팀 하미선, 윤이경, 김재경, 이보람, 임혜정
인사총무팀 강미숙, 지석배, 김혜진, 황종원
제작관리팀 이소현, 김소영, 김진경, 최완규, 이지우, 박예찬
물류관리팀 김형기, 김선민, 주정훈, 김선진, 한유현, 전태연, 양문현, 이민운
외부 스태프 | **교정·교열** 더 뉴런 **디자인** 더 뉴런

펴낸곳 다산북스 | **출판등록** 2005년 12월 23일 제313-2005-00277호
주소 경기도 파주시 회동길 490
전화 02-704-1724 | **팩스** 02-703-2219 | **이메일** dasanbooks@dasanbooks.com
홈페이지 www.dasanbooks.com | **블로그** blog.naver.com/dasan_books
다산스마트에듀 www.dasansmartedu.com
종이 IPP | **인쇄·제본** 한영문화사 | **코팅·후가공** 평창피엔지

ISBN 979-11-306-4959-7(73000)

- 책값은 뒤표지에 있습니다.
- 파본은 구입하신 서점에서 교환해드립니다.
- 이 책은 저작권법에 의하여 보호를 받는 저작물이므로 무단 전재와 복제를 금합니다.
- KC마크는 이 제품이 공통안전기준에 적합하였음을 의미합니다.
- 아이들이 책을 입에 대거나 모서리에 다치지 않게 주의하세요.